노인복지학

노인복지학

정순둘 · 김혜경 · 박화옥 · 김범중 · 곽민영 · 양옥남

KNOWLEDGE COMMUNITY 공동체

머리말

우리나라의 고령화 속도는 다른 어떤 나라보다 빠르다는 것은 잘 알려진 사실이다. 2000년에 고령화 사회 진입을 시작으로 2017년에는 고령사회로 진입, 그리고 5년 후인 2025년에는 초고령사회로 진입할 것으로 예상되고 있다. 예측보다 빠른 초고령사회로의 진입은 이에 대한 우리 사회의 대응 또한 시급함을 시사한다. 그동안에도 저출산 고령사회 기본계획 등 고령화에 대비한 여러 가지 대안들이 마련되어 왔으나 초고령사회가 되면 기존의 대비책에서 더 필요한 것은 무엇이며, 보다 적극적으로 제시되어야 할 대안들은 무엇인지 더 많은 고민이 필요한 시점이다.

노인복지는 노인을 대상으로 한 사회복지의 실천적, 정책적 방안을 주요 내용으로 사회복지를 공부하는 학생들에게 가르쳐지고 있다. 특히 노인들에게 중요한 경제, 건강, 사회적 역할 및 관계는 노인복지의 핵심이 된다. 이번에 새롭게 출간하게 되는 노인복지학은 이러한 노인복지의 핵심적인 내용과 함께 2019년 개편된 사회복지학 교과목 지침서에 맞춰 내용을 구성함은 물론 새로운 사회의 트렌드를 반영하고자 하였다. 특히 최근 사회복지에서 강조되는 인권과 관련된 내용이 노인의 인권 관점에서 기술하는 것으로 보완되었으며, 지역사회의 돌봄체계가 개편되면서 등장하고 있는 커뮤니티 케어와 노인맞춤형 돌봄서비스가 새롭게 추가되었다. 이와 함께 4차 산업혁명과 함께 노인복지에 도입되는 테크놀로지, 그리고 죽음에 대한 사회복지적 지원 등에 대한 내용도 추가되었다.

노인복지학의 집필진은 2000년에 초판으로 발간되었던 노인복지론 집필진을 중심으로 김범중 중앙대 교수과 곽민영 대구대 교수가 새롭게 합류하여 집필을 더 탄탄히 할 수 있었다. 본 저서의 전신인 노인복지론은 양옥남 강남대 교수님의 주도로 양옥남, 김혜경, 김미숙, 정순둘 교수에서 2016년 양옥남,

김혜경, 박화옥, 정순둘 교수로 집필진의 변경이 있었다. 본 저서는 노인복지론을 이어받았지만, 새로운 집필진의 보강과 함께 기존에 저술되었던 체계를 개편하여 변경된 교과목 지침과 변화하는 환경을 반영한 체계로 전면적인 재편을 시도하였기 때문에 책의 제목도 노인복지학으로 변경하였다.

이 책은 모두 5부 15장으로 이루어져 있는데, 15주 강의에 맞춰서 15개 장으로 구성하였다. 먼저 1부에서는 노인과 노인복지의 개념을 다루고 있으며, 2개의 장으로 구성되었다. 1부의 2개 장은 모두 김혜경 백석대 교수가 작성하였다. 1장은 현대 사회에서 노인문제와 노인복지에 대한 개관을 기술하였으며, 2장에서는 노인문제에 대한 이론적 관점을 기술하였다. 2부에서는 노인복지제도에 대해 다루고 있으며, 3개의 장으로 구성되었다. 2부의 3개 장 모두 김범중 중앙대 교수가 작성하였다. 3장은 노인에 대한 소득보장과 고용보장에 대해, 4장은 노인에 대한 건강보장, 5장은 노인복지와 관련된 법을 주로 기술하였다. 3부는 노인복지서비스에 대한 3개의 장으로 구성하였다. 6장은 장기요양보험과 서비스에 대한 내용으로 곽민영 대구대 교수가 저술하였다. 장기요양보험은 노인복지제도로 포함될 수도 있으나 관련된 서비스에 대한 내용이 많아 이 책에서는 서비스로 포함하였다. 7장은 지역사회 돌봄서비스로 이번에 새롭게 등장한 에이징 인 플레이스에 기반한 지역 및 주거 서비스, 커뮤니티 케어와 노인맞춤형 돌봄서비스 등에 대한 내용으로 정순둘 이화여대 교수가 작성하였다. 8장은 노년기 여가서비스와 교육 관련 서비스에 대한 내용으로 박화옥 강남대 교수가 작성하였다. 4부는 노인복지실천과 사례관리의 2개 장으로 구성되어 있으며, 2개 장 모두 정순둘 이화여대 교수가 작성하였다. 9장은 노인복지실천 방법과 관련된 내용이며, 10장은 노인을 대상으로 한 사례관리의 내용으로 구성되었다. 마지막으로 5부는 노인복지 각론으로 노인복지의 이슈를

머리말

중심으로 기술되었다. 11장은 노인인권관점에 대한 내용과 이를 중심으로 한 노인학대에 관련된 내용을 포함하였으며, 김혜경 백석대 교수가 작성하였다. 12장은 노인의 사회적 관계와 사회참여에 대한 내용으로 특히 최근 이슈가 되고 있는 외로움과 사회적 고립에 대한 부분을 포함하였다. 곽민영 대구대 교수가 기술하였다. 13장은 노인의 정신건강에 대한 이슈로 우울, 치매, 자살 등에 대한 내용을 포함하였으며, 곽민영 대구대 교수가 기술하였다. 14장은 죽음과 호스피스에 대한 내용으로 최근 이슈가 되고 있는 죽음에 대한 사회복지적 지원방안을 논의하기 위해 내용을 보완하였다. 박화옥 강남대 교수가 작성하였다. 마지막 장인 15장은 과학기술과 산업의 발전과 함께 고려해야 할 노인복지에 대한 장으로 4차 산업혁명 시대에 노인복지에서 꼭 고려해야 할 내용을 보완하였다. 박화옥 강남대 교수가 작성하였다.

이번에 출간되는 노인복지학이 노인복지론의 교재로서 갖추어야 할 기본적인 내용뿐만 아니라 변화하고 있는 사회의 트렌드를 반영하고 있다는 점에서 사회복지학을 공부하는 학생들에게 꼭 필요한 책이 되기를 희망한다. 앞으로 더 보완해야 할 내용이나 새로운 트렌드를 반영해야 할 내용은 2판, 3판의 개정판을 통해 업데이트해 나갈 예정이다. 끝으로 이 책을 출간할 수 있도록 도움을 주신 공동체에 감사드린다.

2020년 2월 초 책임저자 정순둘

차 례

차 례

PART

1

노인과 노인복지의 개념

CHAPTER 01

현대 노인문제와 노인복지

장수(長壽)는 개인적으로 선물이며 축복이다. 그러나 가속화되는 저출산 고령화로 인한 인구사회학적 변화로 전 세계는 지금까지 경험하지 못했던 새로운 위험사회에 직면하고 있다. "아무도 뒤처지지 않는(no one will be left behind) 사회"를 이루기 위하여 유엔이 지정한 「2030 지속가능 발전 목표(Sustainable Development Goals)」 어젠다에는 빈곤과 질병, 차별과 인권, 노동과 금융시장, 주거와 사회보장에 이르는 주요 사회문제를 고령화와 관련하여 다루고 있다.

한국은 2000년 고령화 사회로 진입한 이래, 2020년 노인인구 비율이 15.7%에 달하여 전 세계에서 가장 빠르게 고령화가 진행되고 있다. 정부는 지난 20년 동안 매우 다양한 전 방위적인 노인복지 정책을 수립하고 노인들의 삶의 질을 보장하기 위한 노인복지서비스를 개발·수행하였다. 그럼에도 불구하고 여전히 우리 사회는 노인빈곤율과 자살율이 세계 최고수준이며, 급속한 고령화로 인한 다층적이고 복합적인 복지수요를 충족시킬 수 있는 제도와 서비스를 시행하는 데 상당한 한계가 있다. 본 장에서는 노인복지학의 기초 개념으로서의 개인과 사회의 고령화 문제와 우리 사회의 고령화 실태를 간략히 고찰하고, 노인의 개념과 정의, 노인인권과 차별문제를 비롯한 노인복지학의 기초 개념들을 고찰하고자 한다.

1. 인구 고령화와 호모 헌드레드 시대의 도래

1) 인구 고령화의 개념과 인구 고령화 지표

(1) 개인 고령화와 인구 고령화의 개념

인구 고령화(population aging)는 개인 고령화의 사회적 결과이다. 개인 고령화는 의학발달에 따른 유아사망율 및 사망률 저하, 보건위생 및 생활환경 개선으로 인한 개인 수명 연장으로 개인의 노년기가 장기화되는 현상이다. 2020년 기준 한국인의 평균수명은 82.7세로, 한국은 전 세계에서 상위권에 속하는 장수국이다.

- 평균수명/ 기대여명(life expectancy) : 생명표에서 말한 0세, 출생 당시의 평균여명을 평균수명이라 함. 기대여명은 특정한 시점에 생존한 사람이 평균사망연령까지 생존할 수 있는 남아있는 기간임
- 건강수명(active life expectancy) : 평균수명 중 건강하게 생활하는 기간의 평균수명
- 사망률(mortality rate) : 일정한 조건하의 전체 대상 중 사망하는 사람의 비율
- 조사망률(crude death rate) : (1년간 총 사망자수/연간인구) × 100
- 합계출산율(TFR : Total Fertility Rate) : 한 나라의 여성들이 연령별 출산율을 유지한다는 가정하에 한 여성이 일생 출산할 수 있는 평균 자녀수, 일반적으로 자녀출산 가능연령은 15~44(49)세로 보며, 우리나라는 15~49세의 여성을 기준으로 함

인구 고령화는 한 사회의 합계출산율 저하, 평균수명 연장 및 사망률 저하에 기인한다. 즉, 인구 고령화는 노인인구의 절대 수가 증가함과 동시에 유년인구도 감소하면서 한 사회의 노인인구 비율이 증가하고 중위연령도 상승하는 현상이다. 개인 고령화가 개인적 이슈에 초점을 둔다면, 인구 고령화는 전반적 인구정책과 관련하여 국가와 사회 전반의 주요 이슈들을 폭넓게 다루는 거시적 문제이다.

일반적으로 인구 고령화는 한 사회의 사회경제적 진화에 따라 크게 세 단계로 진행된다. 첫째는 고출산 고사망 유형이다. 이는 고령화 전단계로 출생률과 사망률이 동시에 높아 인구가 점진적으로 증가하는 피라미드형(pyramid−shape)이다. 둘째는 고출산 저사망 유형이다. 이는 급속한 사망률 저하와 점진적인 출생률 저하로 노인인구 절대 수는 급증하지만 유년인구 감소는 상대적으로 느려서 전체적인 노인인구 증가가 점진적으로 진행되는 종형(bell−shape)이다. 셋째는 저출산 저사망 유형이다. 이는 출산과 사망률이 동시에 낮아져서 노인인구의 절대 수는 급증하고 유년인구 절대 수는 급감하여 전체 인구 중 노인인구 비율이 상대적으로 급증하는 단계로서 방추형(ball−shape)의 인구 구성을 갖는다. 넷째는 저출산 고사망 유형으로 전체적으로 인구가 감소하는 마지막 유형이다.

우리나라의 경우, 2020년 현재 이미 방추형을 보이고 있고 2067년에는 역삼각형에 근접할 것으로 추론되고 있어, 세계 평균과 비교할 때 한국의 인구고령화는 그 빠른 속도로 인하여 앞으로 더 큰 어려움에 직면할 것으로 예측된다(그림 1−1).

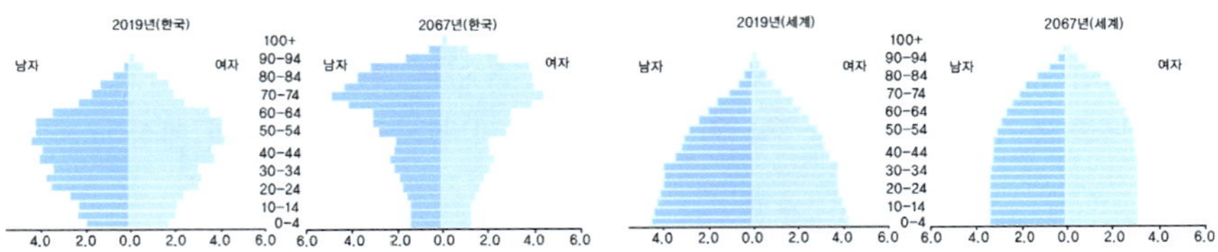

|그림 1-1| **세계와 한국의 인구구조비교**

출처 : 통계청(2019). 장래인구추계.

(2) 인구 고령화 관련 지수

일반적으로 한 사회의 고령화 기준은 노인인구 비율이 7% 이상 14% 미만인 사회를 고령화 사회(aging society), 14% 이상 20% 미만인 사회를 고령사회(aged society), 20% 이상인 사회를 초고령사회(super−aged society)로 규명한 기준에 따르고 있다. 여기서는 장인협과 최성재(2010)의 분류에 따라 5개로 구분하였다(표 1-1).

<표 1-1> 65세 이상 노인인구 비율에 따른 국가사회 분류

총인구 중 65세 이상 노인인구 비율	국가사회 분류
4% 미만	청년기사회(Young Society)
4% 이상 ~ 7% 미만	장년기 사회(Matured Society)
7% 이상 ~ 14% 미만	고령화 사회(Aging Society)
14% 이상 ~ 20% 미만	고령사회(Aged Society)
20% 이상	초고령사회(Super-Aged Society)

출처 : 최성재 · 장인협(2010). 고령사회의 노인복지학. 서울대학교 출판문화원.

한편, 인구 고령화 정도를 보여주는 인구학적 지표로는 노령화 지수와 노년부양비가 있다. 이는 전체 인구를 유년인구(0~14세), 생산인구(15~64세), 노인인구(65세 이상)로 구분하고 이를 기준으로 노인인구의 특성을 설명한다(표 1-2).

<표 1-2> 인구 고령화 관련 인구학적 지표

지수명	정 의	비 고
노령화 지수	14세 이하 인구 대비 65세 이상 노인인구의 백분율 * 노령화지수 = (노인인구 / 유소년인구) × 100	유년인구(0~14세) 생산인구(15~64세) 노인인구(65세 이상)
노년 부양비 (부양비)	생산인구 100명당 노인인구의 백분율 * 노년부양비 = (노인인구 / 생산인구) × 100 * 유소년부양비 = (유소년인구 / 생산인구) × 100 * 총부양비 ={(유소년인구 + 노인인구)/ 생산인구} × 100	

2) 호모 헌드레드 시대의 도래와 사회적 과제

우리는 평균적으로 우리 부모보다 더 오래, 조부모 세대보다는 훨씬 더 오래 살게 될 것이다. 장수(長壽)는 개인적으로 축복이며, 고래로부터 모든 이들이 염원하던 복이었다. 그러나 장수가 삶의 축복으로만 여겨지지 않는 사회가 오고 있다. "인구 고령화의 급속한 진전은 시한폭탄이 되고 있다." 2002년 4월 8일 스페인 마드리드 유엔 제2차 세계고령화 회의 연설에서 코피 아난(Kofi Annan) 유엔 사무총장은 다가올 고령사회에 대한 위기의식을 전 세계에 화두로 던졌다. 그 이후 노인과 관련하여 출판되는 수많은 서적들과 연구들은 다가올 고령사회에 대한 기대감과 불안을 보여주고 있다.

유엔 인구통계 추이에 따르면 2020년 기준 전 세계의 기대여명은 평균 78.6세이며, 2050년에는 83.1세로 증가하여 아프리카와 중남미 몇 개국을 제외하고 모두 80세 이상 생존할 것으로 예측된다(통계청, 2020). 우리나라의 경우, 여성의 기대여명은 85.7세로 세계에서 4번째로 장수하는 국가가 되었으며, 100세 이상 노인의 수도 급증하여 우리 사회는 지금까지 경험하지 못했던 새로운 세계－호모 헌드레드 시대에 직면하였다.

개인적으로 장기화된 노년기는 새로운 삶의 기회이기도 하지만, 인구 고령화 문제는 노동시장과 금융자본의 공유와 세대 간 갈등과 같은 '신사회위험'의 주요 요인으로 주목받고 있다. 실제로 인구 고령화는 저출산 현상과 분리하여 생각할 수 없으며, 저출산 고령화 현상은 과학과 의료기술 발달뿐만 아니라 매우 복잡한 사회문화적, 경제적 맥락 가운데 복합적으로 진행된다. 우리나라의 경우, 저출산 고령사회에 대한 위기의식은 2002년 합계출산율이 OECD 최저수준인 1.17을 기록하면서 시작되었고, 2004년 대통령 직속 고령화 및 미래사회위원회를 설치하고 저출산을 국가적 의제로 설정하며 공식적으로 대응해 왔다. 그 이후 2005년 저출산·고령사회기본법을 제정하고 2006년부터 두 차례에 걸쳐 '저출산 고령사회 기본 계획'을 수립하며 10여 년간 무려 80조 원이 넘는 예산을 쏟아부었으나 큰 효과를 보지 못하고 있다. 저출산 고령화 정책은 우리 사회뿐 아니라 전 세계적으로도 아킬레스건이다. 왜냐하면 결혼, 출산, 부양과 같은 문제들은 지극히 사적인 영역임에도 불구하고 사회·국가적 정책으로 개입해야 한다는 점에서 태생부터 딜레마를 안고 있기 때문이다. 그러나 결혼, 출산, 부양과 같은 사적인 선택도 안정적인 사회구조와 범국가적 지원 제도의 성숙 정도에 따라 선택과 결정의 방향이 달라질 수 있어 저출산 고령화 정책의 중요성에 대한 국가들의 정책적 고심도 깊어지고 있다.

개인적으로나 사회적으로 충분한 준비가 없이 직면하게 된 인구 고령화는 가족 내 부양 및 세대 간의 관계와 같은 미시적 영역은 물론, 고용과 임금시장, 주거와 교통, 사회보장 및 보건의료시스템과 같은 거시적 영역의 다양한 사회문제에 대한 해결을 요구하고 있다. 이에, 인구 고령화 문제는 노인에 대한 사회적 부양부담 증가, 사회경제적 생산성 저하, 세대 간의 갈등 등으로 사회적 침체와 자원고갈을 초래할 것이라는 비관적이고 부정적인 인식이 주를 이룬다. 따라서 인구 고령화 문제는 미시적으로는 장기화된 노년기의 개인, 가족, 사회의 적응 과제를 탐색하는 것이며, 거시적으로는 노인들이 사회의 건강한 구성원으로서 적응하고 살아갈 수 있는 효율적이고 효과적인 정책과 서비스를 수립하고 제공하는 방안을 모색하는 것이다.

그러나 인구 고령화에 대한 다른 시각의 주장도 있다. 유엔의 인구보고서(UN, 2017)에서는 개인의 노령화와 인구 고령화는 새로운 사회적 위험요인이 되고 있지만 포괄적이고 적절한 정책과 제도와 함께 풀어간다면 개인과 사회에 도전이며 기회로서 작동될 수 있다고 시사하고 있다. 실제로 상당수의 노인들은 가족원들을 재정적으로 지원하고 부양하거나 손자녀 양육과 돌봄을 통해 세대 간의 교류를 활발히 하고 있다. 한편 여전히 많은 노인들은 숙련된 노동력과 봉사자로서의 사회적 역할을 담당하는 중요한 지역사회 인적자원이다. 또한 전 세계적으로 고급 빌라와 자동차, 리조트 회원권의 주 구매자는 50대 이후의 시니어집단이며, 성공적 노화의 과정으로 유연하게 진입하는 노인들의 수도 증가하고 있어 고령층의 내적 특성에 따른 욕구와 역량은 급속히 다변화하고 있음도 주목해야 한다.

따라서 인구 고령화로 인한 사회문제에 대응하기 위하여 개인과 사회의 인식전환을 기본으로 생활 세계 모든 분야에서 사회와 정부차원의 혁신적인 전환이 요구된다. 2017년 유엔의 인구보고서에 따르면 실제로 전 세계적으로 매우 광범위한 분야에서 노인 관련 정책들이 개선 혹은 수립되고 있다. 많은 나라들이 노년기 소득보장정책으로 연금제도를 개혁하고 지속가능한 재정적 안정성 확보, 양성평등정책과 연령차별해소를 위한 정책을 강화하고 있다. 한편 고용시장에서 노인들의 기회확대를 위하여 법정 은퇴연령을 조정하거나 정규노동시장에서의 연령장벽을 낮추고 고령자의 재취업 규정 확대 및 유연근무제 도입을 적극 추진하고 있다. 또한 보건의료체계의 개선을 통해 노인들의 인지, 신체, 정신적 건강을 유지하고, 예방적 차원의 의료서비스를 확대하고 있다. 한편 엑티브 에이징(active-aging)을 롤 모델로 하여 노인교육에 투자하고 평생교육 시스템을 개선 확대하는 정책도 활발히 진행되고 있다.

3) 세계의 인구 고령화 양상과 주요 이슈

(1) 세계의 고령화 실태와 추이

유엔 인구통계에 따르면 1950년 전 세계 인구의 평균 기대여명은 50세 미만이었다. 그러나 60년대 이후 사망률이 급감하면서 2000년 전 세계 지역 기대여명은 평균 73.2세로 증가하였다. 그 후 2020년 기준 전 세계 평균 기대여명은 78.6세, 2050년에는 평균 83.1세로 증가할 것으로 예측된다.[1)] 한편 지역별로 보면 북미 > 유럽 > 오세아니아 > 중남미 > 아시아 순이며 아프리카의 기대여명은 여전히 매우 낮다. 그러나 기대여명 상승률을 보면 아프리카 > 아시아> 중남미 지역 순서로 가파르게 상승하고 있는데, 이 지역은 인구규모가 큰 지역으로 향후 인구 고령화의 세계적인 지형변화에 큰 변수로 작용될 가능성이 높다.

---

1) 2020년 각국의 기대여명의 순위는 일본 84.4> 이탈리아 83.3> 오스트레일리아 83.2> 한국 82.8로 한국 기대여명이 가장 큰 폭으로 증가하였음(통계청, 2020; UN World Population Report, 2017).

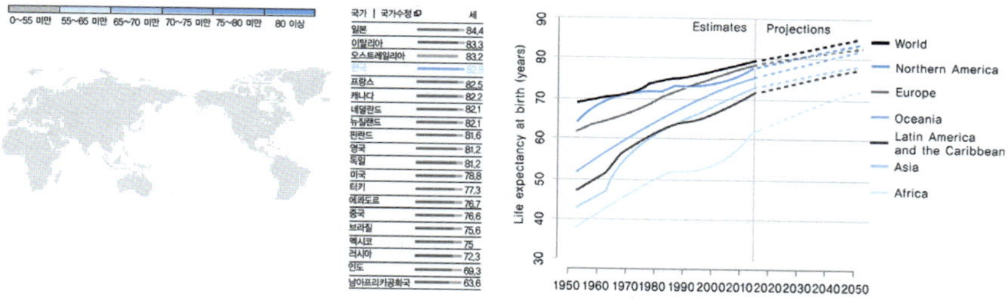

|그림 1-2| **전 세계 지역별 기대여명 비교(2020년 기준) 및 기대여명의 변화추이**

출처 : 통계청(2020). 세계의 인구동향; UN World Population Report(2017).

개인 고령화의 세계적 추세는 역시 전 세계적 인구 고령화로 연결된다. 2000년도 이후 노인인구 증가의 속도는 매우 빠르게 진행되고 있다. 60세 이상 노인인구는 1980년에 3억 8,200만 명에서 2017년에 약 9억 6,200만 명으로 증가하여 2배 이상의 증가율을 보였으며, 2050년에는 21억 명이 될 것으로 추론된다(UN World Population Report, 2017). 더욱이 80세 이상 고령 노인인구는 더욱 급속하게 증가하여 2017년 약 1억 4,000만 명에서 2050년까지 약 4억 3,000만 명으로 3배 이상 증가할 것으로 예측되어 '노인 인구의 고령화'가 함께 진행되고 있다.

세계 인구 고령화 현상에서 주목해야 할 것은 인구 고령화의 세계적 확산 양상에 따른 문제이다. 2017년 유엔의 세계인구 보고에 의하면 2017년부터 2050년까지 아시아와 중남미 지역에서는 소득계층이 낮은 중장년 인구 대거 노인인구 유입이 예측된다. 반면에 유럽과 북미에서 노인인구로 유입되는 중장년 인구는 상대적으로 고소득 계층이며 인구 규모도 월등히 적다. 이러한 현상은 다음과 같이 설명할 수 있다. 첫째, 이미 저출산 고령사회로 진입한 북미와 유럽의 국가들은 낮은 출산율로 인한 인구감소가 시작되어 노인인구의 절대 규모도 줄어든다는 점, 둘째, 인구 고령화의 후발주자인 인구과밀 저소득 국가에 속하는 중남미 및 아시아 지역의 국가들은 2000년 이후 저출산 고령화가 가속화되어서 그동안 상대적인 고출산으로 출생한 젊은 인구가 노년기에 접어드는 2000년대 중후반기에 노인인구의 절대 수가 증가하게 되고 시간이 지남에 따라 이들은 전 세계 노인인구의 상당비율을 차지하게 되며, 향후 저개발 국가 노인인구의 절대 수가 급증하면서 세계적으로 노인빈곤화가 가속화될 가능성을 시사한다.

(2) 세계 인구 고령화의 문제와 이슈

인구 고령화는 개인의 삶은 물론 국가사회 모든 영역에 엄청난 영향력을 미치고 있으며, 어느 한 사회와 국가의 문제가 아닌 인류가 직면한 새로운 사회위험의 주요 원인으로 대두되었다. 인구문제는 단기간에 그 실체를 파악하기가 쉽지 않을 뿐 아니라, 현상이 나타난 이후에는 그 흐름을 바꾸기가 매우 어렵다. 따라서 적시에 적절한 대응을 찾지 못한다면 미래 인류의 삶은 예측하기 어려운 심각한 상황에 처하게 될 것이다. 이에 국가 간의 연대와 협력을 통한 대응방안 모색은 중요한 과제이다.

세계 인구 고령화의 동향을 살펴 볼 때, 다음과 같은 특성을 발견하였다. ① 개인의 노령화와 인구 고령화 추세는 전 지구적인 현상이며, 고령화 속도와 정도가 가속화·심화되어 21세기 후반 전 세계는 고령사회로 접어들 전망이다. ② 인구 고령화 선발주자로서의 북미유럽에 비하여 후발주자인 중남미 아시아 국가의 급속한 고령화는 인구 고령화의 외적 특성뿐 아니라 노인인구의 내적 다양성에 많은 영향을 미치며, 특히 노인인구의 세계적 빈곤화를 초래할 위험이 있다.

결론적으로 인구 고령화의 문제는 의료, 사회, 정치경제적 요인의 복합적 맥락 가운데 발생한 개인 고령화와 출산율 저하와 같은 현상들의 종합체로서 나타났기 때문에 이를 해결하거나 완화하기 위하여 개인과 사회국가적 차원에서 모든 영역에 걸친 혁신적 개혁이 함께 수반되어야 할 전 지구적 과제이다.

4) 우리나라의 인구 고령화 양상과 특성[2)]

(1) 출산율과 사망률, 인구성장률

우리나라의 출산율은 지난 40년간 지속적으로 감소하고 사망률은 지속적 증가추세이다. 출산율의 급감에 이어 사망률의 급증이 진행되면서 인구고령화와 인구감소율이 세계에서 가장 빠르다. 총인구는 2028년 5,194만 명까지 증가한 후 감소, 2067년 3,929만 명(1982년 수준)으로 감소되고, 인구 자연감소는 2019년부터 시작될 전망이다.

<표 1-3> 합계출산율·사망률·인구성장률 및 총인구 추이(1977~2067)

구 분	1977	1987	1997	2007	2017	2019	2027	2037	2047	2057	2067
출산율(%)	2.99	1.53	1.52	1.25	1.05	0.94	1.08	1.25	1.27	1.27	1.27
사망률(%)	5.4	5.9	5.3	5.1	5.7	6.1	7.5	9.8	13.6	14	15
인구 성장률(%)	2.34	1.56	0.99	0.94	0.51	0.28	0.2	0.02	−0.26	−0.7	−1.15
총인구 (만 명)	3,013	3,641	4,162	4,595	4,868	5,136	5,171	5,193	5,138	4,891	4,439

출처 : 통계청(2019). 장래인구추계. e－나라통계.

(2) 인구 고령화 추이 : 기대여명, 중위연령, 노인인구 수와 비율 추이

우리나라는 지난 40여 년 동안 기대여명과 더불어 평균수명, 중위연령이 높아지는 인구 고령화가 진행되었으며, 노인인구 비율은 2000년 전체인구의 7.2%를 넘어 고령화 사회로 접어든 이후, 급속하게 증가하고 있다. 한편 노년부양비와 노령화 지수의 증가속도도 2000년 이후 매우 가파르게 증가하고 있어서 세계에서 가장 빠른 고령화가 진행되고 있다.

---

2) 우리나라는 2008년 개정된 노인복지법 제5조에 따라 3년마다 노인의 보건 및 복지에 관한 실태조사를 실시하고 있으며 매년 노인의 날을 기하여 고령자 관련 주요 통계를 요약한 고령자통계와 주제별 기획 통계를 작성하고 있음. 여기서는 2019년 고령자통계와 2020년 기준 통계청 자료를 기초로 우리나라 인구 고령화의 양상을 간략히 살펴보고 주요 이슈를 정리하였음

<표 1-4> 기대여명 및 중위연령의 변화 추이(1977~2067)

구 분	1977	1987	1997	2007	2017	2019	2027	2037	2047	2057	2067
기대여명 (남/ 세)	60.9	65.9	70.7	75.9	79.7	79.8	82	84	85.8	87.2	88.5
기대여명 (여/ 세)	69.1	74.3	78.7	82.4	85.7	86.2	87.2	88.6	89.8	90.8	91.7
중위연령 (세)	20.5	25.4	30.3	36.1	42	45.2	47.8	53.1	56.8	60.5	62.2

출처 : 통계청(2019). 장래인구추계. e-나라통계.

<표 1-5> 노인인구 비율, 노년부양비, 노령화 지수의 변화추이(1977~2067)

구 분	1977	1987	1997	2000	2007	2017	2019	2027	2037	2047	2057	2067
노인인구 비율(%)	3.6	4.5	6.4	7.2	9.8	13.9	15.7	22.3	31.4	38.4	42.3	46.5
노년 부양비	6	6.7	8.9	10.1	13.5	19.1	21.7	33	53.4	73.3	85.7	102.4
노령화 지수	12.5	19.5	32.4	34.3	69.6	105.1	129	220	332.6	417.2	513.6	574.5

출처 : 통계청(2019). 장래인구추계. e-나라통계.

(3) 우리나라 노인인구의 내적 특성

① 코호트별 노인 특성의 다양화와 노인인구의 고령화

1955년부터 1963년에 출생한 인구집단을 베이비부머 세대라고 일컫는데, 2019년 기준 우리나라 베이비부머는 723만 명으로 전체 인구의 약 15%이다. 베이비부머 세대는 한국의 산업화를 이끈 주역으로 이전 세대의 노인들에 비하여 사회경제적 수준이 높고 임금노동자로서 중산층의 정체감(61.6%)과 이들 특유의 생활양식과 가치관을 갖고 있으며, 내적 다양성이 높은 집단이다. 우리나라의 고령화는 베이비부머 세대가 법적으로 노인인구에 유입되는 2020년을 전후로 진행속도와 내적 다양성이 급진전될 것으로 예측되며, 이들의 욕구를 반영한 교육 및 여가 프로그램과 인프라, 새로운 고용시장 창출과 같은 프로그램과 복지정책을 개발해야 할 것이다.

한편 '노인인구의 고령화' 현상도 주목해야 할 것이다. 노인인구 중 75세 이상의 고령노인의 증가가 매우 빠르게 진행되고 있으며, 100세 노인의 급증현상도 뚜렷하여 노인인구의 취약성이 높아지고 있다. 2010년 전국에 1,835명이었던 100세 노인은 2019년 기준 전국에 20,160명으로 약 10년 동안 10배 이상 증가하였다(통계청, 2019). 이와 같이 노인인구의 내적 고령화로 인해 향후 의료 및 요양 서비스, 주거와 다양한 복지 프로그램 개발의 중요성과 필요성이 높아지고 있다.

② 빈곤화, 양극화, 소득의 성별격차

우리나라의 노인 빈곤율은 OECD 국가들 중 최고의 수준이다. 2018년 중위소득 50%를 기준으로 할 때 2018년도 기준 노인 빈곤율은 46.1%이다. 2018년 전체 국민기초생활보장 수급자 중 65세 이상 노인 수급자는 54만 3천 명으로 전체 수급자의 32.8%이다. 여성노인이 남성보다 2배 많고, 독거노인 중 여성 비율은 80%가 넘어 노인 빈곤의 성별격차도 주목된다(한국보건사회연구원, 2014).

외국의 경우, 평균적으로 생애주기별 빈곤율이 평탄하게 분포되어 있다. 그러나 우리나라는 2015년 조사 결과, 근로연령층과 퇴직연령층의 빈곤율 차이는 5.4로 노인계층이 청장년층보다 5.4배 더 가난하다. 이는 우리나라의 소득보장제도가 노동시장에서 벗어나는 51세 이후의 소득보장을 위한 공적이전제도가 빈약하여 노인 빈곤율이 급격하게 증가하게 되는 구조이기 때문이다. 정부는 2014년 7월 노인기초연금제도를 도입한 이후, 2018년 7월 기초연금을 25만 원으로 인상하고 개별급여형태로 전환하는 등의 노인 소득보장을 위한 정책적 노력을 시도하여, 노인연금 수령자 비율과 수령액이 꾸준히 증가하고 1인 가구 및 여성노인 가구 등의 취약 노인집단 빈곤율 감소효과도 나타나고 있으나 여전히 열악하다.(여유진, 2019; 임완섭, 2018).

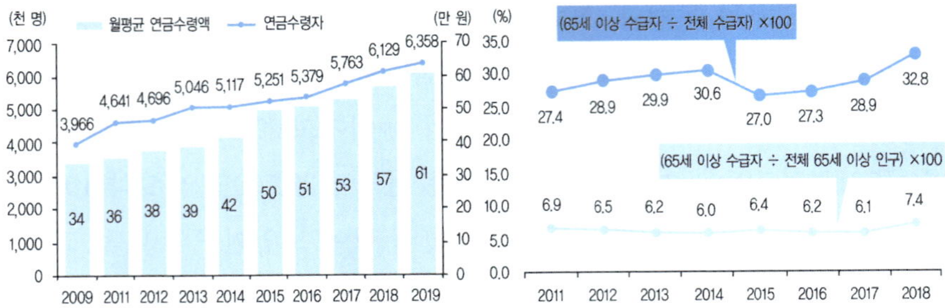

자료 : 통계청. 경제활동인구조사 고령층 부가조사.

자료 : 보건복지부. 국민기초생활보장 수급자 현황.

|그림 1-3| **노인들의 연금수령액과 연금수령자 수 및 국민기초생활보장 수급자 현황**

③ 노인인구의 지역 간 격차

우리나라의 인구 고령화는 도농 간에 뚜렷한 차이가 있다. 고령화가 가장 심화된 곳은 전남(22.3) > 경북(19.8) > 전북(19.7) > 강원(19.0) > 부산(17.5) 순이고, 세종(8.9) < 울산(11.1) < 경기(12.0) < 인천(12.6) 순으로 고령화 수준이 낮아 동부지역이 도군보다 더 젊은 지역임을 시사한다. 지역 간 고령화 차이는 지역특성을 반영한 맞춤형 고령화 정책설계의 중요성을 시사한다. 특히 초고령사회로 접어든 군단위 지역이 증가하면서 지역사회 중심의 복지·보건의료 및 사회적 인프라 구축을 통한 커뮤니티 케어 시스템의 효율적 설계가 필요하다.

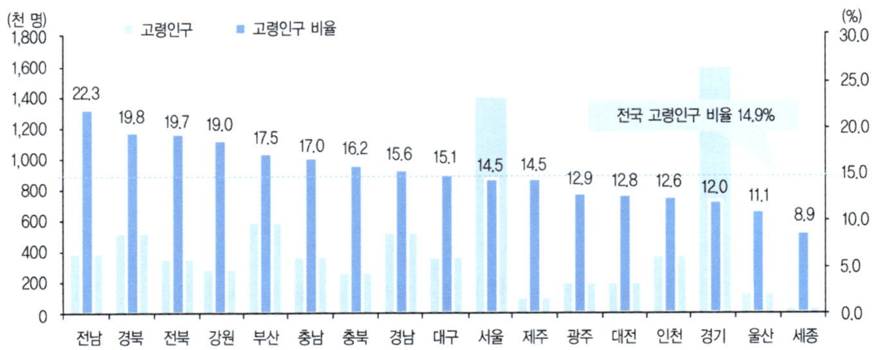

|그림 1-4| **고령인구의 지역분포 비교**

자료 : 통계청. 시도별 장래인구특별추계.

④ 생활양식과 가치관의 변화

노인들의 주거 다양성이 증가하고 있다. 2018년 기준 우리나라 전체 가구의 21.8%가 고령자 가구(가구주 연령이 65세 이상 가구)이며, 이들 중 1인 가구가 34.2%, 노인부부가구가 33.2%로 노인가구의 67.4%가 노인들로만 구성된 가구이다. 주목할 점은, 이들 노인가구원들 중 다수가 자발적으로 자녀와 분리거주를 선택하였고, 이들 중 약 30%는 개인의 삶을 즐기기 위하여 현 거주지에서 독립적으로 살고 싶다고 하였으며, 이들 중 44.5%가 불편함이 없다고 하였다. 그러나, 상대적으로 취약한 저소득 독거노인들은 빈약한 사회적 관계망으로 인한 소외감과 외로움, 막막함을 호소하고 있으며, 이들은 돌봄에 대한 절실한 욕구를 갖고 있었다.

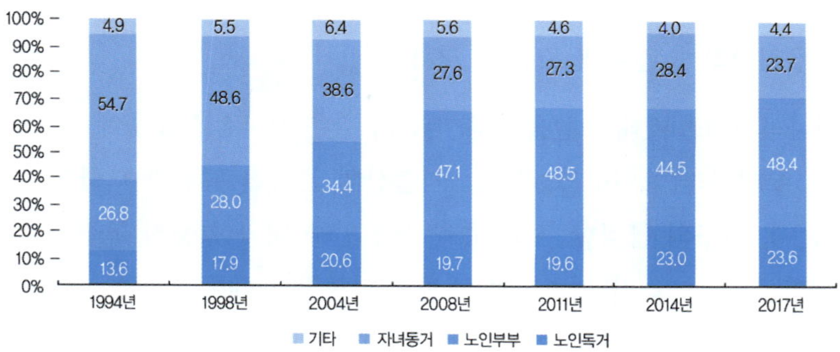

|그림 1-5| **우리나라 노인(65세 이상) 가구 형태 변화(1994~2017년)**

자료 : 정경희(2018). 노인의 가족 현황과 전망. 보건복지포럼, 2018(10).

공동주택에 거주하는 노인가구의 비율이 50.4%로 나타나 단독주택 거주자 비율보다 많아졌으며 이런 추세는 지속적으로 증가하고 있다. 한편 노인들 대부분(88.6%)은 현재 살고 있는 집에서 지속적인 거주를 희망하였으며, 심지어 거동이 불편해져도 재가 서비스를 받으며 친숙한 거주지에서 살기를 원한다고 하였다.

55세에서 79세의 노인들 중 64.9%가 지속적으로 일하기를 원하였으며, 장래 근로를 원하는 노인계층은 꾸준히 증가하며, 주된 근로 목적은 경제적 이유였다. 이는 베이비부머 세대의 유입에 따른 현상으로 보인다. 통계청의 한 조사에 의하면 노인들의 58.2%는 취미활동으로 노후를 보내고 싶다고 하였으나 실제로 노인들은 여유있는 삶보다는 부지런한 삶을 강요받는 경우가 더 많아 보인다.

고령자들의 문화 여가 사회참여 양상에도 변화가 뚜렷하다. 2018년 노인들의 인터넷 이용률은 60대가 88.8%이며 70~80%가 매일 1회 이상 사용하고 있어서 노인들의 디지털 리터러시 수준은 꾸준히 향상되고 있었다. 한편 노인들의 가족 및 가족관계에 대한 인식과 가치관도 변하고 있다. 노인들의 이혼건수와 재혼건수 및 재혼율도 지난 20년 동안 꾸준히 개방적으로 변화하고 있으며, 특히 여성노인들의 재혼율 증가폭이 남성에 비하여 더 높아 가치관의 변화가 있음을 알 수 있다.

(4) 우리나라 노인실태 고찰의 시사점

우리나라의 노인실태 고찰을 통해 다음과 같은 시사점을 도출해 낼 수 있다.

첫째, 우리나라의 인구 고령화는 저출산의 급속한 진전과 더불어 나타난 속도 문제, 인구의 급격한 감소 문제, 노인인구 내의 이중적 고령화 문제에 집중해야 한다. 이러한 맥락을 이해하고 저성장 시대에 접어든 고령사회의 복합적인 역기능을 예측하며 효과적이고 효율적인 대응체계를 마련할 필요가 있다.

둘째, 고령화의 지역격차에 대한 분석과 현장성을 반영한 노인복지정책을 수립하기 위하여 지역의 노인실태에 대한 세분화된 분석이 요구된다.

셋째, 노인인구 내 질적·구조적 다양성뿐 아니라 이에 영향을 주는 다양한 요인을 내포한 객관적 자료를 잘 분석하여 노인인구의 욕구와 지역 자원의 활용을 통한 노인복지제도 및 프로그램 개선에 활용해야 한다.

2. 노인의 개념과 연령주의(Ageism)

1) 노인 용어의 이해

노인은 시대와 사회에 따라 여러 가지 용어로 표현되었으며 그 의미에도 차이가 있다. 미국의 경우 old(늙은, 나이든)라는 단어는 오래된(antiquated), 구식(archaic), 지친(worn), 폐기된(discarded), 쇠약한(debilitated), 병약한(infirm), 노쇠한(frail) 등의 부정적 의미를 내포하고 있어 선호되지 않는 반면(김주현·김지혜, 2012), 원로(senior), 연장자(elder), 노장(veteran) 등의 용어가 긍정적으로 쓰이는 용어이다.

유엔의 세계 노인의 날은 공식적으로 'The International Day of Older Person'로 명시되었으며, 유럽연합 기본권현장의 25조에서 노인의 권리는 'the right of the elderly'라고 표기하고 있어서 나이 든 사람(older person), 고령자(the elderly), 은퇴자(retired person) 등의 용어가 중립적이고 공식적인 용어로 많이 사용되고 있다.

우리나라에서는 고령자에 대한 명칭은 '노인, 고령자, 노령자, 노쇠자, 노약자' 등의 용어가 혼재하고 있다. 공식적으로는 노인이나 고령자를 주로 사용하며, 고령자라는 의미에는 생산성을 지닌 존재로서의 의미가 좀 더 내포되어 있다고 해석하고 있다(양옥남 외, 2016). 최근에는 노인이나 고령자 외에 실버세대, G세대, 어르신, 시니어 등의 용어가 확산되고 있으며 보편적으로 직접적인 대화에서는 어르신이란 용어가 존칭으로 많이 사용되는 추세이다.

2) 노인의 개념과 정의

한 사회는 연령에 따라서 무엇이 바람직한 행동인지를 기대하고 사회적으로 규정하는데 이를 '연령규범(age norm)'이라고 하며, 이는 노인을 규정하는 기준이 될 수 있다. 그러나 규범은 그 사회의 준거틀이 변화함에 따라 변화하는 개념이기 때문에 국가, 지역, 시대의 사회문화적 환경이나 기타 요인에 따라 연령, 성별, 지위에 따른 행동양식과 태도는 다르게 규정될 수 있다.

지금부터 50년 전에 우리 사회에서 여성들에게 요구되던 덕목은 2020년에는 더 이상 유효하지 않은 것들이 많으며, 북미, 유럽의 청소년들의 행동규범은 아시아나 아프리카의 청소년들에게는 규범적이지 않을 수 있다. 특히 우리 사회의 노인에 대한 개념과 정의는 생애 주기적으로(life cycle) 보다 명확한 역할이나 과업이 있는 유소년이나 장년에 비하여 훨씬 모호하고 주관적이다. 이는 급변하는 사회문화적 환경과 가치관의 변화, 신체적 건강수준의 향상과 같은 다양한 요인들과 상관관계가 높다.

(1) 노인에 대한 일반적 정의

어떤 사람이 노인인가? 일반적으로 노인을 정의하는 데 생물학적, 심리적, 사회적 측면의 특성을 기준으로 ① 생리적 및 생물학적 면에서 퇴화기에 있는 사람, ② 심리적인 면에서 정신기능과 성격이 보수, 온건, 의존, 경직성향으로 변화되고 있는 사람, ③ 사회적인 면에서 지위와 역할이 상실된 사람으로 정의하고 있다.

1951년 제2회 국제 노년학회(International Association of Gerontology, 1951)에서는 노인을 "인간의 노령화 과정에 나타나는 생리적, 심리적, 정서적, 환경적 및 행동의 변화가 상호작용하는 복합과정에 있는 자"로 정의하였다. 구체적으로 ① 환경 변화에 적절히 적응할 수 있는 조직 기능이 감퇴하고 있는 사람, ② 생체의 자체 통합능력이 감퇴하고 있는 사람, ③ 인체의 기관, 조직, 기능에 쇠퇴현상이 일어나는 시기에 있는 사람, ④ 생체의 적응능력이 점차로 결손되고 있는 사람, ⑤ 조직의 예비능력이 감퇴하여 환경변화에 적절하게 적응하지 못하는 사람이라고 정의하였다.

한편 브린(Breen, 1960)과 비렌(Biren)은 노인을 생물학적, 심리적, 사회적인 특성으로 구분하여 정의하였으며, 구체적으로 ① 생체의 통합능력과 적응능력이 점차로 감퇴하여 퇴화하고 있는 사람, ② 심리적인 면에서 정신기능과 성격이 변화하고 있는 사람, ③ 사회적으로 지위와 역할이 상실된 사람으로 정의하였다.

(2) 노인을 정의하는 준거로서의 연령

일반적으로 노인은 다음과 같은 다양한 기준에 따른 연령을 준거로 하고 있다.

① 역연령(曆年齡, chronical age)

연대기적 연령이라고 하며, 사회적 관습과 행정적 기준으로 보편적으로 사용되는 연령기준이다. 따라서 사회적 환경과 행정규정에 따라 노인에 대한 역연령은 차이가 있다. 유엔총회와 사회권규약위원회는 60세 이상(UN OHCHR, 1966), 유럽연합은 65세 이상 인구를 노인으로 본다. 우리나라는 노인복지법과 기초생활보장법에서는 65세, 고용보험법과 근로기준법상에서 고령근로자의 역연령 기준은 55세이다.

외국의 경우, 학자들에 따라 노령선을 다르게 규정하였으며, 노년기가 장기화되고, 노인들의 특성을 하나의 연령으로 구분하는 것이 기능적으로 부적절하다는 견해들에 따라 유엔은 2015년 평생연령 5단계를 제시하기도 하였다(표 1-6).

<표 1-6> 노인 구분에 대한 연령기준

<table>
<tr><th>학 자</th><th>연령구분</th><th>기 관</th><th>연령구분</th></tr>
<tr><td>뉴가르텐
(B. Neugarten)</td><td>55세~64세 연소노인
65~74세 중고령노인
75세 이상 고령노인</td><td rowspan="2">미국
인구통계국</td><td rowspan="2">55~64세 the olders
65~74세 the elders
74~84세 the aged
85세 이상 the very old</td></tr>
<tr><td>브로디
(Brody)</td><td>60~64세 연소노인
65~74세 중고령노인
75세 이상 고령노인</td></tr>
<tr><td>애칠리
(Atchley)</td><td>60~74세 연소노인
75~84세 중고령노인
85세 이상 고령노인</td><td>UN 인구통계국
(UN 평생연령
5단계, 2015)</td><td>0~17세 미성년자
18~65세 청년
66~79세 중년
80~99세 노년
100세 이후 장수노인</td></tr>
</table>

② 기능적 연령(functional age)

개인이 사회에서 어떤 특수한 일의 수행을 위해 필요한 직무능력 차이를 생물학적, 심리적, 사회적 연령을 통합적으로 고려하여 규정한 준거 연령이다.

예 교수 퇴직연령, 운전면허 취득연령, 성직자 퇴직연령, 초등학교 입학연령 등

③ 심리적 연령(psychological age)

시간의 경과에 따라 나타나는 정신기능, 정신적 구조의 변화에 따른 나이로 성격과 심리적 성숙도를 나타내는 연령이다.

예 조숙한 청소년, 의젓한 아이, 어른 아이

④ 사회적 연령(social age)

사회의 규범과 기대에 따라 주어진 역할을 수행하는 정도를 판단기준으로 평가한 연령이다. 사회적 연령은 일반적으로 한 사회의 사회문화적 환경과 관련이 높아 어떤 역할에 대한 사회적 고정관념, 전통과 문화와 같은 비규범적 기준이나 법과 같은 규범적 기준의 영향을 받는다.

예 ~ 할 나이, ~ 할 때(은퇴, 결혼적령기, 학교 갈 나이, 취직할 나이 등)

⑤ 생물학적 연령(physical age)

신체적 활력 정도를 따지는 나이로서 육체연령이라고도 한다.

예 건강연령, 건강수명, 소년, 청년, 장년, 중년, 노년

⑥ 자각연령(self-recognized age)

노인 자신이 개인적으로 판단하여 스스로 노인으로 인정하는 연령으로 노성자각이라고도 한다. 일반적으로 청년기까지는 역연령과 자각연령 간의 격차가 적지만 중년기 이후 자각연령과 역연령 간의 주관적 인식 차이는 커진다. 우리나라 노인들의 노성자각연령은 상당히 높은 편이며, 해마다 노인 당사자들의 노성자각연령은 지속적으로 높아지고 있다. 2017년 노인실태 조사에 따르면 조사대상 노인의 86.3%가 노인의 연령기준을 70세 이상으로

생각하고 있었으며, 75세 이상으로 응답한 비율도 27%에 달하였다. 성별에 따라 노성자각은 차이가 있다. 여성노인들의 노성자각은 남성에 비하여 낮았는데, 이는 여성들이 생물학적 노화를 더 분명하게 인지하고 사회적 역할(할머니)에 진입하는 시기가 남성보다 이르기 때문이라고 추론된다.

3) 노인에 대한 고정관념과 노인차별

(1) 노인에 대한 태도(Attitude)와 고정관념(Stereotype)

한 사람이 어떤 사람이나 대상에 대하여 가지는 태도는 그 개인이 그 대상에 대해 갖는 신념들의 강도와 반응에 대한 평가의 함수이다(홍대식, 1987). 한편 트론스탬(Tronstam, 1986)은 태도를 정서 혹은 감정적인 측면과 지식 혹은 인지적 측면, 그리고 행위적인 측면 등의 요소로 구성된 복합적 개념으로 정의하고 태도를 구성하는 감정, 인지, 행동 요소들은 대상에 대한 범주화과정을 통하여 형성되며 이러한 범주화는 사회화과정을 통하여 이루어진다고 하였다(이금룡, 2004 : 145p 재인용). 노인에 대한 태도는 가족, 또래집단, 학교, 그리고 대중매체 등 사회화 담당자들을 통한 인지적 과정에서 이루어지며, 이러한 인지적 과정은 감정과 행동요소들과의 상호작용을 통하여 궁극적으로 노인에 대한 태도를 결정짓는다고 하였다.

일반적으로 노인에 대한 부정적인 태도는 부정적, 소극적, 비과학적인 통념과 인식에서 비롯되는 경향이 강하다. 1990년대 이전에 이루어진 젊은 세대의 노인에 대한 인식과 태도에 관한 비교적 초기의 연구들에 의하면 젊은 세대는 노인을 매력 없고 무능력하며 병약하고 성적으로 무관심하고 생산성이 낮은 소외된 사람들이라고 부정적으로 인식하고 있었다. 특이한 것은 젊은 세대뿐 아니라 노인 세대 자신들도 노인을 노쇠하고 고지식하며 가족과 사회에 의존적인 비생산적인 존재로서 인식하는 경향이 강한 것으로 나타났다(김혜경, 2015).

이와 같은 노인에 대한 부정적 태도와 인식은 부정적 고정관념으로 고착된다. 고정관념(stereotype)이란 과학적인 근거는 없으나 대부분의 사람들이 그럴 것이라고 믿고 따르는 생각의 일체를 말하며 일반적으로 통념이라고 한다. 특히 고정관념은 부정적인 성격이 강한 특성들을 특정 집단이나 사람에게 차별 없이 귀속시켜서 근거가 없음에도 불구하고 대다수의 사람들이 이를 진리 혹은 사실로 받아들이게 하는 속성이 강하다. 또한 부정적 고정관념은 주류의 관점에서 사물이나 사건, 사람을 평가하는 경향이 강하여 편파적이고 왜곡의 소지가 높아 소수자와 약자에 대한 차별의 근거가 된다. 더욱이 이러한 부정적 고정관념과 인식이 일반화될 때 노인낙인과 연령주의(연령차별, ageism)로 연결되며, 노인인권은 침해당하게 된다(조수현·정순둘, 2019).

그러므로 노인에 대한 부정적 고정관념을 벗어버리고 노인과 노년기, 노화에 대한 합리적이고 객관적인 인식에 근거한 균형있는 태도를 형성하게 하는 것은 개인적으로나 사회적으로 매우 중요한 과제이다. 다행히 서구는 물론 우리나라에서도 2000년대 이후 노인들의 사회경제적 지위가 향상되고, 일부 대중매체 등을 통해 산발적이지만 긍정적 노인상을 보여주는 롤모델이 소개되는 등의 환경변화로 인하여 노인에 대한 젊은이들의 태도와 인식은 중립적이거나 다소 긍정적으로 변화되고 있다. 특히 고정관념 형성과정의 비합리성을 줄이고 긍정적 사회화 강화를 위해 효과적이고 지속적인 노인 교육이나 세대 간의 긍정적 관계의 질을 경험할 기회 제공의 중요성이 강조되고 있다(김혜경, 2015).

(2) 연령차별주의(Ageism)[3)]

차별(discrimination)은 특정인·집단에 대한 선입견 또는 부정적 태도로, 특정인·집단에 대한 부정적 태도와 행위를 모두 포함하는 개념이다. 일반적으로 차별은 인지적 차별과 정서적 차별, 그리고 차별적 행동으로 구분하며(Dovidio, Kawakami, & Gaertner, 2000), 연령차별주의는 역연령에 근거하여 한

3) 연령차별주의(ageism)는 연령으로 인해 발생하는 모든 종류의 차별 전체를 의미하나(Hagestad & Uhlenberg, 2005), 통상적으로 노인에 대한 차별에 문제를 제기하는 데 사용되고 있다(Butler, 1969). 이는 인종차별주의(racism)이 백인보다는 흑인이나 유색인종에 대한 차별을, 성차별(sexism)이 남성보다는 여성에 대한 차별로 통념화된 것과 유사하다(이지연·한경혜, 2017).

특정인이나 집단에 대한 부정적 신념과 태도를 가지고 행동 및 환경의 차원으로까지 범위를 확대한 포괄적 개념이다(조수현·정순둘, 2019).

일반적으로 연령차별적 시각은 나이라는 하나의 요인을 개인의 지배적인 특성으로 인식하고 개별적 주체로서 노인의 정체성을 구성하는 수많은 요인들을 저평가하게 한다. 한편 이는 노인들을 다른 연령층이 누리는 사회적 자원이나 기회로부터 배제하고 이들이 불이익, 부당한 대우를 받는 것을 정당화하는 장치로 작용되어 성차별이나 인종차별과 같이 사회적 불평등을 정당화하는 이데올로기로 기능을 한다(Bytheway, 1995; 이지현·한경혜, 2017 재인용).

따라서 노인차별은 노인을 비하, 사회적 열세집단으로 규정하고, 그들의 기본적인 욕구를 연령에 근거하여 무시하는 태도와 행동을 통해 노인들의 잠재력과 가능성을 제한하는 모든 일체의 태도와 행동으로 연결된다. 인지적 측면의 노인차별은 노인에 대한 부정적 고정관념으로, 정서적 측면의 차별은 노화불안, 낙인감, 혐오감 등으로 나타날 수 있으며, 이에 따른 다양한 수준과 영역에서의 차별적 행위가 있다. 디트로이트 신드롬(Detroit syndrome), 노화공포(gerontophobia), 노인충 등은 노인을 비하하고 무시하는 차별적 용어와 개념의 예다. 현대사회에서 노인차별의 근거는 생산성과 교환가치 측면에서 인간을 평가하는 수정자본주의적 가치관에서 비롯되었다. 이에 노인의 존재 자체가 무시당하거나 부정적 이미지로 재생산되는 사회문화적 풍토의 혁신을 통해 노인존중과 인권이 보장될 수 있도록 노력해야 한다.

4) 신노년의 출현과 성공적 노화

최근 우리 사회는 노인집단의 내적 다양성이 증가하면서 기존의 노인에 대한 차별적이고 부정적인 패러다임에 대한 새로운 논의가 진행되고 있다. 노년기를 전 생애 발달적 측면에서 조망하여 노년기를 하나의 삶의 발달단계(stage)로 보고 노인들을 능동적으로 노후의 삶을 영위할 수 있는 계층으로 인정하며 사회는 이를 보장해야 한다는 인식이 높아지고 있다.

우리 사회의 경우 이러한 논의는 베이비붐 세대(신노년; 1955년에서 1963년에 태어난 세대)의 등장과 더불어 본격화되었다고 할 수 있다. 베이비붐 세대의 인구는 2019년 기준 약 730만 명에 이르는 것으로 추정된다. 일본의 단카이 세대(1947~1949년 출생자), 미국의 베이비붐 세대(1946~1964년 출생자)의 경우, 사회는 이들을 하나의 세대(코호트)로 인식하고 그 세대가 직면한 사회, 경제적 문제부터 소비와 마케팅, 삶의 양상과 지역사회 활성화 차원에 이르는 다양한 영역에 대한 관심을 부여하였다(이선형·문은영·김보람, 2014). 그러나 베이비붐 세대에 대한 우리 사회의 관심은 이들이 은퇴시기에 들어선 2010년에 들어서야 본격화되었다.

한국의 베이비붐 세대는 한국의 역동적 역사와 사회문화적 변화기를 중심에서 겪어왔으며, 이전 세대의 노인들과는 다른 문화와 욕구를 갖는다. 이들은 장기화된 노년기를 새로운 제3의 인생으로 보고 생산적이고 자율적으로 살아가기를 원하며, 구매력을 갖춘 세대로서 여가나 취미 등 소비패턴에 있어서도 신세대로서의 면모를 보여주고 있다. 그럼에도 불구하고 실제로 이들은 급변하는 사회문화 가치관 가운데 양가감정과 과도기적 혼란을 경험하는 세대이기도 하다. 과거 세대의 노인들에 비하여 경제적으로는 풍요를 경험하였지만, 여전히 전통적 가족가치관과 부양의식으로 부양부담으로 많은 스트레스를 받으며, 기대와 욕구수준에 비하여 노년기에 대한 준비가 부족하여 상대적 박탈감, 가족 내 부부갈등, 소외감, 자살과 우울증, 빈곤의 양극화로 인한 상당한 문제들이 내재되어 있는 것도 사실이다(김도균·유보배, 2016; 천현숙, 2017). 특히 건강하고 활기찬 노년기, 생산적이고 독립적인 신노년상에 대한 사회적 기대가 높아지면서 나타난 신노년상은 베이비붐 세대에게는 하나의 롤모델로서의 긍정적 기능과 더불어 한편으로는 또 하나의 사회적 틀이 되어 억압기제로 작동되기도 한다.

신노년 문화[4])의 행동지침은 노인의 적극적인 사회참여이며, 구체적으로

4) 2008년 한국노인종합복지관협회는 의존적인 역할에서 벗어나 가정과 사회에서 존경받는 신노인상을 확립하고 고령화의 급속한 변화시대에 자립적이고 창의적인 사회참여 활동으로 노인의 역할을 재정립하기 위하여 신노년문화운동인 '시니어 코리아'를 전개하였다.

소득을 위한 경제활동, 사회공헌 일자리, 문화 및 여가활동, 자원봉사활동 등의 건강하고 생산적인 활동을 해야 한다는 것이 전제이다(엄기욱, 2015). 이는 성공적 노화이론에 근거하고 있다. 로위와 칸(Rowe & Kahn, 1998)은 성공적 노화를 ① 질병과 장애를 피하고, ② 높은 수준의 신체적·인지적 기능을 유지하며, ③ 활기찬 인간관계 및 생산적 활동을 통하여 삶에 대한 적극적 참여를 유지하는 것으로 정의하였다. 그리고 이 세 가지는 유기적 관계를 가지고 있어서 질병과 장애가 없으면 인지적·신체적 기능을 보다 더 쉽게 유지할 수 있고, 인지적·신체적 기능을 유지함으로써 삶에 보다 적극적으로 참여할 수 있게 된다는 것이다. 로위와 칸(Rowe & Kahn, 1998)이 성공적 노화모델을 활동이론의 맥락에서 제시하였다면, 발테스와 발테스(Baltes & Baltes, 1990)는 전생애 발달심리학의 관점에서 성공적 노화를 정의하였다. 발테스와 발테스(Baltes & Baltes, 1990)는 성공적 노화란 신체적 및 정신적 건강, 인지적 효능, 사회적 능력, 생산성, 개인적 통제, 생활만족도, 장수 등으로 정의하고, 성공적 노화와 관련하여 개인과 환경의 상호작용 관점에서 보는 SOC 모델(the model of Selective Optimization with Compensation : 보상을 수반한 선택적 적정화 모델)을 제안하였다. 즉, 성공적 노화란 어떤 획일적인 모습이라기보다 선택과 적정화, 보상이라는 세 가지 요인과 관련된 적응과정이라고 하였다. 로위와 칸(Rowe & Kahn)이 노인의 기능이나 활동수준의 유지에 초점을 두었다면, SOC 모델은 감소된 능력보다 현재 보존된 능력을 최적화하여 주관적 만족을 극대화하는 전략에 초점을 두었다(엄기욱, 2015).

성공적 노화에 대한 정의들은 노년기 개인의 행복하고 건강한 삶에는 신체적·정신적 건강뿐 아니라 사회적 활동과 생산성과 같은 요인들의 중요성을 강조하고 있다. 이에 성공적 노화 패러다임은 노화에 대한 예방적 차원의 개인적·사회적 태도와 행동의 변화를 강조하여 노화에 대한 부정적 인식을 감소시키고 노인의 잠재력과 삶의 질 향상에 기여했다고 평가된다.

그러나 한편으로 성공적 노화에 대한 비판적 시각도 있다. 즉, 일부 학자들은 '성공' 개념이 생산성, 독립과 자율, 개인 책임과 같은 지나치게 서구적 가치관에 근거하고 있다거나, 성공적 노화의 기준이 지나치게 이상적이어서 오히려 많은 노인들을 주변화시킬 수 있다고 지적하고 있다. 성공적 노화란 노인들이 삶의 의미와 목적을 잃지 않고 정신적·신체적·사회적 관계를 건강하게 유지하면서 존엄하고 행복한 삶을 능동적으로 누릴 수 있는 자로 인식하는 것을 말한다. 따라서 그 시대와 사회문화적 환경에서 한 인간이 잘 늙는다는 것 – 성공적으로 노인의 삶을 살아간다는 것은 철학적 과제이며 궁극적으로 삶의 목적과 과정에 대한 지속적인 성찰을 통해 정립해 나가야 할 우리 모두의 과제라고 하겠다.

3. 노인복지학의 학문적 특성과 방향

1) 노인복지의 개념

노인복지는 노인에게 발생하는 문제를 예방하고 해결하기 위한 사회적 활동으로 사회복지 정책과 서비스의 한 분야이다. 즉, 노인복지는 '노인이 인간다운 생활을 영위하면서 자기가 속한 가족과 사회에 적응하고 통합할 수 있도록 필요한 자원과 서비스를 제공하는 데 관련된 공적·사적 차원에서의 조직적 제반활동'이라고 정의할 수 있다(최성재·장인협, 2010).

<표 1-7> 노인복지실천의 개념과 정의

구 분	내 용
활동대상	취약노인을 포함한 모든 노인 및 노인과 함께 거주하는 가족, 지역사회
활동목적	최저수준의 생활보장, 사회적 욕구 충족 및 생활문제의 예방과 해결을 통한 사회적 통합력 증진
활동의 주체	사적(비영리·영리) 조직과 공적 조직으로 노인에게 서비스를 제공하기 위한 모든 조직이 체계적, 계획적으로 행하는 모든 활동
욕구·문제의 영역	생물학적·생리적·심리적 건강과 보건의료 영역(심신의 건강과 질병예방과 치료, 심리적 소외와 부적응 등의 문제), 경제적 영역(소득, 취업, 소비를 포함한 모든 생산과 소비활동), 사회문화적 영역(가족 및 사회적 관계의 유지와 갈등예방과 치료, 여가와 문화적 욕구충족 등), 영적영역 등

활동 방법	거시적 방법(정책, 행정)과 미시적 방법(임상적 서비스와 프로그램 개발과 실천)의 활동수단

출처 : 한국노인복지학회(2006). 노인복지학 사전.

인간다운 생활이란 노인이 속한 국가사회의 발전적 수준에 비추어 의식주의 기본적 욕구를 충족하고 건강하고 문화적인 삶을 사는 것이며, 가족과 사회에 적응 및 통합이란 노인이 자존감과 정체성을 유지하면서 자신이 속한 사회적 관계망에서 심리·사회적으로 소외되지 않고 건강한 네트워킹을 유지할 수 있도록 함을 의미한다. 자원과 서비스를 제공한다는 것은 삶의 필요를 충족시키기 위해 가족과 지역의 인적 물적 자원을 발굴·연계해 주거나 보충하여 주고 필요한 서비스와 프로그램을 개발 혹은 연계하여 주는 제반 활동을 의미하며, 이러한 모든 서비스와 활동은 공공(공적) 차원과 민간(사적) 차원에서 조직적·체계적으로 실행된다는 것을 의미한다.

대한민국 헌법 제34조에는 '모든 국민은 인간다운 생활을 할 권리를 지니며 국가는 노인의 복지향상을 위한 정책을 실시할 의무를 지닌다'고 규정하고 있으며, 노인복지법 제2조에서는 노인복지의 기본 이념을 노인의 안정된 생활, 자아실현을 위한 욕구의 충족과 사회통합의 유지라고 규정하고 있다. 또한 동법에서 노인복지 프로그램을 수행하는 기본 목표는 국민최저수준의 생활 유지, 사회적 통합 유지, 개인의 성장욕구 충족을 목표로 삼아야 한다고 규정하였다. 이와 같이 명확한 목적과 이념에 기반한 노인복지 정책과 실천은 실천현장의 급속하고도 다변적인 현실에 유연하고 빠르게 대응하면서 발전하고 있다. 개인의 고령화와 인구 고령화가 급속히 진행되고 가족과 사회의 구조가 급변하는 가운데 노인들의 지위와 역할, 욕구 또한 지속적으로 변화하고 있다. 노인들의 삶의 양식과 태도, 가치관과 욕구는 새로운 서비스와 정책을 요구하고 있으며, 지역과 국가의 자원문제나 과학기술의 발달과 같은 환경요인의 변화에 따라 노인복지의 대상, 목적, 서비스와 프로그램의 실천 방법은 앞으로 매우 다양하고도 획기적인 방식으로 전환될 것으로 기대된다. 최근 커뮤니티 케어를 통한 지역기반의 통합적 노인복지실천이나 IoT 기술을 기반으로 한 첨단 서비스와 프로그램 개발 등이 그 예라고 하겠다.

2) 노인복지의 원칙과 당위성

1991년 유엔 총회는 유엔노인원칙(United Nations Principles for Older Persons)을 택하고 다섯 가지 주제 아래 18개 사항을 노인원칙으로 규정하였다(표 1-8).

<표 1-8> 유엔노인원칙(United Nations Principles for Older Persons)

1	독립	의식주, 소득보장, 고용을 통한 독립
2	참여	사회통합, 복지정책 형성 및 지역사회에 대한 참여
3	돌봄	가족, 지역사회로부터의 돌봄 및 보호, 적정 수준의 시설보호, 신체적·정신적·정서적 안녕의 최저수준 유지
4	자아실현	잠재력 개발을 위한 기회 추구, 여가생활에 대한 접근성 강화
5	존엄성	학대로부터의 자유, 존엄과 안전을 누릴 권리, 공정한 대우

출처 : 정진성(2019), p. 198 재구성.

또한 세계 인권선언에서는 노인의 노동 및 건강, 노인의 소득보장, 가족 및 공동체의 지원 및 자기 능력을 통해 적절한 식량과 물, 쉼터, 의복, 건강관리를 보장받아야 한다고 명시하였다. 유엔 노인원칙의 내용과 더불어 사회복지 실천의 기본 원칙과 가치에 근거하여 노인복지실천의 원칙을 살펴보면 다음과 같다.

<표 1-9> 세계 인권선언 원칙과 연계한 노인복지실천 원칙

1	존엄성 및 개인존중의 원칙	신분, 직업, 연령, 건강, 경제적 지위에 의한 차별을 금지함
2	개별화의 원칙	각자의 고유한 개성존중 및 역연력에 의한 일반화의 오류 금지
3	자기결정의 원칙	자신의 복지 및 제반 사항에 대한 자기 결정의 기회 보장
4	권리와 책임의 원칙	권리와 더불어 개인적, 사회적 책임을 다할 의무
5	보편성과 선별성의 원칙	정부재정과 사회적 자원 내에서 선별적, 보편적 복지제공 원칙

6	개별성의 원칙	노인 스스로 문제를 해결할 기회부여로 주체성과 개별성 보장
7	전체성의 원칙	신체적, 심리정서적, 지적, 사회적, 영적 총체적 존재로 인정
8	전문성의 원칙	전문적 지식과 기술에 기반한 노인복지 제공
9	노인의 시대적요구 반영원칙	노인의 코호트 특성(사회적, 역사적 배경과 사회화과정) 고려

3) 학문적 분야와 연구영역

노인복지학은 다양한 이론을 기반으로 한 실천적 학문이다. 크게 노년학(gerontology)의 한 분야로 노년학이란 인간 노화의 원인과 결과에 대하여 과학적으로 연구하는 학문이다(Atchley, 1980, 표 1-10).

<표 1-10> 노인복지학의 분야와 연구영역

노년학의 분야	주요 연구영역
노인생물학 (biological gerontology)	노화에 따른 신체적, 생리적 변화
노년의학 (geriatrics)	노인의 신체 및 정신적 질병과 치료
노년사회학 (social gerontology)	노인인구와 수명, 문화와 성인 사회화, 노인집단과 불평등, 사회제도와 노인, 노인과 사회문제, 노인을 위한 프로그램과 전망 등
노년사회복지학 (gerontological social work)	노인의 적응 및 욕구해결을 위한 정책, 프로그램, 서비스 제공 등
노년심리학 (psychological gerontology)	연령증가에 따른 감각, 지각, 정신기능, 감정, 성격의 변화와 이와 연관된 행동
교육노년학 (geragogy)	노인의 학습, 노인에 관련된 교육방법 등의 연구

4) 노인복지 전공자의 태도와 자질

노인복지는 실천학문이다. 이 말은 노인복지 전공자는 이론에 근거한 충분한 지식과 전문적 기술과 동시에 실천 현장의 문제를 바로 알고 적절한 서비스를 제공할 수 있는 실천적 역량을 갖고 있어야 한다는 것이다.

기본적으로 노인복지 전공자는 노인에 대한 고정관념을 없애고 노인에 대한 진정성 있는 관심을 가져야 한다. 노인을 한 명의 서비스 대상자로서만이 아니라 나의 아버지나 할머니, 혹은 미래의 나의 모습으로 대치할 수 있는 공감력을 가질 필요가 있다. 이를 위하여 노인과 노인들이 살아가는 삶의 현장을 관찰하는 태도를 기르고 문제를 발굴할 수 있어야 한다. 그리고 이를 합리적인 지식과 기술을 통해 해결하려는 태도와 역량을 길러야 한다. 따라서 현장실습과 서비스러닝과 같은 체험과 경험학습의 기회를 적극적으로 활용해야 한다.

노인복지 전공자는 연구와 교육, 정치 및 행정 분야의 일, 노인과 연관된 기관에서 프로그램을 다루거나, 노인복지 관련 사업 등을 할 수 있다. 사회복지현장에서 노인복지의 영역은 급속하게 확대되고 있으며 과거에 비하여 더욱 포괄적인 정책과 제도가 수립·수행되며, 미시적 관점의 프로그램은 세분화되고 전문화되는 경향이 커지고 있다. 따라서 직접적인 서비스 외에 서비스를 계획하고, 조직하며, 직접 수행하는 능력도 점차로 많이 요구되고 있다. 또한 노인들의 사회경제적 수준과 지적 수준 등이 다양해지면서 노인집단의 질적 다양성과 양극화에 대한 대처역량도 함양해야 한다. 예를 들면, 디지털역량이나 디지털 홍보, 관리 기술도 요구된다.

마지막으로 다학제적이고 실천학문으로서 노인복지학을 전공하는 노인복지학도는 늙어감에 대한 잘못된 편견에서 벗어나 노후 문제를 전망하는 지적 성장을 경험하고, 세상과 인간을 바라보는 시각이 성숙하게 되며, 노화에 대해 보다 적극적인 자세를 갖고 성공적인 은퇴를 미리 계획할 수 있게 되어 전 생애주기를 통해 자신의 학업과 경험을 삶의 현장에서 실험하고 이해할 수 있게 되는 기쁨도 맛볼 수 있을 것이다(양옥남 외, 2016).

학습과제

❖ 개인의 고령화와 인구 고령화에 영향을 미치는 요인들에 대하여 설명해 보고 세계 인구 고령화로 인한 주요 이슈에 대하여 토론해 보자.

❖ 우리나라 인구 고령화의 특징과 문제점을 설명해 보자.

❖ 노인차별의 경험을 나누어 보자.

참고문헌

김도균·유보배(2016). 신 노년층, 신세대인가 신빈곤층인가. 경기연구원. **이슈&진단**, 240, 1-25.

김혜경(2012). 노인과의 긍정적 교류경험이 청소년의 노인에 대한 지식과 태도에 미치는 영향; '세대통합적 노인유사체험교육 프로그램'의 효과성을 중심으로. 미래청소년학회.

보건복지부·한국보건사회연구원(2017). 2017년도 노인실태조사.

손동기(2018). 고령화 사회, 노인여가정책에 대한 전망. **월간공공정책**, 157, 69-71.

양옥남·김혜경·박화옥·정순둘(2016). **노인복지론**. 경기 : 공동체.

엄기욱(2015). 신노년문화, 어떠한 변화가 필요한가? **한국노인복지학 학술대회**, 5(1), 3-17.

여유진(2019). 한국의 노인빈곤과 노후소득보장. **보건복지 ISSUE & FOCUS**, 2019(7), 1-8.

이동욱(2018). 현재 노인 삶의 모습이 주는 의미. **보건복지포럼**, 2018(10), 2-4.

이선형·문은영·김보람(2014). 젠더관점에서 본 서울시 베이비부머의 가족생활 실태 및 지원방안. 서울시여성가족재단 연구사업보고서. 1-184.

이지연·한경혜(2017). 노인에 대한 부정적 고정관념과 노화불안이 노인과의 시공간 공유에 대한 태도에 미치는 영향 : 노인과의 접촉 및 교류경험의 조절효과를 중심으로. **한국사회학**, 51(2), 1-30.

임완섭(2018). 기초연금 추가지급에 따른 노인빈곤율변화 분석 : 국민기초생활보장제도에 대한 고려를 중심으로. **보건복지포럼**, 2018(11), 79-90.

장진성(2019). **유엔과 인권규범의 형성**. 경기 : 나남.

전병주 ·한혜숙(2019). 베이비붐 세대의 성공적 노화에 관한 연구 : Rowe & Kahn 이론을 적용하여. **한국콘텐츠학회**, 19(10), 69-83.

정경희(2018). 노인의 가족현황과 전망. **보건복지포럼**, 2018(10), 6-18.

조수현·정순둘 (2019). 사회위험수준인식과 노인낙인의 관계 : 사회적관계망의 조절 효과. **보건사회연구**, 39(2), 131-159.

천현숙(2017). 고령사회, 인쇄광고에 나타난 노인의 모습. **광고연구**. 114. 5-41.

최성재·장인협 (2010). **고령사회의 노인복지학**. 서울대학교 출판문화원.

통계청(2010). 사회조사를 통해 본 베이비붐세대의 특징.

______(2015). 세계와 한국의 인구현황 및 전망.

______(2016). 100세 이상 고령자 조사 집계결과.

______(2019). 2019 고령자 통계.

______(2019). 장래가구특별추계 : 2017~2047.
______(2017). 장래인구추계.
______(2019). 2019 한국의 사회동향.
______(2020). e-나라지표.
한국노인복지학회(2006). **노인복지학 사전**. 경기 : 학현사.

Butler, Rovert. N.(1969). Age-ism : Another Form of Bigotry. *The Gerontologist, 9*(4 Part 1), 243-246.
UN World Population Aging Highlights(2017).

CHAPTER

02 노인문제에 대한 이론적 관점

노화(aging)는 "시간이 흐름에 따라 유기체의 세포, 조직, 기관조직, 또는 유기체 전체에 일어나는 점진적 변화(Beaver, 1983)"라고 정의되며 출생에서 죽음에 이르는 전반적 변화 과정을 의미한다. 일반적으로 학자들은 노화를 설명할 때 생물학적 노화, 심리적 노화 및 사회적 노화 과정을 포괄적으로 다루어야 한다는 데 의견을 같이하고 있으며, 유기체로서 한 개인이 노화하면서 생리적, 심리적, 정치적, 경제적, 문화적 혹은 사회적인 면의 다양한 영역에서 직면하게 되는 문제의 원인과 양상은 시대와 지역, 사회문화적 특성에 따라 다를 수 있지만, 이러한 현상들에 관한 일련의 과학적 추론을 통한 이론적 관점들을 제시하고 있다.

이 장에서는 개인이 노화 과정을 통하여 직면하게 되는 문제를 크게 사회적 측면, 생리적 측면 그리고 심리적 측면으로 나누고, 이를 설명해 주는 노년사회학 이론, 노화 이론, 노년기 발달심리 이론을 중심으로 살펴보고자 한다.

1. 노인의 사회적 적응과 노년사회학 이론

노인이 된다는 것은 개인적으로는 인생의 마지막 단계에 접어드는 것이며, 사회적으로는 가족과 사회의 전면으로부터 물러나면서 삶의 제반 영역에서의 역할이 제한되거나 소멸되는 과정이다. 찰스 셀(Charles M. Sell, 1985 : 208)은 한 개인이 자신이 늙어가고 있음을 자각하게 되는 세 가지 요인은 주관적 감정(subjective feelings), 객관적 현실(objective realities)과 사회적 기대

(social expectation)라고 하였다. 특히 그는 성공적인 노화란 그 사회에서 개인에게 주어지는 역할과 기대가 달라짐으로써 자신이 더 이상 젊지 않다는 것을 인식하게 되는 사회적 기대의 변화에 대한 적응의 중요성을 강조하고 있다. 따라서 한 개인이 노화 과정을 통하여 제반 사회적 환경에 얼마나 성공적으로 적응하는지의 문제는 매우 중요한 노년사회학의 관심거리이다.

여기서는 노화의 사회적 측면을 설명해 주는 노년사회학의 이론들을 고전적 관점, 사회구조적 관점, 그리고 통합적 관점으로 나누어 고찰하고자 한다.

1) 고전적 관점

초기의 노년사회학자들은 기능주의와 상징적 상호작용론적 입장에 근거하여 노인 개인들이 변화된 생활환경에 어떻게 적응하는지 혹은 개인에게 있어서 고령화를 촉진시키는 요인들은 무엇인지를 규명하는 것에 연구의 초점을 두었다. 대표적 이론으로 기능주의적 관점에 근거한 분리 이론(은퇴 이론)과 상징적 상호작용론적 관점에 근거한 활동 이론과 하위문화 이론 등이 있다.

(1) 분리 이론

커밍과 헨리(Cumming & Henri, 1961)에 의하여 제안된 분리 이론(disengage-ment theory)은 사회가 노인을 유리시키고 다음에는 노인이 사회로부터 분리되는 과정을 설명하면서, 이와 같은 노인의 사회적 분리는 노인에게는 부담을 덜어주고 개인적 삶을 위한 기회를 더 부여함과 동시에 사회는 늙고 비생산적인 노인 대신에 생산적인 젊은이에게 더 기회를 부여하는 긍정적 효과를 강조하고 있다(Cumming, 1975, Redburn & McNamara, 1998 : 22 재인용).

은퇴 이론에서는 늙음이란 개인이 사회로부터 해방되는 과정이며, 사회화가 잘된 성숙한 노인들은 사회의 유지와 안정을 위하여 보다 더 유능한 젊은이들에게 자신들의 기능을 전수시키고 은퇴함으로써 자신들의 사회적 분리를 자연스럽게 받아들이고 인정하여 만족스러운 노년의 삶을 영위한다는 것이다. 한편 사회의 입장에서는 사회가 사회적 기능 수행에 필요한 사람들의 자격 요건을 제한하는 사회적 분리를 제도적으로 실시함으로써 사회 전체의 기능을 원활하게 하고 사회 전체를 안정 가운데 유지할 수 있다는 것이다. 그러나 분리 이론은 제한된 집단에 대한 통계적 분석을 통하여 역사와 문화적 영향이나 노인 개개인의 생활 경험의 차이나 개인적 특성 차이에 대한 고려 없이 이론을 일반화하려 하였다는 점에서 비판을 받으며, 이는 연령에 대한 편견을 의미한다고 지적받고 있다(Belsky, 1990).

아델만(Adelman, 1994)은 사회와 분리되지 않고 지속적으로 관계를 맺은 노인들은 (커밍의 이론에 따르면 불행하고 건강하지 못한 노년기를 보내야 함에도 불구하고) 오히려 매우 건강하고 행복한 만족도가 높은 노년기를 보내고 있다고 주장하였으며, 많은 연구 결과들은 대부분의 노인들이 일자리와 활동을 더 원하며 그와 같은 사회적 활동과 참여를 통하여 자신의 성취감과 행복감이 증진된다는 데 일치하고 있다.

이와 같은 비판과 지적에 대하여 커밍과 헨리(Cumming & Henri)는 개인의 성격 차이와 초기의 생활 경험의 차이에 따라서 노년기에 개인적·사회적 분리에 대한 개인의 반응에 차이가 있음을 인정하고, 반드시 사회적 분리를 긍정적으로 받아들이는 것만이 노년기의 성숙한 사회화의 목표라는 초기의 견해를 수정하였다. 그러나 분리 이론은 위에서 지적한 바와 같은 반론에도 불구하고 노년기에 노인의 사회적 역할의 변화를 강조하고, 노인이 삶의 다양한 변화에 대한 적응과 반응에 따라 노년기의 삶의 질에 영향을 받을 수 있음을 강조한 이론으로서, 또한 활동 이론과 연속 이론의 기반을 제시한 데 그 의의가 있다고 할 수 있다.

(2) 활동 이론

해비거스트(Havighurst)와 그의 동료들에 의하여 주창된 활동 이론(activity theory)은 노인의 사회활동의 참여 정도와 생활만족도는 긍정적 상관관계가 있어서 사회활동 참여 정도가 높을수록 노인이 심리적, 신체적으로 건강한 삶을 유지할 수 있다고 하였다.

활동 이론의 개념은 "활동은 개인의 자아개념을 재확인하는 데 필요한 역할 지지를 제공한다(Lomon, 1972, 최순남, 1998 : 37 재인용)"는 가정으로부터 비롯되었다. 즉, 인간은 연령을 초월하여 사회인으로서 역할이 주어질 때, 그리고 그 역할이 친밀하고 빈번하며 역할 수행에 대한 지지 정도가 높을 때 생활만족도가 높다는 것이다.

물론 여기서 활동이라 함은 무조건 바쁘거나 분주한 삶을 의미하는 것이 아니며, 구체적 지위에 따른 역할뿐 아니라 행위자가 개인적으로 의미를 부여하고 타인의 반응을 통하여 자신의 입장을 확인할 수 있는 모든 사회적 행위를 포함하는 활동을 말한다. 예를 들면, 오길비(Ogilvie, 1987)는 은퇴자들은 성별에 관계없이 자신들의 삶에 의미를 준다고 생각하는 일을 추구하기 위하여 활동적으로 일에 참여할 때 정서적 만족도가 높고 은퇴 후 노년기의 삶의 만족도가 높다고 하였으며, 그와 같은 대표적인 활동으로 자원봉사활동, 종교적 활동, 그리고 가족 간의 활동을 들었다.

활동 이론은 노동의 윤리성을 강조하는 서구, 특히 미국에서 많은 호응을 받아왔으나, 활동 이론에서 강조하는 지속적이고 의미 있는 사회적 역할이 노인에게 실제 현실에서 얼마나 가능하며, 또한 미국과는 가치관이 다른 문화권의 노인에게도 얼마나 설득력이 있는지에 관한 회의적 시각도 없지 않다(Atchley, 1982). 그러나 분명한 것은 노년기에 직면하는 상실의 경험은 노인으로 하여금 인생을 살면서 축적했던 가족 내외의 개인적·사회적 상호관계와 그로 인한 심리적·물리적 보상체계의 파괴를 의미하며 결과적으로 이는 노인에게 있어서 정신적, 신체적 혹은 생활 전면에 걸친 총체적 위기를 초래할 수 있다는 것이다. 이와 같은 상황에서 노인은 지금까지 지속해 오던 역할을 상실함으로써 활동을 축소하거나, 역할을 전환, 혹은 새로운 역할을 획득해야 하는 상황에 처하게 되고, 이러한 역할 전환에 대한 성공적인 사회화 과정은 노년기 적응에 필수적 요건이 된다는 것이다. 이러한 사실은 활동 이론의 맥락에서 노인은 새로운 활동 기회나 역할을 수행함으로써 사회적 적응 및 통합을 이루어 나간다는 역할 이론과도 부합된다.

(3) 하위문화 이론

하위문화란 한 범주에 속하는 성원들이 외부 사람들과의 관계보다는 같은 범주에 속하는 사람들과 더 많은 관계를 유지할 때 생기는 것으로 다양한 인구사회학적 요인이나 사회문화적 상황에 의하여 독특한 하위문화가 형성된다. 하위문화 이론(subculture theory)도 활동 이론이나 역할 이론처럼 상징적 상호작용 이론을 토대로 삼고 있다. 그러나 하위문화 이론은 활동 그 자체보다는 활동을 통한 긍정적 상호관계에서 창출되는 긍정적이고 창조적인 상호 대인관계와 이를 통한 긍정적 자아개념을 중요시한다.

하위문화 이론을 노인에게 적용할 때, 노인은 노령기에 속해 있다는 공통적 특성과 사회로부터의 소외 및 노인에 대한 현대사회의 부정적 반응과 비호의적 정책 등으로 인하여 동류의식이 강화되어 그들만의 상호작용이 촉진되고 노인 특유의 하위문화가 발생하게 되며, 노인 스스로의 기준에 따라 개발된 하위문화 가운데 장년기 이후의 활동을 지속적으로 유지, 개발하는 것이 노년기 생활에 도움이 된다는 것이다. 하위문화 이론은 노인을 활동적으로 보고 그들의 조직력을 인정하며, 노인이 사회정책에 영향을 행사할 수 있다고 보는 장점을 가지고 있다. 그러나 한편으로 하위문화 이론은 노인이 일생을 통해 사귄 계층, 인종, 또한 성별 등의 개별적 다양성을 과소평가하여 실제로 노인과 젊은 세대 간 차이보다는 노인 사이의 개인차가 더 크게 나타난다는 사실을 간과하였다는 비판을 받고 있다(Hendricks & Hendricks, 1992).

2) 사회구조적 관점

사회는 사회의 최소 단위인 개인의 행동 혹은 특성에 의하여 구성되고, 특징지어진다고 보는 사회적 상호주의자들의 견해와 달리, 사회구조적 관점은 개인의 행동이나 특성은 사회체계에 의하여 결정된다고 본다. 사회는 단순한 부분들의 총체 이상의 것으로 각각의 하위체계들의 역동적 상호작용에 의하여 다양한 구조적 특성을 갖게 되며, 그러한 구조 가운데 개개인의 역할과 지위가 결정된다는 것이다. 이와 같은 사회구조적 관점을 가지고 있는 대표적 이론으로 현대화 이론과 연령 계층 이론이 있다.

(1) 현대화 이론

시몬스(Simmons, 1945)는 예일 대학에 새로운 Human Relation Area Files를 사용하여 71개 사회에서의 노인의 지위를 비교 연구하였다. 그 결과 노인의 높은 지위는 전통적 기술과 지식의 보유, 재산권, 시민권력과 정치적 권력으로부터의 보호, 노인이 수행하는 일상적 서비스(아이를 돌보는 것, 요리를 하는 것, 수선 등)로부터 초래된다고 밝혔다. 노인의 지위와 권력이 이와 같은 사회의 요구에 대해 개인이 소유한 기능 수행 및 능력의 정도에 비례한다고 할 때, 노인의 지위는 현대화가 진행될수록 불명확하며, 낮아진다는 것이 현대화 이론의 출발점이다.

카우길(Cowgill, 1986)은 현대화를 산업화와 더불어 나타난 과학 기술의 발달, 분업과 전문화로 인한 생산체계의 변화, 개인 중심, 효율성과 생산성 중심의 가치관과 생활양식에 있어서 나타나게 되는 사회의 전반적 구조와 기능상의 변천 과정으로 보았다. 현대화 이론은 노인의 사회적 지위와 역할의 변화는 산업화로 인하여 사회가 현대화되는 과정에서 발생하는 사회문화적 구조의 변화에 따라 일어난다고 보는 거시적 관점을 가지고 있다. 즉, 사회진화론적 관점에서 보면 산업화와 현대화로 인한 사회의 구조적 변화 과정은 불가피한 것이며, 특히 건강 기술의 발전, 경제적 생산과 분배에 적용되는 과학 기술의 발전, 도시화와 교육의 발전이라는 네 가지 영역의 구조적 변화로 인하여 노인의 개인적 역할과 사회적 지위의 상실이 초래된다고 하였다(그림 2-1 참조).

구체적으로 보면, 첫째로, 건강 기술의 발달은 영아 사망률과 모성 사망률을 감소시켰고, 평균수명을 연장시켰으며, 결과적으로 노인인구의 증가를 초래하였다. 이로 인하여 노동 시장에서는 노인인구가 증가하여 세대 간의 경쟁이 더 치열해지고, 노인의 노동 시장 점유를 억제하기 위하여 은퇴와 퇴직이라는 사회적 압력이 제도적으로 발전하게 되었다. 둘째로, 과학 기술의 발전은 전통적 기술과 경영 방식에 의존하는 노인으로 하여금 새로운 기술과 지식을 소유한 젊은이와 경쟁하는 노동 현장에서 세대 간의 격차를 심화시키고, 이는 결정적으로 노인이 노동 시장에서 가치 있는 역할에 기여하지 못하고 주변 인물로 소외될 수밖에 없게 하였다. 셋째로, 직업과 교육의 기회를 위하여 빈번해진 지리적 이동의 증가와 이로 인한 도시화 현상은 농경 중심의 전통적 사회에서 유지되던 가족제도와 가족형태의 변화를 초래하였다. 즉, 도시화는 핵가족화를 가속화시켰으며, 가족 내 세대 간의 거주적 분리를 초래하여 가족 내 세대 간의 상호관계의 질과 양은 엄청난 변화를 경험하였으며 노인의 지위와 역할은 하락되고 상실되었다. 마지막으로 교육기회의 확대와 발전으로 인하여 혜택받은 젊은 세대들은 부모 세대보다 사회경제적 상승 기회가 확대되고, 이는 부모-자녀 세대 간의 지적·도덕적·사회경제적 지위의 격차를 심화시키고 노인의 역할은 더욱더 축소되었다.

현대화 이론에 대한 비판적 시각도 없지 않다. 즉, 현대화 이론은 현대화 이전에는 모든 노인의 사회적 지위와 권력이 높았다는 가정을 전제로 하고 있으며, 문화, 인종, 계층 그리고 성별의 차이가 고령화에 미치는 개인적 영향을 무시하고 있다는 것이다. 예를 들면, 노년기에는 현대화에 대한 경험이 성별에 따라 다르게 경험된다. 노화와 더불어 여성이 경험하는 가정 내·외의 역할기대 및 수행 정도는 남성에 비하여 그 변화의 폭이 좁아서 가정 내 역할로 축소되는 노년기 역할 전환에 있어서 신체적·심리적 적응이 용이하다. 즉, 남성은 공적 영역으로부터 가정이라는 사적 영역으로 사회적 관계망이 축소되는 과정에서 발생하는 부적응으로 상처받기 더 쉬운 반면에, 여성은 보다 친숙하고 익숙한 가족 내의 역할과 환경에 적응하기 쉽다. 더욱이 여성은 모자녀 간이나 조모손자녀 간에 정서적 유대가 유지되어 노년 후기에 정신적·물질적 편안함이 보장되나, 남성은 정서적 유대감의 조성이 상대적으로 더 어렵다.

그러나 어떤 국가의 노인도 현재 변화의 와중에 있을 것이고, 어느 국가도 산업화, 자동화, 도시화 등의 변화에 대하여 전혀 무관할 수는 없다. 그러므로 현대화 이론이 인생의 후반기에 있어서 사회구조의 역할과 자원의 통제 수단이 노인의 생활 형태에 크게 영향을 미치고 있음을 강조한 것은 의미 있는 공헌으로 볼 수 있으며, 현대화 이론은 산업사회의 노인문제를 설명하는 준거 틀로서 보편적으로 인용되고 있다고 하겠다(최순남, 1998).

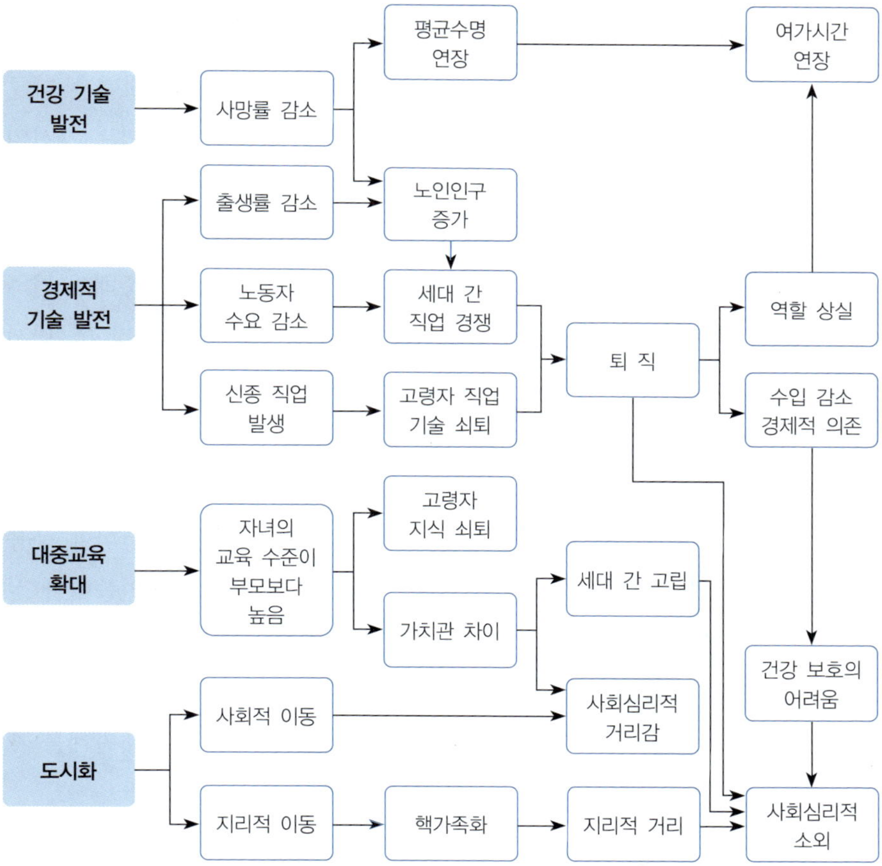

| 그림 2-1 | 현대화 요인에 따른 노인문제

출처 : Cowgill(1974); Atchley(1991), 최성재(1995) 재인용.

(2) 연령 계층 이론

1970년 초기에 릴리와 포너(Riley & Forner, 1968)가 제창한 연령 계층 이론(age stratification theory)의 기본적 가정은 사회는 기본적으로 연령 등급에 의하여 구분되는 연령층으로 구성되어 있고 서열화되어 있다는 것이다. 한 연령층에 속한 사람은 같은 문화권에서 서로 비슷한 역사적 경험을 하면서 성장해 왔기 때문에, 비슷한 가치관과 태도가 형성되어 다른 역사적 경험을 하면서 자란 다른 연령 집단과는 구별된다. 따라서 같은 시기에 출생한 집단은 그 사회의 각 연령층에 부여된 역할을 이행하며 그 사회의 패턴에 따라 같이 이동하게 된다. 연령 계층 이론에 의하면 노인 연령 집단은 다른 연령 집단과 여러 면에서 구별되므로 노인은 다른 집단과 구별되는 자신의 연령 집단에서 자신에게 알맞은 위치와 역할을 찾아야 하며, 그러한 기회를 확보하기 위해 관심을 기울여야 한다는 것이다.

연령 계층 이론은 고령화 자체를 본질적 발달 과정으로 보는 종래의 견해에 반하여 고령화를 설명하는 데 있어서 역사적·사회적 요소를 강조하면서 연령 집단에 따라 지속적 경험의 차이가 있음을 강조하였다. 따라서 연령 계층 이론은 사람들의 생활과 사회구조의 상호작용을 중시하고 사회적·심리적·생리적 요소들의 상호 의존성을 강조함으로써 연령을 더 넓은 시각에서 보게 하였으며, 사회학의 개념적이고 방법론적인 도구를 노년학에 응용하였다는 의미를 가진다. 그러나 역시 이 이론도 연령 계층을 인종이나 성과 같이 동일한 사회 계층 요소로 보는 것이 적절한지에 대한 지적을 받고 있으며, 개인의 자율성을 무시하고 문화 결정론적 시각이 강하다는 비판을 받고 있어서 개인과 사회의 구조적 특성을 통합하는 결정적 연대관계를 재개념화할 필요성이 제기되고 있다(최순남, 1998).

3) 통합적 관점

노년학 이론에 있어서 통합적 관점은 노인의 문제에 대하여 개인적 접근을 강조하였던 고전적 이론과 사회와 문화의 구조적 측면을 강조하였던 기능주의적 관점의 사회구조적 이론들을 종합하여 개인과 사회구조와의 역동적 상호작용에 대한 다각적 특성을 검증하고자 시도되고 있는 비교적 최근의 관점이라고 할 수 있다. 이 이론들은 크게 두 가지의 관점으로 나뉘는데, 하나는 사회심리적 관점에서 출발하여 개인이 사회구조의 영향에 어떻게 대처하고 있는지를 검토하려는 시도이며, 다른 하나는 정치경제적 관점으로 사회의 다양한 구조적 특성 가운데에서 개인이 영향을 받는 사회의 정치경제적 속성들이 무엇인지를 밝히려는 시도이다. 다시 말하면 이 이론들은 사회의 구조적 특성에 따라 사람들은 어떻게 반응하는지 그리고 사람들은 그 사회의 구조에 어떻게 영향을 행사할 수 있는지에 관하여 탐구하려고 한다고 할 수 있다.

(1) 사회심리적 관점

사회심리학(social psychology)은 사회 장면에서 일어나는 인간이나 동물의 사회행동을 연구한다. 사회심리학자들이 인간의 사회행동을 결정짓는 요인으로 유전적 소질이나 사회화와 같은 요인보다 사회 장면이 미치는 영향력에 초점을 맞추는 이유는 사회적 장(field)이 인간의 상호 행동에 가장 큰 영향을 미친다고 믿기 때문이다. 따라서 노년 사회심리학파는 노인과 사회구조의 관계를 연구한다. 다시 말하면 사회정책을 포함한 사회적 여러 요소들이 개인에게 어떠한 영향을 미치는지를 살펴봄과 동시에 사회의 구성원인 개개인으로서 인간의 어떠한 능력이 사회를 변화시키는지 그 상호적 특성을 탐구한다고 하겠다.

사회심리적 시각과 관련된 대표적 이론으로 사회와해 이론과 사회심리 모형이 있다.

첫째, 사회와해 이론은 인간의 행동은 환경의 힘에 의하여 획득, 유지, 수정된다는 행동주의 심리학에 근거하여 개인의 행동에 있어서 일상생활과 같은 사회적 환경이 가지고 있는 기능적 맥락을 중요시한다. 즉, 개인이 주어진 상황에서 최선의 적응을 할 수 있는지 없는지는 그가 처한 환경적 조건의 적합성 여부에 달려 있다. 따라서 인간이 고령화와 더불어 직면하게 되는 여러 가지 개인적 혹은 사회적 기능 수행상의 변화에 대한 적응은 사회정책적 기반 조성을 비롯한 다양한 사회적 지원과 지지 정도에 따라 다르게 나타난다. 이러한 사회환경의 맥락에서 사회와해 이론은 "심리적으로 허약한 사람에게는 자신의 행동에 대하여 체계로부터 받은 부정적 피드백이 개인에게 총체적 와해의 요소로 작용할 수 있다"는 저스맨(Zusman, 1966)의 연구에서 비롯되었다. 예를 들면, 사람은 자신이 부정적 행동을 했을지라도 비판을 받게 되면 반항하거나 자신감을 상실하여 또 다른 부정적 행동을 하게 되며, 혹은 자신에 대하여 비현실적 기대를 하거나 전혀 기대하지 않는 무자극의 사회적 환경하에서는 무기력해지거나 무능력하게 되어 더욱 부정적 환경이 재현됨으로써 결국 개인의 가치 있는 삶이 와해될 수 있다.

이 이론은 이러한 현상들이 사회로부터 강제로 은퇴함으로써 중년기 역할을 박탈당하고 마침내 사회의 무능력자로 의존적 존재로 취급되어 결국 자신감을 상실하고 불안한 상태에 놓이게 된 현대사회의 노인에게 적용된다고 주장한다. 이 경우 노인은 정서적 안정감을 유지하기 위하여 애매모호한 행동을 하게 되며, 이러한 노인의 태도와 생활은 노인으로 하여금 더욱 자신감을 잃고 우유부단한 의존적 존재로 전락하게 한다. 그러나 노인으로 하여금 능력을 발휘할 기회와 능력 향상의 기회를 적절히 부여한다면 노인은 자신의 능력을 재확인하는 '재건 증세(reconstruction syndrome)'를 제공받게 됨으로써 개인적으로나 사회적으로 와해 현상은 일어나지 않을 것이라고 하였다.

이와 같은 이론은 노인을 자율적이고 풍부한 경험과 재능을 갖춘 존재로 인정하므로 노인이 긍정적 자아상을 확립하게 할 뿐 아니라, 노동 인력의 고령화에 당면한 고령사회에서 노동 시장과 사회정책서비스 측면의 개발을 위해서도 시사하는 바가 크다(McAuliffe, 1990 : 102).

둘째, 사회심리적 모델은 크게 둘로 나뉘는데, 하나는 교환이론에 기초한 모델이며 다른 하나는 사회정책과 사회구조에 초점을 둔 사회심리 모델이다. 전자는 인간은 본래 합리적 존재로서 타인과 관계를 가질 때 이성적 선택(rational choice)을 통하여 비용보다는 보상 혹은 이익이 많을 때 사회적 관계를 형성, 유지한다는 교환 이론에 근거를 둔다. 따라서 초기 교환 이론은 교환 가치에 따라 사람이 평가되는 현대 산업사회에서 낡은 지식을 소유한 노인은 생산성이 떨어지므로 경제적 가치가 절하되고 결과적으로 젊은이에 비하여 교환 가치가 떨어지게 된다고 주장하였다. 그러나 많은 경우에 개인은 유익과 보상과는 별개의 행동을 선택하므로 초기의 교환 이론은 가설 선정에 문제가 있는 것으로 평가받고 있다. 따라서 후기의 교환 이론은 노인의 사회적 공헌에 대하여 사회가 응분의 대우를 하지 못하는 사회정책적 차원의 분배 정의를 논하면서 고령화를 획일적으로 상실과 저하 현상으로 보는 초기 견해가 연령차별을 암시한다고 주장하였다. 또한 기회 공급의 구조가 자원 활용 면에 영향을 미치며, 노인의 교섭 세력에 영향을 미친다고 주장함으로써 사회정책적인 면에서 많은 것을 시사하고 있다.

한편 사회정책과 사회구조에 초점을 두는 사회심리적 모델은 노인을 퇴화해 가는 존재가 아닌 사회활동가로 보고 사회의 한 구성원으로 복귀시키는 것에 주력하면서 노인의 활동 선택에 한계를 두는 사회경제구조를 비판하고, 다양한 기회와 분배 정의가 실현될 수 있는 방식들을 강조하고 있다. 이 이론은 사회구조란 사람들에 의하여 창조되는 것으로 수정이 가능한 것으로 본다. 따라서 구성원들의 합의에 의하여 이루어진 그 사회의 구조적 속성 및 안정성은 그 사회의 특정 구성원에 의한 의도적 활동으로 인하여 생기는 긴장 혹은 갈등 관계에 의하여 구조적 변동 및 발전을 할 수 있다고 본다. 거시적 사회심리 모델에서는 노인이 노화 과정을 통하여 직면하는 부정적 개인문제에 대처하는 그 사회의 사회경제적 구조의 변동의 중요성에 관심을 두고 있으며, 노인의 적응과 사회구조의 유연성과의 관계를 강조하고 있다.

(2) 정치경제적 관점

노인 연구의 정치경제적 관점은 자본주의 사회에서 야기되는 고령화의 문제와 그 사회의 경제, 사회, 정치적 정책과의 관계에 역점을 둔다. 이 이론은 고령화로 인한 문제는 단독적으로 발생하는 것이 아니라 사회의 가치, 공공정책, 정치적 우선순위와 물질적 여건들이 개인의 경제적 자원과 심리적 자원에 영향을 미침으로써 형성된다고 주장한다. 고령화에 대한 정치경제적 접근 방법은 두 개의 주요한 측면이 있다. 하나는 사회적 지위가 고령화 패턴에 어떤 영향을 미치는지에 대한 검토이며, 다른 하나는 여러 다양한 집단들이 힘을 취득하고 유지하려는 과정에서 변동하는 세력의 분배와 경제조직의 형태 간에 역할을 재분석하는 측면이다. 다시 말하면 정치경제적 접근 방법은 고령화 패턴 형성에 있어서 사회정책과 사회조직, 그리고 집단권익의 역할을 조직적으로 검토함으로써 사회구조와 개인생활 간의 연결성을 탐구한다. 따라서 은퇴의 성격과 시기가 노동 시장에 따라 다르게 조정되고 그로 인한 소득 기회의 박탈과 영향을 다루는 은퇴 정책 연구(Hardy, 1988), 노동 시장의 성차별과 그 외의 요인들이 여성노인의 빈곤화를 초래한다는 노동 시장의 사회정치적 상황에 대한 연구(Baron & Bielby, 1985; Minkler & Stone, 1985), 사회보장체계 및 연금체계의 발달에 대한 분석 연구(Guillmard, 1983; Olson, 1982; Quadagno, 1982) 등은 대표적인 정치경제적 관점의 연구들이다. 이러한 정치경제적 접근의 연구들은 노인의 개인적 차이를 간과하였다는 비판을 받고 있기도 하지만, 최근에 사회구조와 개인의 의도성 간의 관련성을 분명하게 규명하려는 이론의 개발이 시도되고 있다.

2. 노인의 생리적 변화와 노화 이론

노화 과정은 필연적으로 신체적 혹은 생물학적 퇴화를 통하여 유기체가 파괴 혹은 소멸되는 현상이며 이러한 과정을 생물학적 노화라 한다. 인간은 고대로부터 장수에 대한 끝없는 갈망과 더불어 노화의 생물학적 혹은 신체적 변화를 억제하고 지연하고자 노력하여 왔으며, 이에 생물학적 노화에 관한 관심은 가장 오래된 것이라고 할 수 있다. 여기서는 노년기의 생리적 변화와 그 특성에 대하여 간략히 살펴본 후, 생물학적 노화에 관한 여러 이론을, 자연적 시간의 변화에 따라 나타나는 과정으로 보는 자연발생적 관점과 신체 내적인 측면으로 신체조직상의 원인이 노화를 진행시킨다고 보는 신체조직적 관점, 특정 조건, 즉 환경 조건에 따라 노화가 진행된다고 하는 환경적 관점으로 분류하여 살펴보기로 한다.

1) 생물학적 노화의 특징

생물학적 노화는 유기체가 자신의 신체적 생리적 기능이 최고에 달한 후 점차적으로 그 기능과 구조가 감퇴하는 점진적 과정을 의미하며 보편적 현상으로 이를 정상 노화 혹은 일차적 노화라고 한다. 그러나 노화의 속도나 질은 다분히 개인적 속성이나 사회문화적 환경에 따라 차이가 있는 개별적 현상이며 개인 내에서도 신체기관에 따라 차이가 있으며 이를 이차적 노화라고 할 수 있다.

(1) 신체 구조의 변화

골격은 신체 형태의 근본으로 신체 골격은 10대 후반에서 20대 초반에 완전히 형성되어 중년 이후까지 큰 변화를 보이지 않는다. 그러나 연령이 증가함에 따라 칼슘이 고갈되어 뼈 구조의 밀도가 낮아지고, 이러한 현상은 여성에게 더욱 현저하여 골다공증이나 골절상의 위험이 증가한다. 한편 신체의 연결조직인 콜라겐, 엘라스틴, 레티큐틴 등의 기초 물질이 감소하고, 연골의 탄력성이 약해져서 관절의 움직임이 활발하지 못하여 관절염에 걸릴 확률이 증가한다.

피부와 지방조직, 그리고 치아와 같은 조직의 변화도 현저해진다. 성인 초기나 중기쯤이 되면 지방질이 점차 많아지고, 노년기 후기에는 피하지방질이 사라지게 되면서 피부와 근육은 탄력을 잃고 주름살이 늘며 탈모, 백발,

얼굴 반점 등이 나타난다. 이는 신체에 지방질이 늘고 세포 자체가 노화됨에 따라 피부조직이 수분을 유지할 수 있는 능력을 점차 잃게 되어 미세 세포조직이 엷어지기 때문이다.

(2) 대뇌의 변화

대뇌는 가장 먼저 노화가 시작되는 곳이다. 대뇌는 가장 활발하게 작용하는 20~40세경에 그 무게와 크기가 최대에 달하며 약 100억 개의 신경원(neuron, 뇌세포)이 있다. 30세를 전후로 하여 매일 2만~10만 개의 신경원이 상실되다가 50세 이후부터는 그 감퇴의 정도가 더욱 심해지면서 대뇌의 크기와 무게가 줄어든다. 뇌의 크기와 무게뿐 아니라 40세 이후부터 뇌의 순환도 점차 저하되고 뇌파 사이클 변화가 일어난다. 또한 노화됨에 따라 대뇌 속에 지방색소가 쌓이게 되어 뇌의 색깔이 회백색에서 황색으로 변하게 되는데 비타민 E가 부족할 경우 이는 더욱 촉진된다.

나이가 들수록 기억력이 감퇴하고 기억장애가 많은 것은 이러한 대뇌의 변화에 기인하며, 노화로 인하여 뇌세포에 영양 공급이 잘 안 되어 신경전달물질의 양이 감소하고, 신경섬유가 엉키어 노인은 활력과 생기가 떨어지고 정서 감정도 달라져서 희로애락을 느끼는 정도가 희박해진다.

(3) 신체 각 기관의 생리적 변화

치아 손상, 침, 위액 분비가 감소되면서 소화기의 운동성, 분비 능력, 흡수 능력이 저하되고 대장의 기능이 저하되어 변비나 숙변이 증가한다. 폐의 탄력성이 떨어져 호흡 작업과 호흡 횟수가 증가하고 혈중 산소압과 폐활량이 감소하여 저산소증이나 고탄산증의 원인이 된다.

다른 기관에 비하여 심장은 정상적으로 나이가 증가해도 무게의 변화가 거의 없지만, 심장의 박동률은 대체로 55세경부터 불규칙해지고 박동이 느려진다. 한편 혈액을 응고시키는 트롬빈(thrombin) 성분의 증가나 심장 주위의 지방 축적 증가, 혈관벽 내의 탄력소 감소와 콜라겐의 증가는 혈전증과 심장판막 질환의 원인이 되어 주된 노년기 심장질환이 된다.

연령이 증가함에 따라 신체 내 세포조직의 재생 기능이 퇴화하여 신진대사가 저하되어 기초대사율이 낮아진다. 그러나 혈액 속의 당분 포함 정도인 탄수화물 대사율은 증가하여 혈당량이 높아지게 되는데 이는 성인기에 당뇨병이 많은 이유이다.

노인이 되면 수면의 양상이 변화하는데, 렘(REM) 단계의 수면이 줄어들어 깊은 잠을 자지 못하게 된다. 이는 대뇌의 충분한 휴식과 활동 능력을 저하시켜 노인의 인지적 활동이나 정서 생활에 영향을 미치게 된다.

그 외에 호르몬의 감소와 같은 생리적 변화로 인하여 생리적 균형 상태를 유지하기 위한 자체 피드백 체계에 혼란이 오면서 신체적·심리적 충격에 대한 적절한 대처 능력이 떨어져 적응력이 약화된다.

2) 노화 이론

(1) 자연발생적 관점

① 소모 이론(wear and tear theory)

기계를 오랫동안 사용하면 부속 기관들이 닳고 파손되는 것과 같이 인간의 신체도 오래 사용하면 노화되어 점진적으로 퇴화되며 소모된다. 이러한 이론은 옛날부터 현재까지 제창되고 있으나, 인간의 신체는 보충, 재생의 기능이 있기 때문에 무생물인 기계와 인간을 동일시할 수 없다는 반론도 제기되었다.

② 생물 시계 이론(生物時計理論)

노화는 경시적(經時的) 변화이기 때문에, 노화가 어떠한 시계, 즉 '생물 시계'에 따라 경과한다고 생각하는 학설이다. 생물 시계의 기능 중 가장 현저한 것은 일주 리듬의 발현을 제어하는 것이다. 동물 실험을 통하여 일주성은 환경 리듬에 동조했을 경우 수명도 길고 성장, 성숙과도 관계가 있다고 하나(福武直, 1964), 인간의 노화 과정이나 수명에 어떻게 영향을 미치는지에 대해서 통일된 견해에는 이르지 못하고 있다.

일주법과 생물 시계와의 상호성을 교란시키는 요인은 노화를 촉진시킬 가능성이 있다. 일주 리듬에 관련된 환경 요인으로는 명암 리듬, 온도 리듬, 식이 섭취, 기타 생활 습관의 리듬을 들 수가 있다.

(2) 신체조직적 관점

① 자기 면역 이론(autoimmune theory)

면역계의 주된 기능은 감염에 대한 방어 능력과 면역 감시 기구로서의 역할로 대별할 수 있다. 전자는 액성 면역(液性免疫), 후자는 세포성 면역(細胞性免疫)이 관여하게 되는데, 노화로 인하여 각각 그러한 기능이 저하된다.

㉠ 감염에 대한 방어 능력과 노화

항원항체 반응을 중심으로 한 액성 면역이 주로 관여된다. 이 작용에 의하여 외부 환경에서 침입하는 미생물이나 바이러스를 살균 또는 중화하는 항체가 생산된다. 노화에 의하여 액성 면역의 기능과 항체의 생산 능력이 저하되므로 노인은 감염에 대한 저항력이 약화되기 쉽다. 그러므로 생활환경이나 영양 상태의 개선 또는 면역 능력을 개선하여 노인층의 감염증에 의한 사망을 방지할 수 있도록 노력할 필요가 있다.

㉡ 면역 감시 기구와 노화

세포성 면역은 신체 내부 환경의 균형 유지에 중요한 역할을 한다. 자기와 비자기를 인식하여 자기 항체에 반응하는 자기 상해성 세포 또는 악성 종양세포를 증식될 때부터 간파해 내는 면역 감시 기구의 역할을 행한다. 체세포 돌연변이에 의한 변이세포가 발생했을 경우, 돌연변이가 큰 것의 경우에는 그 세포는 죽게 되지만, 적은 경우에는 생존할 수가 있고 자기 항원으로 활동하게 된다. 그러나 노화로 인하여 면역 감시 기구의 활동이 저하되고, 그 결과 자기 면역 반응이 일어나게 되며, 동시에 여러 가지 자기 항체가 확실히 증가한다. 그리하여 노인에게는 자기 면역 질환이 증가한다. 돌연변이에 의하여 변이세포가 생성되었을 때, 세포가 죽지 않아도 변이세포로 인하여 야기되는 자기 면역 반응의 자기파괴적 과정에 의하여 세포사(細胞死)가 일어나고, 그로 인하여 장기의 위축 현상이 일어나며 그 결과 노화가 촉진되는 것이다.

② **노폐물 축적 이론**(waste-accumulation theory)

이 이론은 소모 가설과는 반대로 체내에 유해 물질이 축적되면서 노화가 일어난다는 것이다. 이렇게 축적된 노폐물이 장 안의 세균이 생산하는 특별한 독물에 의해서 만성 중독이 일어난 결과 노화가 생긴다는 메치니코프(Metchni-koff)의 학설이 대표적이다.

③ **단일 기관 이론**(single-organ theory)

어느 특정한 장기가 제일 먼저 침해되어 그것이 원인이 되어 노화가 시작된다는 이론이다. 다른 측면에서는 이 이론을 특정 장기 원발설이라고도 한다.

노화가 먼저 일어나는 장기로는 대뇌, 간뇌하수체, 갑상선, 부신, 생식선, 이하선, 혈관 등을 들 수 있다. 뇌는 개체의 노화에 가장 중요한 역할을 하고 있으며, 뇌의 기능 세포인 신경세포는 근세포와 함께 생후에 분열하지 않는 분열 종료 세포군에 속하여 세포분열에 의하여 탈락된 세포를 보충할 수 없다. 이러한 뇌의 변화는 일상 동맥경화, 노인성 치매로서 노인에게 볼 수 있는 것으로 상당한 근거가 있는 이론이다. 또한 심장혈관계가 무능력 또는 무능화되어 노화 현상이 일어난다는 측면도 있는데 심장혈관계의 무능력은 동맥경화증이나 혈관이 나빠지는 질병에 의해 생기게 되고 이것이 노화를 가져온다는 것이다.

④ **교차선 이론**(cross-linking theory)

노화의 과정에서 결합조직이 차지하는 역할이 많이 있는데, 세포의 내·외부에서 두 개의 큰 분자들이 서로 상대에게 부착되어 있어서 연결된 큰 분자들은 움직일 수 없게 되고 이와 같은 상태는 신진대사를 동결시키게 되며 그 결과 조직과 세포들을 막아서 그 기능을 방해하게 되므로 노화가 촉진된다는 것이다. 콜라겐은 경화되고 소화 분해를 어렵게 한다. 그것은 콜라겐의 분자 내 또는 분자 간에 'cross-link'라는 가교 결합이 생기기 때문이다.

이 'cross－linking'이 단순히 콜라겐뿐 아니라, 다른 생체 고분자에도 일어나서 소위 'frozen metabolic pool'을 만들어 투과를 저해하여 세포의 생활을 위협하는 것이 노화의 원인이라고 하는 이론이다.

⑤ 내분비 이론(endocrine theory)

노화는 내분비계 혹은 신경계의 장기의 경시적(經時的) 변화에 의하여 일어난다는 설이다. 그러나 내분비계와 노화에 대한 환경 인자의 관여에 대해서는 보다 많은 검토가 필요하다. 환경 인자의 작용으로는 온도, 소음, 감염, 중독, 정신적 스트레스, 공기 중 가스 이상 등을 들 수 있다.

⑥ 오류 재해 이론(error catastrophe theory)

이 이론은 유전 인자가 세포로 전달되는 도중에 잘못(error)이 발생하여 노화가 일어난다는 것이다. 이러한 잘못으로 인하여 정확히 복제되지 못한 효소들이 생산되고 그로 말미암아 세포가 기능하지 못하게 되어 궁극적으로 사멸하게 된다는 것이다.

⑦ 뇌의 노화

노화학설에는 중심설(center theory)과 말초설(peripheral theory)이 대립되고 있다. 개체의 노화에 가장 중요한 역할을 하고 있는 것이 뇌라는 것이 중심설이고, 말초 장기 기관의 기능 저하가 개체의 노화에 중요한 역할을 한다는 것이 말초설이다.

뇌의 기능 세포인 신경세포는 근세포와 함께 생후에 분열하지 않는 분열종료 세포군에 속한다. 다른 장기와 달리 세포분열에 의하여 탈락된 세포를 보충할 수가 없다. 이로 인하여 시간이 경과함에 따라 세포가 점차 탈락하여 그 기능도 저하된다고 추정한다. 뇌의 노화에 미치는 환경 인자의 작용에 대하여는 아직 명확하게 밝혀지지 않고 있다. 그러나 노화를 촉진하는 위험 인자는 고혈압, 담배, 고콜레스테롤 식이라고 알려지고 있다.

(3) 환경적(조건발생적) 관점

① 스트레스 이론

셀리에(H. Selye)에 의하여 1936년에 제창되었는데, 스트레스는 스트레스를 야기하는 요인인 스트레서(stressor)에 의하여 발생하는 스트레스 상태를 의미한다. 이러한 상태는 스트레스에 의하여 일어난 생체의 불균형과 이를 원상 복구하려는 반응이 복합된 것이다. 스트레스의 원인은 모든 환경 요인에 기인하는 것으로 감염, 중독, 추위, 더위, 근육 피로, 저산소, 산소 중독 등이 이에 해당된다.

생체의 스트레스에 대한 반응은 종류가 몇 가지가 있는데, 서로 공통적이다. 즉, 경고반응기, 범적응반응기, 피폐기 등으로 분류하고, 각각 나타나는 양상은 다음과 같다.

경고반응기에는 교감신경, 부신피질계가 활성화되므로 투쟁적이 되거나 도피 등의 반응이 일어난다. 동시에 체중 감소, 위궤양, 임파조직 위축, 부신비대 현상이 일어난다. 범적응반응기에는 저항성이 강하고 생리 기능도 정상적이며, 때로는 부신비대 현상과 임파조직 위축 현상이 일어난다. 피폐기에는 저항력이 상실된다.

인간의 일생은 이 스트레스에 대한 반응과 유사하다고 할 수 있다. 즉, 소아기에는 적응력이 강하고, 청년기와 성인기에는 내적 또는 외적 장해 요인에 대한 저항력이 강하며, 노년기에는 저항력이 감소하여 마침내 죽음에 이르게 된다.

노인은 스트레스에 대한 적응이 원활하지 못하고, 그로 인하여 스트레스는 노화 과정을 촉진시키며, 또다시 노화는 스트레스에 원활하게 반응하지 못하도록 하는 악순환을 일으킨다.

② 생활대사율 이론

생활대사율은 펄(Pearl, 1929)이 그의 저서 『The Rate of Living』에서 처음 주장하였다. 그는 동물의 수명은 에너지 소비의 속도, 즉 생활대사율과 반비례의 관계라고 하였다. 그의 학설은 다음과 같은 사실로 지지를 받고 있다.

- 변온동물은 고온에서 단명하고 저온에서 오래 산다.
- 대사가 활발하고 빨리 성장하는 소동물은 단명하고, 대사가 느리고 성장이 느린 대동물은 장수한다.
- 노동을 심하게 하는 사람은 노동을 가볍게 하는 사람보다 단명한다고 하는데 이것은 의문시되고 있다.
- 식이량이 제한된 동물은 대사율이 낮아지고 수명이 연장된다.
- 동면동물은 동면 시간이 길수록 수명이 길다. 동면 중의 대사율은 최저까지 저하된다.

생활대사율설에 의하면 대사를 억제하는 가능성이 있는 환경 인자는 노화를 지연시키고, 대사를 촉진하는 가능성이 있는 환경 인자는 노화를 촉진시킬 가능성이 있다. 현재까지 알려진 내용은 이 외에 대사율에 영향을 주는 다른 인자로 운동, 체내 온도, 교감신경 긴장 등에 대해서도 검토할 필요성이 제기되고 있다.

③ 유리기 이론(free radical theory)

세포 내에서 일어나는 물질대사의 경우 부산물로 생성된 유리기(free radical; −OH, H2O)가 세포 내 성분과 반응해서 장애를 일으키고 이것이 원인이 되어 노화가 진행된다는 이론이다. 유리기는 생체나 식품에도 포함되어 있는데 연기나 훈제식품 속에도 많다. 흡연자의 수명이 비흡연자보다 짧은 것이 이러한 원인에 있다.

3. 노인의 심리적 적응과 노년기 발달심리 이론

노화는 개인의 심리 내적인 감각, 지각, 정신 기능, 욕구, 동기와 정서의 변화를 동반하게 되며, 나아가 성격의 변화를 초래하여 노년기 성격의 일반적 특성을 보이게 된다. 여기서는 노년기의 심리적 변화와 특성에 대하여 살펴보고, 노년기의 심리사회적 적응을 설명해 주는 발달심리 이론을 고찰해 보고자 한다(김애순, 2011).

1) 노년기 심리적 특성

(1) 감각 기능의 변화

감각기관은 고령화에 따라 쇠퇴하는데, 감각기관의 능력은 인간의 중요한 정보 전달에 영향을 주기 때문에 매우 중요하다. 그러나 이러한 감각기관의 쇠퇴는 개인차가 매우 크기 때문에 쇠퇴 정도를 일률적으로 판단하기는 곤란하다.

여러 가지 신체적 변화는 시력 감퇴의 원인이 된다. 시력은 일반적으로 40세를 전후로 하여 약화되기 시작하여 수정체의 조절 능력이 약화됨으로써 노안 혹은 노시가 된다. 노화에 따라 수정체의 섬유질이 증가하여 눈동자의 렌즈가 차양으로 가려져 시각이 흐려지는 노인성 백내장의 발생이 증가한다. 한편 눈에 노폐물이 축적되기 때문에 눈의 선명도가 떨어지고 눈이 침침해지며 눈부심 현상이 일어난다. 노인은 암순응과 명순응 능력이 감퇴하여 어두움과 밝음의 변화에 빨리 순응하지 못하며, 특히 야맹증으로 밤눈이 어두워져서 낮보다는 밤에 활동하는 것에 불편을 더 느낀다. 노인들은 70세 이후가 되면 황화 현상이 생기는데, 이는 세상이 노르스름하게 보이는 현상으로 붉은색 계통은 잘 구별할 수 있지만 파란색 계통은 잘 보지 못하게 된다.

50세 이후부터는 고음을 듣는 데 어려움을 느끼며 목소리를 구별하는 능력이 감퇴하는데 이러한 현상을 광의로 노인성 난청으로 분류한다. 이를 티니터스(tinnitus) 질환이라고도 하는데 노인은 높고 가는 소리보다는 굵고 낮은 소리를 더 잘 들을 수 있다. 연령에 따른 청각 기능의 쇠퇴는, 어느 정도는 기관의 쇠퇴 결과이고 어느 정도는 환경적 요인에 기인한다. 일반적으로 여자보다 남자에게 감퇴 현상이 더 많이 일어나는 이유는 일터에서 많은 소음공해에 노출되었기 때문이며, 취업 여성들에게 청력 상실이 더 많이 발생한다는 보고가 있다. 노인성 난청은 노인으로 하여금 성격적으로 괴팍하고 의심이 많은 존재로 전락하게 하는 요인이 되기도 한다.

일반적으로 노인은 혀 표면의 변화나 미각의 감소 혹은 위축으로 네 개의 미각(단맛, 신맛, 짠맛, 쓴맛)이 모두 둔화하나, 성별에 따라 혹은 흡연 여부에 따라 현저한 차이가 난다. 여성보다 남성이 더 둔감하며, 특히 남성은 짠맛에 대한 감각이 현저히 퇴화하여 남성노인의 심장질환을 촉진시키는 요인이 되기도 한다. 그러나 이에 반하여 상반되는 의견을 가진 연구자들에 의하면, 젊은이와 노인의 기본 미각의 차이는, 맛의 감각 기능의 쇠퇴보다는 시대 간의 맛의 경험 차이라고 지적한다.

좋아하고 싫어하는 냄새에 있어서도 시대 간의 차이를 지적하고 있다. 즉, 많은 연구에서 연령 증가에 따라 기본 감각 기능의 쇠퇴를 예상하는데, 완전히 상실될 것이라는 결과 보고는 없다.

(2) 지각 능력의 변화

노화하면서 뇌의 신경원과 신경조직이 퇴화함에 따라 감각기관을 통하여 유입된 정보의 해석과 추리 과정, 정보에 대한 반응 속도상의 퇴보가 일어난다. 노인들은 빠르게 지나가는 자극을 처리하는 역동적 시지각 능력이 감퇴하는데 자극 지속 이론(stimulus persistence theory)에 의하면 이는 한번 지각된 정보의 흔적이 오래 남아 다음 자극 처리에 방해가 되기 때문이라고 하였다. 그러나 최근에는 한 번에 다룰 수 있는 정보의 양(지각의 폭)이 감소하기 때문이라는 주장이 설득력 있게 제기되고 있다. 또한 노인은 복잡한 자극 속에서 새로운 형태를 발견하고 통합하는 시·공간 통합 능력이 감퇴하며(지각의 경직성),[1] 생리적 각성 수준이 낮아져서 주의집중력이나 경계 능력이 감퇴하게 된다. 한편 선택적 집중력(selective attention)이 약화되고 주의 양분 능력(divided attention)이 떨어지면서 복잡한 방해 자극이 있는 가운데 하나의 표적 자극에 주의를 기울여 지각하는 능력이나 동시에 두 자극에 주의를 기울여 지각하는 데 어려움을 겪게 된다.

---

1) 특징 통합 이론(feature integration theory)에 의하면 노인의 지각 경직성은 특징 추출과 특징 통합을 통하여 이루어지는 시지각 과정 가운데 특징 통합 단계의 수행 능력에 문제가 생기면서 나타나는 현상이라고 주장하고 있다. 따라서 나이 든 사람에게는 모호하고 복잡한 정보 가운데 어떤 특정 형태를 찾아보라고 하면 지각의 융통성이 증가할 수 있다(김애순, 2002 : 120).

(3) 지적 능력의 변화

웩슬러(Wechsler, 1958)에 의하면 지능은 "개체가 유목적적으로 행동하고 합리적으로 사고하며 환경을 효율적으로 처리해 나가는 종합적이고 총체적인 능력"이라고 정의하여 사람의 잠재적 및 현재 능력을 모두 포함하는 개념이다.[2] 최근에 지능은 다양한 요인들이 위계적 구조로 이루어져 있는 정신 능력으로 유동성 지능과 결정화된 지능[3]의 두 범주로 나뉘어 이해되고 있다.

일반적으로 나이가 들면서 지능이 절대적으로 퇴화한다는 감퇴설이 초기 노년기 지능 변화에 대한 주된 주장이었다. 그러나 이러한 주장은 지능 연구가 주로 단기 횡단 연구로 이루어지면서 동시대 출생 집단 효과, 교육 효과나 성장 배경, 문화적 경험이 지능에 미치는 영향을 고려하지 않았으며, 건강한 사람들만 살아서 연구에 참여함으로써 발생할 수 있는 선택적 탈락 효과, 노인이 지능검사에 따르는 긴장과 불안 수준의 영향을 더 많이 받을 가능성 등의 요인들을 고려하지 못하였다는 지적을 받으면서 지능의 신축성, 지능의 성숙설과 가소성이 대두되고 있다. 이와 같은 최근의 연구 결과들(Dai, 1993; Horn, 1982)은 대체로 유동성 지능은 성인 초기에 절정에 달하였다가 그 후 뇌의 신경조직이 손상되면서 서서히 감퇴하나 결정화된 지능은 나이가 들어도 꾸준히 증가한다는 데 견해를 같이하고 있다.[4] 결국 연령 증가에 따라 정신 기능이 절대적으로 감퇴한다는 과학적 증거는 없으며, 교육이나 훈련, 과제의 친숙성과 과제 수행에 드는 속도, 신체적 건강 정도는 개인의 지능과 밀접한 관련이 있어서 사람은 생활주기의 마지막 단계에서도 지적 수행 기능이 계속 유지되며 이에는 개인차가 있음을 알 수 있다.

---

2) 스피어만(Spearman, 1927)은 지능을 일반 지능과 특수 지능으로 구분하고 써스톤(Thurstone, 1938)은 일반 지능을 공간 능력, 지각 속도, 수적 추론, 언어 의미, 단어 유창성, 기억, 귀납 추리 등의 7개 영역으로 이루어져 있다고 보았다.

3) 유동성 지능은 정신의 유동성을 상징하며 현상 간의 관계성이나 의미 추론 및 통합 능력으로 추리 능력, 기억 용량, 도형 지각 능력 등을 포함하는 비교적 선천적 영역이다. 결정화된 지능은 경험, 교육, 훈련에 의한 언어 이해력, 개념 형성, 논리적 추리력 등이 포함되며 이는 문화적 가치, 경험의 폭, 의사소통과 이해력, 판단력 등에 의하여 좌우되는 능력이다.

4) 그러나 교육이나 경험을 통하여 새로운 정보를 받아들여 새로운 정보를 획득하는 비율이 망각 비율을 능가하지 못하는 어느 시점에서는 결정화된 지능도 역시 감퇴할 수 있다.

(4) 기억력의 변화

기억은 감각기관을 통하여 받아들여진 정보를 부호화하여 저장해 주었다가 다시 인출해 내는 것을 말하며 정보의 입력 → 저장 → 인출 과정을 거친다. 기억 구조는 감각기억(sensory memory) → 단기기억(short-term memory) → 장기기억(long-term memory)으로 이루어진다. 노화에 따라 감각기억의 과정에 과도한 정보나 방해되는 정보가 부여되면 부호화에 문제가 발생하여 정보 처리가 어려워지면서 체계적으로 정보가 저장되지 못하여 인출 시에 문제가 발생하고 이는 곧 기억력의 약화로 연결된다.

노인들은 노화하면서 퇴화한 뇌세포가 재생되지 못하여 최근의 정보 처리 과정에서 더 많은 문제를 일으키기 때문에 과거의 일보다 최근의 새로운 일을 잘 기억하지 못하는 일이 더 빈번히 발생한다. 또한 연령 증가와 함께 뚜렷이 감퇴하는 기억은 비진술 기억보다 진술 기억 혹은 명시적 기억으로 알려지고 있다.[5)]

(5) 학습 능력과 창의력의 변화

학습 능력은 연습이나 경험을 통하여 정보, 기술을 습득하는 능력을 의미하며, 과업 수행의 결과로 측정된다. '늙은 개에게는 아무것도 가르칠 수 없다'는 속담처럼 노화와 더불어 학습 능률이 떨어진다는 통념이 있다. 그러나 학습 기간과 반응 기간이 충분히 주어지고, 학습 과제와 동기가 분명한 경우, 노인층의 학습 효과가 더욱 크다는 연구 등은 노인의 학습 능력에 대한 재고를 촉구한다고 하겠다.

사고 능력과 문제해결 능력 등의 저하는 교육 수준과 지능과 매우 연관이 깊은 정신 작용으로서 이들은 노화와 직접적으로 영향이 있다고 보기는 어렵다(김태현, 1994). 특별히 창의력은 개인의 독창적 문제해결 능력으로서 자기실현을 위한 독특한 정신 작용이라고 할 수 있다. 창의력도 연령의 증가

---

5) 진술 기억이란 어떤 사실이나 사건, 혹은 특정 자극들을 의식적으로 재조합하여 학습하는 기억으로 의미 기억이나 일화 기억 등의 명시적 기억을 말하며 진술 기억의 감퇴는 해마를 비롯한 뇌의 중간 측두엽의 손상과 관련이 깊다.

에 따라 감퇴된다는 연구가 있으나, 다수의 창의적 활동을 하는 사람들의 예를 보면, 그들이 중년기 이후 노년기에 가장 창의적 작품 활동을 하였던 것을 볼 수 있다. 그러므로 창의적 업적은 활동 유형, 동기, 노력, 보상, 개인적 차이 등 다양한 변인들의 영향을 받으므로 노화가 창의력 감퇴와 직접적 관계가 있다고 하기에는 무리가 있다.

(6) 정서의 변화

정서는 생리적 변화를 포함하여 표현되는 강한 정신적 상태로서 생리적 생태, 사회물리적 환경, 지식, 사고와 같은 인지 과정에 의하여 지배되는 역동적 체계라고 할 수 있다(Magai & Nusbaum, 1996). 나이가 들면서 개인의 정서 경험, 정서 표현, 정서 조절 과정에는 안정과 분화, 변화가 공존한다. 노인은 감정이 무디어져서 무미건조해진다는 견해가 지배적이었으나 실제로 연구들은 인간의 기본적 정서 체계는 연령과 관계없이 안정적이며 오히려 노년기에는 긍정적 정서 경험이 증가한다고 한다. 그러나 연령이 증가하면서 정서 조절 기능이 발달함에 따라 정서 표현이 절제되고 세분화되며 복합되어 외부로 드러나는 정서 표현이 적어지게 된다.

(7) 성격의 변화

알포트(Allport, 1976)는 "성격(personality)은 그 사람의 특징적 행동과 사고를 결정하고 환경에 대하여 독자적으로 적응 방법을 결정하는 개인의 정신적·신체적 역동체제"라고 정의하였다. 즉, 성격은 일반적으로 그 사람의 행동양식이나 가치의식을 결정짓는 개인의 욕구와 동기, 태도라고 할 수 있다. 일반적으로 성격은 아동기 중기에 안정되어 가고, 그 이후로는 거의 변화하지 않는 연속성과 일관성이 있다고 하였으나(Moss & Susman, 1980; Thomae, 1980), 최근 많은 연구들이 사람의 성격이 노화에 따라 변화한다고 주장한다(Woodruff & Birren, 1983).

노인의 발달적 심리 특성은 노인의 신체적 건강 상태와 심리적 특성, 그리고 사회와 가족 내에서의 관계와 역할 특성에 따라 영향을 주고받으며 발달하게 된다. 개인차가 있음에도 불구하고, 노인의 성격 특성에 대한 대부분의 견해는 신체적 노화와 사회관계의 축소에서 오는 사회심리적 변화와 그에 따르는 외향성의 경향으로부터 내향성으로 변해가는 정신생활과 관련지어 부정적 특성이 강조되어 왔다.

윤 진(1988)은 노인의 성격 특성을 다음과 같이 정리하였다.

첫째, 우울증 경향이 증가한다. 노년기의 개인이 직면하는 여러 가지 개인적·가족관계적·사회적 스트레스는 노인의 우울증을 증가시킨다. 즉, 질병과 배우자의 죽음, 경제 사정의 악화와 사회와 가족들로부터의 고립, 자기통제력의 상실과 지나온 삶에 대한 회한의 감정 등은 부정적 스트레스 요인으로서 노인의 심리적 부담을 강화시키고, 불면, 체중 감소, 무감각, 강박관념, 증오심 등의 구체적 노인성 우울증상을 동반한 우울증으로 진전되는 경향이 있다.

둘째, 내향성 및 수동성이 증가한다. 노화해 감에 따라 사람은 사회적 활동이 점차 감소하고 활동 방향을 외부보다는 내부로 돌리는 행동양식을 갖게 된다. 신체 및 인지 능력의 감퇴와 더불어 자아상이 달라지고, 문제 해결을 위한 능동적 노력보다는 신비적 조절이나 우연, 혹은 의존적 수동성이 증가하여 무사안일하게 지내려는 경향이 강해진다.

셋째, 경직성과 조심성이 증가한다. 경직성이란 융통성과 반대되는 것으로 어떤 태도, 의견, 그리고 문제해결 장면에서 그 해결 방법이나 행동이 옳지 않거나 이득이 없음에도 불구하고 옛날과 마찬가지 방법을 고수하고 지속하려는 경향을 말한다. 이러한 경향은 노인의 학습 능력과 문제해결 능력을 저해하는 요인이 된다. 게다가 노인의 자신감 결여 혹은 완전과 정확성에 대한 기대감의 증가, 체면을 중시하는 경향 등은 노인으로 하여금 젊은이에 비해 조심스러운 행동 결정을 하도록 하여, 어떠한 새로운 일을 결정하고 판단하는 데 어려움을 준다.

넷째, 성역할 지각의 변화가 나타나 양성성이 강해진다. 이는 중년기 이후부터 시작되는 현상으로 남성노인은 점점 여성적이고 수동적이 되어가며, 반대로 여성노인들은 오히려 능동적이고 권위적이 되어간다. 이러한 특성은 남성과 여성의 내면에 존재하던 여성성과 남성성이 그 말년에 이르러 자유롭게 드러나는 것으로 보이며, 양성성이 강한 노인일수록 노년기의 적응이 좋아진다는 연구들도 많다.

다섯째, 친근한 사물에 대한 애착심이 커진다. 노인이 될수록 오랫동안 사용해 온 물건에 대한 애착심이 증가한다. 이러한 물건들은 노인으로 하여금 자신이 지나온 세상과 세월은 변했을지라도 자신의 주변은 변하지 않는다고 생각하도록 하여 정서적 안정감을 유지하려는 것이다. 즉, 노인에게 자신에게 친근한 물건은 이미 물체가 아니라 인격체이며, 자신의 분신이 될 수도 있기 때문이다.

여섯째, 유산을 남기려는 마음이 강해진다. 에릭슨(Erikson)은 성인들은 생산성 욕구가 강해지고 자신의 유한성을 인정하여, 자녀양육이나 생산적인 여러 활동을 통해 자신의 유한한 자취를 남기고자 하는 욕구가 강해진다고 하였다. 건강한 노인의 경우, 이들은 자신의 사후에 자신의 자취를 남기고자 하는 갈망이 있으며, 이는 자손을 낳는 일, 문학, 예술작품, 기술, 지식, 토지, 보석 등 다양한 형태로 나타난다.

일곱째, 의존성이 증가한다. 노인은 신체적 및 경제적 의존성이 강해지는데 이는 정상적 현상이다.

2) 노년기 발달심리 이론

(1) 발달과업 이론

전 생애적 인간 발달 이론에 의하면 인간은 65세 이후에도 계속 발달하며, 노년기는 사람이 일생 동안 배운 바를 이해할 수 있게 되고 그것이 가치 있는 것임을 발견하는 긍정적 발달 단계라고 정의한다(Butler & Lewis, 1982). 많은 학자들 – 에릭슨(Erikson), 해비거스트(Havighurst), 듀발(Duvall), 펙(Peck) – 은 노년기의 성공적 적응을 위해 바람직한 발달과업을 제시하고 있다. 발달단계 이론들은 인생의 각 시기에 직면하는 발달과업의 성공적 수행은 다음 단계의 긍정적 발달을 촉진시킨다고 주장하는 후성설(epigenesis)의 입장을 가지고 있다. 이들은 인생주기의 마지막 단계인 노년기를 신체적 활동이 축소되고 심리적으로 위축되는 시기로 보고, 노년기 발달과업의 해결은 선행된 발달 과제의 성공적 수행 결과에 좌우된다고 하였다.

① 에릭슨(Erikson)의 심리사회 발달 이론

에릭슨(Erikson)은 프로이트(Freud)의 심리성적 성격 발달 이론을 수정, 확대하여 심리사회적 성격 발달 이론을 발전시켰다. 에릭슨은 개인은 발달의 결정적 시기에 과업을 성공적으로 해결함으로써 긍정적 발달을 이루어 나간다는 규범적 위기 모델을 제시하면서 심리사회적 발달 8단계를 주장하였다(Erikson, 1963).

그에 의하면 노년기는 인간 발달 과정의 마지막 단계로서 노년기에 발달시켜야 할 긍정적 성격 특성은 자아통합(ego integrity)이며 긍정적 자아통합이 발달되지 못하면 절망의 태도가 형성된다고 하였다. 노인은 다가오는 죽음에 직면하여 자신의 살아온 삶을 정리하고 긍정적으로 인식하여 자신의 과거, 현재 그리고 미래의 삶에 대한 통합성과 일관성을 느낌으로써 자아통합의 노년기를 보내야 할 시기이다. 그러나 전 단계에서 해결하지 못한 과업이나 위기가 남아 있게 되면 이러한 통합 과정이 실패하면서 노년기는 자신의 삶에 대한 후회와 절망, 무상함으로 인한 비탄으로 절망하게 된다.

<표 2-1> Erikson의 인생 후반부 4단계

시 기	상반된 발달 과업	출현하는 자질
5. 청년기	정체감 대 역할 혼란	성실성
6. 성인 초기	친밀감 대 고립감	사 랑
7. 중년기	생산성 대 침체감	보살핌
8. 노년기	자아통합 대 절망	지 혜

② 펙(Peck)의 발달과업 이론

펙(Peck)은 에릭슨의 7단계와 8단계를 통합하여 7단계 이론을 주장하였다. 그는 중년기 이후의 발달과업을 자아 분화 대 직업 역할 몰두, 신체 초월 대 신체 몰두, 자아 초월 대 자아 몰두의 세 가지로 나누었다. 이는 성인기의 인간은 직업 상실, 신체적 기능의 상실과 죽음이라는 세 가지의 커다란 현실에 직면하며 이러한 상황에서 성숙한 자아 분화가 잘 이루어져 있는 경우 건강한 자아정체감과 더불어 성숙한 노화 과정을 경험하게 된다는 것이다.

그러므로 중년기 이후 노년기까지 개인은 직업 기반 이외에 다른 역할에서의 자아 지지 기반을 획득함으로써 직업 상실이라는 위기에 대처해야 하며, 생물학적 노화 현상을 극복하고 적응하며 죽음의 불가피성과 필연성을 수용함으로써 자아 초월적 과업을 이루어 나가는 것이 중요하다.

③ 해비거스트(Havighust)의 발달과업 이론

해비거스트(Havighust, 1972)에 의하면 생의 발달 단계는 생의 주기에 따라 6단계로 구분되고 각각의 발달 단계에 주어진 과업을 그 단계에 완수하는지 여부에 따라 현재의 행복과 다음 단계의 성공적 과업 수행에 결정적 역할을 한다고 하였다. 그는 마지막 단계인 노년기의 발달과업은 약화되는 신체적 힘과 건강에 따른 적응, 퇴직과 경제적 수입 감소에 따른 적응, 배우자의 죽음에 대한 적응, 자기 동년배 집단과의 유대관계 강화, 사회적 역할을 융통성 있게 수행하고 적응하는 일, 생활에 적합한 물리적 생활환경의 조성이라고 하였다.

④ 레빈슨(Levinson)의 인생 구조 이론

레빈슨(Levinson)은 개인의 인생주기를 아동기와 청년기, 성년기, 중년기, 노년기 등의 질적으로 다른 네 개의 계절로 구분하고 각 계절은 대략 5년의 과도기로 연결되면서 약 20년으로 구성되어 있다고 보았다. 그는 시대와 문화를 초월하여 인생주기 진행에 보편성이 내재되어 있으며 인생주기가 진행되는 과정을 삶의 구조(life structure)가 진행되는 과정으로 보았다. 삶의 구조(인생 구조)는 레빈슨 이론의 핵심 개념으로 특정한 시기에 있어서 개인의 생활에 기초가 되는 유형이나 설계를 의미하며, 개인의 삶의 구조는 자아와 세계와의 상호작용에 의하여 형성된다. 인생 구조에는 외적 측면과 내적 측면이 있으며 직업, 결혼, 가족, 우정, 여가, 종교, 가치, 꿈과 정서 등 다양한 구성 요소가 있다.

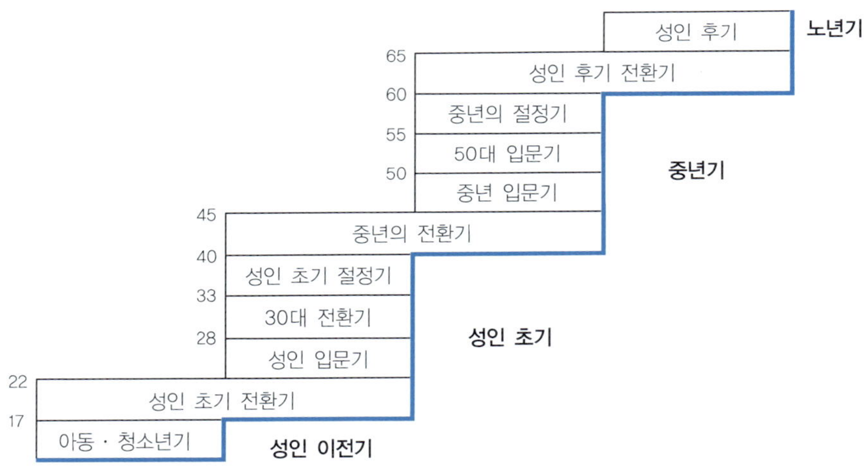

| 그림 2-2 | 레빈슨의 인생 사계절 단계

인생의 한 시기에서 다음 시기로 넘어갈 때 인생 구조의 요소들이 삶에 미치는 중요성과 위치가 바뀌게 되며 자아와 세계의 관계의 질은 그 시기에 선택하는 구성 요소의 중요성과 관련이 깊다. 레빈슨은 60~80세까지를 노인 전기, 60~65세 사이를 노년의 전환기, 80세 이상은 노인 후기라고 보았

으며 노년기에는 우정, 여가, 종교가 삶의 핵심부로 이동하면서 은퇴와 신체적 쇠퇴에 적합한 새로운 인생 구조를 수립하고 심리적 적응을 꾀하여야 한다고 하였다.

(2) 정체감 위기 및 유지 이론

정체감 위기 이론은 밀러(Miller, 1965)에 의하여 제창된 이론으로 개인이 정체감을 유지하고 지지하는 기반으로 직업 역할이 중요한데 퇴직은 직업적 역할과 이에 부수적으로 연결되었던 다른 역할의 상실을 초래하므로 노년기에는 자아 지지의 기반이 무너지고 그동안 유지되던 정체성이 위기에 처하게 된다는 것이다. 한편 정체감 유지 이론은 사람은 자신의 정체감을 한 가지 역할을 통하여 만들어 내는 것이 아니라 여러 가지 역할을 통하여 끌어낸다는 전제하에 애칠리(Atchley, 1971)에 의하여 제기된 이론이다. 즉, 사람들은 직업적인 일에만 전적으로 전념하는 것이 아니라 다른 여러 가지 일이나 역할에 연루되어 있으므로 퇴직 후에도 여러 가지 역할에 참여하여 정체감을 유지시킬 수 있다는 것이다.

(3) 사회적 와해 이론

사회적 와해 이론(social breakdown theory)은 키퍼스와 벵슨(Kuypers & Bengtson, 1973)에 의하여 제기된 이론으로 사회적 혹은 심리적인 면에서 문제가 있는 노인에 대하여 사회적으로 인식된 부정적 환류가 부정적 인식을 강화시키는 순환적 틀이 되어 노인의 사회적 관계와 활동을 더욱 어렵게 만든다는 것이다. 노인은 역할 상실과 역할 변화, 준거집단의 부족 등의 취약성으로 인한 자신의 문제에 대해 외부인에게 조언과 도움을 요청하게 되며, 이러한 과정 자체는 노인들을 '문제 있는, 무능한 취약자'로 낙인찍고 이러한 낙인 속에서 다시 외부의 도움을 요청하는 순환적 관계에 빠지게 되며, 이는 결국 사회적 와해 증후를 초래한다고 하였다.

학습과제

❖ 노년기의 적응에 대한 고전적 관점의 이론들을 정리해 보고 최근 우리나라의 조기퇴직과 더불어 드러나는 초기 노년기 성인들의 문제를 적용해 보자.

❖ 노년기의 생리적 변화와 심리사회적 적응은 어떤 관계가 있을지 생각해 보자.

❖ 노년기의 발달과업을 성공적으로 이루어 나가기 위하여 개인적으로 혹은 가족과 사회적으로 해야 할 일은 무엇이 있을지 생각해 보자.

참고문헌

김애순(2011). **장노년심리학**. 서울 : 시그마프레스.

김태현(1994). **노년학**. 경기 : 교문사.

서병숙(1994). **노인연구**(제3판). 경기 : 교문사.

이영진(2000). 신체적 노화. 한국노년학회 편. **노년학의 이해**. 서울 : 대영문화사.

최성재·장인협(2010). **고령사회의 노인복지학**. 서울 : 서울대학교출판문화원.

한국노년학회 편(2000). **노년학의 이해**. 서울 : 대영문화사.

Atchley, R. C.(2000). *Social Forces and Aging : An Introduction to Social Gerontology* (9th ed.). California : Wordsworth.

Bee, H. L.(2000). *The Journey of Adulthood* (4th ed.). New Jersey : Prentice Hall.

Birren, J. E., & Schaie, K. W.(1977). *Handbook of the Psychology of Aging*. New York : Van Nostrand Reinhold.

PART

2

노인복지제도

CHAPTER 03

노인 소득보장 및 고용보장

3장에서는 노인들의 소득보장 및 고용보장에 대해 살펴보도록 한다. 한국 노인들은 전 세계에서 가장 높은 노인빈곤율을 경험하고 있기 때문에 빈곤을 줄이고 삶의 질을 높이기 위한 필수적인 방안인 노후소득보장정책을 국가차원에서 시행하고 있다. 또한 국가에서 제공되는 소득지원체계의 한계로 인해서 노인고용(일자리)의 중요성도 대두되고 있다. 본 장에서는 노인들의 경제상태 전반을 점검하고 우리나라 노후소득보장제도 내용과 현황을 설명하며 나아가 노인고용(일자리) 상황 및 고용정책 전반에 대한 개괄적 설명을 하고자 한다.

1. 소득보장의 이해

소득보장이란 고령, 장애, 사망 등의 사회적 위험으로 인해 극심한 빈곤에 처하지 않고, 최저생활수준을 유지할 수 있도록 최소한의 정기적인 소득을 지원하는 안전망 체제라 할 수 있다. 노년기는 퇴직 이후 소득이 감소하고, 재취업의 기회가 제한됨에 따라 경제적 자원이 줄어드는 시기이므로 노후를 대비하여 미리 최소의 안전망을 확보하는 것이 매우 중요하다. 노인의 경제생활을 지원하는 제도는 소득보장과 고용보장을 들 수 있다. 소득보장제도는 노인에게 소득을 제공하는 직접적 소득보장과 기존의 소득을 보전하는 간접소득보장으로 구성된다. 한편 고령화 현상이 심화되면서 경제활동의 의지와 능력을 가진 노인이 증가하고 있으며, 이들이 적극적으로 소득을 창출하도록 지원하는 고용보장도 광의의 개념으로 보면 소득보장과 연동되어 노인의 경제생활을 지원하는 제도라 볼 수 있다.

1) 노인의 경제생활 실태

노인의 소득원과 소득수준을 살펴보기 위해 보건복지부와 한국보건사회연구원이 발표한 노인생활실태조사를 참조하였다. <표 3-1>에 제시되었듯이 2017년도에 응답한 노인들의 소득원 구성을 보면 가장 큰 부분은 34.2% 차지한 근로소득이고 공적이전소득은 27.4%로 두 번째로 큰 비중을 차지하고 있다. 2014년 응답에 비하면 공적이전소득은 다소간 높아졌고, 근로소득은 소폭 감소하였으며 사전이전소득은 큰 변화가 없음을 알 수 있다. 재산소득과 기타소득의 비중도 큰 변화치를 보이지 않았다. 과거 연도의 사적이전소득 의존율이 높았던 현상이 최근에는 노인 스스로 근로활동에 참여하여 소득을 확보하는 현상으로 변화하고 더불어 국가소득보장체계인 공적이전소득의 중요성이 커지는 양상이 뚜렷하게 나타난다.

<표 3-1> 노인의 소득원별 소득비중의 변화 (단위 : %)

구 분	근로소득	사업소득	재산소득	사적 이전소득	공적 이전소득	기타소득	계
2011	23.5	14.4	8.7	26.5	25.2	1.7	100
2014	37.4	15.5	8.2	15.1	22.6	1.3	100
2017	34.2	13.1	8.7	15.2	27.4	0.9	100

출처 : 보건복지부·한국보건사회연구원(2012). 2011년도 노인실태조사; 보건복지부·한국보건사회연구원(2015). 2014년도 노인생활실태조사; 보건복지부·한국보건사회연구원(2018). 2017년도 노인생활실태조사.

한편 노인의 지역별 소득 규모와 구성을 보면, 동부 노인의 연간 총 가구소득은 2759만 원으로 읍·면부 노인의 연 2219만 원보다 높은 수준으로 분석되어 읍·면부 지역 노인들의 경제적 상황이 더욱 어려움을 알 수 있다(표 3-2 참조). 소득구성도 두 지역 간 차이를 보이는데, 동부 노인은 근로소득이 약 40%(1028만 원), 공적 이전소득이 25%(744만 원), 사적이전소득이 14%

(390만 원)로 구성비율이 높은 반면, 읍·면부 노인들은 공적이전소득이 23%(635만 원), 근로소득이 20%(572만 원), 사업소득이 18%(505만 원)로 상대적으로 높은 비율을 보였다. 읍·면부 노인들의 사업소득이 동부 노인에 상대적으로 높은 구성비를 보이는 이유는 농업에 종사하는 노인이 많기 때문이라 할 수 있다(보건복지부·한국보건사회연구원, 2018). 성별에 따르면 남성노인은 연평균 2817만 원, 여성노인은 2421만 원으로 연간 약 396만 원 차이를 보였고, 연령별로는 연령이 높을수록 전반적으로 소득수준이 낮아지는 경향을 보였다. 다만, 85세 이상은 상대적으로 높은 소득수준을 유지하고 있는 것으로 나타난다.

<표 3-2> 노인의 평균 개인 소득수준

(단위 : 만 원)

구 분		근로소득	사업소득	재산소득	사적이전소득	공적이전소득	기타소득	연 총소득
전 체		885.7	338.8	224.1	392.4	710.4	22.6	2,589.7
지역	동 부	1,028.7	262.6	284.6	390.5	744.9	26.5	2,759.2
	읍면부	572.9	505.5	91.9	396.4	635.0	14.1	2,219.0
성별	남 자	915.9	428.0	268.5	369.6	793.3	24.2	2,817.3
	여 자	863.4	272.9	191.3	409.2	649.2	21.4	2,421.5
연령	65~69세	1,158.4	515.0	221.0	306.1	814.5	26.7	3,055.3
	70~74세	792.6	299.0	251.7	375.1	746.8	21.6	2,502.6
	75~79세	706.3	271.1	233.6	473.1	605.5	20.3	2,324.8
	80~84세	631.2	154.3	174.6	481.6	569.2	24.7	2,050.2
	85세 이상	959.9	238.4	208.1	432.2	686.8	12.7	2,565.5

출처 : 보건복지부·한국보건사회연구원(2018). 2017년도 노인생활실태조사.

<표 3-3>은 노인가구의 소비지출 규모와 부담이 되는 생활비 항목을 제시하고 있다. 2017년 기준 노인가구의 월평균 소비지출 금액은 162.2만 원으로 2014년에 비해 상승하였다. 소비지출 중 부담이 된다고 응답한 생활비 항목은 주택관리와 냉난방비, 수도비 등을 포함하는 주거 관련비가

24.9%로 가장 높은 응답률을 보였고, 다음으로는 보건의료비 23.1%, 식비 18.7% 순으로 높았다.

<표 3-3> 월평균 소비지출 금액과 부담이 되는 지출항목 (단위 : %)

구 분	월평균 소비지출 금액	부담이 되는 지출 항목(대표 가구원 응답)						
		식비	월세	주거 관련비	보건 의료비	경조사비	기타	없음
2014	143.9만 원	16.2	5.1	35.4	23.1	15.2	5.1	–
2017	162.2만 원	18.7	5.5	24.9	23.1	4.4	14.3	9.3

출처 : 보건복지부·한국보건사회연구원(2015). 2014년도 노인생활실태조사; 보건복지부·한국보건사회연구원(2018). 2017년도 노인생활실태조사.

우리나라 노인의 경제적 빈곤현상은 해를 거듭할수록 더욱 심화되고 있는데, <표 3-4>에 제시된 통계청의 상대적 빈곤율 추이를 보면 고령인구의 빈곤율은 전체 인구 빈곤율의 3.5배를 상회하고 있으며, 다만 근로연령인구 빈곤율과의 격차는 최근 아주 소폭 줄어들고 있다. 한국 노인의 상대빈곤율은 OECD 회원국들의 평균인 12.1%의 3.5배 이상으로 1위에 해당하는 불명예를 안고 있다(원종욱 외, 2018).

<표 3-4> 노인의 상대적 빈곤율[1] 변화 (단위 : %)

구 분	상대적 빈곤율		
	전 체	근로연령인구(18~65세)	고령인구(66세 이상)
2011	16.5	11.6	49.4
2012	16.5	12.0	48.4
2013	16.4	11.8	49.7
2014	16.3	12.0	48.3
2015	16.0	11.1	48.1
2016	17.9	13.1	45.1
2017	17.4	12.7	43.8

주 : 1) 전국 가구(1인 및 농가 포함) 균등화 처분가능소득 기준
출처 : 통계청(2018). 가계금융·복지조사. 2012~2018 자료.

이와 같은 한국 노인의 경제적 현황을 볼 때, 우리나라의 절대빈곤층인 국민기초생활보장 수급자 중 65세 이상 노인의 비율이 약 28.9%에 해당하는 사실이 그리 놀랍지 않다(표 3-5 참조). 특히 노인수급자 중 여성노인이 남성노인보다 약 2배 이상 많은 것으로 분석되었는데, 이러한 현상은 여성노인의 평균수명이 남성보다 길다는 생물학적 요인뿐 아니라 공적연금이나 퇴직금 등 공적·사적연금과 연계되는 경제활동의 기회가 여성노인에게 매우 제한되었기에 남성노인에 비하여 여성노인들은 노후를 대비할 경제적 기반을 마련하기 어려운 사회적 요인의 영향도 크다고 할 수 있다.

<표 3-5> 국민기초생활보장 수급자 (단위 : 명, %)

구 분	총 수급자(일반수급자)	65세 이상 수급자	구성비[1)]	남 자	여 자
2011	1,379,865	378,411	27.4	104,901	273,510
2012	1,300,499	376,098	28.9	107,156	268,942
2013	1,258,582	376,112	29.9	110,189	265,923
2014	1,237,386	379,048	30.6	114,731	264,317
2015	1,554,484	419,452	27.0	133,292	286,160
2016	1,539,539	420,731	27.3	137,078	283,653
2017	1,491,650	430,549	28.9	145,164	285,385

주 : 1) (65세 이상 수급자 / 총 수급자) × 100
출처 : 통계청(2019). 2019 고령자 통계.

종합하면, 현 시대 노인들의 열악한 경제적 생활 여건과 높은 빈곤율은 개인적인 요인에 의한 것이기보다는 노후소득보장제도, 즉 국민연금과 같은 공적연금제도의 도입과 제도적 대응 자체가 미흡하기 때문이라 할 수 있다(우해봉, 2012). 따라서 다음 절에서는 노후소득보장제도로서 사회보험 유형의 국민연금 등 연금제도와 공공부조 유형인 국민기초생활보장 및 기초연금에 대하여 살펴보고자 한다.

2) 우리나라 노후소득보장제도 내용과 현황

현행 노후소득보장체계는 |그림 3-1|과 같이 4층 구조를 보이고 있다. 가장 아래 0층은 소득하위 70% 노인에게 월 25만 원 혹은 30만 원의 기초연금을 지급하며, 빈곤선 이하의 노인에게는 국민기초생활 수급비를 지급하여 기본적 안전망의 역할을 제공하고 있다. 1층은 공적연금인 국민연금과 특수직역연금으로 구성하여 기본적 체계를 제공한다. 기본 안전망에 해당하는 기초연금과 국민기초생활제도는 자산조사를 수반하는 공적부조 성격을 지니고 있는 반면 1층의 공적연금제도는 가입자의 기여금과 사용자의 부담액을 토대로 운영되는 사회보험 형식의 프로그램이라 할 수 있다.

또한 추가적인 소득보장으로서 피용자의 경우 퇴직금, 특수직역 종사자의 경우 퇴직수당이 있으며, 전 국민은 개인의 선택에 따라 사적연금에 추가로 가입하여 소득원을 확보할 수 있다. 더불어 4층에 해당하는 사적 근로나 사적이전소득 수준에 따라 노인의 일부분은 더욱 경제적으로 안전한 노후생활을 누릴 수 있다(정경희, 2009).

노후소득보장의 근간을 이루는 공적연금제도는 그 성숙도에 따라 복지국가의 수준을 가늠하는 지표로 활용되는데, 우리나라의 국민연금은 도입 이후 대략 30년 정도 지났기에 아직까지 그 효과성을 충분히 발휘하지 못하는 단계라 할 수 있다. 특히 가입자의 50% 이상이 1999년 도시지역 확대적용을 통해 적용되었기에 현재 노인들의 대다수는 연금수급권을 확보하지 못한 상황이다(정경희, 2009). 따라서 공적연금 가입의 기회조차 갖지 못하여 사각지대에 놓인 현 노인세대에게 국민연금이 성숙될 때까지 국가적·사회적 소득보장의 책임을 제공하고자 기초노령연금이 2008년에 도입되었으며, 2015년부터는 기초연금으로 전환되어 이어지고 있다.

<table>
<tr><th colspan="2" rowspan="2">구 분</th><th colspan="3">일반소득계층</th><th colspan="2">저소득층</th></tr>
<tr><th>피용자</th><th>자영자</th><th>공무원,
사학교원, 군인</th><th>저소득층</th><th>빈곤선
이하 계층</th></tr>
<tr><td>사적소득</td><td>4층</td><td colspan="5">사적 근로, 사적 이전소득 등</td></tr>
<tr><td rowspan="2">추가보장
(사적연금)</td><td>3층</td><td colspan="3">개인연금</td><td colspan="2"></td></tr>
<tr><td>2층</td><td>퇴직금
(기업연금)</td><td></td><td rowspan="2">공 무 원
사학교원
군인연금</td><td colspan="2" rowspan="2"></td></tr>
<tr><td>1차 안전망
(공적연금)</td><td>1층</td><td colspan="2">국민연금</td></tr>
<tr><td>최종안전망</td><td colspan="6">기초연금</td></tr>
<tr><td>빈곤선</td><td>0층</td><td colspan="5">기초생활
보장제도</td></tr>
</table>

|그림 3-1| **현행 노후소득보장제도의 구성**

출처 : 정경희(2009). 기초노령연금을 기초연금으로 수정함.

(1) 직접소득보장

노인에게 현금급여를 지급하는 직접적 소득보장의 유형으로는 사회보험 형식으로 운영되는 공적연금(public pension)과 자산조사를 토대로 조세에서 재원을 충당하는 공적부조(public assistance), 일정한 자격기준에 해당하는 모든 국민에게 일정액의 현금을 지급하는 사회수당(social allowance or demogrant)이 있다. 이에 대해 살펴보면 다음과 같다.

① **공적연금**(public pension)

공적연금은 노령, 장애, 퇴직, 사망 등 소득 감소 또는 상실로 인한 경제적 어려움에 대비하기 위하여 피보험자의 기여(보험료)를 기준으로 급여를 지급하는 사회적 대응책이다(권중돈, 2013). 보험가입과 보험료 징수의 강제성, 피보험자의 기여에 근거한 급여지급, 국가의 재정관리 담당이라는 특징을 갖춘 사회보험의 일종으로서 우리나라의 공적연금제도에는 국민연금과 특수직역연금(공무원연금, 군인연금, 사립학교교직원연금)이 있다. 따라서 공적연금은 법에서 제시된 일정한 자격 조건에 해당하는 모든 국민에게 강제적으로 적용되고, 피용자(가입자)의 소득기준에 따라 매월 보험료를 납부해야 하며, 정부나 사용자는 보험료의 일정 부분을 부담해야 한다.

우리나라의 대표적인 4대 공적연금제도 중 가장 먼저 시행된 것은 공무원연금(1960)이다. 행정안전부에서 관리하고, 공무원연금공단에서 실무를 담당하고 있다. 가입대상은 국가와 지방 공무원, 법관, 경찰관 등을 포함하며, 가입공무원이 매월 기준소득월액의 9.0%를 납부하고, 국가 또는 지방자치단체계가 보수예산의 9.0%를 부담금으로 납부한다. 공무원연금제도는 이미 60년 이상 시행되어 성숙단계로 넘어섰으며, 지속되는 수입과 지출 간의 심한 불균형 때문에 2001년부터 급여부족분 전액을 사용자(국가나 지방자치단체)가 보전하고 있다(공무원연금공단, 2015). 2010년에 가입자의 연금보험료를 상향조정하고, 급여 수준을 낮추며, 연금지급개시 연령을 60세에서 65세로 연장하는 개정이 이루어졌다. 그럼에도 고령화 사회에 진입하면서 공무원연금의 연금 재정수지 부족액은 더욱 심화되었고, 매년 적자폭이 확대되어 2019년 2조 2천억 원에 달하고 있어 국가 재정부담을 완화할 필요성이 제기되었다. 2014년 10월 정부는 '더 내고·덜 받고·늦게 받는' 공무원연금제도 개선안에 대하여 긍정적인 검토결과를 발표하였고, 지속적인 논쟁과 타협의 과정을 거쳐 2015년 5월 국민연금과의 형평성 제고 및 공무원 연금의 재정건전성 확보를 주요 목표로 하는 공무원연금법 개정안이 국회 본회의에서 의결되었다(인사혁신처·공무원연금공단, 2015). 주요 개정 내용은 다음 <표 3-6>에 제시된 바와 같다. 인사혁신처·공무원연금공단(2015)은 개정안을 토대로 종전 대비 정부보전금은 40%, 총 재정부담은 17% 감소될 것이라 전망하고 있으며, 구체적으로는 2016년부터 향후 70년간 정부보전금은 497조 원, 총 재정부담은 333조 원이 절감될 것으로 예측하고 있다.

<표 3-6> 공무원연금법 주요 개정내용

구 분		종 전	개 정
기여율(공무원) 및 부담률(정부) 인상		기준소득월액의 7%	기준소득월액의 9%(단계적 인상) * 2016년 8% → 2017년 8.25% → 2018년 8.5% → 2019년 8.75% → 2020년 9%
연금지급률 인하		재직기간 1년당 1.9%	재직기간 1년당 1.7%(단계적 인하) * 2016년 1.878% → 2020년 1.79% → 2025년 1.74% → 2030년 1.72% → 2035년 1.7%
소득재분배 요소 도입		없음	지급률 1.7% 중 1%에 재분배 요소 도입
기준소득월액 상한의 하향 조정		1.8배 (전체 공무원 평균기준소득월액 대비)	1.6배로 하향 조정
연금 수급요건 조정		20년	10년
재직기간 상한 연장		33년	36년 (재직 21년 미만부터 단계적 연장)
연금지급개시 연령 연장		2009년 이전 임용자 60세 2010년 이후 임용자 65세	모든 공무원 65세로 단계적 연장 * 2022년 61세 → 2024년 62세 → 2027년 63세 → 2030년 64세 → 2033년 65세
유족연금 지급률 하향 조정		2009년 이전 임용자 70% 2010년 이후 임용자 60%	전·현직 공무원 모두 60% 적용 * 개정 이후 유족연금 사유발생자부터
연금액 한시 동결		물가인상률 연동	5년간 동결(2016~2020년)
연금지급 정지제도 강화	전액 정지	공무원으로 재임용 시	선거직과 정부 전액 출자·출연기관 재취업 고소득자도 전액 정지 포함
	일부 정지	(기준) 근로자 평균임금월액 (2014년 338만 원)	(기준) 평균연금월액 (2014년 224만 원)
		(대상) 근로소득 및 사업소득 (부동산임대소득 제외)	(대상) 근로소득 및 사업소득 (부동산임대소득 포함)
분할연금제도 도입		없음	혼인기간 5년 이상자 이혼 시 해당 기간 1/2 분할지급 (당사자 간 협의 및 재판결과 우선적용)
비공무상 장해연금 도입		없음	비공무상 장애로 퇴직 시 지급 (공무상 장해연금액의 1/2 수준)

출처 : 인사혁신처·공무원연금공단(2015).

1963년에 시행된 군인연금은 국방부 군인연금과에서 실무를 담당하고 있고, 부사관, 준사관, 장교 등 직업군인을 가입대상으로 한다. 기준소득월액의 7%를 연금가입자가 기여하고, 정부가 7%를 부담하여 재정운용을 하고 있다. 군인연금 또한 50년 이상 시행되어 성숙단계에 이르렀으나 1960년 이전에 전역한 군인에 대하여 기여금을 면제하는 규정과 6·25 전쟁 등 전투 참가자의 경우 복무기간의 3배를 가산하는 등의 규정으로 인해 재정운영 구조가 취약한 상황이다(군인연금공단, 2014). 따라서 2000년부터 군인연금재정의 적자분을 국가에서 보전하는 조항을 군인연금법에 규정하여 운영하고 있으며, 2015년에는 군인연금 지급금 3조 2천억 원 중 1조 6천억 원에 해당하는 약 50%를 국가가 보전한 것으로 분석되었다(국방부, 2018).

사립학교교직원연금(이하 사학연금)은 사립학교에 근무하는 교원과 직원을 대상으로 가입이 의무화되어 있으며, 교직원의 퇴직, 사망, 질병, 장애 등에 대한 생활안정과 복리후생의 목적으로 1975년에 시행되었다. 비용부담은 가입자인 사학교직원, 사용자인 학교법인, 그리고 국가가 함께 공동부담하고 있으며, 본인 부담률은 9%, 교원인 경우 학교법인은 4,117/7,000, 국가는 2,883/7,000을 부담하는 반면, 사무직원의 경우 학교법인이 7,000/7,000을 부담한다. 사학연금재정은 현재 적자운영 상황은 아니지만 현행제도로 계속 운영된다면 2022년 기금규모의 최고점에 도달한 후 이후 적자로 전환되어 2033년에는 완전히 고갈될 것으로 예측된다. 교육부에서 관리를 담당하고 있으며, 사립학교교직원연금공단이 실무기관이다.

앞서 살펴본 공무원, 군인, 사립학교 교직원과 같은 특수직 이외 다른 직종에 종사하는 전체 국민들의 노후생활 보장을 위한 국민연금제도는 1988년에 도입되었다. 처음에는 10인 이상 사업장 피용자를 대상으로 시행되었으나 점차 확대되어 1999년에 이르러 전 국민에게 적용되었다. 국내에 거주하는 만 18세 이상 60세 미만의 사용자 또는 근로자가 가입대상이며, 특수직역연금 가입자는 제외되지만 국내에 거주하는 외국인이나 국민연금 가입사업장에 고용된 외국인은 가입대상에 포함된다. 가입자의 유형은 사업장가입자, 지역가입자, 임의가입자, 임의계속가입자 네 가지로 구분되며(표

3-7 참조), 사업장가입자는 기준소득월액의 9%를 가입자 본인과 사용자가 4.5%씩을 부담하지만 다른 세 유형의 가입자는 본인이 기준소득월액의 9%를 모두 부담한다. 농어민의 경우 소득수준에 따라 국가의 농어촌특별세에서 보험료의 일정액을 국가가 보조하기도 한다. 보건복지부가 관리부처이고, 국민연금공단이 실무를 책임지고 있다.

<표 3-7> 국민연금 가입자 유형별 가입 요건

유 형	가입 요건
사업장 가입자	• 국민연금에 가입된 사업장의 18세 이상 60세 미만의 사용자 및 근로자로서 국민연금에 가입된 자로 정의됨 • 1인 이상의 근로자를 사용하는 사업장 또는 주한외국기관으로서 1인 이상의 대한민국 국민인 근로자를 사용하는 사업장에서 근무하는 18세 이상 60세 미만의 사용자와 근로자는 당연히 사업장가입자가 됨 • 지역가입자가 사업장에 취업하면 자동적으로 사업장가입자가 되고, 지역가입자 자격은 상실됨
지역 가입자	• 국내에 거주하는 18세 이상 60세 미만의 국민으로서 사업장가입자가 아닌 사람은 당연히 지역가입자가 됨 • 다른 공적연금에서 퇴직연금(일시금), 장애연금을 받는 퇴직연금 등 수급권자, 국민기초생활보장법에 의한 수급자, 소득활동에 종사하지 않는 사업장가입자 등의 배우자 및 보험료를 납부한 사실이 없고 소득활동에 종사하지 않는 27세 미만인 자는 지역가입자가 될 수 없음
임의 가입자	• 사업장가입자와 지역가입자가 될 수 없는 사람도 60세 이전에 본인의 희망에 의해 가입신청을 하면 임의가입자가 될 수 있음 • 다른 공적연금에서 퇴직연금(일시금), 장애연금을 받는 퇴직연금 등 수급권자, 국민기초생활보장법에 의한 수급자, 소득활동에 종사하지 않는 사업장가입자 등의 배우자 및 보험료를 납부한 사실이 없고 소득활동에 종사하지 않는 27세 미만인 자는 가입을 희망하는 경우 임의가입자가 될 수 있음
임의계속 가입자	• 1개월 이상 가입기간이 있는 가입자 또는 가입자였던 자로서 60세에 달한 자가 가입기간이 부족하여 연금을 받지 못하거나 가입기간을 연장하여 더 많은 연금을 받고자 원할 경우는 65세에 달할 때까지 신청에 의하여 임의계속가입자가 될 수 있음

출처 : 국민연금관리공단(2019).

가입기간이 20년 이상이고 60세에 도달한 경우 기본연금액의 100%를 받는 완전노령연금을 수령할 수 있으며, 가입기간이 10년 이상~20년 미만이며 60세인 경우는 감액된 노령연금을 수령하게 된다. 가입기간이 10년 이상이나 연령이 55~60세 사이에 해당되면 조기노령연금을 수령할 수 있다. 5년 이상 혼인 기간을 유지한 부부가 이혼할 경우 노령연금을 분할(부부균등)하여 지급받을 수 있다(표 3-8 참조). 현행에 따르면 노령연금 수급시기는 60세이나 향후 고령사회 대비 국민연금 재정수지의 균형을 위해 노령연금 수령시기를 2013년부터 5년마다 1세씩 상향조정하여 2033년에는 65세가 되어야 수령이 가능하도록 조정되었다.

2008년부터 완전노령연금이 지급되기 시작하였으나 도입 당시 홍보부족, 연금의 필요성 인식 부재, 정부의 관리능력 불신 등으로 인하여 가입자의 수가 많지 않았고, 이러한 현상은 현재 노인세대의 낮은 공적연금 수급률의 원인이 되었다. <표 3-8>에 제시된 바와 같이 2016년 기준 65세 이상 노인 중 44.6%만이 국민연금, 공무원연금, 군인연금 또는 사학연금을 수급하였고, 우리나라 노인의 약 50% 이상은 공적연금의 사각지대에 놓여 있음을 알 수 있다.

<표 3-8> 공적연금 수급자 현황(65세 이상, 2016년 기준) (단위 : 명, %)

구 분	합 계	노령연금[1] (퇴직연금)	유족연금	장애연금 (장해, 상이연금)	연금수급률[2]
전 체	3,015,717	2,582,009	416,684	17,024	44.6
비 중	100.0	85.6	13.8	0.6	
국민연금	2,664,358(88.3)[3]	2,292,785(88.8)	356,192(85.5)	15,381(90.3)	39.4
공무원연금	256,695(8.5)	216,393(8.4)	38,804(9.3)	1,498(8.8)	3.8
군인연금	52,928(1.8)	35,710(1.4)	17,116(4.1)	102(0.6)	0.8
사학연금	41,736(1.4)	37,121(1.4)	4,572(1.1)	43(0.3)	0.6

주 : 1) 연금수급자 중 일시 수급정지자를 제외한 실수령자 기준임
2) 연금수급률=(각 연금 수급자/연령별 추계인구)×100
3) 전체 65세 이상 수급자에 대한 연금 종류별 구성비임

자료 : 국민연금공단(2016). 국민연금통계연보; 공무원연금공단(2016). 공무원연금통계; 사립학교교직원연금공단(2016). 사학연금통계연보; 국방부(2016). 군인연금통계.

출처 : 보건복지부(2017a). 2017 고령자통계.

② **공적부조**(public assistance)

자산조사를 통하여 법에서 정한 일정 자격기준을 점검하고, 국가의 조세로 마련된 재원으로 해당 수급권자에게 최저생활수준을 보장하는 제도로 우리나라에는 기초연금과 국민기초생활보장이 있다. 기초연금은 65세 이상인 노인에게만 지급되지만, 국민기초생활보장은 전 국민을 대상으로 제공된다.

가. 기초연금

기초연금제도는 1991년에 시행된 노령수당제도를 근간으로 하여 1998년 경로연금으로 변경되었다가 2008년 기초노령연금을 거쳐 2014년에 기초연금제도로 전환되었다. 앞서 살펴본 우리나라의 국민연금제도는 성숙단계에 미치지 못하여 현 세대의 노인들은 국민연금에 가입하지 못하였거나 가입을 하였더라도 그 기간이 짧아 충분한 연금을 받지 못하는 경우가 많다. 이러한 배경을 토대로 기초노령연금은 국민연금이 성숙될 때까지 한시적으로 도입된 공적부조식 지원체제로서 도입되어 지급대상은 만 65세 이상 노인이며 소득인정액이 선정기준액 이하인 자로 시작되었다. 기초연금법(2014)에 의하면 보건복지부 장관은 기초연금수급자의 규모를 만 65세 이상인 자 중 100분의 70에 해당되도록 매해 선정기준액을 정하도록 되어 있다. 2018년 선정기준액은 노인단독가구 1,310,000원, 노인부부가구 2,096,000원이다. 재정비용은 지방자치단체의 노인인구 비율과 재정 여건 등을 고려하여 100분의 40~90 이하의 범위에서 국가가 지원하며 잔여분은 광역지방자치단체(시·도)와 기초지방자치단체(시·군·구)가 분담한다.

한편 2017년 5월에 출범한 새로운 정부는 노인 1인 가구의 경우 월 20만 6,050원인 기초연금 기준연금액을 2018년 4월부터 25만 원으로, 2021년 4월부터는 30만 원으로 인상하는 내용의 기초연금법 개정안을 입법 예고하였다. 실제로 소득하위 20% 대상 노인의 경우 2019년 4월부터 30만 원의 기초연금을 수령하고 있고 2020년 소득하위 40%, 2021년에는 소득하위 70% 노인이 30만 원의 기초연금을 수령하게 된다. 대상자 선정기준과 급여액 산정의 세부내용은 다음 <표 3-9>와 같다.

<표 3-9> 기초연금 대상자 선정기준과 급여액 산정기준

구 분		내 용
대상자 선정	소득 인정액 산정 방식	소득인정액=소득평가액+재산의 소득환산액 소득평가액={0.7×(근로소득-94만 원)}*+기타소득** * 상시근로소득에서 기본공제액인 94만 원 공제후 30% 추가 공제 ** 기타소득 : 사업소득, 재산소득(단, 이자소득은 월 4만 원 공제), 공적이전소득, 무료임차소득 재산의 소득환산액=[{(일반재산-기본재산액)+(금융재산-2,000만 원)-부채}×0.04(재산의 소득환산율, 연 4%)÷12개월]+P* * P : 고급자동차 및 회원권의 가액 ※ 고급자동차 및 회원권은 일반재산에서 제외한 후 계산
	직역 연금 요건	공무원, 사립학교교직원, 군인, 별정우체국 직원 등 직역연금 수급권자 및 그 배우자는 기초연금 수급대상에서 제외 다만, ① 직역재직기간 10년 미만인 연계퇴직연금수급권자 및 그 배우자 기초연금 수급 가능, ② 장해일시금, 비공무상 장해일시금, 비직무상 장해일시금, 퇴직유족연금일시금, 퇴직유족일시금을 받은 이후 5년이 경과된 직역연금 수급권자 및 그 배우자는 기초연금 수급대상에 포함
급여 산정	기초 연금액 산정	기준연금액 산정대상 : 소득하위 70%이며, 저소득수급자에 해당하지 않는 기초연금 수급자(일반수급자), 소득하위 20%에 해당하는 기초연금 수급자(저소득수급자), 무연금자, 국민연금의 유족연금이나 장애연금을 수령하는 자, 장애인연금, 국민기초생활보장 수급권자, 국민연금 월 급여액(국민연금법 제52조에 따른 부양가족연금액 제외)이 (일반수급자)380,625원 (저소득수급자) 450,000원 이하인 사람 위의 경우에 해당하지 않는 자는 '소득재분배급여(A급여)에 따른 산식' 또는 '국민연금급여액' 등을 고려하여 산정됨 • 'A급여액' 적용산식=(기준연금액-2/3×A급여)+부가연금액 • '국민연금급여액' 적용산식=기준연금액 250%-국민연금 급여액 등 기준연금액의 50% 산정대상 : 직역연금 특례대상자(기초연금법 및 장애인연금법상 특례)
	기초 연금액 감액	부부감액 : 부부 모두 기초연금을 받는 경우 각각에 대해 산정된 기초연금의 20%를 감액하여 지급 소득역전 방지 감액 : 소득인정액에 가구구성원의 기초연금액 (부부감액적용 이후)을 합산하여 선정기준액을 초과하는 경우, 소득역전 최소화를 위해 선정기준액과 소득인정액의 차액을 지급 ※ 단독가구, 부부 1인 수급 가구는 기준연금액의 10%, 부부 2인 수급 가구는 기준연금액의 20%를 최저연금액으로 지급

출처 : 보건복지부(2019b). 2019년 기초연금 사업안내.

나. 국민기초생활보장

공적부조의 목적은 사회안전망으로서 저소득층의 최저생활을 보장하고 자립을 지원하는 것이다. 현행 우리나라의 공공부조로서 가장 대표적 제도인 국민기초생활보장제도는 기존의 생활보호제도(1961년에 제정)가 전면 개정된 것으로 2000년 10월부터 시행되고 있다. 시혜적 성격의 단순 보호 차원에서 시행되어 왔던 생활보호제도의 한계를 극복하고 저소득층에 대한 국가의 책임을 강화하는 취지의 국민기초생활보장제도는 절대빈곤층의 기초생활을 국가가 보장하되 종합적인 자활, 자립 서비스의 체계적 지원을 통하여 빈곤의 장기화를 방지하고자 한 것에 그 의의가 있다(권중돈, 2013).

국민기초생활보장제도의 수급 대상자 자격요건은 소득인정액이 최저생계비 이하이고, 부양의무자가 없거나 부양의무자가 있어도 부양 능력이 없거나 부양을 받을 수 없는 자이어야 한다. 부양의무자는 수급신청자의 1촌의 직계혈족 또는 배우자로 정의된다. 선정된 수급자에게 제공되는 급여유형으로는 생계급여, 주거급여, 교육급여, 해산급여, 장제급여, 의료급여가 포함된다. 국민기초생활급여액은 가구별 최저생계에서 가구의 소득인정액, 타 급여액 및 타 법령 지원액을 차감한 금액을 지급하며, 2019년 기준 상세내용은 아래 <표 3-10>에 제시된 바와 같다.

<표 3-10> 국민기초생활보장제도 내용(2019년 기준)

구 분		내 용
수급자 선정	소득 기준	• 보장가구의 소득인정액이 다음의 급여종류별 선정기준 이하인 경우 생계급여 : 기준 중위소득 30% 이하 의료급여 : 기준 중위소득 40% 이하 주거급여 : 기준 중위소득 44% 이하 교육급여 : 기준 중위소득 50% 이하 ※ 소득인정액=소득평가액+재산의 소득환산액 소득평가액=실제소득-가구특성별 지출비용-근로소득공제 – 실제소득 : 근로소득, 사업소득, 재산소득, 사적이전소득, 부양비, 공적이전소득, 보장기관 확인소득 – 재산의 소득환산액=(일반·금융재산의 종류별가액 기본재산액 부채+자동차 재산가액)×재산의 종류별 소득환산율

수급자 선정	부양 의무자 기준	• 부양의무자 범위 : 수급권자의 1촌의 직계혈족 및 그 배우자(단, 사망한 1촌의 직계혈족의 배우자는 제외) • 부양능력 판정 기본 원칙 – 부양능력 없음 : 수급자로 보장결정 – 부양능력 미약 : 부양비 부과를 조건으로 수급자로 보장결정. 단, 부양비부과로 수급권자 소득인정액이 급여종류별 선정기준을 초과하는 경우 급여종류별 선정 제외 – 부양능력 있음 : 수급자로 보장 불가
급여	종류 및 지원액	• 생계급여 : 기준 중위소득 30%에 해당하는 금액과 가구의 소득인정액과의 차액을 지급 • 의료급여 : 근로능력 유무에 따라 1종, 2종으로 구분하여 지급 • 주거급여 : 국토교통부 장관이 정하는 기준에 따라 지급 • 교육급여 : 교육부 장관이 정하는 기준에 따라 입학금, 수업료, 교과서대, 부교재비, 학용품비 지급 • 해산급여 : 수급자가 출산 시 1인당 60만 원 지급(단, 교육급여만 받는 수급자는 제외) • 장제급여 : 수급자 사망 시 75만 원을 장제를 실제 행하는 자에게 지급(단, 교육급여만 받는 수급자는 제외)
	생계 급여액	• 일반 수급자 : 생계급여액은 생계급여최저보장수준(대상자 선정기준)에서 가구의 소득인정액을 차감한 금액 * 생계급여액=생계급여 최저보장수준(대상자 선정기준)-소득인정액 • 시설수급자 지급기준은 수급자 현원으로 1인당 월급여 급여기준에 따라 보장시설별 예산 편성 – 전체 평균 1인당 월급여 241,697원
		• 2019년 생계급여 선정 및 급여 기준 – 1인 가구 : 512,102 – 2인 가구 : 871,958 – 3인 가구 : 1,128,010 – 4인 가구 : 1,384,061 – 5인 가구 : 1,640,112

출처 : 보건복지부(2019c). 2019년 국민기초생활보장사업안내.

국민기초생활보장 수급자 중 65세 이상 노인의 수는 2017년 기준 약 28.9%로 2010년 이후 유사한 수준을 유지하고 있다(표 3-5 참조). 한편 65세 이상 총 노인의 수 대비 수급노인의 비율은 2017년 5.9%에 비해 2018년 7.1%로 1.2%p 증가하는 경향을 보이고 있다. 남성노인과 여성노인의 수급 비율을 비교해 보면, 2018년 남성노인의 수급률은 5.6%인 반면 여성노인의 수급률은 8.2%인 것으로 나타나 여성노인의 절대적 빈곤 현상이 더욱 심각함을 알 수 있다(표 3-11 참조).

<표 3-11> 전체 노인 대비 국민기초생활보장 수급 노인 비율 (단위 : 명)

연도	65세 이상 노인인구(A)			기초생활수급 노인 수(B)			비율(B/A)		
	전체	남성	여성	전체	남성	여성	전체	남성	여성
2012	5,980,060	2,465,568	3,514,492	376,098	107,156	268,943	6.3	4.3	7.7
2013	6,250,986	2,597,151	3,653,835	376,112	110,189	265,924	6.0	4.2	7.3
2014	6,520,607	2,726,895	3,793,712	379,048	114,731	264,317	5.8	4.2	7.0
2015	6,775,101	2,850,403	3,924,698	455,084	142,414	312,670	6.7	5.0	8.0
2016	6,995,652	2,956,784	4,038,868	420,731	137,078	283,653	6.0	4.6	7.0
2017	7,356,106	3,130,925	4,225,181	430,549	145,164	285,385	5.9	4.6	6.8
2018	7,650,408	3,272,648	4,377,760	543,256	184,047	359,209	7.1	5.6	8.2

출처 : 보건복지부(2012~2018). 각 연도별 국민기초생활보장 수급자 현황.

한편 2000년에 시행된 국민기초생활보장제도는 소득인정액이 최저생계비 이하이고 부양의무자 기준에 적합한 대상에게만 모든 유형의 급여(현금, 의료, 교육, 주거급여 등)를 제공하고, 자격기준에 부합하지 않으면 모든 급여가 중단되는 전부 또는 전무(all or nothing)의 급여체계로 진행되어 왔다. 그러나 최저생계비 수준이 국민의 경제생활 수준에 비하여 매우 비현실적으로 낮고 절대빈곤층이 아닌 차상위계층(최저생계비의 120%) 또는 저소득층의 경제적 어려움을 전혀 고려하지 못하여 발생하는 사각지대에 대한 문제점(형식적인 부양의무자 존재에 따른 수급자 탈락, 저소득층의 생활고에 따른 자살사건 등)들이 지적되었다. 따라서 2015년 7월부터 절대빈곤의 수준을 벗어나더라도 급여를 중단하지 않고, 경제사정에 따라 급여를 제공하는 맞춤형 급여체계로 전환되었다. 전반적으로 부양의무자 기준을 완화하고, 맞춤형 급여지원 대상의 기준을 최저생계비가 아닌 중위소득으로 조정(2017년 기준 4인 가구의 생계급여 선정 및 급여기준은 134만 원, 중위소득은 447만 원)하여 최저생계비와 중위소득 사이에 해당하는 가구에 주거급여와 교육급여를 지속적으로 제공하는 방향으로 구성되었다(보건복지부, 2017c).

③ **사회수당**(social allowance)

보편주의 원칙에 입각하여 특정 집단의 자격조건만 갖추면(65세 이상) 소득이나 자산규모에 상관없이 현금 또는 서비스를 제공하는 제도를 사회수당이라고 한다. 사회수당은 사회통합을 주 목적으로 시행되는 경향이 있으며, 우리나라에서는 2008년 말까지 지방자치단체에 따라 지급되었던 노인교통수당이 그 예가 될 수 있다. 그러나 기초노령연금제도가 도입될 당시 지방자치단체의 재정부담 때문에 노인교통수당은 전면 폐지되었고, 현재는 전국적으로 시행되는 사회수당은 찾아볼 수 없다. 간혹 지방정부(예 서울 중구 어르신수당)에 따라 일정한 연령 이상의 노인에게 장수수당, 경로수당 등이 지급되는 경우가 있기는 하지만 노후소득보장정책으로서의 영향력은 미미한 수준이다.

(2) 간접소득보장

경로우대제도와 세금감면 혜택은 노인에게 직접적으로 현금을 지원하지 않지만 지출을 경감하여 노인의 소득을 보전하는 효과를 제공한다. 보건복지부(2017d)에 따르면 노인우대라는 전통적 미덕을 계승하고 경로효친사상을 앙양하기 위해 공공과 민간 영역에서 경로우대제도를 시행하고 있는데, 이는 1980년에 70대 이상을 대상으로 실시된 이후 1989년에 민간영역의 경로우대제도는 폐지되고 현재는 공공영역을 중심으로 진행되고 있는 상황이다. 민간영역의 경로우대제도는 강제성 없이 업체의 자발적 참여에 따라 시행되고 있다.

한편 노인과 노인을 부양하는 가족을 대상으로 세금 감면제도가 시행되고 있다. 대표적으로 상속세 및 증여세법 제20조에 근거한 65세 이상 1인당 5,000만 원의 상속세 공제 내역과 소득세법에 근거한 60세 이상 직계존속 노인 1인당 연간 150만 원 기본공제(제50조), 70세 이상의 생계를 같이하는 노인에 대하여 1인당 연간 100만 원 추가공제(제51조), 60세 이상의 직계존속 노인과 세대합가를 하는 경우 양도소득세를 면제하는 1세대 1주택의 특례(소득세법 시행령 제155조) 조항이 이에 해당된다. 또한 조세특례제한법에 제시된 비과세 종합저축(제88조의2)은 65세 이상의 고령자에게 1인당 5,000만 원 한도까지 비과세 혜택을 제공하고 있다. 아래 <표 3-12>는 경로우대제도와 감면혜택에 대한 상세내역을 제시한다.

<표 3-12> 경로우대제도 및 감면혜택 내용

<table>
<tr><th colspan="2">구 분</th><th colspan="2">내 용</th></tr>
<tr><td rowspan="7">경로우대제도</td><td rowspan="3">공영</td><td>철도</td><td>• 통근열차 : 운임의 50% 할인
• 무궁화호 : 운임의 30% 할인
• 새마을열차 및 KTX 30% 할인(단, 토·일요일, 공휴일 제외)</td></tr>
<tr><td colspan="2">수도권전철, 도시철도, 고궁, 능원, 국·공립 박물관, 국·공립 공원 및 국·공립 미술관 : 운임 또는 입장료 100% 할인</td></tr>
<tr><td>국·공립 국악원</td><td>입장료 50% 이상 할인</td></tr>
<tr><td rowspan="3">민간</td><td>국내 항공기</td><td>운임의 10% 할인</td></tr>
<tr><td>국내 여객선</td><td>운임의 20% 할인</td></tr>
<tr><td colspan="2">타 경로우대업종(목욕, 이발 등)은 자율적으로 실시</td></tr>
<tr><td>기타</td><td colspan="2">지방자치단체는 지역사회 내 복지 수요 및 공급과 복지대상자들의 욕구 등을 고려하여 노인들의 노후의 생활안정, 효행장려 등 복지서비스 제공이 필요한 경우 조례, 규칙 등을 제정하여 지원(노인복지법 제4조)</td></tr>
<tr><td colspan="2" rowspan="3">감면혜택</td><td>상속세 및 증여세법</td><td>• 제20조 : 상속인(배우자 제외) 및 동거가족 중 65세 이상인 사람에 대해서는 5천만 원 인적공제함</td></tr>
<tr><td>소득세법</td><td>• 제50조(기본공제) : 거주자의 직계존속으로서 60세 이상인 사람 1명당 연간 150만 원씩 부양가족 공제
• 제51조(추가공제) : 70세 이상인 사람(경로우대자)의 경우 1명당 연 100만 원 공제
• 시행령 제155조(1세대 1주택의 특례) : 1세대 1주택자가 60세 이상의 직계존속을 동거봉양하기 위하여 세대를 합친 경우 세대를 합친 날로부터 5년 이내 양도 시 먼저 양도하는 주택(양도일 현재 3년 이상 보유)을 비과세</td></tr>
<tr><td>조세특례제한법</td><td>• 제88조의2(비과세 종합저축에 대한 과세특례) : 비과세 종합저축은 65세 이상의 고령자와 장애인, 독립유공자에게 5,000만 원 한도까지 비과세 혜택을 제공</td></tr>
</table>

출처 : 보건복지부(2019d). 2019년 노인보건복지사업안내; 법제처(2019). 국가법령정보센터.

2. 고용보장의 이해[1)]

국가적 차원에서의 고용보장(employment security)은 고령자의 사회통합뿐 아니라 간접적인 노후소득보장의 방법으로서 심신이 건강하고 교육수준이 높은 연소노인이 증가하는 고령화 현상이 심화될수록 그 필요성과 중요성이 강조되고 있다. 퇴직과 은퇴에 대한 개인의 태도와 반응은 그가 속한 사회와 구성원들이 일(work)과 소득창출에 두는 가치에 따라 다르게 나타난다(Hooyman & Kiyak, 2008). 직업에 대한 충성도와 성실, 직업안정성에 큰 가치를 두는 전통적 관점을 토대로 사회화된 현 시대의 노인들은 일(work)을 그만두거나 고용에서 물러나는 상황에 대해 두려움 또는 부정적인 감정을 갖기 쉽다. 또한 생산성(productivity)과 경제적 효용을 높이 평가하는 현 시대의 패러다임에서 퇴직이란 비생산적, 비효용의 가치와 결부되기 쉽기 때문에 노인들의 긍정적인 자아상을 유지하고 재건하기 위해서는 이를 대체할 수 있는 사회적 역할이 필요하다.

보건복지부(2018a)가 발표한 「2017 고령자통계」에 따르면 우리나라 65세 이상의 고령자들은 '건강문제'와 '경제적 어려움'을 가장 어려운 문제라고 응답하였다. 특히 남성노인은 '소일거리 없음'과 '직업이 없거나 고용이 불안정함'의 항목에서 여성노인보다 높은 비율로 응답하였는데, 이는 현 노인세대들이 남성노인일수록 직업과 경제적 책임을 궁극적인 자아상과 결부시키는 성역할 개념을 강하게 가지고 있기 때문이라고 할 수 있다.

우리나라의 노인을 위한 고용보장 지원체계는 「고용상 연령차별 금지 및 고령자 고용촉진에 관한 법률」에 근거한 고용노동부의 지원책과 노인복지법 및 저출산·고령사회기본법에 근거한 노인사회활동(노인일자리) 지원사업의 두 유형을 중심으로 실시되고 있다. 현재 노인의 고용실태를 살펴보고 이에 대하여 간략히 검토하고자 한다.

---

1) 이 절의 일부는 대한노인병학회(2015) 제7장 '노년의 사회경제적 측면'에서 발췌한 내용을 수정·보완하였다.

1) 노인의 고용과 일 실태

통계청(2018)의 자료에 따르면 우리나라 65세 이상 노인의 고용률은 평균 31.3%로 OECD 평균(12.2%)에 비해 2.5배 이상 높은 수준을 나타내고 있다. 남성노인의 경우 41%, 여성노인은 24% 수준으로 선진국에서 가장 높은 고용률을 보인다. 남성노인이 여성노인에 비해 17%p 높은 고용률을 나타내고 있는 것으로 보아 노후에도 남성들이 경제활동을 시도하거나 가정에 대한 부양의무를 높게 지고 있는 것으로 보인다. 그러나 경제활동 고령자들의 종사유형을 살펴보면, 자영업이 47%, 임금근로가 33.5%, 무급가족종사가 19.5%로 구분되며, 임금근로자 중 가장 높은 비율을 차지하는 근로형태는 일용직, 임시직, 상용직의 순으로 나타나(보건복지부·한국보건사회연구원, 2018) 이들의 경제활동이 빈곤과 저소득을 탈피시킬 것이라고 기대하기 어려운 상황이다.

<표 3-13> 준고령자 이상 인구의 고용률(55세 이상) (단위 : %)

구 분	전 체	50대	60~64세	65세 이상	65세 이상 성별 고용률		
					남 자	여 자	차이(남-여)
2005	59.9	68.2	53.4	29.7	41.0	22.3	18.7
2010	58.9	70.9	53.7	29.0	39.9	21.4	18.5
2011	59.3	71.6	55.3	29.1	39.9	21.5	18.4
2012	59.6	72.3	56.3	30.1	40.7	22.5	18.2
2013	59.8	73.2	57.4	30.7	41.7	22.9	18.8
2014	60.5	74.2	58.5	31.1	41.9	23.4	18.5
2015	60.5	74.4	59.6	30.4	40.9	22.7	18.2
2016	60.6	74.3	59.7	30.6	40.9	23.0	17.9
2017	60.8	75.3	60.6	30.6	40.2	23.5	16.7
2018	60.7	75.2	59.4	31.3	41.0	24.0	17.0

출처 : 통계청(2005~2018). 경제활동인구조사 각 연도.

또한 고령응답자(55~79세) 중 장래에 일하기를 원한다고 응답한 비율은 62.4%로 전년(61.2%)에 비하여 증가하였다. 남성노인(74.8%)일수록 여성노인(51.2%)보다 더욱 높은 비율이 취업을 희망한다고 보고하였는데, 남녀 모두 근로를 희망하는 이유로 '생활비에 보탬(58.3%)'이라는 응답의 빈도가 가장 높았고, 그 다음으로는 '일하는 즐거움(34.4%)'이라는 응답빈도가 높았다(보건복지부, 2017). 한편 2014년 고령자통계에 따르면 전체 임금근로자의 평균 월급여를 100으로 하였을 때 55세 이상 임금근로자의 월급여는 93.1 수준이었고, 이는 연령과 성별에 따라 큰 격차를 보였다. 구체적으로 남성노인은 104.8, 여성노인은 61.2 수준으로 분석되었는데, 이는 여성노인의 기초생활수급 비율이 높은 이유를 일정 부분 설명하고 있다. 또한 연령별로도 연소노인(55~59세)은 105.5인 반면, 60세 이상은 80.7로 나타나 성별과 연령에 따른 임금격차가 두드러지게 나타났다(표 3-14 참조).

<표 3-14> 취업자의 성별에 따른 월급여 수준(55세 이상)

(단위 : 임금근로자 평균 월급여=100)

구 분		1995	2000	2005	2010	2011	2012	2013
55세 이상		99.6	95.2	88.3	91.0	88.4	90.0	93.1
	남 자	111.4	103.6	96.2	99.8	98.7	101.7	104.8
	여 자	58.7	63.8	58.3	60.7	59.2	59.2	61.2
	55~59세	103.8	100.9	98.4	102.9	101.2	102.3	105.5
	60세 이상	95.4	89.4	78.2	79.1	75.6	77.7	80.7

주 : 근로자 수 5인 이상 사업체 대상임. 임금은 월급여 기준임
원자료 : 고용노동부. 고용형태별 근로실태조사(구 임금구조기본통계조사) 각 연도.
출처 : 보건복지부(2015a). 2014 고령자 통계.

종합하면 우리나라 다수의 노인들은 경제적 필요 때문에 근로를 희망하고 또 경제활동에 참여하고 있다. 그러나 이들이 참여하는 노동시장의 특성은 연령과 성별에 기반한 임금격차가 심화된 양상을 띠며, 주로 임시직, 일용직과 같이 비호의적인 여건의 일자리를 감수하는 것으로 나타났다. 권중돈(2013)은 이러한 노인의 취업 특성의 원인을 고령자의 능력이나 기술부족 같

은 개인적 요인뿐 아니라 연령차별, 성별차별, 노인분리와 같은 노동시장의 환경적 요인이 복합적으로 상호작용하기 때문이라고 해석하였다.

2) 우리나라 고용보장제도 내용과 현황

(1) 노인복지법 및 저출산·고령사회기본법에 의한 고용보장

보건복지부의 예산으로 한국노인인력개발원이 담당해 온 노인일자리 사업은 2015년부터 '노인일자리 및 사회활동지원'으로 사업명칭이 변경되었다. 이는 공익활동, 근로 등 다양한 노인의 활동욕구를 반영하고, 활동 유형별 특성화를 강화하는 방향으로 사업을 재구조화함으로써 전체 노인을 대상으로 공익활동, 재능나눔활동, 취업·창업활동, 자원봉사 등을 지원하는 사업으로서 효율성을 제고하기 위한 방안이었다(보건복지부, 2019). 아래 |그림 3-2|는 노인일자리 및 사회활동 지원사업의 추진체계에 따른 업무분장을 제시한다.

|그림 3-2| 노인일자리 및 사회활동 지원사업 추진체계

보건복지부(2019) 노인일자리 및 사회활동 지원 <표 3-15>에 따르면 노인일자리 및 사회활동 지원사업은 크게 두 가지 형태로 나눌 수 있다. 하나는 노인사회활동, 다른 하나는 노인일자리이다. 노인사회활동은 공익활동과 재능나눔활동으로 다시 분류가 되고 노인일자리사업은 사회서비스형과 시장형으로 나뉜다. 공익활동은 노인이 자기만족과 성취감 및 지역사회 공익증진을 위해 자발적으로 참여하는 봉사활동으로 노노케어, 취약계층 지원, 공공시설 봉사, 경륜전수활동으로 분류된다. 재능나눔활동은 재능을 보유한 노인에게 재능나눔 활동 기회를 부여하여 사회참여를 통한 노후 성취감 제고, 건강 및 대인관계 개선을 유도하는 활동으로 노인 안전 예방 활동, 상담 안내 활동, 학습 지도 활동, 문화 예술 활동으로 나눌 수 있다. 노인일자리사업에서 사회서비스형은 취약계층 지원시설 및 돌봄시설 등 사회적 도움이 필요한 영역에 노인인력을 활용하여 필요한 서비스를 제공하는 일자리사업으로 아동시설지원, 청소년시설지원, 장애인시설지원, 취약가정시설지원이 있다. 시장형사업은 시장형사업단, 인력파견사업단, 시니어인턴십, 고령자친화기업, 기업연계형으로 분류할 수 있다.

<표 3-15> 노인일자리 및 사회활동 지원사업 내용

구 분		유 형	설 명	예산지원	활동성격
노인 일자리 및 사회활동 지원사업	노인사회활동	공익활동	노인이 자기만족과 성취감 향상 및 지역사회 공익증진을 위해 자발적으로 참여하는 봉사활동 • 노노케어 : 독거노인, 조손가정 노인, 거동불편 노인, 경증치매 노인 등 취약노인 가정방문 및 일상생활 지원 • 취약계층 지원 : 장애인, 다문화 가정, 한부모 가족 아동 등 취약계층에게 상담·교육 및 정서적 지원 • 공공시설 봉사 : 복지시설, 공공의료시설, 교육(보육)시설, 지역 내 주거환경 및 생태환경 정화 • 경륜전수활동 : 경험과 지식, 삶의 지혜를 동세대, 아동·청소년 세대 등 지역공동체 구성원들과 공유하는 활동	자치단체 경상보조	봉사
		재능나눔 활동	재능을 보유한 노인에게 재능나눔 활동 기회를 부여하여 사회참여를 통한 노후 성취감 제고, 건강 및 대인관계 개선 유도	민간 경상보조	

		재능나눔 활동		• 노인 안전 예방 활동 : 노인 이용시설(경로당 등)의 취약노인 지원 및 시설안전관리 활동, 지역 내 불편시설 모니터링 • 상담 안내 활동 : 노인 고충과 관련된 상담 활동 및 학대, 차별 등 인권예방을 위한 홍보, 캠페인 • 학습 지도 활동 : 어린이집, 지역아동센터 등과 연계한 다양한 학습지도 활동 및 기관 내 노인을 대상으로 문해교육 활동 • 문화 예술 활동 : 음악회, 댄스, 미술 등 노인 재능을 뽐내는 공연 활동	민간 경상보조	
	노인일자리	사회서비스형		취약계층 지원시설 및 돌봄시설 등 사회적 도움이 필요한 영역에 노인인력을 활용하여 필요한 서비스를 제공하는 일자리 • 아동시설지원 : 지역아동센터 지원, 다함께돌봄센터 지원, 보육시설 지원 • 청소년시설지원 : 청소년 수련관시설 지원, 청소년 상담복지센터 등 지원 • 장애인시설지원 : 장애인 관련시설, 장애인특수학교 등 지원 • 취약가정시설지원 : 한부모복지시설 지원, 다문화가족시설 지원, 건강가정지원센터 등 지원	자치단체 경상보조	근로
		시장형 (취창업)	시장형 사업단	참여자 인건비 일부를 보충지원하고 추가사업수익으로 연중 운영하는 노인일자리	자치단체 경상보조	
			인력 파견형 사업단	수요처의 요구에 의해서 일정 교육을 수료하거나 관련된 업무능력이 있는 자를 해당 수요처로 연계하여 근무기간에 대한 일정 임금을 지급받을 수 있는 일자리	자치단체 경상보조	
			시니어 인턴십	만 60세 이상의 노인에게 일할 기회를 제공함으로써 노인의 직업능력 강화 및 재취업 기회를 촉진	민간 경상보조	
			고령자 친화 기업	고령자가 경쟁력을 가질 수 있는 적합한 직종에서 다수의 고령자를 고용하는 기업 설립 지원	민간 경상보조	
			기업 연계형	기업이 적합한 노인일자리를 창출하고 유지하는 데 필요한 직무모델 개발, 설비 구입 및 설치, 4대 보험료 등 간접비용을 지원	민간 경상보조	

출처 : 보건복지부(2019). 2019년 노인보건복지사업안내.

일자리 및 사회활동 지원사업 유형별 예산지원을 살펴보면(표 3-16 참조), 공익활동 노인은 최대 월 27만 원 활동비(교통비 등)를 지급받고, 재능나눔활동 참여자는 10~11개월 참여자의 경우 월 55만 원 정도의 활동비가 지급된다. 시장형은 수요처 계약조건에 따라 인건비가 차등 지급되며, 기관당 노인사회활동 지원 전담인력을 배치할 수 있도록 월 175만 원씩 12개월에 해당하는 급여액을 지원하고 있다.

<표 3-16> **노인일자리 및 사회활동 지원사업 유형별 예산지원 기준**

<table>
<tr><th rowspan="2" colspan="2">유 형</th><th colspan="4">참여자 1인 예산지원 기준</th><th rowspan="2">국고 보조</th></tr>
<tr><th>활동비 (월)</th><th>참여 기간</th><th>부대경비* (연)</th><th>계</th></tr>
<tr><td rowspan="2" colspan="2">공익활동</td><td>27만 원</td><td>9개월</td><td>14만 원</td><td>257만 원</td><td rowspan="8">50%
(서울 30%)</td></tr>
<tr><td>27만 원</td><td>12개월</td><td>16만 원</td><td>340만 원</td></tr>
<tr><td colspan="2">재능나눔활동</td><td>54만 원(권장)
~59.4만 원</td><td>11개월(권장)
~10개월</td><td>48.9만 원</td><td>788.7만 원</td></tr>
<tr><td rowspan="3">시장형 사업단</td><td>공동작업형</td><td rowspan="3">–</td><td rowspan="3">연중</td><td rowspan="3">230만 원</td><td rowspan="3">230만 원</td></tr>
<tr><td>제조판매형</td></tr>
<tr><td>전문서비스형</td></tr>
<tr><td colspan="2">인력파견형 사업단</td><td>–</td><td>연중</td><td>15만 원</td><td>15만 원</td></tr>
<tr><td colspan="2">수행기관 전담인력</td><td>1,746천 원</td><td>12개월</td><td>–</td><td>2,269.8만 원</td></tr>
</table>

* 부대경비 : 시장형사업단, 인력파견형사업단은 사업비
출처 : 보건복지부(2019). 2019년 노인보건복지사업안내.

이와 같이 개편된 노인사회활동 지원사업이 목적한바 노인의 사회 참여 기회를 확대하고, 소득창출 및 여가전용의 성과를 달성하는지 지속적인 정책 모니터링과 환류체계를 이용한 평가·보완이 요구되는 상황이다.

3. 소득보장 및 고용보장 과제와 전망

한국의 노인들은 높은 빈곤률을 경험하고 있기에 국가차원에서 다양한 소득지원제도를 시행하고 있다. 공적이전소득 강화의 일환으로 기초연금과 국민연금이 시행되고 있다. 그러나 기초연금의 경우 자산조사에 기반하여 하위소득 70% 노인에게 한정적으로 제공되고 모든 노인에게 보편적으로 지

급되는 제도가 아니기에 실효성에 한계가 존재하며 더욱이 국민연금 가입기간과 연계하여 가입기간이 길수록 기초연금이 삭감되는 손해를 감수해야 하는 문제점을 지니고 있다. 더불어, 국민기초생활보호 수급자의 경우도 기초연금액이 삭감되는 경우가 존재하여 '줬다 뺐는 연금'이라는 비판을 받고 있다. 노후소득보장제도하에서 가장 기본적인 소득보장을 담당하는 기초연금은 보다 보편적으로 제공되어 많은 이들이 혜택을 받게 하는 편이 바람직해 보인다. 공적이전소득에서 핵심적인 역할을 담당하는 국민연금의 경우도 2019년 기준 40.8% 노인들만이 수령을 하고 있고 그 수령액도 용돈 수준(월 36만 원)에 머물러 있는 것이 현실이다. 많은 어르신들은 국민연금 사각지대에 놓여 있어서 연금급여 없이 생활을 유지하기에 많은 경제적 어려움을 겪고 있다. 따라서 다층노후소득보장체계를 지니고 있는 현실 속에서 기초연금 보장률을 강화하고 국민연금의 소득대체율 상향 조정, 사각지대 해소를 통해서 보다 건실한 노후소득보장이 이루어질 수 있도록 노력해야 한다. 개인소득의 취약성을 보완하기 위해서 국가차원에서 각종 노인일자리 사업을 진행하고 있다. 하지만 이마저도 낮은 임금, 저숙련 일자리의 양산이라는 문제에 봉착되어 있다. 2019년 기준 32% 노인들이 일하고 있으나 65% 노인들이 일을 하고 싶은 의사가 있다는 점을 감안하여 국가에서는 노인일자리의 절대 숫자도 늘리고 또한 양질의 일자리를 확대 제공하기 위한 노력을 동시에 진행해야 한다.

학습과제

❖ 우리나라 노후공적연금제도의 종류와 각각의 특성에 대해 논의해 보자.

❖ 공적부조의 유형인 기초연금과 국민기초생활보장제도의 수급자 기준과 급여에 대해 논의해 보자.

❖ 노인일자리 및 사회활동 지원사업의 내용에 대해 논의해 보자.

참고문헌

고용노동부(2019). 2019 고용노동정책 : 한권으로 통(通)하는 고용노동정책 ― 2019 고용노동부 사업 및 제도.

공무원연금공단(2015). www.geps.or.kr.

국가통계포털(2018). 2010~2017 고령자 고용현황.

국민연금관리공단(2019). www.nps.or.kr.

국방부(2017). 국방통계연보 2016.

군인연금공단(2014). 2013년도 군인연금 종류별 수급자 추이.

권중돈(2013). **노인복지론**. 서울 : 학지사.

기초연금법(2014).

대한노인병학회(2015). **노인병학**. 서울 : 범문에듀케이션.

법제처(2017). 국가법령정보센터.

______(2019). 국가법령정보센터.

변양규·이진영(2014). 고용선진국과 한국의 노동시장 지표 및 유연안정성 비교. 서울 : 한국경제연구원.

보건복지가족부(2009). 2008년도 노인실태조사 : 전국 노인생활실태 및 복지욕구조사, 기초분석보고서. 보건복지가족부·계명대학교 산학협력단.

보건복지부(2012~2018). 각 연도별 국민기초생활보장 수급자 현황.

__________(2015a). 기초생활보장제도 맞춤형 급여체계 개편.

__________(2015b). 2015년 노인보건복지사업안내.

__________(2017). 2017 고령자통계.

__________(2019a). 2019 기초연금 사업안내.

__________(2019b). 2019년 국민기초생활보장사업안내.

__________(2019c). 2019년 노인보건복지사업안내.

보건복지부·한국보건사회연구원(2012). 2011년도 노인실태조사.

____________________________(2015). 2014년도 노인생활실태조사.

____________________________(2018). 2017년도 노인생활실태조사.

우해봉(2012). OECD 국가의 노후최저소득보장제도 운영 현황과 시사점. 서울 : 국민연금공단 국민연금연구원.

원종욱·백혜연·김태은·최요한(2014). 기초연금 도입과 노후생활 안정효과 분석. 세종 : 한국보건사회연구원.

윤경아·김형수·모선희·유성호(2012). **현대노인복지론**. 서울 : 학지사.

인사혁신처·공무원연금공단(2015). 공무원연금, 이렇게 바뀝니다!
정경희(2009). 안정적인 노후소득보장을 위한 정책과제. **보건복지포럼**, 156, 6-14.
통계청(2005~2018). 경제활동인구연보.
______(2014~2018). 가계금융·복지조사. 상대적 빈곤율.
______(2015). 2014 고령자 통계.
______(2019). 2019 고령자 통계.
한국노인인력개발원(2017). **노인일자리 및 사회활동지원사업.**

Hooyman, N. R., & Kiyak, H. A.(2008). *Social Gerontology : A multidisciplinary perspective.* Boston, MA : Allyn and Bacon.

CHAPTER

04 노인과 건강보장

4장에서는 노인 건강보장에 대해 몇 가지를 살펴보고자 한다. 한국 국민들은 현재 높은 수준의 기대수명을 유지하고 있으나 건강한 삶 정도를 나타내는 건강수명은 매우 짧다. 노인들은 일반적으로 젊은 세대에 비해 각종 만성질환의 위험에 노출되어 있고 이로 인해 전체적으로 낮은 수준의 삶의 질을 경험하고 있다. 취약한 노인건강 전반을 이해하는 취지로 본 장에서는 노인들의 건강실태를 점검하고 건강보장제도의 내용을 소개한다. 더불어 사회서비스의 중요성이 확대되고 있는 상황에서 의료적 사회서비스의 종류를 알아본 뒤에 정책과 서비스가 지니고 있는 한계점도 함께 고찰해 보고자 한다.

1. 건강보장의 이해

인간 발달은 성장과 쇠퇴를 포괄하는 개념으로 노화과정도 발달단계의 주요한 부분이다. 일반적으로 신체적 노화는 최적의 노화, 일반적 노화, 병리적 노화로 구분되는데 의학기술이 발달하고 기대수명이 연장되면서 젊고 건강한 노인이 증가할 뿐 아니라 질환을 가진 쇠약한 노인도 증가하고 있다. 특히 고령사회일수록 80세 이상의 초고령 노인 비율이 증가하므로 노인의 질병 예방과 치료와 같은 건강관리에 대한 사회적 대처가 주요 이슈로 대두된다.

과거 질병 예방과 치료에 초점을 두었던 1980년대까지는 의료보장(medical care)이라는 용어가 보편적으로 쓰였으나 세계보건기구(WHO)는 1981년 건강보장운동(Health for All Movement)을 선언하면서 건강의 개념을 확대하여 정의하였다. 다시 말해, 건강이란 단순히 의료서비스(의약품, 병실 및 의료진 확보 등)를 이용하는 것 그 이상으로서 개인이 사회적, 경제적으로 생산적인 활동을 누릴 수 있도록 다양한 유해요인들(비위생적인 식수와 주거환경, 영양결핍)을 제거하고, 개인의 복지수준을 유지하는 것이라고 규정하였다. 우리나라도 이러한 적극적인 건강의 개념을 채택하여 2000년에 이르러 의료보험제도를 건강보험제도로 전환하였으며, 치매와 뇌졸중 등 노인성 질환의 만성적 특성과 장기적 요양의 욕구에 대응하기 위하여 2008년부터 노인장기요양보험제도를 도입하였다. 이 장에서는 우리나라 노인의 건강 실태를 살펴보고, 현행 건강보장제도를 검토하고자 한다.

2. 노인의 건강실태

노인의 건강은 유전적 요인인 생물학적 측면과 흡연과 음주 등 생활습관과 환경, 보건의료서비스의 수준 등 사회적 측면이 복합적으로 상호작용하여 개별적으로 관찰되는 양상이 매우 다양하다. 고혈압과 당뇨와 같은 노인성 질환은 장기적인 관리를 요구하며, 치매와 중풍 등의 질환은 영속적인 신체마비와 장애, 인지와 언어사용 능력에 치명적인 후유증을 남기므로 노인 개인의 삶뿐 아니라 노인을 돌보는 가족구성원의 삶에도 지대한 영향을 미치게 된다.

2017년 노인생활실태조사(보건복지부·한국보건사회연구원, 2015) 결과에 따르면, 응답한 노인의 약 87%가 만성질환을 가지고 있고, 만성질환의 개수는 평균적으로 2.7개인 것으로 나타났다. 질환의 종류는 고혈압(56.7%), 관절염(33.4%), 당뇨병(22.6%) 순으로 유병률이 높았다. 2014년 실태조사 결과와 비교하여 노인의 건강행위는 향상된 것으로 분석되었는데, 남성의 경우 흡연율이 33.6%에서 23.3%로, 음주율은 52.9%에서 48.0%로 감소하였고, 운동 실천율은 58.1%, 지난 2년 내 건강검진을 받은 비율은 83.8%로 증가하였다.

한편 노인응답자의 33.1%가 우울증상이 있는 것으로 나타났고, 고연령일수록, 저소득일수록, 여성노인일수록 우울증상의 비율이 높은 경향을 보였다. 또한 간이정신상태 검사 결과, 약 31%의 응답자는 인지기능 저하 상태로 나타났으며, 고연령자, 무배우자, 읍면지역 거주자일수록 인지기능 저하 비율이 높았다. 응답자의 49%는 영양관리에 주의 또는 개선이 요구되는 수준이었는데, 특히 고연령, 저소득, 독거노인의 영양관리가 시급한 것으로 나타났다.

2018년 기준 60세 고령자의 기대여명[1]은 남성 22.8년, 여성 27.5년으로 여성이 약 5년 더 긴 것으로 분석되었다(통계청, 2019). 70세 고령자의 기대여명 또한 남성(14.8년)보다 여성(18.3년)이, 80세 고령자의 경우도 남성(8.1년)보다 여성(10.3년)이 더 긴 것으로 나타났다. 60세 고령자의 유병기간을 제외한 기대여명[2]은 남성(14.7년)이 여성(14.2년)보다 0.5년 높다(그림 4-1 참고). 더불어, 건강기간 비율도 60대 남성노인의 경우(64.7년)가 여성노인(51.7년)보다 높은 수준을 보이는 것으로 볼 때 여성의 건강수준은 남성보다 열악한 수준일 가능성이 높다고 추정되며, 여성노인의 건강증진을 위한 사회적 노력이 요구된다.

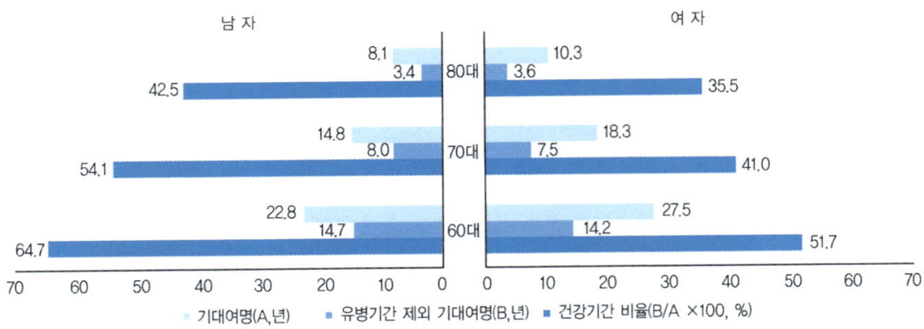

|그림 4-1| 성별-연령별 기대여명(2018년 기준)

출처 : 통계청(2019). 2018년 생명표.

1) 특정 연령 X세의 생존자가 앞으로 생존할 것으로 기대되는 평균생존년수

2) 질병이나 사고로 인하여 아프지 않은 기간

2019 고령자통계(보건복지부, 2019b)에 따르면 2018년 기준 노인사망의 주요 원인은 순서대로 볼 때 남성노인의 경우 암(1,099명/10만명당), 심장질환(360명), 폐렴(295명), 뇌혈관질환(264명), 만성하기도질환(124명) 순으로 높게 나타났다. 여성노인의 경우 남성노인과 마찬가지로 암(512명)이 가장 높은 사망원인을 차지하고 있으며, 다음으로 심장질환(364명), 뇌혈관질환(257명), 폐렴(256명), 알츠하이머병(102명) 순으로 높게 나타났다.

2000년 사망원인과 비교해 볼 때, 폐질환이 상위로 진입했다는 점이 변화라고 볼 수 있다(표 4-1 참고). 나머지 사망원인에는 큰 차이가 없는 것으로 조사되었다.

<표 4-1> 사망원인 및 사망률(65세 이상)

(단위 : 인구 10만 명당)

구 분	1위	2위	3위	4위	5위
2000	암 (929.7)	뇌혈관질환 (785.3)	심장질환[1] (358.9)	당뇨병 (218.4)	만성하기도질환[2] (209.1)
2010	암 (882.4)	뇌혈관질환 (409.4)	심장질환 (344.0)	당뇨병 (153.1)	폐렴 (127.6)
2018	암 (763.0)	심장질환 (360.8)	폐렴 (295.3)	뇌혈관질환 (260.1)	당뇨병 (98.5)
남 자	암 (1,099.6)	심장질환 (360.8)	폐렴 (295.3)	뇌혈관질환 (264.3)	만성하기도질환 (124.7)
여 자	암 (512.4)	심장질환 (364.2)	뇌혈관질환 (257.1)	폐렴 (256.2)	알츠하이머병 (102.7)

주 : 1) 심장질환 : 허혈성 심장질환과 기타 심장질환을 포함
2) 만성하기도질환 : 기관지염, 천식, 폐기종 등 만성적으로 호흡에 장애를 주는 폐질환의 총칭

자료 : 통계청. 사망원인통계 각년도.

출처 : 통계청(2019b). 2019 고령자통계.

3. 우리나라 건강보장제도 내용과 현황

우리나라는 건강보장제도를 통해 전 국민을 대상으로 보편적 의료서비스를 제공한다. 노인을 위한 건강보장제도는 사회보험 형식의 건강보험과 노인장기요양보험, 공공부조 형식의 의료급여, 그리고 의료적 사회서비스 형식인 노인실명예방사업, 노인건강진단이 대표적이다. 또한 문재인 정부의 공약 중 하나인 치매국가책임제에 대한 기본 틀이 발표되어 이에 대해 살펴보고자 한다.

1) 건강보험

최초의 의료보험법 제정은 1963년이지만 본격적인 국가시책으로 추진된 것은 1977년이다. 초기 의료보험은 생활보호대상자에 대하여 의료보호사업을 실시하고, 500명 이상의 사업장 근로자를 대상으로 실시되었다. 이후 국민의료보험은 1979년에는 공무원, 사립학교 교직원과 300인 이상 사업장으로 확대되었고, 1988년 농어촌 지역 의료보험, 1989년 도시 지역 의료보험을 실시하면서 전 국민 의료보험 시대를 맞았다. 그러나 직장의료보험, 공무원 및 사립학교 의료보험, 지역의료보험의 다원화된 의료보험의 운영과 재정구조 때문에 형평성, 운영의 비효율성 등 문제가 심화되었고, 2000년에는 의약분업 이슈로 인하여 극심한 갈등이 발생하기도 하였다. 1997년 경제위기 이후 의료보험제도는 2000년 7월부터 국민건강보험제도로 전환되었고, 이를 토대로 보험운영체계와 재정운용이 통합되었다(건강보험공단, 2019).

(1) 설립목적 및 근거법령

국민건강보험법에 따라 설립된 건강보험제도는 국민의 질병·부상에 대한 예방·진단·치료·재활과 출산·사망 및 건강증진에 대하여 보험급여를 실시함으로써 국민보건 향상과 사회보장을 증진함을 목적으로 하고 있다.

법적근거로는 헌법 제34조 '사회보장, 사회복지' 및 제36조 '보건권'에 기반하고 있다. 세부법률로 국민건강보험법에 따라서 제도가 운영되고 있다(건강보험공단, 2019).

(2) 운영체계

건강보험은 운영체계는 크게 다섯 가지 주체로 이루어져 있다(그림 4-2 참고). 보건복지부는 국민건강보험 관리감독의 주무부처로서 보험료 부과체계에 대한 관리를 담당하고 있다. 동시에 요양급여의 범위를 결정하고 건강보험공단과 심사평가원에 대한 감독을 시행하고 있다. 국민건강보험공단은 건강보험행정을 총괄하는 기구로 자격관리, 보험료 부과징수, 요양급여비용지급, 급여관리에 대한 사항들을 취급하고 있다. 심사평가원은 요양의료기관에서 청구된 비용에 대한 심사를 담당하는 곳으로 요양급여비 심사결정 및 요양급여비 적정성을 평가한다. 요양의료기관은 의료서비스를 직접적으로 제공하는 곳이고 마지막으로 건보가입자들은 보험료납부하고 서비스를 이용하는 주체가 된다(건강보험심사평가원, 2019; 국민건강보험공단, 2019).

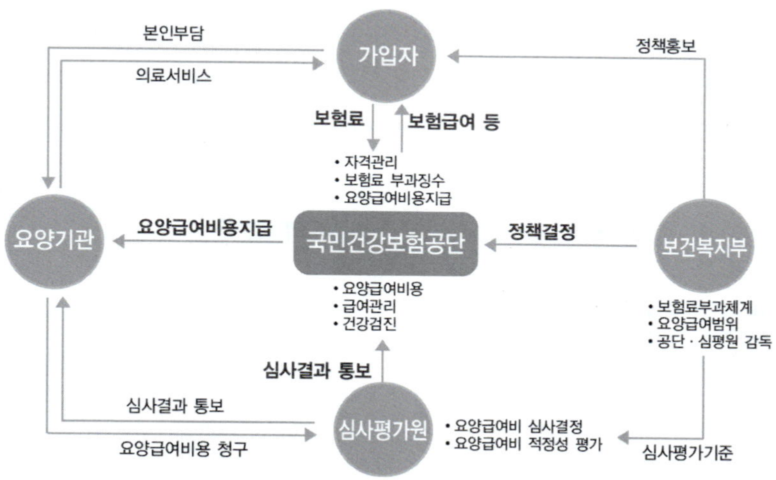

|그림 4-2| 국민건강보험 운영체계

출처 : 국민건강보험.

2) 의료급여

의료급여는 경제적 생활이 어려운 저소득층 국민과 희귀질병 등 특수한 처지에 있는 국민에게 국가의 재정지원으로 의료서비스(진찰·검사, 치료 등)를 보장하는 제도이다. 1961년에 제정, 공포된 생활보호법에 의해 생활보호대상자에게 가구별로 생활보호진료권을 발급하여 보건지소·보건소 및 시·도립병원에 생활보호대상자의 진료를 전담시켜 통원치료 및 입원치료 등을 통한 의료보호사업을 실시하였으나, 본격적으로 시행되지는 않았다. 이를 개선하기 위해 1977년 12월에는 의료보호법을 제정하고 이어 1978년에 시행령과 시행규칙을 공포함에 따라 의료보호사업이 본격적으로 실시되었다. 의료보호 대상자를 1종(거택 및 시설보호 대상자, 국가유공자, 인간문화재, 이재민 등)과 2종(자활보호 대상자와 자활보호 유사자)으로 구분하였고, 연간 180일 이내의 보호기간과 의료보호 진료지역제도를 설정하여 제한된 지역 내에서 의료서비스를 제공하였다. 1999년 이후 의료보호 대상자가 보다 자유롭게 의료보호진료기관을 이용할 수 있도록 의료보호 진료지역제도를 폐지하는 등 현행제도의 운영상 나타난 일부 미비점을 개선·보완하였고, 2001년 10월 의료급여제도로 변경하여 현재까지 지속되고 있다. 현행 의료급여의 주요 내용은 다음 <표 4-2>에 제시된 바와 같다.

<표 4-2> 의료급여제도의 주요 내용

구 분	내 용
지원유형	• 1종 수급권자 – 국민기초생활보장 수급자 : 근로무능력가구, 희귀난치성질환 등록자, 중증질환(암환자, 중증화상환자만 해당) 등록자, 시설수급자 – 행려환자 – 타법적용자 : 이재민, 의상자 및 의사자의 유족, 입양아동(18세 미만), 국가유공자, 중요무형문화재의 보유자, 북한이탈주민, 5·18 민주화운동 관련자, 노숙인 • 2종 수급권자 – 국민기초생활보장 대상자 중 1종 수급대상이 아닌 가구
급여내용	진찰·검사, 약제·치료재료 지급, 처치·수술, 예방·재활, 입원, 간호, 이송 등(의료급여법 제7조)

	구 분		1차 (의원)	2차 (병원, 종합병원)	3차 (지정병원)	약국	PET 등
본인부담	1종	입원	없음	없음	없음	–	없음
		외래	1,000원	1,500원	2,000원	500원	5%
	2종	입원	10%	10%	10%	–	10%
		외래	1,000원	15%	15%	500원	15%
	※ 상기 본인부담금은 급여청구분에 대한 것으로 비급여 청구분은 전액 본인이 부담해야 하며 선별급여 시에는 급여항목별로 50~80%를 본인이 부담해야 함						

출처 : 보건복지부(2017b).

2016년 기준 전체 수급자인 152만 9천 명의 약 69.8%는 1종 의료급여수급자였으며, 노인 의료급여 수급자는 약 50만 3천 명으로 전체 수급자의 32.9%를 차지하였다. 65세 이상 노인의 입내원일수는 52,322천 일로 전체의 43.8% 점유율을 보였으며 이는 전년 대비 8.2% 증가한 수치였다. 의료급여비 또한 3조 909억 원으로 전체 의료급여비의 46.6% 비중을 보였으며, 전년 대비 15.1%가 증가한 것으로 분석되었다(국민건강보험공단·건강보험심사평가원, 2017).

건강보험심사평가원(2015)의 자료에 따르면, 2014년 심사진료비는 총 62조 원으로 전년도 대비 9.1%가 증가한 것으로 나타났다. 보험자별 진료비 심사금액은 건강보험이 54.5조 원(7.5% 증가), 의료급여가 5.6조 원(6.3% 증가), 보훈 0.3조 원(4.8% 감소), 자동차 진료비 1.4조 원(268.0% 증가)인 것으로 분석되었다. 의료급여는 대상자가 약 146만 명(2013년 기준, 우리나라 총 인구의 약 3%)으로 5.6조 원(2014년 기준)의 진료비가 소요되는 반면, 총 인구의 약 99.7%에 해당하는 건강보험 대상자의 진료비가 55조 원인 상황을 고려하면 1인당 의료급여 진료비(1인당 의료급여 진료비 386만 원 대비 건강보험 113만 원)는 매우 높다고 할 수 있다(최성은, 2014). 의료급여 진료비에 대한 국민건강보험공단의 기관부담금은 최근 10년간 98%의 비율을 유지하고 있으나 실질적인 부담금액은 2005년 약 3조 2천억 원에서 2013년 약 5조 2천억 원으로 지속적으로 증가하고 있다(국민건강보험공단, 2015a). 특히 2014년 심사진료비 분석 결과 70대 이상 노인의 진료비가 급증하고 있어 고령사회의 진료비 부담은 더욱 증가할 것으로 예상된다.

(1) 노인틀니

의료급여법 제10조에 의거하여 시행되는 사업으로 2016년부터(시행일 2016. 7. 1. 기준) 시행된 사업이다. 본 사업은 만 65세 이상 의료급여 수급권자인 노인 중 신청 및 등록을 통해 노인에게 틀니를 제공하는 사업이다. 본 사업은 원칙적으로 7년에 1회 적용받을 수 있으며, 이때 의료급여 지원유형(본인부담금 1종 5%, 2종 15%)에 따라 본인부담금이 발생한다.

(2) 의료급여 치과임플란트

의료급여 중 노인을 대상으로 노인틀니사업과 함께 도입되었다(2016. 7. 1. 시행). 본 사업의 대상은 만 65세 이상 부분 무치악 환자로, 이때 완전 무치악인 경우는 제외된다. 지원 급여내용은 1인 평생 2개까지 급여 적용이 가능하며 치아 구분 없이 모두 적용 가능하다. 다만 임플란트 수술 시 필요에 따라 시행되는 부가적인 수술(골이식수술 등)은 비급여에 해당된다. 본인부담금은 1종은 10%, 2종은 20%로 발생하며 부분틀니와 함께 중복하여 급여 적용이 가능하다.

3) 의료적 사회서비스

사회보험인 건강보험과 노인장기요양보험, 공적부조인 의료급여제도 이외에 노인복지법을 근거로 노인의 건강증진을 위한 사회서비스가 제공되고 있다. 그중 치매상담센터 운영 및 치매검진사업을 통합한 치매 국가책임제, 노인실명예방사업, 노인건강진단사업을 중심으로 살펴보고자 한다.

(1) 치매 관련 사업

한국정부는 치매에 대한 국가 차원의 대응 노력을 강화하고 있다. 2008년에는 치매와의 전쟁을 선포하고 '제1차 치매종합관리대책'을 발표했다. 2011

년에는 치매관리법을 제정하고 2012년에는 '제2차 치매관리종합계획'을 수립했다. 2016년부터 2020년까지는 '제3차 치매관리종합계획'을 시행하고 있다. 2008년부터 도입된 노인장기요양제도에서도 치매 노인에 대한 등급인정 허용기준을 점차 완화해 오다가 2018년부터는 경증치매 환자들을 대상으로 한 인지지원등급도 신설하여 운영하고 있다. 무엇보다도 2017년 집권한 문재인 정부에서는 국가 정책의 핵심적인 국정 과제로 치매에 대한 사회의 책임을 강화하기 위해서 일명 '치매국가책임제'를 발표하며 그 어느 때보다 적극적으로 치매관리정책을 확대하고 있다.

2017년 이후 치매국가책임제의 추진 내용과 성과를 알아보기에 앞서 치매관리정책의 역사적 발전과정을 이해할 수 있도록 2008년부터 수립·시행된 제1~3차 치매관리종합계획부터 살펴보도록 한다.

2017년 하반기부터 2020년 현재까지 치매국가책임제가 시행되고 있지만, 치매국가책임제도 그동안의 치매관리종합계획을 토대로 마련됐고 제3차 치매관리종합계획 시행 기간 내에서도 2016년 수립 때보다 한 단계 더 나아가고 구체화된 내용이라고 볼 수 있다. 치매관리종합계획은 2008년 제1차 치매종합관리대책 수립 이후 현재까지 총 세 차례 수립되었으며 현재 제3차 치매관리종합계획(2016~2020)이 시행되고 있다.

① 제1차 치매종합관리대책(2008~2012년)

2008년 8월 정부가 '치매와의 전쟁'을 선포한 후 같은 해 9월 제1차 치매종합관리대책(2008~2012)을 발표했다. 치매 조기발견과 예방강화, 종합적·체계적인 치매관리체계, 효과적 치매관리를 위한 인프라 구축, 치매환자 부양부담 경감 및 부정적 인식 개선 등 4대 사업목표를 제시하고 이를 추진하고자 하였다.

4대 사업목표별 구체적인 실행방안을 살펴보면, 치매관리는 조기발견부터 시작된다. 치매조기발견 및 강화를 위해서 모든 전국 보건소에서 치매조기검진을 하도록 하였고 지역사회의 효과적인 수행을 위하여 보건소에 치매상담센터를 설치하도록 권고하였다. 종합적·체계적 치매치료관리를 위해 치매약재비와 같은 치매관리비를 지원하였고, 국가치매등록관리 데이터베이스 구축, 인지재활 프로그램 활성화, 재가서비스 활성화, 치매노인 실종사업강화, 전문화된 치매시설 개발 및 치매연구개발 강화 등이 기획되었다. 효과적인 치매관리 인프라 구축을 위해 국가치매사업추진단, 치매전담부서 설치, 중앙·권역·지역별 치매전달체계를 완성하고, 전문인력 양성, 치매실태조사 등을 강화하고자 계획했다. 치매환자 부양부담 경감 및 부정적 인식 개선을 위해 장기요양보험제도 대상자 확대, 치매가족 지원사업 강화, 인식 개선을 위한 홍보와 정보제공 등을 하고자 하였다.

② 제2차 치매종합관리대책(2012~2015년)

제1차 치매종합관리대책 추진 중 2011년 치매관리법이 제정되어 2차 치매관리종합계획은 치매관리법에 근거하여 수립됐다. 제2차 국가치매관리종합계획은 치매조기발견 및 예방 강화, 맞춤형 치료 및 보호 강화, 효과적 치매관리를 위한 인프라 확충, 가족지원 강화 및 사회적 인식개선 등 4대 정책을 목표로 하였다.

조기발견 및 예방강화는 1차 계획에 이어 지속된 것으로 보건소 조기검진사업을 통해 치매 선별검진률 및 치매검진지원액을 증가시켰고, 인지기능 자가검사인 치매체크 앱을 개발하여 보급하였다. 치매발생 위험요인 사전관리를 강화하기 위해 치매예방수칙과 치매예방운동을 개발, 보급하였고 치매위험이 높은 독거노인을 대상으로 생활관리사 파견이 실시되었다. 맞춤형 치료와 보호 강화를 위해서 저소득층 치매진료 및 약제비 지원이 지속, 확대되었고 치매환자 인재재활 프로그램을 개발 보급하였다. 가족의 돌봄을 지원하는 주야간 보호시설의 확충을 통해 장기요양서비스의 양적 확대가 이루어졌다. 효과적인 치매 관리를 위한 인프라 확충의 성과는 치매센터의 설치와 의료인력에서 나타났다. 2012년 중앙치매센터가 설립되었고, 2013년 시도별 광역치매센터가 11개 설치되었으며 2016년 전국 17개 시도에 모두 설치가 완료되었다. 이로써 치매 전문인력 수료자 이력관리시스템이 구축된 것이다. 가족지원 및 사회적 소통확대를 위한 과제 성과로는 치매케어 상담, 간병부담 완화 목적의 24시간 운영 치매상담콜센터가 2013년 설치·운영되었고, 치매환자 가족교육 프로그램 개발, 보급 및 자조모임 운영을 보건소 치매상담센터가 실시한 것이다. 치매인식 개선을 위한 홍보와 정보제공을 위한 치매 파트너즈 모집을 확산시키고 치매극복의 날 행사, 치매극복전국걷기대회 등 인식개선을 위한 전국적 캠페인이 이루어졌다.

이외에도 2차 계획은 치매간병 부담으로 인한 자살, 요양병원 화재 등 사회적 이슈에 대응하는 두 차례의 보완적 정책이 발표되면서 강화되었다. 2014년 1월 치매환자 가족의 간병부담 경감을 위한 치매관리 대책을 통해 경증 치매로 일상생활에 어려움이 있는 노인을 위해 기존 3등급 체제를 5등급(치매특별등급)으로 세분화하였다. 치매특별등급이 신설되면서 기존에 장기요양등급에 포함되지 못했던 경증치매환자도 5등급으로 판정받을 수 있게 되었다. 경증치매환자도 별도 개발된 인지활동형 프로그램과 방문간호 서비스 등을 이용할 수 있게 되면서 이전까지 장기요양서비스의 이용제한의 문제점인 등급판정기준에 큰 변화를 주게 되었고 이로 인해 등급외자에 대한 문제를 일부 보완하였다. 그리고 치매가족휴가제를 도입하여 치매환자 간병에 지친 가족이 단기간 휴식을 취할 수 있도록 주야간보호시설을 이용한 단기보호가 가능해졌다.

③ **제3차 치매종합관리대책**(2016~2020년)

제3차 치매관리종합계획(2016~2020)은 공급자 관점에서 벗어나 수요자 관점을 지향한다. 이전의 치매관리사업은 주로 치매환자에 대한 장기요양 및 복지서비스 중심으로 이루어졌으므로 제3차 종합계획은 보건의료 분야를 통해 치매환자 맞춤형 치료와 관리체계를 마련하여 복지와 보건의 균형 잡힌 지원을 추구하고 있다. 3차 계획의 키워드는 지역사회 기반 관리이다. 정책의 두 가지 핵심 목표는 첫째, 지역사회 중심의 치매 중증도별 치매치료 및 돌봄이고, 둘째, 치매환자의 권리·안전보호와 가족 부담경감 중심의 지원체계 마련이다.

지역사회 중심의 치매예방 및 관리 분야에서는 전 국민 대상 치매예방실천 지원, 치매에 대한 부정적 인식개선 및 치매 친화적 환경조성, 치매상담센터 중심의 치매발생 3대 고위험군 관리 및 치매조기발견 지원을 기획하였다. 편안하고 안전한 치매환자 진단, 치료, 돌봄을 위해 치매 정밀검진항목 급여화, 치매가족 상담 수가 신설, 치매전문병동 시범운영 등 치매치료를 위한 방안을 마련하고, 경증치매 돌봄을 위해 장기요양 5등급 개선, 가정생활 안전지침 개발, 치매노인 실종방지 지원, 중증치매의 재가 및 시설돌봄을 위해서는 24시간 단기 방문요양서비스 도입, 치매 전문형 요양시설 도입 등이 포함되었다. 치매환자 가족의 부양부담 경감을 위해서는 치매가족 상담, 교육, 자조모임 지원, 치매가족 심리검사 및 상담지원, 여가 기회 확대, 치매가족 세제지원 및 취업지원 관련 제도안내 및 홍보강화를 기획하였다. 연구통계 및 기술을 통한 지원 분야에서는 치매연구, 통계연보 발간 등 연구통계의 통합관리 역량을 강화하고, 치매 관련 현황 및 연구결과 등 근거기반 치매관리정책을 수립하며, 치매질환관리 및 돌봄지원 기술개발 및 상용화 지원을 기획했다.

<표 4-3> 제1~3차 치매관리종합계획 비교표

구분	제1차 치매종합관리대책 (2008~2012년)	제2차 치매관리종합계획 (2012~2015년)	제3차 치매관리종합계획 (2016~2020년)
목표		• 치매 예방-발견-치료-보호를 위한 체계적 기반 구축 • 치매 환자와 가족의 삶의 질 향상 및 노년의 불안감 해소 • 치매에 대한 올바른 이해 및 사회적 관심 재고	• 지역사회 중심의 치매 중증도별 치매 치료·돌봄 • 치매 환자의 권리·안전 보호와 가족 부담 경감중심의 지원체계 마련
	1 치매 조기 발견 및 예방 강화 • 치매 조기 검진 확대 • 치매 발생 위험 요인 관리 • 인지건강 프로그램 개발·보급 • 치매 치료를 위한 바우처 지원	1 조기 발견 및 예방 강화 • 치매 검진 내실화 및 진단율 재고 • 치매 발생 위험 요인 사전 관리 강화 2 맞춤형 치료 및 보호 강화 • 치료 지원 강화 • 장기요양 대상자 확대	1 지역사회 중심의 치매 예방 및 관리 • 생활 속 치매 예방 실천 지원 • 치매에 대한 부정적 인식 개선 및 치매 친화적 환경 조성 • 3대 치매 고위험군 관리 및 지속적 치매 조기 발견 지원

추진 내용	[2] 종합적·체계적 치매 치료 및 관리 • 국가치매등록관리DB 구축·관리 • 인지재활 프로그램 활성화 • 재가서비스 확대 및 다양한 서비스 개발 • 치매 노인 실종 방지 및 찾아주기 사업 강화 • 치매 시설의 전문화·특성화 • 치매 예방·치료 등에 대한 연구·개발 강화 [3] 효과적 치매관리를 위한 인프라 구축 • (가정) 국가치매사업추진단 설치·운영 • 중앙·권역별·지역별 단위 치매센터 설치 및 운영 • 효과적 업무 추진을 위한 치매 전담 부서 설치 • 치매 전문 인력 양성 • 치매 실태조사 등 연구강화 • 장기요양보험제도의 대상자 확대 [4] 치매 환자 부담 경감 및 부정적 인식 개선 • 치매 가족 지원 사업 강화 • 치매 질환의 예방·치료·관리 가능성 홍보 • 치매 환자에 대한 부정적 사회 분위기 개선	• 가족의 돌봄 지원 • 치매 거점 병원 지정 및 운영 [3] 인프라 확충 • 치매 관리 진단체계 확립 • 치매 환자 종합 DB 고도화 • 치매 전문 인력 양성 • 치매 연구·개발 강화 [4] 가족 지언 및 사회적 소통 확대 • 치매 케어 상담 등 가족 지원 강화 • 치매 인식 개선 및 정보 제공	[2] 편안하고 안전한 치매환자 진단, 치료, 돌봄서비스 제공 • 지역사회 중심의 치매 치료, 관리체계 확립 및 전문성 재고 • 치매 환자 재가 및 시설 돌봄 지원 • 중증, 생애 말기 치매 환자 권리 보호 및 학대 방지 등 지원체계 마련 [3] 치매 환자 가족의 부양 부담 경감 • 치매 환자를 돌보는 가족을 위한 상담, 교육, 자조모임 등 지원 • 치매 환자 가족의 간병 부담 경감을 위한 사회적 지원 확대 • 치매 환자 가족의 간병 부담 경감을 위한 경제적 지원 확대 [4] 연구·통계 및 기술을 통한 인프라 확충

출처 : 유재언·배혜련·이윤경·임정미·김수진·정경희·이선희(2018). 치매노인과 돌봄제공자를 위한 맞춤형 정책방안 모색. 한국보건사회연구원, p. 28.

④ 치매국가책임제 주요내용

가. 맞춤형 사례관리

2017년 12월부터 전국 252개 보건소에 치매안심센터가 설치되어, 치매어르신과 가족들이 1:1 맞춤형 상담, 검진, 관리, 서비스 연결까지 통합적인 지원을 받을 수 있게 된다. 치매안심센터 내부에는 치매단기쉼터와 치매카페가 만들어져, 치매어르신의 초기 안정화와 치매악화 지연을 돕고 치매가족의 정서적 지지 기반이 되어줄 예정이다. 치매안심센터에서 받은 상담, 사례관리 내역은 새롭게 개통될 치매노인등록관리 시스템을 통해 전국 어디에서든 유기적, 연속적으로 관리된다. 치매안심센터가 문을 닫는 야간에는 치매상담콜센터 1899-9988을 이용하도록 하여 24시간 상담이 가능한 치매 핫라인이 구축된다.

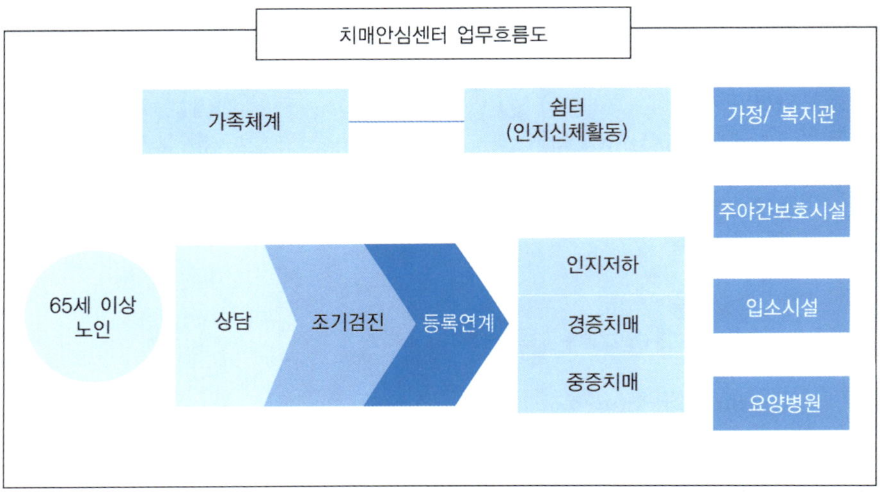

|그림 4-3| 치매안심센터 업무효율도 그림

나. 장기요양서비스 확대

그간에는 신체기능을 중심으로 1등급부터 5등급까지 장기요양등급을 판단하였기 때문에 신체기능이 양호한 경증치매어르신들은 등급판정에서 탈락하였으나, 앞으로는 신체기능이 양호한 치매어르신도 모두 장기요양보험의 대상자가 될 수 있도록 장기요양의 등급체계를 개선하는 방안을 추구한다. 새롭게 등급을 받는 분들은 신체기능 유지와 증상악화방지를 위해 인지활동 프로그램을 이용할 수 있으며, 간호사가 가정을 방문하여 복약지도나 돌봄 관련 정보를 제공하게 된다. 치매환자에 특화된 치매안심형 시설의 확충도 추진한다. 치매안심형 시설이란, 일반 시설보다 요양보호사가 추가 배치되고 신체나 인지기능유지에 관련된 치매맞춤형 프로그램을 제공하는 시설로, 공동거실 등이 설치되어 가정과 같은 환경을 제공한다. 활동성이 강한 경증 치매어르신이 주로 이용하게 될 치매안심형 입소시설도 2022년까지 단계적으로 확충될 예정이다. 아울러, 장기요양시설 지정갱신제 도입, 장기요양 종사자 처우개선 등을 통해 서비스 질 관리와 종사자 전문성 강화도 동시에 추진된다.

다. 치매환자 의료지원 강화

이상행동증상이 심해서 시설이나 가정에서 돌보기 어려운 중증환자는 앞으로 전국적으로 확충될 치매안심요양병원을 통해 단기 집중 치료를 받을 수 있게 된다. 이상행동증상(BPSD : Behavioral and Psychological Symptoms of Dementia)은 치매에 동반되는 감정적, 정신적 증상을 의미하며, 환각, 폭력, 망상 증상이 동반된 중증 치매환자 중 10~20%는 입원치료가 필요하다고 한다. 치매안심요양병원은 우선 전국에 분포되어 있는 공립요양병원에 시범적으로 치매전문병동을 설치하여 지정, 운영할 계획이며 향후 단계적으로 확대될 계획이다. 치매 이외에 다른 내·외과적 질환이나 치과 질환 등이 동반된 경우에도 걱정 없이 진료받을 수 있도록 치매통합진료 수가를 신설하는 등 관련 수가도 손을 볼 계획이다.

라. 치매 의료비 및 요양비 부담 완화

중증 치매환자도 암, 심장, 뇌혈관, 희귀·난치성 질환에 가까운 수준으로 의료비 부담이 줄었다. 소득에 따라 차등 적용되던 장기요양 본인부담금 경감 혜택 대상도 늘려나갈 계획이다. 종전 본인부담률은 병원이나 항목에 따라 20~60%로 천차만별이었으나 중증 치매환자의 의료비 본인부담률이 2017년 10월 1일부터 10%로 인하되었고, 인지영역별로 기능저하 여부를 정밀하게 검사하는 종합 신경인지검사와 치매가 의심되는 환자에 대한 자기공명영상 검사도 건강보험이 적용되었다. 진단검사 비용은 상급종합병원

기준으로 100만 원 정도였으나 건강보험 적용에 따라 40만 원 이하로 줄어들 것으로 보인다. 중위소득 50% 이하 수급자에 적용되던 장기요양 본인 부담금 경감 혜택을 늘려갈 계획이다.

마. 치매예방 및 치매 친화적 환경 조성

치매환자 가족 휴가제 등 지원을 확대하고 치매어르신 실종 예방사업, 치매노인 공공후견제도 등을 통해 지역사회의 치매인식 제고 및 사회적 지원을 강화한다. 지역사회 주민의 교육과 참여를 통해 치매어르신을 도와주도록 유도하는 치매안심마을 조성사업과 치매파트너즈 양성사업도 확대될 계획이다. 치매와 관련하여 새로운 일자리를 만들고 인력을 양성하여 치매노인 공공후견제도를 이행할 계획이다.

바. 치매 연구·개발

새롭게 구성된 국가치매연구개발위원회를 통해 국가치매연구개발 10개년 투자계획을 수립하였고 향후 치매조기진단과 원인규명, 예측, 예방 등 치매예방, 관리 기술 개발 및 중장기 연구도 지원할 계획을 세웠다.

사. 치매정책 행정체계정비

치매관리법을 개정을 통해 치매안심센터 등 설치 및 운영 법적 근거를 강화하고 보건복지부 내 치매정책 전담 부서인 치매정책과를 운영할 계획이다. 또한 지방자치단체는 국고 재정을 투입하여 치매 관련 지역 특화 사업 추진 여건을 조성할 계획이다.

<표 4-4> 2017년에 발표된 치매국가책임제의 주요내용과 세부 추진 과제

주요 내용	세부 추진 과제
1 맞춤형 사례 관리	• 전국 시·군·구 보건소에 치매안심센터 설치(2017. 12) – 치매 노인과 가족 대상 1:1 맞춤형 상담, 검진, 관리, 서비스 연결까지 통합적인 지원 • 치매 핫라인 구축 – 치매상담콜센터 1899-9988을 이용하여 24시간 상담 – 보건복지콜센터(129)와의 연계 강화

② 장기요양 서비스 확대	• 치매 진단을 받으면 신체기능과 상관없이 장기요양보험서비스를 받을 수 있게 등급체계 확대 (인지지원등급 2018. 1) • 치매 환자에게 특화된 치매안심형 시설 확충 – 치매안심형 주야간보호시설(경증 치매), 치매안심형 입소시설(중증 치매), 2022년까지 단계적 확충 • 서비스 질 관리와 종사자 전문성 강화 – 장기요양시설 지정 갱신제 도입, 장기요양 종사자 처우 개선
③ 치매환자 의료지원 강화	• 이상행동증상(BPSD)이 심한 중증 환자는 치매안심요양병원에서 단기 집중 치료 – 치매안심요양병원 : 공립요양병원에 치매전문병동 시범 설치·지정·운영한 다음 단계적 확대 • 치매통합 진료 추가 신설 – 치매 이외 내·외과적 질환이나 치과 질환 등이 동반된 경우 진료
④ 치매 의료비 및 요양비 부담 완화	• 중증 치매 환자의 의료비 본인부담률 경감(2018. 8) • 치매진단검사의 건강보험 적용 : 종합 신경인지검사(2017. 10), 자기공명영상검사(2018. 1) • 장기요양 본인부담금 경감 혜택 대상 확대 추진 • 식재료비와 기저귀 등 복지용구도 장기요양급여 지원 추진
⑤ 치매 예방 및 치매 친화적 환경 조성	• 노인복지관에서 치매 예방을 위한 프로그램 제공 • 66세 대상 국가건강검진의 인지기능검사 정밀화, 검사 주기 단축 • 치매 가족 휴가제, 치매 어르신 실종 예방 사업, 치매안심마을 조성 사업, 치매 파트너즈 양성 사업 등 • 치매 노인 공공후견제도(2018. 9)
⑥ 치매 연구·개발	• 치매에 대한 체계적인 연구 계획 수립 – 국가 치매 연구·개발 10개년 계획(국가치매연구개발위원회)(2018. 6) • 기술과 연구 지원 – 조기 진단과 원인 규명, 예측, 예방 등 치매 예방 및 관리 – 치매의 근본적 해결을 위한 중·장기 연구(예 치매치료제)
⑦ 치매정책 행정체계 정비	• 중앙 : 치매정책 전담 부서 신설(보건복지부 치매정책과) • 지방자치단체 : 국고 재정 투입하여 지역 특화 사업 추진 여건 조성

출처 : 보건복지부(2017. 9. 15). 치매 국가책임제 추진계획 발표, 보도자료.

아. 주요 성과

치매국가책임제를 시작한 지 오래되지 않아 성과를 평가하는 것은 조심스럽다. 제도가 성숙하기까지는 시간이 필요하다. 실제로 치매안심센터와 장기요양시설 등 실천 현장에서는 급격한 제도 변화에 많은 어려움과 혼선을 겪고 있다. 10년 이상 치매안심센터를 운영해 온 서울에서는 전국적으로 통일된 기준을 따라야 한다는 점에서 불편함도 있고 이제 막 사업을 시작하는 지방 중소도시와 농어촌 지역 현장에서는 시설 설치, 인력 구직, 대상자 모집, 행정 전산 시스템에서의 고충을 토로하기도 한다. 하지만 이러한 문제점을 파악하고 개선하기 위한 노력을 다각도로 기울인 덕분에 초창기의 혼란이 수습되며 안정기에 접어들고 있다.

치매국가책임제의 성과에 대해서는 수차례 발표된 바 있다. 첫째, 빈틈없는 지역사회 치매관리가 가능하다. 전국 256개 보건소에 치매안심센터를 설치, 통합 치매관리서비스를 제공한다. 이용자 수가 1년 2개월 만에 30배 증가(2018년 1월 6만 8천 명 → 2019년 5월 240만 6천 명 이용, 치매환자 40만 명 등록관리)하였다. 둘째, 장기요양 확대를 통한 돌봄이 강화되었다. 경증치매 어르신도 장기요양보험혜택을 적용하여 2019년 5월 기준 1만 2천 700명의 어르신이 인지지원등급 판정을 받아 장기요양보험혜택을 적용하고 있다. 셋째, 의료지원을 통한 부담완화이다. 중증치매 어르신 의료비 본인부담율이 20~60%에서 10%로 대폭 감소되었다. 신경인지검사비도 30~40만 원에서 15만 원으로, MRI검사비도 60만 원에서 33만 원으로 줄어들었다. 또한 2019년 내 공립요양병원 50곳 치매전문 병동이 설치되었다. 마지막으로 환자·가족 친화적 사회 조성이다. 치매 어르신 대상으로 공공후견인을 지원하고 자기의사결정권 보호를 위한 치매파트너즈를 양성하였다. 또한 치매안심센터 지문사전 등록 및 실종예방인식표를 발급하였다.

(2) 노인실명예방사업

안과 병·의원 접근도가 특히 낮고, 안과 전문의가 없는 읍·면·동 지역의 국민기초생활 수급자와 저소득층 노인을 대상으로 정밀 안검진을 실시하여 안질환을 조기 발견·적기 치료함으로써 노인들의 실명 예방 및 일상생활이 가능한 시력을 유지하도록 지원한다. 또한 노인의 개안수술비를 지원하여 노인과 가족의 의료비 부담을 경감하고자 2003년부터 노인실명예방사업을 시행하고 있다. 한국실명예방재단이 사업집행 주체가 되어 2018년에는 안검진 10,441명, 수술 7,718안(백내장 등 6,727안, 망막질환 991안, 저시력예방교육

7,255명)을 수행하였다. 2019년에는 안검진 대상 인원 7,900명과 개안수술 7,657안, 저시력예방교육 7,000명(노인 6,800명, 보건인력 200명)을 사업목표로 두고 있으며, 20억 7천만 원의 예산이 편성되었다(보건복지부, 2019c).

(3) 노인건강진단사업

시·군·구 관할구역에 거주하는 만 65세 이상 의료급여 수급권자 중 노인 건강진단 희망자를 대상으로 수행하는 노인건강진단사업은 1981년 노인복지법에 근거를 마련하여 1983년부터 실시되었으며, 2005년부터는 지방이양 사업으로 전환되었다. 질병의 조기 발견과 치료를 통해 노인건강수준을 향상하고자 하는 목적으로 건강진단은 1차 및 2차 진단으로 구분하여 실시되는데, 1차 건강진단은 13개 항목(혈액검사, 요검사, 안검사, 치과검사 등)을 대상으로 실시하고, 2차 건강진단은 1차 진단 결과 유소견자 및 전년도 진단 결과 유질환자에 한하여 29개 항목(흉부질환, 순환계질환, 간질환, 빈혈, 당뇨질환, 치매 등)을 중심으로 실시된다(보건복지부, 2017b).

(4) 노인 무릎인공관절 수술 지원사업

무릎관절증으로 지속적인 통증에 시달리나, 경제적 이유로 수술을 받지 못하는 노인들의 고통을 경감하여 삶의 질을 개선하는 데 그 목적이 있으며, 무릎관절수술 지원을 통해 노인의 건강을 보장하고 의료비 부담을 절감시킬 수 있다는 데에 의의가 있다. 노인 무릎관절수술지원사업은 노인복지법 제4조(보건복지증진의 책임), 노인복지법 제27조의4(노인성질환에 대한 의료지원), 노인성 질환 의료지원 기준 등에 관한 고시에 의거해 실시되고 있다. 사업 대상연령은 만 60세 이상 어르신 중 건강보험급여 '인공관절치환술(슬관절)' 인정기준에 준하는 질환자를 대상으로 한다. 수술비 지원범위는 본인부담금에 해당하는 검사비, 진료비 및 수술비로 한쪽 무릎 기준 120만 원 한도의 실비를 지원한다. 다만 간병비, 상급병실료, 선택진료비, 보호자 식대, 무릎인공관절수술과 관련 없는 검사비, 치료비, 입원료 등은 지원에서 제외된다. 사업신청은 전국보건소에 대상자가 무릎관절수술 지원신청서를 작성하여 해당 구비서류[신청서, 진단서(소견서), 기초생활수급자 및 차상위계층 증명서 1부]를 방문 또는 우편으로 제출하는 것으로 가능하다. 신청자는 본인, 가족 또는 그 밖의 관계인, 보건소 노인 무릎관절수술비 지원사업 담당공무원 및 사회복지 담당공무원이 신청가능하다(보건복지부, 2019c).

4. 건강보장의 과제와 전망

국민건강보험제도는 질병의 위험에 노출되어 있는 국민들에게 의료서비스를 제공함으로써 전체 국민 건강의 질을 높이는 긍정적인 기능을 지속해 오고 있다. 여러 번의 제도 개혁을 통해서 변화와 발전을 거듭해 오고 있다. 해외 여러나라에서 한국건강보험제도를 견학하고 이를 모델로 자국의 건강보험제도를 발전시키는 상황이다. 하지만, 이러한 긍정적인 모습에도 불구하고 갖가지 문제점이 도출되고 있다. 일단 건강보험재정 적자폭이 계속 확대되고 있다. 문재인 정부에서 시행되는 보건의료 분야 대표적인 정책이라고 할 수 있는 문케어에 대해서도 우려의 목소리가 지속적으로 존재한다. 가장 큰 이유는 재정부담이다. 2000년 초반에 비해 2018년 기준으로 보면 의료비 지출은 무려 약 400% 이상 증가하였는 데 반해 기금은 점점 고갈되고 매년 걷어 들이는 건강보험료도 제한적이다. 특히, 고령사회에서 노인의료비가 급증함에 따라 향후 이에 대한 부담은 급격히 증가할 것이다. 이는 필연적으로 보험료 인상, 국가 재정 투입의 증가를 불러일으켜 많은 국민들의 우려를 낳을 수 있다. 따라서, 재정의 지속가능성을 고려한 의료정책의 시행이 절실히 요구되는 시점이라고 할 수 있다.

치매인구증가와 가족의 고통을 경감하기 위해 시행되고 있는 치매국가책임제 시행으로 인한 성과가 존재한다. 일단, 지역사회 치매관리가 원활해졌다고 볼 수 있다. 전국 256개 보건소에 치매안심센터를 설치, 통합 치매관리 서비스를 제공한다. 이용자 수가 1년 2개월 만에 30배 증가(2018년 1월 6만 8천 명 → 2019년 5월 240만 6천 명 이용, 치매환자 40만 명 등록 관리)하였다. 또한 장기요양 확대를 통한 돌봄이 강화되었다. 경증치매 어르신도 장기요양보험혜택을 적용하여 2019년 5월 기준 1만 2천 700명의 어르신이 인지지원등급 판정을 받아 장기요양보험혜택을 적용받고 있다. 다음으로 의료지원을 통한 부담완화이다. 중증치매 어르신 의료비 본인부담율이 20~60%에서 10%로 대폭 감소되었다. 신경인지검사비도 30~40만 원에서 15만 원으로, MRI검사비도 60만 원에서 33만 원으로 줄어들었다. 또한 2019년 내 공립요양병원 50곳에 치매전문 병동이 설치되었다. 그러나 이러한 가시적인 성과에도 불구하고 치매관리에 여러 가지 한계점도 여전히 존재하는 것이 현실이다. 치매관리정책의 향후 과제로 사람중심가치, 지역사회 통합돌봄체계와의 연계, 종사자 전문 역량 제고 및 처우개선, 돌봄기술 활용, 치매환자 가족의 중요성, 국가의 역할분담, 지역특성 반영, 환자와 가족의 개별화, 전문인력의 역량강화, 돌봄 경로에서의 연속적 지원이 절실히 요구되고 있고 이를 정책적으로 반영하려는 노력이 필요하다.

학습과제

❖ 한국 노인의 건강실태에 대하여 논의해 보자.

❖ 국민건강보험제도의 목적, 필요성, 주요 내용에 대해 설명해 보자.

❖ 치매국가책임제의 주요 내용에 대해 설명해 보자.

참고문헌

건강보험심사평가원(2015). 2014년 심사진료비 총 62조 원, 전년대비 9.1% 증가. 보도자료.

건강보험심사평가원(2019). 제도소개. http://www.hira.or.kr/main.do

곽경필(2018). 우리나라 치매관리 현황과 치매국가 책임제. **근거와 가치**, 4(1), 1-9.

국민건강보험공단·건강보험심사평가원(2017). 2016 의료급여통계연보.

국민건강보험공단(2015a). 건강보험 통계연보.

______________(2017). 2016 노인장기요양보험통계연보.

______________(2019). 제도소개. http://www.nhis.or.kr/retrieveHomeMain.xx

노인장기요양보험공단(2019). 제도 소개. http://www.longtermcare.or.kr/npbs/index.jsp

법제처(2019). 노인장기요양보험법.

보건복지부·한국보건사회연구원(2015). 2014년도 노인생활실태조사.

보건복지부(2015). 2014 고령자통계.

_________(2017a). 2017 의료급여사업안내.

_________(2017b). 2017년 노인보건복지 사업안내.

_________(2017c). 치매국가책임제 추진계획 발표.

_________(2019a). '20년도 건강보험료율 0.21%p(직장가입자 기준) 인상. 보도자료.

_________(2019b). 2019 의료급여사업안내.

_________(2019c). 2019년 노인보건복지 사업안내.

서동민(2017). 치매국가 책임제의 성공적 도입과 시행을 위한 제언. **HIRA 정책동향**, 11(4)

유재언(2019. 10). 치매관리정책의 현황과 향후과제. **보건복지포럼**, 제276호.

이동우(2018. 3). 치매국가책임제, 2% 부족한 것은? 치매국가책임제가 맞이한 난관과 그 해결방안. **의료정책포럼**, 16(1), 39-42.

이만우(2017). 치매국가책임제 시행의 문제점 및 보완과제. 국회입법조사처.

정책위키 한눈에 보는 정책. http://www.korea.kr/policyCurationView.do?newsId=148862221

최성은(2014). 의료급여 지출전망과 재정효율성에 관한 연구. 세종 : 한국조세재정연구원.

통계청(2019a). 2018년 생명표.

______(2019b). 2019 고령자 통계.

CHAPTER

05 노인복지 관련 법

5장에서는 노인과 관련된 관련 법제들에 대해 논의하고자 한다. 노인복지 정책과 복지서비스의 근간이 되는 법은 한 사회의 노인에 대한 기본적인 이념뿐 아니라 고령으로 인해 발생하는 사회적 위험을 어느 수준에서 예방하고자 하며, 어느 정도 적극적으로 감소시키고자 하는지에 대한 사회구성원들의 합의 정도를 반영한다. 우리나라 노인복지법은 1981년 6월 제정된 이후 여러 차례 개정을 통해 급증하는 노인인구와 다양한 욕구의 증대로 인한 사회·문화·경제구조의 변화에 부응하며 발전되고 있다. 1970년대에는 '경제발전'이라는 국가 최대의 목표를 향하여 국가총력이 몰입된 이후 1980년대 이후에는 가족생활 양상과 노인부양에 대한 인식이 급격하게 변화하였다.

앞 장에서 전술된 바와 같이 의료기술의 발달과 평균수명 연장으로 인하여 고령인구는 급증하였고, 이들의 소득활동과 의료서비스, 사회참여에 대한 욕구 증대는 국가와 사회구성원들로 하여금 노인들이 당면하는 이슈들을 더 이상 묵시하지 못할 수준으로 가시화되었다. 한강의 기적이라 일컬어지는 괄목할 만한 경제성장을 이룩하고 복지사회에 대한 방향을 논의하기 시작한 1980년대에 이르러 노인의 권익보호와 복지향상을 사회 공동의 책임으로 받아들이기 시작했다는 점에서 노인복지법의 제정은 큰 의의를 가진다. 노인복지법은 제정 당시 구체적인 복지정책과 사업모형이 부재한 상황에서 명시적 수준의 노인빈곤 해결, 시설 중심의 노인보호, 질병치료 중심의 의료서비스 향상에 초점을 두었으나 점차로 여가생활, 고용보장, 지역사회를 기반으로 한 보호체계 확충, 질병예방과 보호의 연속성, 노인차별 금지와 노인권익 옹호 등의 내용을 포함하며 확대·발전되고 있다.

이 장에서는 우리나라 노인복지법의 제정배경을 간략히 살펴보고, 개정과정과 주요 내용을 검토하고자 한다. 또한 2000년 이후 급속히 진행되고 있는 인구 고령화에 대비하기 위해 마련된 저출산·고령사회기본법(2005년 5월 제정)의 주요 내용을 살펴보고, 중고령자를 주요 대상으로 한 법으로서 고용상 연령차별 금지 및 고령자 고용촉진에 관한 법률(1991년 12월 제정)과 노인장기요양보험법(2007년 4월 제정), 기초연금법(2014년 5월 제정), 국민연금법(1988년 1월 제정)을 검토함으로써 고령사회를 맞이하는 우리나라의 법적 대응 상황을 이해하고자 한다.

1. 노인복지법

1) 노인복지법의 제정과 그 배경

우리나라뿐 아니라 외국의 경우에도 통상적인 법 영역에서 연령을 토대로 인구의 특성과 욕구를 구별하여 대응하기 시작한 것은 그리 오래전 일이 아니다. 과거 미국에서는 노인과 관련된 법적 이슈라 한다면 고령 때문에 정신적 역량이 부족한 경우 일상생활의 결정권을 위임하는 후견인 선정을 위한 사례가 대표적이었다(Frolik & Barnes, 1999). 그러나 고령인구가 점차 증가하면서 노후생활에 대한 소득과 의료 측면의 대비책이 강조되고, 사회보장법(Social Security Act)과 의료보장법(Medicare)이 제정됨으로써 고령인구집단이 표출하는 독특한 욕구가 본격적으로 논의되기에 이르렀다. 대략 이 시기의 미국 고령집단의 비율은 전체 인구의 약 7%로 고령화 사회 초기라 할 수 있다(Frolik & Barnes, 1999).

우리나라의 경우 노인복지법이 제정된 1980년 당시 고령인구의 비율은 약 3.8%로 1960년대 이후 20년간 약 3% 수준을 유지하고 있어 고령인구의 증가가 노인복지법 제정의 직접적인 요인이라고 보기는 어렵다. 오히려 1960년대부터 정부 주도로 진행된 경제발전계획 이후 가속화된 산업화와 도시화 현상 때문에 사회와 가족 내에서 노인의 지위가 하락한 현상과 가족 부양의식의 변화, 노후생활보장책의 부재 등 복합적 요인들의 영향이 더욱 크다고 할 수 있다. 대다수의 노인들이 경제적으로 의존하던 농림과 자영업 등의 1차 산업은 그 비중이 현저하게 감소하고, 노인이 보유하고 있는 지식과 기술이 더 이상 높은 가치로 인정되지 못하면서 가족과 사회 내 노인의 권위와 지위가 하락되어 노인은 주류사회에서 소외되기 쉬운 약자계층이 되었다. 한편 노부모에 대한 부양의식은 기존의 장남 책임 중심에서 자녀 모두에게로 분산되면서 노부모와 동거하는 부양형태는 사실상 드물게 되었다. 결과적으로 전통적인 노후생활보장체계는 와해되고, 산업화－도시화로 인한 노인의 경제적 지위는 악화되는 중에 노인들의 다양한 욕구를 반영하고 이들의 생활실태를 향상시킬 수 있는 제도적 장치의 필요성이 대두된 것이다.

예를 들어, 1960년대 초에는 정부가 사회보장제도의 초기 틀을 마련하기 시작하였는데, 1960년 공무원연금법을 시작으로 1961년 생활보호법, 1963년 군인연금, 1975년 사립학교교직원연금을 시행하였다. 그러나 이러한 사회보장 관련 법안들은 대다수의 노인들이 당면한 경제적 빈곤수준을 해소하기에는 매우 제한적이었다. 1974년에 국민복지연금법 시행이 논의되기는 하였으나 당시 오일쇼크로 인한 경제적 위기와 국민의 합의가 부재한 상황에서 국민연금법은 연기되었으며, 그 이후 노인인구의 빈곤문제와 욕구를 통합적으로 다루는 법안에 대한 필요성이 제기된 시기는 약 10년의 시간이 더 흐른 뒤였다. 당시 사회적 안전망으로서의 기능이 미비했던 노후소득보장과 공공부조의 개선을 위해 종합적 정책과제로서 노인복지법 제정이 필요하게 되었다.

2) 노인복지법의 개정 과정과 주요 내용

노인복지법은 1981년 6월에 제정된 이후 2회의 전문 개정을 포함하여 총 41회의 개정이 이루어졌는데, 그중 1989년과 1993년, 그리고 1997년, 1999년, 그리고 2000년 이후 진행된 주요 개정이 노인복지 발전에 중대한 영향을 미친 것으로 평가되고 있다(표 5-1 참조).

(1) 1980년과 1990년 상반기의 주요 개정 내용

① 1989년 제2차 개정

1980년대 초반의 노인복지법은 명시적이고 선언적인 수준에 머물러 법의 실효성에 비판을 받아왔다(김만두, 1991). 1989년의 개정은 국가의 노인복지에 대한 책임을 적극적으로 강조하고 시행의지를 표출하였다는 점에서 제2의 탄생이라는 평가를 받기도 한다(권중돈, 2013). 개정된 주요 내용을 살펴보면 다음과 같다.

- 노인복지대책에 관한 국무총리의 자문에 응하기 위하여 노인복지대책위원회가 설치되었다(동법 제5조).
- 재가노인을 위한 가정봉사원사업의 실시가 규정되었다(동법 제11조).
- 국가 또는 지방자치단체가 65세 이상의 노인에게 노령수당을 지급할 수 있다는 규정이 신설되었다(동법 제13조).
- 노인복지시설에 있어서 다양화를 꾀하게 되었다(동법 제17조, 제18조). 노인복지시설의 범위에 실비양로시설과 유료노인요양시설 및 노인복지주택이 추가되었다.
- 노인여가시설의 내실화를 꾀하게 되었다(동법 제20조).

<표 5-1> 노인복지법 개정의 주요 내용

내 용	고령화율
1980년대(노인복지 기반 조성 단계)	3.8%(1980년)
• 1981년 6월 5일 노인복지법 제정	4.3%(1985년)
• 1989년 12월 30일 전문 개정	
- 노인복지대책위원회 설치	
- 가정봉사원사업 실시	
- 노령수당 지급 규정	
- 노인의 생업 지원	
- 노인복지시설의 다원화 등	
※ 1980년대 관련 시책	
- 1988년 국민연금법 시행	
- 1989년 전 국민 의료보험 실시	
1990년대(노인복지 정비 단계)	5.1%(1990년)
• 1993년 12월 27일 일부 개정	
- 유료노인복지시설 설치, 운영	
- 재가복지사업 종류 명시 및 법적 근거 규정	
• 1997년 8월 22일 전문 개정	6.3%(1997년)
- 노인의 날(10월 2일)과 경로의 달(10월) 지정	
- 노령수당을 경로연금으로 변경 지급 규정	
- 노인지역봉사기관, 노인취업알선기관의 법적 규정	
- 보건 분야의 추가로 노인복지시설의 종류와 운영체계 개편	
• 1999년 2월 8일 일부 개정	6.8%(1999년)
- 노인복지시설에 대한 규제 완화	
- 경로연금제도의 운영상의 일부 미비점 개선, 보완	
※ 1990년대 관련 시책	
- 1995년 노인 의료비 공동 부담 사업 실시	
- 1999년 2월 국민건강보험법 제정	
- 1999년 4월 국민연금 도시 지역까지 확대	
2000년대 이후 (노인복지 성숙 단계)	7.3%(2000년)
• 2003년 5월 29일 일부 개정	
- 실비 및 유료 노인복지시설 설치, 관리, 공급 등 주택법의 관련 규정 준용	
• 2004년 1월 29일 일부 개정	
- 노인학대 방지, 학대받는 노인에 대한 규정	
• 2007년 4월 25일 일부 개정	7.9%(2005년)
- 경로연금제도 폐지와 기초노령연금제도 규정	
• 2007년 8월 3일 일부 개정	
- 노인장기요양보험 도입을 준비하여 노인복지시설 유형을 개편	
- 요양보호사 자격인정	
- 실종노인에 대한 신고의무 도입	

• 2010년 1월 25일 일부 개정 – 요양보호사 자격시험제도 도입 – 요양보호사 교육기관 운영제도를 신고제에서 시·도지사에 의한 지정제로 변경 • 2011년 4월 7일 일부 개정 – 노인일자리전담기관을 노인인력개발기관, 노인일자리지원기관, 노인취업알선기관으로 규정 • 2011년 6월 7일 일부 개정 – 노인전문병원을 의료법상의 요양병원으로 일원화하고 노인휴양소를 폐지 – 노인학대 신고 의무자 범위 확대 및 노인학대사례에 관한 법규 강화	11.3%(2010년)
• 2011년 8월 4일 일부 개정 – 국가가 치매의 예방과 홍보 및 관리사업을 지원하도록 규정, 치매관리에 관한 종합계획을 5년마다 수립, 치매연구사업과 치매등록통계사업을 시행하고, 시·군·구 보건소에 치매상담센터를 설치 • 2012년 10월 22일 일부 개정 – 노인학대 신고의무자가 신고의무를 위반하는 경우 이를 처벌할 수 있는 근거 규정을 마련 • 2013년 6월 4일 일부 개정 – 노인일자리지원기관을 노인복지시설의 한 종류로 규정 • 2015년 12월 29일 일부 개정 – 노인학대 예방 및 방지를 위한 법적·제도적 장치의 강화 필요성과 노인학대 관련 규제 및 처벌 강화, 노인복지시설 휴지·폐지 등으로 인한 이용자의 불편 완화 및 이용자 권익보호 조치 의무를 목적으로 개정 • 2016년 12월 2일 일부 개정 – 노인에 대한 금지행위 규정에 정서적 학대행위 추가 및 객체가 되는 노인 연령 기준을 65세 이상으로 명시하여 이에 대한 벌칙조항 조정 • 2017년 3월 14일 일부 개정 – 노인학대 예방과 학대피해노인 보호에 목적을 두고 개정 ① 학대피해노인 전용쉼터 노인복지시설의 한 종류로 규정 ② 학대피해노인 전용쉼터의 설치 및 운영에 관한 사항 ③ 학대행위자에 대한 상담, 교육 및 심리적 치료의 강화 등 • 2017년 10월 24일 일부 개정 – 노인인권 제고를 위한 인권교육 실시, 독거노인 지원사업과 노인성 질환에 대한 의료지원사업에 대해 비용지원을 위한 근거 명시, 노인복지주택 입소자격자 사망 등의 경우 보건복지부령으로 정한 기한 내 퇴소하도록 규정 • 2018년 3월 13일 일부 개정 – 노인일자리 보급 확대를 위해 공공시설 청소, 주차관리 및 매표 등의 사업 위탁 시 65세 이상을 20/100 이상 채용한 사업체 우대, 노인복지 관련 시설 설치의 신고·변경 신고 및 폐지·휴지 신고 시 검토 후 적합하면 신고 수리하도록 의무화, 노인학대 신고의무자 범위 확대	14.3%(2018년)

② 1993년 제3차 개정

1993년에 이루어진 3차 개정은 민간기업이나 개인도 유료노인복지시설을 설치 및 운영할 수 있도록 법적인 계기를 마련하였으며, 재가노인복지사업의 범위를 가정봉사원파견사업뿐 아니라 주간보호, 단기보호로 확대함으로써 시설보호 중심에서 지역사회보호로 전환하는 패러다임의 변화가 드러난 것에 의의를 찾을 수 있다. 당시 대다수의 공영노인복지시설은 국가로부터 제한된 재정지원에 의존하였으며, 주로 무의탁 노인을 중심으로 운영되어 열악한 시설환경과 서비스의 질 때문에 국민들의 높아진 의식수준과 다양한 욕구에 대응하지 못하는 상황이었다. 유료노인복지시설의 민영화 허용은 일부 경제적으로 윤택한 삶을 누리는 노인들만을 위한 시책이라는 비판도 존재하였으나 장기적인 관점으로 보았을 때 당시 정부의 노인복지시설의 민영화는 현재 고령사회의 고령친화산업 발전을 위한 초석이 되었다고 볼 수 있다. 그 주요 내용은 다음과 같다.

- 사회복지법인이 아닌 민간기업이나 개인도 시·도지사의 허가를 받아 유료노인복지시설을 설치 및 운영할 수 있도록 하였다(동법 제19조의3).
- 재가노인복지사업의 종류를 가정봉사원파견사업, 주간보호사업, 단기보호사업으로 명시하고 사업 실시의 법적 근거를 마련하였다(동법 제20조의2, 제20조의3).

(2) 1990년 후반기의 주요 개정 내용

① 1997년 제5차 개정

노인복지법 제5차 개정은 10월 2일 노인의 날을 지정함과 동시에 저소득 노인까지 경로연금의 확대지급과 치매, 중풍 등 만성 중증 노인 질환을 위한 전문 요양재활사업의 확충 등을 주요 골자로 하였다. 노인취업알선기관을 설치하여 노인의 고용을 증진하고, 재가노인복지서비스의 활성화를 꾀하는 개정도 이루어졌다. 주요 개정 내용을 살펴보면 다음과 같다.

- 노인의 날을 매년 10월 2일로 하고 매년 10월을 경로의 달로 규정하였다(동법 제6조).
- 경로연금에 관한 규정이 신설되었다(동법 제9조). 기존의 생활보호 대상자 중 70세 이상의 노인에게 월 1만 원씩 지급한 노령수당을 폐지하고, 65세 저소득 노인까지 확대하여 지급하는 경로연금으로 변경하여 1998년 7월부터 지급하게 되었다.
- 노인의 사회참여와 취업을 활성화하기 위해서 노인 지역봉사기관 및 노인 취업알선기관 등 노인복지 관계 기관에 대한 지원의 법적 근거를 마련하였다(동법 제23조).
- 치매 노인에 대한 연구 관리 사업 및 노인재활요양사업의 실시가 규정되었다(동법 제30조).
- 노인복지시설의 종류와 시설 명칭이 변경되었다(동법 제31조). 즉, 노인복지시설은 노인주거복지시설, 노인의료복지시설, 노인여가복지시설, 재가노인복지시설로 종류가 변경되었으며, 노인의료복지시설에는 치매, 중풍 등 중증 질환 노인과 만성 퇴행성 노인 환자를 위한 노인전문요양시설, 유료노인전문요양시설 및 노인전문병원을 신설하였다.

② 1999년 제7차 개정

1999년의 개정에서는 생활보호 대상자의 경우 공적연금과 경로연금을 동시에 수급할 수 있도록 완화하였고, 노인복지시설에 대한 규제 또한 완화하여 시설 운영에 자율성을 도모하였다. 주요 개정내용은 다음과 같다.

- 생활보호 대상자인 경우에는 국민연금 등 공적연금을 수급하고 있더라도 경로연금을 수급할 수 있도록 하였다(동법 제9조 제2항).
- 노인전문병원의 관리 및 운영 등에 있어서는 의료법상 요양병원으로 보도록 하였다(동법 제35조).
- 양로시설, 실비양로시설, 노인요양시설, 실비노인요양시설 및 노인전문요양시설에서 입소자에게 보건복지부령이 정하는 비용 수납 한도액을

초과하여 비용을 수납하고자 할 때에는 시장, 군수, 구청장에게 신고하도록 하였다(동법 제46조 제5항).

- 유료양로시설, 유료노인복지주택, 유료노인요양시설, 유료노인전문요양시설의 비용 수납 신고제를 폐지하였다(동법 제46조의6 삭제).

(3) 2000년 이후의 주요 개정 내용

2004년 1월 개정은 노인학대 예방과 학대받는 노인을 보호하기 위한 긴급전화, 노인보호전문기관의 설치 등에 관한 조항을 신설하여 노인학대의 예방과 해결을 위한 집합적 대응을 적극적으로 수행할 뿐 아니라 노인의 권익보호와 인권에 대한 사회적 관심이 높아지는 계기를 마련하였다는 점에서 그 의의가 크다. 2005년에는 노인일자리전담기관의 설치·운영에 관한 사항을 신설하였는데, 이는 노인빈곤을 해결하기 위하여 고령자의 취업기회를 확대하고 소득보전책을 개발하기 위한 방침이었다.

2007년 4월과 8월에는 기초노령연금제도(2008년 1월)와 노인장기요양보험제도(2008년 7월)의 시행을 위하여 대대적인 개정이 이루어졌다. 경로연금에 관한 조항이 삭제된 대신 소득인정액의 하위 60%까지의 65세 이상 노인에게 월 일정액을 지원하는 기초노령연금제도를 규정하였고, 노인장기요양보험의 시행을 위해 기존의 노인주거복지시설과 노인의료복지시설의 유형을 변경하였다. 즉, 무료, 실비, 유료의 구분을 삭제하고, 노인주거복지시설(양로시설, 노인공동생활가정, 노인복지주택), 노인의료복지시설(노인요양시설, 노인요양공동생활가정, 노인전문병원), 재가노인복지시설(방문요양서비스, 주·야간보호서비스, 단기보호서비스, 방문목욕서비스)로 분류되었다. 요양보호사 자격제도가 도입되어 가정봉사원 교육기관은 '요양보호사 교육기관'으로 변경되었고 이외에 '홀로 사는 노인에 대한 지원'(제27조의2) 조항과 '실종노인에 대한 신고의무'(제39조의10 및 제39조의11 제2항) 조항이 신설되었다.

2010년 이후에도 지속적인 개정이 이루어졌는데, 주로 노인장기요양보험제도의 시행에 따른 시행착오들을 보완하기 위한 것과 노인복지시설 유형의 개편에 관한 것들이었다. 2010년 1월에는 요양보호사의 자질 향상을 위해 자격시험제도를 도입하였고, 요양보호사 교육기관의 무분별한 양산을 방지하기 위해 신고제에서 시·도지사에 의한 지정제로 변경하였다. 2011년 4월에는 노인일자리전담기관을 노인인력개발기관, 노인일자리지원기관, 노인취업알선기관으로 규정하여 노인일자리사업의 활성화를 도모하였으며, 6월에는 노인전문병원을 의료법상의 요양병원으로 일원화하고, 노인휴양소를 폐지하였다. 또한 노인학대 신고 의무자를 확대하고 노인학대사례 관련 법규를 강화하였다. 8월에는 치매의 예방과 관리, 치매노인 보호방침에 대한 규정들을 골자로 치매연구사업과 치매등록통계사업, 보건소 내에 치매상담센터를 설치하는 등 치매예방과 관리에 관한 국가의 책임 의지를 반영하였다.

2012년에는 노인학대 신고의무자가 직무 수행 중에 알게 된 노인학대를 신고하지 아니한 경우 300만 원 이하의 과태료를 부과(제61조의2 제2항)하도록 처벌근거 규정을 신설하였고, 2013년 6월에는 노인일자리지원기관을 노인복지시설의 한 종류로 규정하여 사회복지시설로 인정받을 수 있는 법적 근거를 마련하였다. 2018년 3월에는 노인학대 신고의무자 범위를 대폭 확대하였고 노인일자리 보급 확대를 위해 공공시설 등의 사업 위탁 시 65세 이상을 20% 이상 채용한 사업체를 우대하는 제도도 도입하였다. 현재 급격한 고령화, 노인돌봄에 대한 부담 증가, 노인복지시설의 다양화 및 특성화 등 노인복지를 둘러싼 환경이 급격히 변화함에 따라서 노인복지법에 대한 전면 개정이 활발히 논의중에 있다.

3) 노인복지법의 내용

우리나라 노인복지법의 구성은 총 7장 62조(2020년 4월 기준)로 구성되어 있다. 제1장 총칙에는 노인복지법의 목적과 정의, 기본 이념, 가족제도의 유지·발전, 보건복지증진의 책임, 노인실태조사, 노인의 날, 인권교육, 노인복지상담원 등의 내용이 제시되고, 제2장은 과거 경로연금과 관련된 조항이었으나 기초노령연금이 도입되면서 전면 삭제되었다. 2015년 이후 기초노령연금은 기초연금제도로 전환되어 별도의 기초연금법에 의해 시행되고 있다. 제3장은 노인의 보건과 복지에 관한 내용으로 건강진단, 재활요양사업, 노인사회참여, 노인일자리전담기관, 생업지원, 독거노인종합지원센터, 노인성질환에 대한 의료지원, 경로우대에 관련된 조항을 포함하고 있으며, 제4장은 노인복지시설의 종류(노인주거복지시설, 노인의료복지시설, 노인여가복지시설, 재가노인복지시설)와 각 유형에 따른 시설의 설치, 입소자격 및 요양보호사의 자격, 노인학대 신고의무절차, 노인보호전문기관 등에 대하여 규정하고 있다. 제5장은 보건, 복지시설의 운영주체와 이용자에 대한 비용을 규정하고, 제6장은 보칙으로 이의신청, 노인복지명예지도원, 권한의 위임과 위탁 등에 대하여 규정한다. 마지막으로 제7장은 노인복지법의 법조항을 위반한 경우 부과되는 벌칙과 가중처벌, 과태료, 이행강제금에 대하여 기술되어 있다.

<표 5-2> 노인복지법의 내용 (시행 2019년 4월 30일)

내 용		
제1장 총칙	제1조 : 목적 제1조의2 : 정의 제2조 : 기본 이념 제3조 : 가족제도의 유지·발전 제4조 : 보건복지증진의 책임 제4조의2 : 안전사고 예방	제5조 : 노인실태조사 제6조 : 노인의 날 등 제6조의2 : 홍보영상의 제작·배포·송출 제6조의3 : 인권교육 제7조 : 노인복지상담원 제8조 : 노인전용주거시설
제2장	(2007. 4. 25. 삭제 - 경로연금) 9~22조	
제3장 보건·복지조치	제23조 : 노인사회참여 지원 제23조의2 : 노인일자리전담기관의 설치·운영 등 제23조의3 : 생산품 우선구매 제24조 : 지역봉사지도원 위촉 및 업무 제25조 : 생업지원 제26조 : 경로우대 제27조 : 건강진단 등	제27조의2 : 홀로 사는 노인에 대한 지원 제27조의3 : 독거노인종합지원센터 제27조의4 : 노인성 질환에 대한 의료지원 제28조 : 상담·입소 등의 조치 제29조 : 삭제(2011. 8. 4) 제29조의2 : 삭제(2011. 8. 4) 제30조 : 노인재활요양사업
	제31조 : 노인복지시설의 종류 제31조의2 : 사회복지사업법에 따른 신고와의 관계 제32조 : 노인주거복지시설 제33조 : 노인주거복지시설의 설치	제39조의8 : 보조인의 선임 등 제39조의9 : 금지행위 제39조의10 : 실종노인에 관한 신고의무 등 제39조의11 : 조사 등

제4장 노인복지시설의 설치·운영	제33조의2 : 노인복지주택의 입소자격 등 제33조의3 : 삭제(2015. 1. 28) 제34조 : 노인의료복지시설 제35조 : 노인의료복지시설의 설치 제36조 : 노인여가복지시설 제37조 : 노인여가복지시설의 설치 제37조의2 : 경로당에 대한 양곡구입비 등의 보조 제37조의3 : 경로당에 대한 공과금 감면 제38조 : 재가노인복지시설 제39조 : 재가노인복지시설의 설치 제39조의2 : 요양보호사의 직무·자격증의 교부 등 제39조의3 : 요양보호사교육기관의 지정 등 제39조의4 : 긴급전화의 설치 등 제39조의5 : 노인보호전문기관의 설치 등 제39조의6 : 노인학대 신고의무와 절차 등 제39조의7 : 응급조치의무 등	제39조의12 : 비밀누설의 금지 제39조의13 : 요양보호사의 결격사유 제39조의14 : 요양보호사 자격의 취소 제39조의15 : 노인학대 등의 통보 제39조의16 : 노인학대행위자에 대한 상담·교육 등의 권고 제39조의17 : 노인 관련 기관의 취업제한 등 제39조의18 : 위반사실의 공표 제39조의19 : 학대피해노인 전용쉼터의 설치 제39조의20 : 노인학대의 사후관리 등 제40조 : 변경·폐지 등 제41조 : 수탁의무 제42조 : 감독 제43조 : 사업의 정지 등 제44조 : 청문
제5장 비용	제45조 : 비용의 부담 제46조 : 비용의 수납 및 청구 제47조 : 비용의 보조	제48조 : 유류물품의 처분 제49조 : 조세감면
제6장 보칙	제50조 : 이의신청 등 제51조 : 노인복지명예지도원 제52조 : 삭제(1999. 2. 8)	제53조 : 권한의 위임·위탁 제54조 : 국·공유재산의 대부 등 제55조 : 건축법에 대한 특례
제7장 벌칙	제55조의2 : 벌칙 제55조의3 : 벌칙 제55조의4 : 벌칙 제56조 : 벌칙 제56조의2 : 삭제(2016. 12. 2) 제57조 : 벌칙	제58조 : 벌칙 적용에서 공무원 의제 제59조 : 벌칙 제59조의2 : 가중처벌 제60조 : 양벌규정 제61조 : 삭제(2007. 4. 25) 제61조의2 : 과태료 제62조 : 삭제(2015. 1 28)

출처 : 법제처(2019a). 국가법령정보센터[법률 제16403호, 2019. 4. 30., 일부개정].

2. 저출산 · 고령사회기본법

(1) 저출산·고령사회기본법 제정과 그 배경

2005년에 제정된 저출산·고령사회기본법은 저출산 및 인구의 고령화로 인하여 초래하는 사회적 변화에 대응하기 위하여 저출산·고령사회정책의 기본 방향과 그 수립 및 추진체계에 관한 사항을 규정함으로써 국가의 경쟁력을 높이고 국민의 삶의 질 향상과 국가의 지속적인 발전에 이바지하는 데 그 목적을 둔다.

국가는 종합적인 저출산·고령사회정책을 수립·시행하고, 지방자치단체는 국가의 저출산·고령사회정책에 맞추어 지역의 사회·경제적 실정에 부합하는 정책을 수립·시행하여야 하며, 국민은 가정 및 지역사회의 일원으로 상호연대를 강화하고 각자의 노후생활을 건강하고 충실하게 영위할 수 있도록 노력하여야 하는 책무를 명시하고 있다. 특히 국가와 지방자치단체는 고령사회정책으로 고용과 소득보장, 건강증진과 의료제공, 생활환경과 안전보장, 여가·문화 및 사회활동의 장려, 평생교육과 정보화, 노후설계, 취약계층 노인(여성노인, 장애노인)에 대한 배려, 가족관계와 세대 간 이해 증진, 고령친화산업의 육성을 위하여 필요한 시책을 강구하여야 한다고 기술하였다(표 5-3).

이에 2015년 12월 정부는 대통령 주재로 '저출산·고령사회위원회'를 개최하고 '제3차 저출산·고령사회 기본 계획(2016~2020)'을 심의·의결하였다. 기본적인 성과목표는 출산율 증가(2015년 1.21명에서 2020년 1.5명으로)와 노인 상대빈곤율 감소(2014년 49.6%에서 2020년 39%로)로 명시되었고, 이를 달성하기 위한 핵심 정책과제를 선정하였다. 저출산 대응정책의 방향은 과거 기혼가구의 보육부담 경감과 비용지원 중심의 접근으로부터 만혼자·비혼자의 일자리 확보와 주거안정을 도모하고, 남성의 가사분담 참여를 독려하고 보장하며, 난임부부에 대한 지원을 확대하는 등 실천과 사회인식 변화에 초점을 두는 접근으로 전환을 꾀하였다. 또한 고령사회 대응정책의 방향은 사각지대 해소, 지역사회 만성질환관리 제도화, 간병부담 경감을 위한 포괄간호 서비스 확대, 고령자 고용과 급여수준 제고에 중점을 둔 고용·산업 구조 개편에 주력하고자 함을 명시하고 있다(정책공감, 2016).

(2) 저출산·고령사회기본법 내용

우리나라 저출산·고령사회기본법 구성은 총 7장 32조(2014년 3월 기준)로 구성되어 있다. 제1장 총칙에는 저출산·고령사회기본법 목적과 정의, 기본 이념, 국가 및 지방자치단체의 의무, 국민의 책무, 다른 법률과의 관계 등의 내용이 제시되고, 제2장은 2절로 구성되어있는데 제1절에서는 저출산 대책(인구정책, 인구교육, 자녀의 출산과 보육, 모자보건의 증진, 경제적 부담의 경감)에 대한 사항이, 제2절에는 고령사회정책(고용과 소득보장, 건강증진과 의료제공, 생활환경과 안전보장, 평생교육과 정보화, 노후설계, 취약계층노인, 고령친화적 산업의 육성 등)에 대한 사항이 포함된다. 제3장은 저출산·고령사회 정책 수립 및 추진체계에 대한 내용으로 저출산·고령사회 기본 계획, 연도별 시행계획, 저출산·고령사회위원회, 관계행정기관의 협조에 관한 조항을 포함하고 있으며, 제4장은 보칙으로 전문인력의 양성, 조사 및 연구, 민간의 참여, 인구의 날, 국제교류 활성화 등에 대해 기술하고 있다.

<표 5-3> 저출산·고령사회기본법의 내용 (시행 2014년 3월 18일)

<table>
<tr><th colspan="3">내 용</th></tr>
<tr><td>제1장
총칙</td><td>제1조 : 목적
제2조 : 기본 이념
제3조 : 정의</td><td>제4조 : 국가 및 지방자치단체의 의무
제5조 : 국민의 책무
제6조 : 다른 법률과의 관계</td></tr>
<tr><td rowspan="4">제2장
저출산·고령사회
정책의 기본 방향</td><td colspan="2">제1절 저출산 대책</td></tr>
<tr><td>제7조 : 인구정책
제7조의2 : 인구교육
제8조 : 자녀의 출산과 보육 등</td><td>제9조 : 모자보건의 증진 등
제10조 : 경제적 부담의 경감</td></tr>
<tr><td colspan="2">제2절 고령사회정책</td></tr>
<tr><td>제11조 : 고용과 소득보장
제12조 : 건강증진과 의료제공</td><td>제15조의2 : 노후설계
제16조 : 취약계층노인 등</td></tr>
</table>

	제13조 : 생활환경과 안전보장 제14조 : 여가·문화 및 사회활동의 장려 제15조 : 평생교육과 정보화	제17조 : 가족관계와 세대 간 이해증진 제18조 : 경제와 산업 등 제19조 : 고령친화적 산업의 육성
제3장 저출산·고령사회 정책의 수립 및 추진체계	제20조 : 저출산·고령사회 기본 계획 제21조 : 연도별 시행계획 제22조 : 업무의 협조 제23조 : 저출산·고령사회위원회	제24조 : 삭제(2008. 2. 29) 제25조 : 삭제(2008. 2. 29) 제26조 : 관계행정기관의 협조 제27조 : 국회보고
제4장 보칙	제28조 : 전문인력의 양성 제29조 : 조사 및 연구 제30조 : 민간의 참여	제30조의2 : 인구의 날 제31조 : 국제교류의 활성화 제32조 : 지원

출처 : 법제처(2019b). 국가법령정보센터[법률 제12449호, 2014. 3. 18. 일부개정].

3. 고용상 연령차별 금지 및 고령자 고용촉진에 관한 법률

(1) 「고용상 연령차별 금지 및 고령자 고용촉진에 관한 법률」의 제정과 그 배경

「고용상 연령차별 금지 및 고령자 고용촉진에 관한 법률」은 인구의 고령화 비율이 증가하고 있으나 고령자의 취업이 부진한 반면 산업인력은 지속적으로 부족해지는 현상의 심각성을 고려하여 1991년 12월에 제정되었다. 정부는 고령자의 고용촉진의 필요성과 중요성에 대하여 사업주와 일반국민의 이해를 도모하고 고용안정을 위해 종합시책을 추진하도록 하였고, 사업주는 고령자의 능력 개발 및 향상, 작업환경과 시설, 업무의 선진화를 통하여 이들의 능력에 적합한 고용의 기회를 제공함과 더불어 정년연장 등의 방법으로 고령자의 고용확대에 노력해야 할 것을 주요 골자로 하였다(법제처, 2015c).

이후 2009년에는 기존의 고용촉진 중심으로 진행되었던 고령자의 고용정책을 합당한 이유 없이 단지 연령 때문에 고용상 어려움을 겪는 상황을 금지하는 연령차별금지정책을 병행하기로 하여 법률 제명이 「고령자 고용촉진법」에서 「고용상 연령차별 금지 및 고령자 고용촉진에 관한 법률」로 변경되어 2010년 7월부터 전면 실시되었다. 이는 모집·채용부터 퇴직·해고까지 고용의 모든 단계에서 연령을 토대로 차별하는 행위를 금지하였으며, 연령차별행위로 고용 측면에서 피해를 입은 자는 국가인권위원회에 그 내용을 진정할 수 있고, 이에 따른 권고를 불이행할 시 시정명령제도를 도입하도록 명시하였다.

현행법에 따르면 제2조 제1호에 따른 고령자는 55세 이상인 사람으로, 법 제2조 제2호에 따른 준고령자는 50세 이상 55세 미만인 사람으로 정의된다. 제2조 제5호에서 제시하는 고령자 기준고용률은 시행령 제3조에 의하면 상시 300명 이상의 근로자를 사용하는 사업장을 대상으로 제조업의 경우, 사업장의 상시근로자수의 100분의 2, 운수업과 부동산 및 임대업의 경우는 사업장의 상시근로자수의 100분의 6, 그 외의 산업에서는 사업장의 상시근로자수의 100분의 3으로 제시하고 있다. 그럼에도 이 규정은 강제규정이 아닌 권고사항이기에 그 실효를 얻기에 제약이 따른다는 비판을 받고 있다(유성호 외, 2015; 정상양 외, 2012).

(2) 「고용상 연령차별 금지 및 고령자 고용촉진에 관한 법률」 내용

우리나라 고용상 연령차별 금지 및 고령자 고용촉진에 관한 법 구성은 총 5장 24조(2016년 7월 기준)로 구성되어 있다. 제1장 총칙에는 「고용상 연령차별 금지 및 고령자 고용촉진에 관한 법」 목적과 정의, 정부의 책무, 사업주의 책무, 고령자 고용촉진 기본 계획의 수립 등의 내용이 제시되고, 제1장의 2에서는 고용상 연령차별금지에 대한 상세내용이 소개되어 있다. 구체적으로 보면 모집·채용 연령차별금지, 차별금지의 예외, 진정과 권고의 통보 등에 대한 내용이 포함되어 있다. 제2장은 정부의 고령자 취업지원에 대한 내용으로 구인·구직 정보수집, 직업능력 개발훈련, 사업주에 대한 고용지도, 고령자 취업알선 기능 강화, 고령자 고용정보센터 운영 등에 대한 사항이 포함된다. 제3장은 고령자의 고용촉진 및 고용안정에 대한 내용으로 구체적으로 사업주의 고령자 고용노력 의무, 사업주의 고령자 고용현황 제출, 고령자 고용지원을 위한 세제지원, 우선고용직종의 선정, 고용 확대의 요청

등을 포함하고 있으며, 제4장은 정년, 정년연장에 따른 임금체계 개편, 정년제도 운영현황의 제출, 정년퇴직자의 재고용 등에 대해 기술하고 있다. 마지막 5장은 보칙으로 보고와 검사, 권한의 위임, 벌칙, 과태료에 대한 설명이 기술되어 있다.

4. 노인장기요양보험법

(1) 노인장기요양보험법의 제정과 그 배경

노인장기요양보험법은 "고령이나 노인성 질병 등의 사유로 일상생활을 혼자서 수행하기 어려운 노인 등에게 제공하는 신체활동 또는 가사활동 지원 등의 장기요양급여에 관한 사항을 규정하여 노후의 건강증진 및 생활안정을 도모하고 그 가족의 부담을 덜어줌으로써 국민의 삶의 질을 향상하도록 함을 목적으로"(제1조) 2007년 4월에 제정·공포되었으며, 이를 기반으로 2008년 7월부터 노인장기요양보험제도가 시행되었다. 동법에 따르면 '노인 등'이란 65세 이상의 노인 또는 65세 미만의 자로서 치매·뇌혈관성 질환 등 대통령령으로 정하는 노인성 질병을 가진 자를 말하고, '장기요양급여'는 6개월 이상 동안 혼자서 일상생활을 수행하기 어렵다고 인정되는 자에게 신체활동·가사활동의 지원 또는 간병 등의 서비스나 이에 갈음하여 지급하는 현금 등을 의미한다. 노인장기요양보험법은 사회보험법의 일종으로 장기요양보험료, 국가 및 지방자치단체의 부담금과 본인일부부담금을 재원으로 하여 장기요양급여를 제공하도록 명시하고 있으며, 국가는 장기요양기본계획을 수립하고 시행할 때 노인뿐 아니라 장애인 등 일상생활 능력이 낮은 모든 국민이 요양급여와 신체활동지원서비스 등을 제공받도록 노력하고 궁극적으로 이들의 생활안정과 자립을 지원하는 시책을 강구할 책임이 있음을 제시하고 있다.

전광석(2013)에 따르면 우리나라의 노인장기요양보험은 장애인을 포괄하는 독일과 40세 이상으로 대상자를 정의하는 일본에 비하여 아직까지 보편적 제도로 형성되지 못한 과제가 남아 있으며, 장기요양서비스의 수급대상자를 정의할 때 건강보험법상의 질병과 국민연금법상의 장애와 구별되는 '장기요양이 필요한 상태'를 근본적으로 개념정의하는 것이 불가능한 과업이라는 것을 지적하고 있다. 질병과 장기요양은 수급자의 욕구 측면에서는 연속선상에서 이해되어야 함에도 불구하고 자칫 이분법적으로 서비스대상자를 구분할 경우 제도 간에 책임을 전가하는 상황이 발생할 수 있기 때문이다. 이와 같은 대상자 확대 및 건강보험법 등 다른 법체계와의 관계정비 등의 과제를 해소하기 위하여 2014년 7월 장기요양등급체계를 기존의 3등급에서 5등급 체계로 세분화하여 보장성을 확대하고 서비스의 다양화를 시도하였다. 더불어 2018년 인지지원등급을 신설하여 일상생활동작에 불편함이 없어도 경증치매가 있는 경우 장기요양서비스를 제공할 수 있도록 지속적인 재정비가 이루어지고 있다.

(2) 노인장기요양보험법의 내용

우리나라 노인장기요양보험법의 구성은 총 12장 70조(2019년 12월 기준)로 구성되어 있다. 제1장 총칙에는 노인장기요양보험법의 목적과 정의, 장기요양급여 제공의 기본 원칙, 국가 및 지방자치단체의 책무, 장기요양 기본 계획, 실태조사 등의 내용이 제시되어 있다. 제2장은 장기요양보험에 관한 일반적 설명, 장기요양보험료의 징수, 산정, 장애인 등에 대한 장기요양보험료의 감면, 장기요양보험가입 자격 등에 관한 준용에 대한 내용이 포함된다. 제3장은 장기요양인정에 대한 내용으로 장기요양인정의 신청자격, 신청, 신청의 조사, 등급판정, 등급판정기간, 장기요양인정서, 인정서 작성 시 고령사항, 인정서 유효기간, 갱신, 장기요양 등급 등을 포함하고 있으며, 제4장은 장기요양급여의 종류, 가족요양비, 특례요양비, 요양병원간병비에 대해 기술하고 있다. 5장은 장기요양급여의 제공, 특별현금급여수급계좌, 급여의 제한에 대한 설명이 기술되어 있다. 6장은 장기요양기관에 대한 설명으로 기관의 지정, 결격사유, 지정 유효기간, 지정의 갱신, 시설·인력에 대한 변경, 기관의 의무, 인권교육, 요원의 보호, 보험 가입, 지정의 취소, 과징금의 부과, 행정제재처분 효과, 장기요양급여 제공의 제한 등에 대한 내용이 포함되어 있다. 7장은 재가 및 시설 급여비용에 관한 사항으로 급여비용의 청구 및 지급, 급여비용의 산정, 본인부담금, 부당이득의 징수, 구상권에 대한 설명을 담고 있으며 8장은 장기요양위원회 설치 및 기능, 구성, 운영에 관한 내용을 포함한다. 9장은 관리운영기관에 대한 부분으로 공단의 장기요양사업 조직, 장기요양사업의 회계, 권한의 위임 등에 관한 준용, 등급판정위원회 설치, 운영, 장기요양급여의 관리·평가의 내용을 포함한다. 10장은 심사청구 및 재심사청구, 11장은 보칙으로 국가의 부담, 비밀누설 금지 등에 대한 내용을 설명하고 있으며 마지막 12장에서는 벌칙, 과태료에 대한 사항을 규정하고 있다.

5. 기초연금법

(1) 기초연금법의 제정과 그 배경

기초연금법은 노인에게 기초연금을 지급하여 안정적인 소득기반을 제공함으로써 노인의 생활안정을 지원하고 복지를 증진함을 목적으로 한다(법제처, 2019e). 보건복지부 장관은 선정기준액을 정하는 경우 65세 이상인 사람 중 기초연금 수급자가 100분의 70 수준이 되도록 하며, 국가와 지방자치단체는 필요한 비용을 부담할 수 있도록 재원(財源)을 조성하여야 하는데, 이 경우 국민연금법 제101조 제1항에 따라 설치된 국민연금기금은 기초연금 지급을 위한 재원으로 사용할 수 없다고 명시하고 있다. 또한 국가와 지방자치단체는 기초연금의 지급에 따라 계층 간 소득역전 현상이 발생하지 아니하고 근로의욕 및 저축유인이 저하되지 아니하도록 노력해야 할 것을 명시하고 있다.

기초연금제도의 전신인 기초노령연금제도는 국민연금제도의 부재로 인하여 노후를 준비하지 못한 현 노인세대에게 기본적인 소득원을 제공하기 위한 한시적 공적부조 제도로 2008년 1월에 시행되었다. 자산조사를 토대로 자격기준을 검증하고 국가의 조세를 재원으로 하는 본 법과 제도에 사회보험 형식의 본인기여를 의미하는 '연금'이라는 용어를 사용하는 것이 적절한가에 대한 심층적인 논의가 부족한 가운데 본 제도는 소득 하위 70% 이하의 노인들이 과거 기초노령연금 9만 3천 원 급여액에서 현재 최대 30만 원까지 기초연금을 받을 수 있도록 확대 시행되고 있다.

(2) 기초연금법의 내용

우리나라 기초연금법 구성은 총 7장 31조(2019년 4월 기준)로 구성되어 있다. 제1장 총칙에는 기초연금법 목적과 정의, 기초연금 수급권자의 범위, 국가와 지방자치단체의 책무에 대한 내용이 제시되고 있다. 제2장은 기초연금액의 산정, 기초연금액 산정의 특례, 기초연금액의 한도, 감액, 적정성 평가 등에 대한 사항이 포함된다. 제3장은 기초연금의 신청 및 지급 결정, 기초연금 관련 정보의 제공, 기초연금의 지급 및 지급 시기에 대한 내용이고 제4장은 기초연금 수급자 사후관리에 대한 부분으로 미지급 기초연금, 기초연금 지급의 정지, 수급권의 상실, 기초연금액 환수, 환수금의 고지, 독촉 및 징수에 대한 내용이 기술되어 있다. 제5장은 기초연금 수급권자의 권리 보호 및 이의신청에 대한 내용이고, 제6장은 보칙, 마지막 제7장은 벌칙, 과태료에 대한 설명이 기술되어 있다.

6. 국민연금법

(1) 국민연금법의 제정과 그 배경

국민연금법은 국민의 노령, 장애 또는 사망에 대하여 연금급여를 실시함으로써 국민의 생활안정과 복지 증진에 이바지하는 것을 목적으로 한다(법제처, 2019e). 국민연금은 보험원리에 따라 운영되는 대표적 사회 보험 제도로 가입자와 사용자로부터 보험료를 연금 보험료의 주된 재원으로 사용한다. 국민연금의 대상은 모든 국민으로 여타 사회보험과 마찬가지로 강제가입을 기반으로 한다. 이는 향후 생길 수 있는 사회문제를 사전에 대비함으로써 빈곤을 해소하고 동시에 동일 세대 내 고소득층에서 저소득층으로 소득이 재분배되는 '세대 내 소득재분배'와 미래세대가 현 노인세대를 지원하는 '세대 간 소득재분배' 기능을 갖는다. 국민연금 가입자는 크게 18세에서 60세까지 근로를 하는 사용자와 근로자를 포함하는 '사업장 가입자'(법 제8조)와 그 외 '지역가입자'로 나뉘며, 이외에도 본인 희망에 따라 가입신청을 한 '임의가입자'(법 제10조), 임의계속가입자(법 제13조)가 있다.

국민연금은 1960년대 추진된 경제개발계획으로 인한 다양한 사회문제들을 해결하기 위한 방안으로 1973년 국민복지연금법이 제정·공포 되었으나, 1973년 석유파동으로 무기한 연기되었다. 이후 1986년 국민복지연금 제도를 수정·보완하여 1988년 1월부터 국민연금 제도를 시행하였다. 국민연금 제도의 대상은 단계적으로 확대되어 1999년 4월 1일에 비로소 '전국민 연금시대'가 열리게 되었다.

국민연금의 급여 종류에는 매월 연금의 형태로 지급되는 노후 소득보장을 위한 '노령연금', 주소득자의 사망에 의한 소득상실을 보전하기 위한 '유족연금', 질병이나 사고 등으로 인한 장애로 근로능력을 상실한 경우 소득보전을 위한 '장애연금'이 있으며, 이 외에도 연금을 받지 못하거나 조건이 충족되지 않는 경우 청산적 성격으로 지급되는 '반환 일시금'과 유족연금이나 반환일시금을 받지 못하는 경우 장제부조적·보상적 성격으로 지급하는 '사망일시금'이 있다. 연금액 산정식은 기본연금액×지급률+부양가족연금액으로 계산되며 연금의 유형에 따라 지급률에 차이가 발생한다.

(2) 국민연금법의 내용

우리나라 국민연금법 구성은 총 9장 132조(2019년 11월 기준)로 구성되어 있다. 제1장 총칙에는 국민연금법 목적과 정의, 국가의 책무, 국민연금 재정계산 및 장기재정균형 유지, 국민연금심의위원회에 대한 내용이 제시되고 있다. 제2장은 국민연금가입자에 대한 설명으로 세부적으로 보면 가입대상, 가입자 종류, 사업장가입자, 지역가입자, 임의가입자, 임의계속가입자, 가입기간의 계산 등에 대한 사항이 포함된다. 제3장은 국민연금공단의 설립, 업무, 사무소, 국민연금연구원, 기금운용 인력 양성, 임원의 임기, 직무, 선임, 공단의 회계, 잉여금 처리, 노후준비서비스에 대한 내용이 제시되어 있다. 제4장은 급여에 대한 부분으로 총 6절로 나눠져 있는데 1절은 급여의 종류, 급여지급, 기본연금액, 급여의 환수 등에 대한 내용을, 2절은 노령연금에 대한 부분으로 노령연금 수급권자, 노령연금액, 분할연금 지급에 대한 내용을 포함한다. 3절은 장애연금, 4절은 유족연금, 5절은 반환일시금 등, 6절은 급여제한에 대한 설명을 하고 있다. 제5장은 비용 부담 및 연금보험료 징수에 대한 자세한 사항이 기재되어 있고 제6장은 국민연금기금에 관한 사항으로 기금 설치 및 조성, 운용, 기금운용위원회, 기금운용실무평가위원회 등에 대한 내용을 포함한다. 제7장은 심사청구와 재심사청구에 대한 내용, 제8장은 보칙으로 중복급여의 조정, 근로자의 권익보호 등에 대한 사항이, 마지막 제9장은 벌칙, 과태료에 대한 설명이 기술되어 있다.

7. 노인 관련 법령 과제와 전망

노인인구가 급격히 증가하는 현 상황 속에서 예산과 인력, 행정지원의 기반이 되는 노인 관련 법령의 정비와 개정은 매우 필요하다. 본 장에서 언급된 다양한 노인 관련 법들은 새로운 환경과 상황에 따라서 변경되어 왔으나 여전히 여러 가지 한계를 지니고 있는 것도 사실이다. 현행 노인 관련 법제들이 직면한 과제에 대해 간략하게 살펴보도록 한다. 노인복지법의 경우 가치관과 사회환경, 그리고 관련 제도의 변화에 따라 다양하고 세분화된 노인의 욕구에 대응하고자 수차례 개정이 이루어져 왔다. 그럼에도 고령인구가 증가하면서 노인복지 관련 정책과 입법이 정치적 전략의 수단으로 이용될 위험이 높아지고 있기에 노인과 관련 전문가, 전 국민의 세밀한 정책점검과 균형 잡힌 이성적 판단이 절실히 요구된다. 저출산고령사회기본법은 한국이 직면한 초저출산과 급격한 고령화에 대응해야 하는 가장 중요한 법령이고 법에 근거해 다양한 대책들이 제시되고 시행되어 왔다. 그러나 여전히 한국은 전 세계에서 가장 낮은 출산율을 기록중이고 급기야 출산율이 1.0명 이하로 내려가는 극단의 상황이 연출되고 있다. 따라서, 기존에 시행해 온 저출산 정책에서 과감히 탈피하여 패러다임을 전환할 수 있는 방안들을 내놓아야 한다. 더불어 고령사회 대응정책의 방향은 사각지대 해소, 지역사회 만성질환관리 제도화, 간병부담 경감을 위한 포괄간호서비스 확대, 고령자 고용과 급여수준 제고에 중점을 둔 고용·산업 구조 개편 등에 맞추어 법적 테두리를 제공해야 한다. 「고용상 연령차별금지 및 고령자 고용촉진에 관한 법률」의 시행으로 고령자에 대한 연령차별금지와 정년연장의 기반을 제공하였다고 볼 수 있으나 여전히 많은 사업장은 고령자 기준고용률을 준수하고 있지 않으며 그에 대한 벌칙도 매우 미비한 상황이다. 문제는 이러한 규정들이 강제규정이 아닌 권고사항이기에 그 실효를 얻기에 제약이 따른다는 비판을 받고 있다. 좀 더 실효성이 있는 강제력을 갖춘 법으로의 정비가 필요한 시점이라고 할 수 있다. 기초연금법은 우리나라 노인빈곤율을 저감하기 위한 긴급처방이라고 볼 수 있지만 엄밀히 말하면 기초(노령)연금제도는 국민연금제도가 성숙되면 자연스럽게 소멸되어야 하고, 궁극적으로는 국민연금제도로 대체되어야 하는 제도이다. 이를 위해서는 국민연금이 용돈연금이 아닌 엄연히 노후소득을 상당 부분 보장해 줄 수 있도록 소득대체율, 기금안정성, 연금수급비율을 지속적으로 확대해야 한다. 기초연금법은 공적부조 제도의 성격을 제대로 반영하는 정확한 용어로 전환될 필요가 있으며, 국민연금제도의 장기적인 미래전망과 추이에 따라 반드시 함께 논의되어야 한다.

학습과제

❖ 우리나라 노인복지 관련 법 제정 배경의 특징을 설명해 보자.

❖ 노인복지법의 발달과정과 주요 개정내용을 논의해 보자.

❖ 저출산·고령사회기본법, 고용상 연령차별 금지 및 고령자 고용촉진에 관한 법률, 노인장기요양보험법, 기초연금법, 국민연금법의 주요 내용을 설명해 보자.

참고문헌

권중돈(2013). **노인복지론**. 서울 : 학지사.

김만두(1991). **사회복지법제론**. 서울 : 홍익재.

법제처(2019a). 노인복지법.

______(2019b). 저출산·고령사회기본법.

______(2019c). 고용상 연령차별 금지 및 고령자 고용촉진에 관한 법률.

______(2019d). 노인장기요양보험법.

______(2019e). 기초연금법.

______(2019e). 국민연금법.

유성호·김형수·모선희·윤경아(2015). **현대노인복지론**. 서울 : 학지사.

전광석(2013). 한국의 노인장기요양 관련 법제도의 현황과 과제. **사회보장법학회**, 2(1), 103-150.

정상양·김옥희·엄기욱·이경남·박차상(2012). **한국노인복지론**. 서울 : 학지사.

정책공감(2015). '제3차 저출산·고령사회 기본계획(2016~2020)' 무슨 내용 담았나? http://blog.naver.com/hellopolicy/220564539537

Frolik, L., & Barnes, A. P.(1999). Why treat older persons as a separate category?. In L. A. Frolik(Ed.), *Aging and the Law : An Interdisciplinary Reader*(pp. 10-18). Philadelphia, PA : Temple University Press.

PART

3

노인복지서비스

CHAPTER 06

장기요양

장기요양은 노인인구가 증가함에 따라 노인복지 정책의 가장 핵심적인 분야 중 하나로 떠오르게 되었다. 인구의 고령화, 저출산율, 가족의 기능 변화 등으로 사회적 돌봄의 책임은 어느 때보다도 중요성이 커졌으며, 베이비부머 세대가 장기요양을 필요로 하게 되는 앞으로의 30, 40년의 기간은 장기요양에 대한 욕구가 더욱더 증대할 것으로 예측된다. 공적 장기요양 서비스의 제공은 기능 제한을 가진 노인들의 삶의 질을 향상시킬 뿐만 아니라 노인을 돌보는 가족, 친구, 이웃 등 비공식체계의 부양 부담을 완화하는 데에도 필수적이다. 이러한 사회적 요구에 대응하기 위해 우리나라의 장기요양보험제도는 2008년부터 시행되었으며, 장기요양에 대한 사회적 인프라가 전무한 상황이었음에도 불구하고 도입 이후 장기요양 인프라 확충, 적용대상 확대, 장기요양 인정률 향상과 일자리 창출 등 많은 발전을 이루어 왔다.

이 장에서는 장기요양에 대한 개념과 장기요양 욕구 현황을 살펴보고, 장기요양보험제도의 도입배경과 특징, 내용에 대해 이해하고자 한다.

1. 장기요양(Long-term Care)의 정의

일반적으로 장기요양 서비스는 질병, 사고, 장애 등으로 인하여 일상적인 생활기능에서 제한을 겪고 있는 개인들에게 일상생활을 유지하고 독립성을 최대한 보장하기 위해 장기간에 걸쳐 지속적으로 필요한 광범위한 서비스를 제공하는 것으로 정의된다(Kane, Kane, & Ladd, 1998; Stone, 2006). 이러한 서비스들은 대체로 독립적인 신체적 혹은 정신적 기능의 상실을 최소화하고, 재활하거나 보충하고자 설계되어 있다. 장기요양서비스들은 기본적 일상생활 수행능력(ADL : Activities of Daily Living)과 수단적 일상생활 수행능력(IADL : Instrumental Activities of Daily Living)에 대한 지원들로 구성된다. 기본적 일상생활 수행능력은 일상생활을 유지하기 위해 필수적인 활동으로서 목욕하기, 옷 입기, 잠자리에서 나오거나 들어가기, 먹기, 화장실 가기와 같은 활동들을 의미한다. 한편, 수단적 일상생활 수행능력은 독립적인 생활을 하는 데 필요한 활동들로서 식사 준비하기와 집안일 하기뿐만 아니라, 쇼핑하기, 돈 관리하기, 약 먹기, 이동하기, 전화기 사용하기와 같은 생활 유지에 필요한 활동들을 포함한다. 서비스들은 직접적인 수발이 필요한 서비스들 또는 옆에서 지켜보거나 관리가 필요한 지원들이 모두 포함되며, 안전손잡이와 보행보조차와 같은 보조기구 지원, 응급 경보와 같은 기술적인 지원들도 포함 가능하다. 또한 지역에서 제한된 기능으로도 오래 거주할 수 있도록 집 안 환경을 변화시키는 것 역시 장기요양 서비스의 하나로서 이해할 수 있다. 따라서 치료와 기능 호전 및 임상 상태의 변화를 지향하는 급성기 치료와 달리, 장기요양은 치료와 일상생활과의 통합을 통해 인간으로서의 위엄과 자유, 삶의 질 향상을 추구하며(WHO, 2017), "의료적, 사회적, 또는 대인수발적 서비스"가 포괄되는 다학제적 접근이 필요한 분야이다(권순만·박건희, 2006).

현재 우리나라의 노인장기요양보험법에서도 위의 정의와 유사하게 장기요양의 필요상태를 기술하고 있다. 노인장기요양보험법 제1조에서 "고령이나 노인성 질병 등의 사유로 일상생활을 혼자서 수행하기 어려운 노인 등에게 제공하는 신체활동 또는 가사활동 지원 등의 장기요양급여에 관한 사항을 규정하여 노후의 건강증진 및 생활안정을 도모하고 그 가족의 부담을 덜어줌으로써 국민의 삶의 질을 향상하도록 함을 목적으로 한다"라고 규정하고 있다. 여기에서 장기간으로 규정되는 일상생활 수행능력의 손상 기간은 6개월 이상이며, 일상생활 수행능력의 제한은 주로 기본적 일상생활 수행능력에 초점을 맞추고 있어 옷 벗고 입기, 세수하기, 양치질하기, 목욕하기, 식사하기, 체위 변경하기, 일어나 앉기, 옮겨 앉기, 방 밖으로 나오기, 화장실 이용하기가 장기요양의 욕구가 존재하는지 판단하는 주요 활동들이다. 또한, 장기요양급여 제공의 기본 원칙(제3조)을 살펴보면, 노인 등이 자신의 의사와 능력에 따라 최대한 자립적으로 일상생활을 수행할 수 있도록 서비스를 제공하여야 하며, 노인 등의 심신 상태·생활환경과 노인 등 및 그 가족의 욕구·선택을 종합적으로 고려하여 필요한 범위 안에서 이를 적정하게 제공하여야 하며, 장기요양 서비스는 노인 등의 심신 상태나 건강 등이 악화되지 아니하도록 의료서비스와 연계하여 이를 제공하여야 한다고 명시하고 있다. 이는 장기요양서비스가 일상생활 수행능력이 제한된 개인들에게 독립생활을 최대한 보장할 수 있도록 일상생활의 맥락에서 의료서비스와 연계되어 다양한 서비스를 제공하여야 한다는 의미를 노인장기요양보험법에서도 반영하고 있는 것으로 볼 수 있다.

2. 장기요양 욕구 실태

장기요양 욕구를 가진 인구는 연령과 장애 정도에 따라 다양하다. 현 노인장기요양보험제도가 65세 이상 노인과 노인성 질환을 가지고 있는 개인에게 한정 지어 제공된다는 점을 고려하여, 본 절에서도 일상생활에서 독립적으로 생활하는 기능의 제한이 있는 65세 이상 노인에 대한 통계를 바탕으로 장기요양 욕구 실태를 파악하고자 한다.

2017년 전국노인실태조사(정경희 외, 2017)에 따르면, ADL과 IADL에 전혀 제한이 없는 비율은 74.7%이며, IALD에만 제한이 있는 경우는 16.6%, IADL뿐만 아니라 ADL에도 제한이 있는 경우는 8.7%에 해당한다. 특히 ADL에 제한이 있는 경우 장기요양 욕구가 강하다고 판단할 수 있다. IADL과 ADL의 기능 제한이 있는 비율은 연령이 높아짐에 따라 증가하는 추세를 보이며 특히 85세 이상의 노인의 경우 약 3분의 2가 ADL 또는 IADL의 기능 제한이 있어, 고령의 노인의 경우 장기요양 욕구가 급격히 증가하는 것을 볼 수 있다. 한편 성별로 나누어 보면 여성이 평균적으로 ADL과 IADL 모두 높게 나타나는데 이는 여성의 만성질환 유병률이 높고, 여성의 평균수명이 남성보다 높아 연령에 기인하여 나타나는 것으로 이해할 수 있다.

<표 6-1> 노인(65세 이상)의 성별·연령별 일상생활 수행능력 (단위: %, 명)

특 성	기능제한 없음	IADL만 제한	ADL도 제한	계(명)
전체	74.7	16.6	8.7	100.0(10,299)
성별				
남성	83.6	10.4	6.1	100.0 (4,375)
여성	68.1	21.2	10.7	100.0 (5,924)
연령				
65~69세	89.4	7.6	3.0	100.0 (3,332)
70~74세	83.1	12.1	4.8	100.0 (2,560)
75~79세	70.8	20.3	8.9	100.0 (2,176)
80~84세	56.1	29.2	14.7	100.0 (1,356)
85세 이상	32.6	35.4	32.0	100.0 (875)
2014년도	81.8	11.3	6.9	100.0 (10,451)

주 : 1) 전체응답자(대리응답자 포함) 10,299명을 대상으로 함
2) 동 항목에는 IADL에는 제한이 없고 ADL만 제한이 있는 사람 79명이 포함되었으며 이들은 조사기간 내(조사표 문항상 조사 시점 기준 지난 일주일) 일시적으로 제한이 있는 사람임

출처 : 정경희·오영희·강은나·김경래·이윤경·오미애·황남희·김세진·이선희·이석구·홍송이(2017). 2017년도 노인실태조사. 세종 : 보건복지부, 한국보건사회연구원, p. 378 <표 9-10> 재구성.

장기요양 욕구를 가지는 노인들은 심장병, 암, 당뇨 등 만성질환도 함께 가지고 있는 양상을 보인다. 이러한 질환들은 장기간 지속되며, 피로나 허약함, 기능손상 등을 함께 동반하므로 장기요양 서비스가 필요하게 된다. 예를 들어, 관절염과 같은 만성질환들은 이동성의 제한을 가져와 일상생활의 지원을 필요로 하게 되고, 백내장, 녹내장과 같은 시각 관련 질환들, 난청과 같은 청각 질환 역시 일상생활에서의 지원을 필요로 하게 만든다. 2017년 노인실태조사(정경희 외, 2017)에 따르면 65세 이상 노인의 만성질병 유병

률을 살펴보면, 고혈압(59.0%), 골관절염 또는 류머티즘 관절염(33.1%), 고지혈증(29.5%), 요통, 좌골신경통(24.1%), 당뇨병(23.2%), 골다공증(13.0%), 백내장 및 녹내장(9.5%), 위·십이지장궤양(9.1%) 순으로 나타났다. 일상생활에서 시력의 불편함을 느끼는 65세 이상의 노인의 비율도 33.9%으로 3분의 1을 차지하며, 청력 저하로 일상생활을 불편함을 느끼는 노인도 17.8%에 이른다. 65세 이상의 노인들이 겪게 되는 일부 질병들은 사망으로 바로 연결되기도 하지만, 많은 만성질환들은 생명에 치명적이지 않으면서 장기간의 장애나 기능제한으로 이어져 장기요양에 대한 욕구가 증가되기도 한다.

3. 노인장기요양보험제도의 내용

1) 도입배경

우리나라는 유래 없는 빠른 고령사회로의 진입을 겪으면서 노인인구가 크게 증가하고 있는 한편, 출산율 감소 등의 인구학적 변화로 장기요양 서비스를 필요로 하는 대상자가 빠르게 증가해 왔다. 또한, 핵가족화, 전통적으로 노인수발의 역할을 맡았던 여성의 노동 참여 증가, 가족의 해체, 가족의 역할에 대한 인식 변화 등으로 노인에 대한 가족 부양기능이 현저히 약화되면서 장기요양에 대한 사회적 책임과 부담 역시 급격히 증가하는 추세이다(이광재, 2012). 장기요양의 사회적 책임에 대한 요구가 증가함에도 불구하고 이에 대한 제도가 부재할 때, 기존의 건강보장제도와 공공부조제도가 본래 목적과 달리 장기요양에 대한 재정부담을 떠안게 되는 비효율성도 나타나게 된다(권순만·박건희, 2006). 예를 들어, 장기요양서비스가 필요한 상황임에도 불구하고 돌봄제공자가 없어 급성기 질병을 치료하기 위한 의료기관에 조기 혹은 지속적 입원을 한다든지, 과도한 의료비 지출로 공공부조 대상자가 증가하는 것과 같은 현상이 나타나 정부의 재정을 압박하기도 한다.

이러한 문제에 대응하기 위해 2000년 1월 보건복지부 내 '노인장기요양보호 정책기획단'이 설치되어 당해 10월 '노인장기요양보호정책안'에 관한 공청회를 개최한 후 12월에 '노인장기요양보호의 종합대책 수립방안연구'라는 보고서를 발간하게 된다. 이를 바탕으로 정책수립을 위한 장기요양 욕구파악을 위한 전국적인 규모의 실태조사를 실행하게 된다(윤희숙 외, 2010).

2003년 참여정부가 수립되며 보건복지부 내 '공적노인요양보장추진기획단'이 중심이 되어 장기요양보장정책은 구체화단계에 접어들었다. 2004년 2월에 이르러 장기요양보험제도의 기본골격－재정, 관리운영주체, 대상자, 시설인력방안－이 수립되어 기획단으로부터 보건복지부장관에게 보고되었다. 보다 구체적인 제도의 시행방안을 검토하기 위해 '공적노인요양보장제도실행위원회'를 구성하고, 관계공무원, 학계전문가, 의료보험자단체, 노인단체 등이 참여하였다. 실행위원회에서는 자체 회의, 보건복지부와의 정책토론회, 공청회 등을 개최하여 보고된 안에 따라 시범사업 모형 및 법률안을 마련하였다. 이후 2005년 7월부터 2008년 6월 말까지 3차에 걸쳐 시범사업을 시행하였으며 시범사업을 통해 등급판정체계, 급여 및 수가체계, 제도운영에 대한 사항들을 점검 및 평가하여 제도 시행을 준비하였다. 시범사업을 통해 현실적합성을 검증하면서 동시에 장기요양보험제도의 법적 근거를 마련하기 위한 노력들도 이루어졌다. 정부는 실행위원회의 활동 결과를 토대로 법안시안을 마련하였고, 2006년 2월 16일에 노인수발보험법안을 국회에 제출하게 되었다. 이를 계기로 각 당의 국회의원들이 의원입법으로 대표발의한 법안을 국회에 제출하였고, 보건복지위원회에서 공청회와 간담회 등을 거쳐 법안 명칭을 바꾼 후 2007년 2월에 '노인장기요양보험법'으로 2007년 4월 2일 국회 본회의를 통과하여 4월 27일에 공포되었다(이광재, 2012).

2008년 7월부터 노인장기요양보험제도가 시행되어 부험료 부과 및 급여제공이 개시되었으며, 2009년 7월부터 본인부담 경감 대상자를 확대하고 2011년 6월부터 치매중증도가 낮아도 문제행동이 빈발하여 가족 수발부담이 큰 경증치매 노인 등도 장기요양서비스를 이용할 수 있도록 별도의 점수척도를 적용하였다. 2012년 '2013~2017 제1차 장기요양 기본 계획'에 따라

2013년 7월 장기요양 3등급 인정기준을 완화하여 적용대상자를 확대하였고, 2014년에는 그동안 3등급으로 운영되던 등급체계를 5등급으로 확대하여 개편하였다. 2016년 9월부터 치매노인(장기요양 1, 2급 수급자)을 돌보는 가족이 일시적으로 돌보기 어려운 경우, 요양보호사가 가정을 방문하여 24시간 돌봄서비스를 제공하는 서비스를 개시하였다. 2018년 1월에는 인지등급을 신설하여 신체적 기능상태와 관계없이 치매질환을 앓고 있는 노인들도 장기요양서비스 대상자가 될 수 있도록 하였다. 2018년 2월에는 '2018~2022 제2차 장기요양 기본 계획'에 따라 8월에는 장기요양 본인일부담금 강경대상자를 확대하여 저소득계층 수급자의 경제적 부담을 완화할 수 있도록 하였다(국민건강보험공단, 2019).

2) 특 징

우리나라 노인장기요양보험제도는 건강보험제도와는 별도로 도입·운영되고 있어 노인에 대한 요양필요성에 적합하게 새로운 제도 도입이나 확대에 유리한 측면이 있다. 건강보험과 별도로 운영되고 있으나 관리 및 운영은 기존의 국민건강보험공단이 보험자이자 관리운영기관으로 설정되어 있어 운영의 효율성을 높였다. 국민건강보험이 치매·중풍 등 질환의 진단, 입원 및 외래치료, 재활치료를 목적으로 주로 병·의원 및 약국에서 제공하는 서비스를 급여대상으로 한다면, 노인장기요양보험제도는 노인을 주 대상으로 하며, 서비스의 내용이 목욕, 간병 등의 신체활동 지원과 가사지원의 비의료적인 서비스에 중점을 두는 차이점이 있다. 또한 노인장기요양보험제도는 기존의 노인복지법에 의거하여 저소득층 노인을 대상으로 한정적으로 제공되었던 노인복지서비스와도 서비스이용자의 기여금과 선택권을 존중하는 사회보험 방식이라는 점에서 차이를 보인다(표 6-2).

<표 6-2> 기존의 노인복지서비스와 노인장기요양보험의 차이점

구 분	노인장기요양보험제도	기존 노인복지서비스체계
관련 법	노인장기요양보험법	노인복지법
서비스 대상	• 보편적 제도 • 장기요양이 필요한 65세 이상 노인 및 치매 등 노인성 질병을 가진 65세 미만자	• 특정 대상 한정(선택적) • 국민기초생활보장 수급자를 포함한 저소득층 위주
서비스 선택	• 수급자 및 부양가족의 선택에 의한 서비스 제공	• 지방자치단체장의 판단(공급자 위주)
재 원	• 장기요양보험료 + 국가 및 지방자치단체 부담 + 이용자 본인부담	• 정부 및 지방자치단체의 부담

출처 : 국민건강보험공단(2019).

3) 제도 운영

노인장기요양보험제도 운영과 관련하여 크게 보건복지부, 지방자체단체, 국민건강보험공단이 관여하게 된다. 먼저, 노인장기요양보험제도의 운영·관리에 대한 총괄적 책임과 권한을 보건복지부장관이 가지며, 보건복지부장관 소속으로 장기요양위원회를 두도록 규정하고 있다. 장기요양위원회(노인장기요양보험법 제45조)는 보건복지부장관 소속 심의기구로서 장기요양보험료율, 가족요양비, 특례요양비, 요양병원간병비의 지급기준, 재가 및 시설급여 비용 등을 심의한다. 위원회 구성은 위원장 1인, 부위원장 1인을 포함한 16인 이상 22인 이하의 위원으로 구성되며, 위원은 적용대상자 대표(근로자단체, 사용자단체, 시민단체, 노인단체, 농어업인단체, 자영자단체), 장기요양시설 등의 대표(장기요양시설 또는 의료계), 공익대표(학계/ 연구계, 고위공무원단 소속 공무원, 공단 추천자)가 포함된다.

두 번째로 관리운영기관으로서 국민건강보험공단(노인장기요양보험법 제48조)이 있다. 국민건강보험공단의 역할은 다음과 같다. ① 장기요양보험가입자 및 그 피부양자와 의료급여수급권자의 자격관리, ② 장기요양보험료의 부과·징수, ③ 신청인에 대한 조사, ④ 등급판정위원회의 운영 및 장기요양

등급 판정, ⑤ 장기요양인정서의 작성 및 표준장기요양이용계획서의 제공, ⑥ 장기요양급여의 관리 및 평가, ⑦ 수급자 및 그 가족에 대한 정보제공·안내·상담 등 장기요양급여 관련 이용지원에 관한 사항, ⑧ 재가 및 시설 급여비용의 심사 및 지급과 특별현금급여의 지급, ⑨ 장기요양급여 제공내용 확인, ⑩ 장기요양사업에 관한 조사·연구 및 홍보, ⑪ 노인성질환예방사업, ⑫ 이 법에 따른 부당이득금의 부과·징수 등, ⑬ 장기요양급여의 제공기준을 개발하고 장기요양 급여 비용의 적정성을 검토하기 위한 장기요양기관의 설치 및 운영, ⑭ 그 밖에 장기요양사업과 관련하여 보건복지부장관이 위탁한 업무.

마지막으로, 지방자치단체는 장기요양기관 인프라 구축에 대한 책임 및 지도·감독, 지역단위 세부실행계획의 수립, 의료급여수급권자의 요양급여비용, 의사소견서 발급비용, 방문간호지시서 발급비용과 관리운영비의 전액을 부담하여야 한다. 또한 노인성질환 예방사업실시, 장기요양등급판정위원회 위원 위촉, 장기요양기관의 지정 및 취소 등을 수행하게 된다.

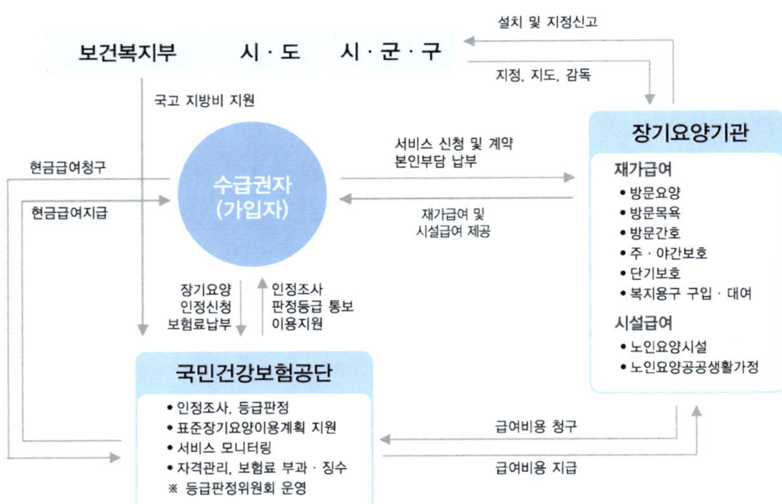

|그림 6-1| **노인장기요양보험 관리·운영체계**

출처 : 국민건강보험공단(2019).

4) 적용대상

노인장기요양보험제도의 적용대상은 전 국민으로 국민건강보험 직장 및 지역 가입자, 의료급여 대상자, 그리고 법률에서 규정하는 국내거주 외국인 및 재외 국민이 해당된다. 장기요양보험료 납부자는 국민건강보험료 납부자와 동일하나 장기요양서비스 이용자는 연령조건과 가입자격을 갖추어야 한다. 요양급여인정을 신청할 수 있는 자는 장기요양보험 가입자 및 그 피부양자, 의료급여 수급권자이며, 서비스이용자는 65세 이상 또는 65세 미만으로 치매, 뇌혈관성 질환, 파킨슨병 등 노인성 질병으로 6개월 이상 혼자서 일상생활을 수행하기 어려운 자이다.

5) 장기요양 인정 및 이용절차

(1) 장기요양인정 신청 및 방문조사

장기요양급여를 받기 위해서는 본인 또는 대리인[1])이 노인장기요양보험 운영센터에 장기요양인정신청서와 의사소견서를 제출하여야 한다. 국민건강보험공단은 장기요양인정신청서를 접수한 이후 소속 직원(간호사, 사회복지사, 물리치료사 등)이 서비스이용자의 거주지를 직접 방문하여 '장기요양인정조사표'에 따라 기본적 일상생활활동(ADL), 수단적 일상생활활동(IADL), 인지기능, 행동변화, 간호처치, 재활영역 각 항목에 대해 기능상태, 질병, 증상, 환경상태, 서비스 욕구 등 12개 영역 90개 항목을 종합적으로 조사하여 신청인의 요양욕구를 파악하고, 이 중 5개 영역 52항목을 이용하여 요양인정점수를 산정하고 있다(표 6-3). 방문조사 후 등급판정을 위한 흐름도는 |그림 6-2|에 제시된 바와 같다. 장기요양인정신청서와 의사소견서를 함께 신청하도록 한 것은 인정조사 결과에 의학적 관점을 반영하여 장기요양서비스와 의료서비스 연계가 원활히 이루어질 수 있도록 하고, 65세 미만일 경우 노인성 질병 여부와 건강보험이 적용되는 급성기 상태 여부를 판단하

---

1) 가족, 친족 또는 이해관계인, 사회복지전담공무원, 치매안심센터의 장(신청인이 치매환자인 경우), 시장·군수·구청장이 지정하는 자를 포함한다.

는 근거가 되며, 이후 방문간호 등의 장기요양서비스 양을 결정하는 데 참고자료로 활용하기 위함이다.

<표 6-3> 요양욕구 5개 영역 요양인정 52개 조사항목[장기요양 등급판정기준에 관한 고시(보건복지부 고시 제2018-146호)]

영 역	항 목		
신체기능 (기본적 일상생활 기능) (12항목)	• 옷 벗고 입기 • 식사하기 • 일어나 앉기 • 화장실 사용하기	• 세수하기 • 목욕하기 • 옮겨 앉기 • 대변 조절하기	• 양치질하기 • 체위 변경하기 • 방 밖으로 나오기 • 소변 조절하기
인지기능 (7항목)	• 단기 기억장애 • 날짜불인지 • 장소불인지 • 나이·생년월일 불인지	• 지시불인지 • 상황 판단력 감퇴 • 의사소통·전달 장애	
행동변화 (14항목)	• 망상 • 환각, 환청 • 슬픈 상태, 울기도 함 • 불규칙수면, 주야혼돈 • 도움에 저항	• 서성거림, 안절부절못함 • 길을 잃음 • 폭언, 위협행동 • 밖으로 나가려 함 • 의미없거나 부적절한 행동	• 물건 망가트리기 • 돈/ 물건 감추기 • 부적절한 옷 입기 • 대/ 소변 불결행위
간호처치 (9항목)	• 기관지 절개관 간호 • 흡인 • 산소요법	• 경관 영양 • 욕창 간호 • 암성통증 간호	• 도뇨 관리 • 장루 간호 • 투석 간호
재활 (10항목)	• 운동장애(4항목) – 우측상지 – 우측하지 – 좌측상지 – 좌측하지	• 관절제한(6항목) – 어깨관절 – 엉덩관절 – 팔꿈치관절	– 무릎관절 – 손목 및 수지관절 – 발목관절

출처 : 국민건강보험공단(2019).

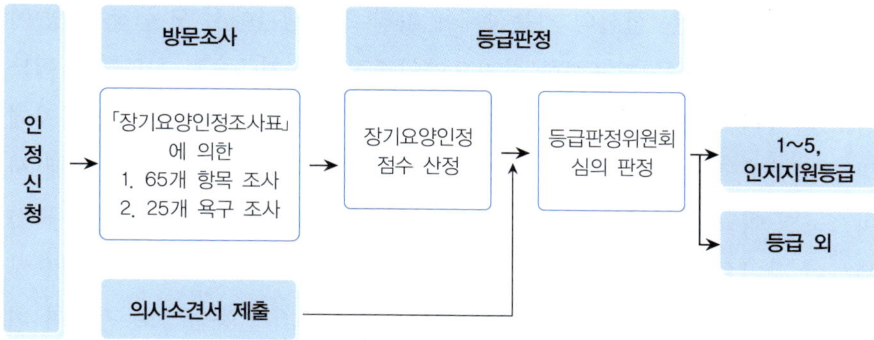

|그림 6-2| 장기요양서비스 등급판정 절차

(2) 장기요양인정 및 장기요양등급 판정

장기요양등급판정위원회는 시·군·구 지역단위별로 설치하고, 15인 이내의 의료인, 사회복지사, 시·군·구 소속 공무원, 법학 또는 장기요양에 관한 학식과 경험이 풍부한 자로 구성한다. 등급판정위원회는 방문조사 결과, 의사소견서, 특기사항을 기초로 신청인의 기능상태 및 장기요양이 필요한 정도 등을 등급판정 기준에 따라 심의하고 판정한다(그림 6–3). 장기요양인정 신청이 접수된 날로부터 30일 이내에 등급판정이 이루어져야 한다.

심의판정자료	요양필요상태 심의	등급판정 기준	등급판정 기준
• 인정조사결과 • 의사소견서 • 특기사항	• 일상생활자립도 • 등급별 상태상 등	• 1등급 : 95점 이상 • 2등급 : 75점 이상 95점 미만 • 3등급 : 60점 이상 75점 미만 • 4등급 : 51점 이상 60점 미만 • 5등급 : 45점 이상 51점 미만 & 치매 인지지원등급 : 45점 미만 & 치매	• 인정 유효기간 변경 • 급여이용에 대한 의견 제시 등

|그림 6-3| 등급판정위원회의 심의·판정

현행 등급판정은 '심신의 기능상태에 따라 일상생활에서 도움(장기요양)이 얼마나 필요한가?'를 지표화한 장기요양인정점수를 기준으로 한다. 즉, 어느 정도 타인의 도움 없이 자립 가능한지와 어느 정도의 운동장애가 있는지에 대해 조사하고, 이를 바탕으로 영역별 100점 환산점수로 산정한 뒤, 8개 서비스군별 어느 정도의 서비스를 필요로 할 것인지 예측하는 통계기법을 적용하여 장기요양인정점수를 산정한 후 합을 구하게 된다. 이러한 장기요양인정점수를 기준으로 다음 <표 6-4>에 제시된 6개 등급으로 판정이 이루어진다.

<표 6-4> 장기요양등급

요양등급	심신의 기능상태
1등급	심신의 기능상태 장애로 일상생활에서 전적으로 다른 사람의 도움이 필요한 자로서 장기요양인정점수가 95점 이상인 자
2등급	심신의 기능상태 장애로 일상생활에서 상당 부분 다른 사람의 도움이 필요한 자로서 장기요양인정점수가 75점 이상 95점 미만인 자
3등급	심신의 기능상태 장애로 일상생활에서 부분적으로 다른 사람의 도움이 필요한 자로서 장기요양인정점수가 60점 이상 75점 미만인 자
4등급	심신의 기능상태 장애로 일상생활에서 일정 부분 다른 사람의 도움이 필요한 자로서 장기요양인정점수가 51점 이상 60점 미만인 자
5등급	치매환자로서(노인장기요양보험법 시행령 제2조에 따른 노인성 질병으로 한정) 장기요양인정점수가 45점 이상 51점 미만인 자
인지지원등급	치매환자로서(노인장기요양보험법 시행령 제2조에 따른 노인성 질병으로 한정) 장기요양인정 점수가 45점 미만인 자

(3) 장기요양인정서 및 표준장기요양이용계획서 송부와 계약

건강보험공단은 등급판정위원회가 장기요양인정 및 등급판정의 심의를 완료한 경우 지체 없이 장기요양등급, 급여의 종류와 내용, 장기요양인정 유효기간 등이 포함된 장기요양인정서를 작성하여 수급자에게 송부하여야 한다. 장기요양인정의 유효기간은 최소 1년이며 갱신 신청을 통해 직전 등급과 같은 등급으로 판정된 경우 유효기간이 등급에 따라 차등 연장된다. 유효기간 이후 장기요양급여를 계속하여 받고자 하는 경우 유효기간이 만

료되기 전 90일 전부터 30일 전까지 공단에 장기요양인정의 갱신을 신청하도록 한다. 장기요양등급을 판정받아 장기요양인정서를 받은 자는 장기요양인정서를 수신한 날부터 장기요양급여를 받을 수 있도록 보장되며(노인장기요양보험법 제27조), 장기요양서비스를 제공하는 기관을 선정하여 요양기관과 계약을 맺고 장기요양급여를 제공받는다.

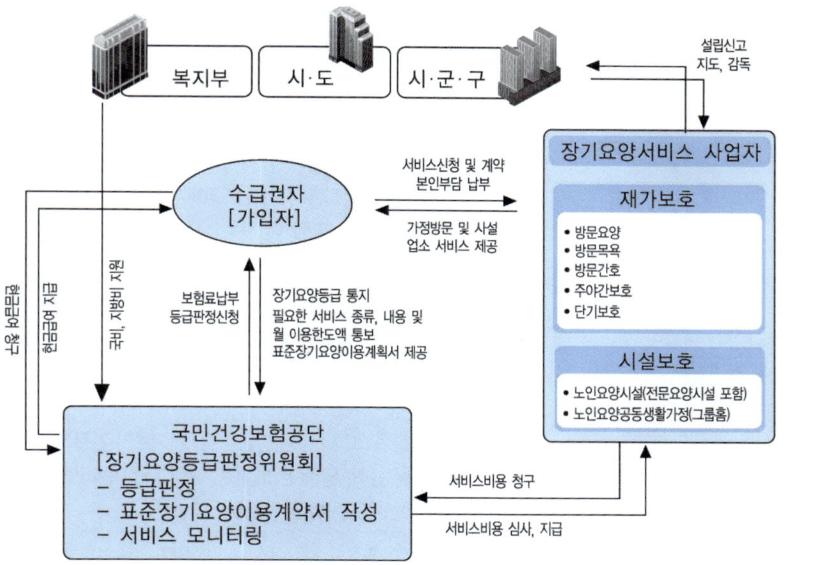

|그림 6-4| **노인장기요양보험제도 수급절차**

출처 : 보건복지부(2019a).

6) 급여의 종류와 내용

장기요양급여는 수급자에게 신체활동 및 가사활동의 지원 또는 간병 등의 서비스나 이에 갈음하여 지급하는 현금서비스를 일컫는다. 노인장기요양보험법에 따라 장기요양급여는 재가급여, 시설급여, 특별현금급여로 분류한다(표 6-5). 기본적으로 현물급여를 원칙으로 하되, 수급자의 상황에 따라 현금급여를 보완적으로 제공하고 있다.

<표 6-5> 노인장기요양급여 종류 및 내용

종류			내용
현물급여	재가급여	방문요양	• 장기요양요원이 수급자의 가정 등을 방문하여 신체활동 및 가사활동 등을 지원하는 장기요양급여 • 신체활동 지원 : 개인위생, 몸 씻기 도움, 식사 도움, 체위 변경, 이동 도움, 화장실 이용하기 • 가사 및 일상생활 지원 : 식사 준비, 청소 및 주변 정리, 세탁 등, 개인활동 지원 • 정서지원 : 말벗, 격려, 의사소통 도움 • 인지관리 지원 : 인지행동변화 관리 등 • 인지활동 지원(인지활동형 방문요양) : 인지자극 활동, 일상생활 함께 하기
		방문목욕	• 장기요양요원이 목욕설비를 갖춘 장비를 이용하여 수급자의 가정 등을 방문하여 목욕을 제공하는 장기요양급여 • 유형 : 차량 이용 또는 가정 내 목욕 • 제공방법 : 전신입욕, 침상, 목욕의자
		방문간호	• 장기요양요원인 간호사 등이 의사, 한의사 또는 치과의사의 지시서(이하 "방문간호지시서"라 한다)에 따라 수급자의 가정 등을 방문하여 간호, 진료의 보조, 요양에 관한 상담 또는 구강위생 등을 제공하는 장기요양급여 • 건강관리 : 관절 오그라듦 예방, 투약 관리, 기초건강 관리, 인지훈련 • 간호관리 : 욕창 관리, 영양 관리, 통증 관리, 배설 관리, 당뇨발 관리 등, 호흡기간호, 투석간호, 구강간호
		주·야간보호	• 수급자를 하루 중 일정한 시간 동안 장기요양기관에 보호하여 신체활동 지원 및 심신기능의 유지·향상을 위한 교육·훈련 등을 제공하는 장기요양급여 • 신체활동지원, 인지관리 및 의사소통, 건강 및 간호 관리, 기능회복훈련
		단기보호	• 수급자를 일정 기간 동안(1회 9일 이내 연간 4회) 장기요양기관에 보호하여 신체활동 지원 및 심신기능의 유지·향상을 위한 교육·훈련 등을 제공하는 장기요양급여 • 신체활동지원, 인지관리 및 의사소통, 건강 및 간호관리, 기능회복 훈련
		기타 재가급여(복지용구)	• 수급자의 일상생활·신체활동 지원에 필요한 용구를 제공하거나 가정을 방문하여 재활에 관한 지원 등을 제공하는 장기요양급여
	시설급여		• 장기요양기관에 장기간 입소한 수급자에게 신체활동 지원 및 심신기능의 유지·향상을 위한 교육·훈련 등을 제공하는 장기요양급여 • 신체활동지원, 인지관리 및 의사소통, 건강 및 간호관리, 기능회복 훈련

현금급여	특별현금급여	가족요양비	• 국민건강보험공단은 다음의 어느 하나에 해당하는 수급자가 가족 등으로부터 방문요양에 상당한 장기요양급여를 받은 경우 해당 수급자에게 가족요양비를 지급할 수 있음 ① 도서·벽지 등 장기요양기관이 현저히 부족한 지역으로 장관이 정하여 고시하는 지역에 거주하는 자 ② 천재지변이나 그 밖에 이와 유사한 사유로 인하여 장기요양기관이 제공하는 장기요양급여를 이용하기가 어렵다고 장관이 인정한 자 ③ 신체·정신·성격 등의 대통령령으로 정하는 사유로 가족 등으로부터 장기요양을 받아야 하는 자
		특례요양비	• 수급자가 장기요양기관이 아닌 노인요양시설 등의 기관 또는 시설에서 재가급여 또는 시설급여에 상당한 장기요양급여를 받은 경우 대통령령이 정하는 기준에 따라 당해 장기요양급여비용의 일부를 당해 수급자에게 지급
		요양병원간병비	•수급자가 요양병원에 입원한 때 장기요양에 사용되는 비용의 일부를 요양병원간병비로 지급할 수 있음

주 : 각 급여의 구체적 지원내용은 노인장기요양보험법 시행규칙에 의거하여 제시함
출처 : 법제처(2019). 노인장기요양보험법.

7) 장기요양기관

장기요양기관이란 재가급여 또는 시설급여를 제공하는 기간을 말하며, 장기요양을 운영하려는 자는 소재지를 관할 구역으로 하는 특별자치시장·특별자치도지사·시장·군수·구청장으로부터 지정을 받아야 하며, 장기요양에 필요한 시설 및 인력을 갖추어야 한다.

먼저, 시설급여를 제공하는 장기요양기관은 노인복지법상 노인의료복지시설로 분류되는 노인요양시설 및 노인요양공동생활가정이 있다. 노인요양시설이란 입소 정원이 10인 이상으로서, 치매·중풍 등 노인성 질환 등으로 심신에 상당한 장애가 발생하여 도움을 필요로 하는 노인을 입소시켜 급식·요양과 그 밖에 일상생활에 필요한 편의를 제공함을 목적으로 하는 시설을 말하고, 노인요양공동생활가정이란 5인에서 9인 이하의 입소정원을 가지고 있으며, 치매·중풍 등 노인성 질환 등으로 심신에 상당한 장애가 발생하여 도움을 필요로 하는 노인에게 가정과 같은 주거여건과 급식·요양, 그

밖에 일상생활에 필요한 편의를 제공·중풍 등 노인성 질환 등으로 심신에 상당한 장애가 발생하여 도움을 필요로 하는 노인에게 가정과 같은 주거여건과 급식·요양, 그 밖에 일상생활에 필요한 편의를 제공함을 설치 목적으로 하고 있다.

다음으로 재가급여를 제공하는 기관은 신규로 재가장기요양기관 설치신고를 하거나 또는 기존 재가노인복지시설 중 장기요양기관 지정 신청을 하여 재가급여 제공기관으로 포함된다. 재가노인복지시설은 방문요양, 방문목욕, 방문간호, 주야간보호 및 단기보호 서비스 중 어느 하나 이상의 서비스를 제공하는 것을 목적으로 하며, 그 목적에 따라 방문요양시설, 방문목욕시설, 방문간호시설, 주야간보호시설, 단기보호시설로 구별된다.

8) 급여기준 및 수가

재가 및 시설 급여비용은 급여종류 및 장기요양등급 등에 따라 노인장기요양보험법 제45조에 따른 장기요양위원회의 심의를 거쳐 보건복지부 장관이 정하여 고시한다. 장기요양급여 수가는 서비스 종류와 내용, 제공된 시간 등이 반영되고, 요양등급에 따라 월 한도액 범위 내에서 급여액이 산정된다. 2019년 1월 기준 1등급 노인의 재가급여 월 한도액은 1,456,400원이고, 등급에 따른 재가급여 및 시설급여의 수가기준액은 아래 <표 6−6>에 제시된 바와 같다.

<표 6-6> 장기요양급여의 월 한도액

분 류		1등급	2등급	3등급	4등급	5등급	인지지원등급
재가급여		1,456,400원	1,294,600원	1,240,700원	1,142,400원	980,800원	551,800원
시설급여*	노인요양시설	69,150원	64,170원	50,770원	–	–	
	노인요양 공동생활가정	60,590원	56,220원	51,820원			

치매 전담 시설 급여	노인요양시설 내 치매전담실		• 가형 : 79,140원 • 나형 : 71,220원	• 가형 : 72,970원 • 나형 : 65,670원	
	치매전담형 노인요양 공동생활가정		69,690원	64,260원	

주 : 재가급여는 방문요양, 방문목욕, 방문간호, 주·야간보호, 단기보호 급여를 이용하는 경우에 적용함. 4등급, 5등급의 수급자가 시설급여를 이용하는 경우 3등급의 급여비용을 산정함. 시설급여는 1일당 비용임

출처 : 보건복지부(2019). 장기요양급여 제공기준 및 급여비용 산정방법 등에 관한 고시(보건복지부 요양보험제도과, 2019. 1. 1. 기준); 국민건강보험공단(2019).

9) 장기요양요원

장기요양요원이란 재가시설 및 입소시설에 근무하면서 장기요양수급자에게 장기요양급여를 제공하는 사람으로서 요양보호사, 간호사, 간호조무사 및 치과위생사 등 직접적 서비스 제공인력을 말한다. 장기요양급여종류별로 장기요양요원을 규정하고 있으며, 방문요양과 방문목욕에 관한 재가급여 업무를 하는 요양보호사, 방문간호의 재가급여업무를 하는 간호사 또는 간호조무사, 치과위생사가 있다. 2018년 기준 장기요양기관의 전문인력현황을 살펴보면 전체 인력 중 요양보호사는 전체 전문인력의 90%를 차지하며 이에 이어 사회복지사, 간호조무사 순으로 나타났다(국민건강보험공단, 2019).

정부는 요양보호사 전문인력 양성을 위하여 2007년 노인복지법을 개정하면서 요양보호사 1급과 2급을 구분하여 국가자격증 제도를 도입하였으나 요양보호사 교육기관의 난립과 교육 및 실습 과정의 부실화 등의 문제가 대두되면서 2010년 4월부터 요양보호사 1급 단일등급으로 통합하여 자격시험제도를 도입하고, 교육기관 운영을 신고제에서 지정제로 변경하였다. 요양보호사 1급 교육훈련은 신규자의 경우 이론, 실기, 실습을 각 80시간씩 총 240시간을 이수해야 하는데, 국가자격(면허)증 소지자인 간호사는 40시간을, 사회복지사와 간호조무사, 물리치료사, 작업치료사는 50시간의 교육을 받으면 자격취득이 가능하다(보건복지부, 2019b).

방문간호 장기요양요원은 2년 이상의 간호경력이 있는 간호사이거나 또는 3년 이상의 간호보조업무경력이 있고 보건복지부장관이 지정하는 교육기관에서 소정의 교육을 이수한 간호조무사 그리고 치과위생업무의 경우 치과위생사로 규정하고 있다. 간호조무사의 경우 이론 340시간, 실습 340시간으로 총 700시간 교육을 이수해야 한다.

2015년 12월 기준 요양보호사 자격증 소지자는 약 129만 명으로 이 중 30여만 명이 취업을 하고 있어 취업률은 20%에 머물고 있다(이용갑 외, 2015). 요양보호사의 현황을 살펴보면 성별, 연령별 편중을 확인할 수 있다. 요양보호사 중 남성이 차지하는 비율은 전체의 5%에 불과하며 재가와 시설 모두 여성이 대다수를 구성하고 있다(국민건강보험공단, 2018). 또한 2015년 기준 요양보호사 연령은 재가 및 시설 모두 50대가 가장 높은 비중을 차지하고 있었으며(재가 43.0%, 시설 52.7%), 그 다음이 60대(재가 35.0%, 시설 30.8%)가 차지하였다. 40대 이하는 10%대(재가 15.8% 시설 14.9%)에 그쳤으며, 70세 이상도 소수 차지하였다(재가 6.2%, 시설 1.6%).

10) 재 정

노인장기요양보험에 소요되는 재원은 장기요양보험료와 국가 및 지방자치단체의 부담 그리고 장기요양급여 이용자가 부담하는 본인일부부담금으로 운영된다.

(1) 장기요양보험료

장기요양보험 가입자는 건강보험 가입자와 동일하며, 장기요양보험료는 건강보험료에 장기요양보험료율을 곱하여(2019년도 보험료율은 8.51%임) 부과 징수한다. 따라서 장기요양보험율이 동결되더라도 건강보험료율이 인상되면 보수월액 기준 장기요양보험료는 동반 인상된다. 장기요양보험 가입가가 지역가입자인 경우 100% 본인이 부담하지만, 직장가입자인 경우 그 사용자와 국가·지방자치단체·사립학교가 일정 비율을 부담한다. 근로자인 직장가입자와 그 사용자는 각 50%씩 분담하고, 공무원·국공립 교직원인 직장가입자는 소속 국가·지방자치단체·사립학교가 각각 50%씩 분담한다(사립학교의 경우 당해 학교가 30%, 국가가 20% 분담).

(2) 국가의 부담

노인장기요양보험법 제58조에 의거하여 국가는 매년 예산의 범위 안에서 당해 연도 장기요양보험료 예상 수입액의 100분의 20에 상당하는 금액을 공단에 지원한다. 국가와 지방자치단체는 의료급여수급권자에 대한 장기요양급여비용, 의사소견서 발급 비용, 방문간호지시서 발급비용 중 공단이 부담해야 할 비용 및 관리운영비의 전액을 부담한다. 노인장기요양보험료 실제 수입에 대한 국고지원금 비중은 18%대를 유지하고 있으며, 예산안의 규모는 2018년 기준 7,107억 원이었다.

(3) 본인일부부담금

수급대상자가 실제 요양서비스를 받은 시점에서 장기요양기관에 본인일부부담금을 납부한다. 재가급여는 장기요양급여비용의 100분의 15, 시설급여는 100분의 20을 부담(비급여 : 식재료비, 이미용료 등은 본인부담)하되, 국민기초생활보장법에 의한 수급자는 전액 면제되고, 의료급여수급권자, 소득·재산 등 보건복지부 장관이 정하여 고시하는 일정 금액 이하인 자는 본인일부부담금을 일부 경감한다. 건강보험가입자의 경우 보험류 순위 25~50%인 경우 40% 경감하고, 보험료 순위 0~25%이거나 타법 의료급여 수급권자인 경우 60% 경감한다.

11) 노인장기요양 수급자 현황

65세 이상 노인인구는 꾸준히 증가하고 있으며 장기요양보험 신청자 및 인정자 역시 지속적으로 증가해 오고 있는 추세이다. 노인장기요양보험통계연보(국민건강보험공단, 2019)에 따르면 2018년 기준 65세 이상 장기요양 신청자는 1,009천 명이었다. 방문조사 이후 장기요양등급을 인정받은 인원수는 총 670,810명으로 신청자 대비 66.5%였으며, 노인인구 대비 인정률은 8.8%이다. 등급별 분석 결과 1등급 45,111명, 2등급 84,257명, 3등급 211,098명, 4등급 264,681명, 5등급 53,898명, 인지지원등급 11,271명으로 나타나 3, 4등급 판정인원이 가장 많은 비중을 차지하였다.

<표 6-7> 장기요양 신청·인정·이용 현황 (단위 : 명)

구 분	2014	2015	2016	2017	2018
노인인구 (65세 이상)	6,462,740	6,719,244	6,940,396	7,310,835	7,611,770
신청자	736,879	789,024	848,829	923,543	1,009,209
판정자 (등급 내+등급 외)	585,386	630,757	681,006	749,809	831,512
인정자 (판정 대비 인정률)	424,572	467,752	519,850	585,287	670,810
	(72.5%)	(74.2%)	(76.3%)	(78.1%)	(80.7%)
노인인구 대비 인정률	6.6%	7.0%	7.5%	8.0%	8.8%

자료 : 국민건강보험공단(2019).

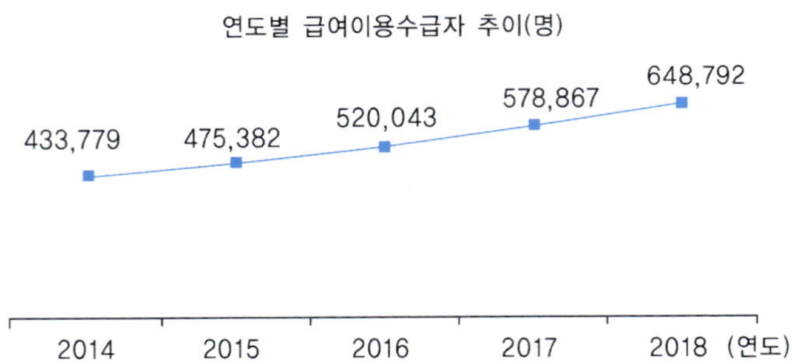

|그림 6-5| **연도별 급여이용수급자 추이**

자료 : 국민건강보험공단(2019).

4. 노인장기요양보험의 성과와 과제

노인장기요양보험은 2008년 도입 당시 장기요양보험제도에 대한 사회적 합의 부족과 상대적으로 짧은 시행 준비 기간으로 인해 제도 시행 초기에는 우려도 존재하였으나 안정적인 제도운영을 해오면서 지속적인 성장과 발전을 이어가고 있다.

노인장기요양보험제도의 성과는 무엇보다도 장기요양수급자의 증가라고 할 수 있다. 도입 초기 재정상의 이유로 보편적 복지제도인 보험이라는 형태를 가지고도 실제 수급은 중증의 일부 노인에게만 적용되어 민간·학계 등에서 꾸준히 문제를 제기하였다. 이후 지속적인 등급 확대와 적용기준 완화 등으로 장기요양의 욕구를 가지고 있는 노인들이 서비스를 받을 수 있도록 제도가 보완되었다. 또한 노인장기요양보험을 통해 노인들의 삶의 질 향상 및 가족들의 부양 부담 완화에 기여하였다. 장기요양 서비스를 이용한 노인들의 기능유지 측면이나 서비스에 대한 만족도 측면에서 긍정적인 결과가 보고되었으며(박노욱 외, 2011), 장기요양 이용자의 동일등급 유지기간이 3~4년 정도로 기능상태가 유지된 것으로 나타났다(선우덕 외, 2016). 그리고 돌봄을 제공하는 가족들 역시 부양 부담의 감소, 돌봄 제공 시간의 감소, 사회참여 증가와 같은 긍정적인 결과를 보고하였다(박노욱 외, 2011; 이승호·변금선·신유미, 2016; 이홍자, 2012). 마지막으로 노인장기요양보험제도의 도입으로 요양보호사 등 장기요양서비스 제공 관련 일자리들의 증가 및 의료비 감소 등과 같은 경제적 효과가 있었다(박노욱 외, 2011).

그러나 노인장기요양보험제도가 앞으로 개선해야 할 과제들도 존재한다. 첫째, 노인장기요양 대상자의 적용 범위 확대가 필요하다. 공적인 장기요양 서비스의 필요성은 단지 노인에게 국한된 것은 아니다. 노인뿐만 아니라 65세 이전이라 할지라도 장애, 만성 질환 등으로 장기요양 서비스가 필요한 집단이 존재함에도 불구하고 현재 장기요양보험은 노인에 국한되어 서비스를 제공하고 있다. 이로 인해 65세 이상의 고령장애인의 경우 장애인활동지원제도를 이용하다 노인장기요양보험제도로 전환할 경우 이용자격 기준 탈락이나 급여량의 감소로 어려움을 겪고 있다(박혜미, 2015). 또한 장애인활동지원제도를 계속 이용할 경우 신체수발과 가사지원에 초점을 맞추고 있어 의료 등이 통합된 요양서비스 제공에 있어서는 한계가 있다. 따라서 장기요양욕구를 중심으로 통합적인 정책 마련이 필요하다(선우덕 외, 2016).

둘째, 통합적이고 포괄적인 서비스 제공체계를 구축해야 한다. 현재 장기요양 등급인정–서비스 계획–평가 간 연계 시 등급인정을 위한 사정(assessment)의 내용으로 개별적인 욕구를 반영할 수 있는 서비스 계획 및 지원이 어려운 상황이다(선우덕 외, 2016). 따라서 서비스 계획과 지원에 있어 개별수급자 노인의 환경과 욕구가 반영될 수 있도록 강화되어야 할 것이다. 그리고 장기요양서비스는 독립적인 생활 유지를 위한 신체수발과 가사지원 서비스가 주를 이루고 있으나 장기요양 욕구를 가진 노인의 경우 만성질환을 가지고 있으므로, 의료적 서비스도 잘 연계되어 제공되어야 한다.

셋째, 장기요양서비스의 질 확보가 이루어져야 한다. 노인장기요양보험제도 도입 후 장기요양서비스 공급을 충족시키기 위해 공급자에 대한 진입장벽을 낮추어 민간영역의 장기요양서비스 공급이 급격한 양적 확대를 보여왔다. 그러나 이러한 급격한 양적 확대 이면에는 노인 장기요양 서비스의 질 유지가 잘 이루어지지 않아 비판의 대상이 되어왔다. 특히 정책 초기 장기요양기관들의 난립 현상으로 시장에서의 공급자 간 경쟁이 심각해졌고, 이러한 환경에서 공급기관들이 이용자 확보 경쟁과 비용손실 보상을 위한 불법적 서비스 비용 과다 청구 등 비윤리적 행위들을 공공연히 하고 있어 결과적으로는 서비스 질을 저하시키게 되었다(석재은, 2017; 이진숙·박진화, 2011). 이를 방지하기 위해 장기요양기관에 대한 평가와 비윤리적 행위에 대한 처벌을 강화하였으나 이에 대한 관리·감독은 여전히 부족하다. 한편 요양보호사의 전문성은 장기요양서비스의 질과도 직접적으로 연관되므로 중요하나, 현재 낮은 임금, 낮은 사회적 인식, 고용 불안 등으로 요양보호사가 전문성을 갖추고, 질 높은 요양서비스를 제공하기 어려운 상황이다(권현정·전현수·고재원, 2018; 오진주·김영선·김선희·고현민, 2019). 이에 대한 제도적

대책이 마련되어야 할 것이다.

넷째, 장기요양서비스 이용의 형평성 측면에서의 보완이 필요하다. 서비스 이용자에 대한 분석을 살펴보면, 소득수준이 낮을 경우 장기요양 서비스 이용률이 낮은 것으로 나타나 본인부담금에 대한 재정적 어려움이 존재하는 것으로 보인다. 그리고 이용자의 거주 지역에 따라 이용 가능한 서비스의 선택가능성이 달라져 이에 대한 형평성 문제가 있다. 농어촌 지역의 경우 서비스 제공기관(특히, 재가서비스 기관)이 과소공급되어 이용자의 장기요양서비스 제공기관에 대한 선택권을 발휘할 수 없거나 접근성 자체가 심각하게 제약을 받는 상황이다. 본인부담금 경감 확대와 장기요양서비스 인프라의 공평한 구축에 대한 지원이 뒷받침되어야 할 것이다(선우덕 외, 2016).

마지막으로, 장기적인 재정 안정화 도모가 필요하다. 제도의 지속가능성을 확보하기 위해 보험재정 증대뿐만 아니라 재정 누수 방지를 위해 다양한 감시체계를 강화해야 한다.

위에서 언급한 다양한 과제들을 해결하기 위해 제2차 장기요양 기본계획(2018~2022)에서는 보장성 확대, 지역사회기반 서비스 강화, 장기요양 인프라 조성, 지속가능성 담보 등 5개의 분야 18개의 과제를 가지고 노인장기요양보험제도를 개선하고자 한다. 또한 장기요양서비스의 공공성 강화를 위한 다양한 노력을 시작하고 있다. 이를 통해 노인장기요양보험제도의 정책적 목표−노인의 삶의 질 향상과 가족 부양 부담 완화−를 효율적이고 성공적으로 이루도록 해야 할 것이다.

학습과제

❖ 공적인 돌봄과 비공식적인 돌봄의 역할을 어떻게 나누어야 할까? 장기요양의 어느 부분까지 노인장기요양보험제도와 같은 공식적인 돌봄 체계에서 담당해야 한다고 생각하는지 토론해 보자.

❖ 노인장기요양보험제도에서 장기요양 서비스 대상자를 65세 이상 노인과 노인성 질환을 가진 65세 미만인 자로 한정한 것에 대해 형평성에 비추어 타당한지에 대해 생각해 보자.

❖ 노인장기요양 서비스 제공에 있어서 공공성 강화가 왜 필요할까? 공공성 강화가 서비스 질 향상으로 이어질 수 있을지에 대해 토론해 보자.

참고문헌

국민건강보험공단(2019). 2018 노인장기요양보험통계연보.

권순만·박건희(2006). 노인 장기요양 재원조달체계 : 제도의 유형과 정책 과제. **한국노년학연구**, 15, 9–36.

권진희·강임옥·한은정(2009). 2009년 노인장기요양서비스 만족도 조사. 서울 : 국민건강보험, 건강보험정책연구원.

권현정·전현수·고재원(2018). 요양보호사의 불안정 노동과 이직을 둘러싼 제도적 관계. **사회복지정책**, 45(3), 179–212.

노인장기요양보험공단(2019). 제도 소개. http://longtermcare.or.kr/npbs/index.jsp

박노욱·전병힐·이태화·고유경·김복남·김현철·이인숙·정석희·조은희·김찬우(2011). 노인장기요양보험제도 운영에 따른 성과 분석. 보건복지부 연구용역보고서. 서울 : 한국조세연구원.

박혜미(2015). 재가노인의 복지 및 보건·의료 서비스 조정 연계에 대한 연구 : 프랑스의 장기요양제도(APA)와 지역노인전문코디네이션 센터(CLIC)를 중심으로. **한국노년학**, 35(3), 569–588.

보건복지부(2012. 9). 장기요양 기본계획(2012~2017).

__________(2018. 2). 제2차 장기요양 기본계획(2018~2023).

__________(2019a). 2019년 노인보건복지사업안내

__________(2019b). 요양보호사 양성 표준 교재.

석재은(2017). 장기요양서비스의 공공성 강화를 위한 규제의 합리화 방안 연구. **보건사회연구**, 37(2), 423–451.

선우덕(2016). 노인 건강 및 장기요양정책의 현황과 과제. **보건복지포럼**, 239, 34–48.

선우덕·강은나·황주희·이윤경·김홍수·최인덕·이선희(2016). 노인장기요양보험의 운영성과 평가 및 제도 모형 재설계 방안. 세종 : 한국보건사회연구원.

윤희숙·정경희·박능후·전병유·권용진(2010). 노인장기요양보험의 현황과 과제. 한국개발연구원.

오진주·김영선·김선희·고현민(2019). 요양보호사 감정노동과 직무스트레스가 이직의도에 미치는 영향. **대한보건연구**, 45(2), 1–12.

이광재(2012). **노인장기요양보헙법총론**. 경기 : 공동체.

이승호·변금선·신유미(2016). 노인 재가서비스의 확대가 가족의 생활시간에 미친 영향: 삼중차이 방법의 적용. **한국사회정책**, 23(1), 227–256.

이용갑·서동민·최태림·김윤영·경승구(2015). 요양보호사 처우개선 및 수급안정을 위한 정책과제 개발. 보건복지부·인천발전연구원.

이진숙·박진화(2011). 시장원리 확대를 통한 노인장기요양서비스의 효과성 평가. **보건사회연구**, 31(4), 5-33.

이홍자(2012). 장기요양서비스 전·후 가족의 수발 부담감에 영향을 미치는 요인. **대한간호학회지**, 42(2), 236-247.

정경희·오영희·강은나·김경래·이윤경·오미애·황남희·김세진·이선희·이석구·홍송이(2017). 2017년도 노인실태조사. 세종 : 보건복지부, 한국보건사회연구원.

통계청(2019). 2019 고령자통계.

Kane, R. A., Kane, R. L., & Ladd, R. C.(1998). *The Heart of Long-term Care*. Oxford University Press, USA.

Stone, R. I.(2006). Emerging issues in long-term care. In H*andbook of Aging and the Social Sciences*(pp. 397-418). Academic Press.

World Health Organization(2017). Towards long-term care systems in sub-Saharan Africa. Geneva : World Health Organization.

CHAPTER

07 지역사회 돌봄서비스

이 장에서는 장기요양보험에 의해 제공되는 돌봄서비스를 제외한 지역사회에서의 돌봄체계에 대해 알아보고자 한다. 지역사회에서의 돌봄은 가능한 한 시설에서 생활하는 것을 막고, 지역사회에서 독립적인 생활이 가능하도록 돌봄서비스를 제공하는 것으로 에이징 인 플레이스(aging-in-place)와 맥락을 같이 한다. 따라서 먼저 에이징 인 플레이스의 개념을 살펴보고, 지역사회에 존재하는 서비스들을 조정하여 꼭 필요한 사람에게 서비스가 전달될 수 있도록 하는 커뮤니티 케어에 대해 살펴보고자 한다. 이와 함께 최근 개편된 노인맞춤형 돌봄서비스에 대해 살펴보고, 지역사회에서의 생활을 위해 가장 중요한 주거에 대해 살펴보고자 한다. 주거는 지역사회의 돌봄차원에서 함께 다루어져야 할 이슈이기 때문에 여기서 함께 다루기로 한다.

1. 에이징 인 플레이스를 위한 지역사회기반 서비스

1) 에이징 인 플레이스의 개념

에이징 인 플레이스(aging-in-place), 지역사회에서 계속 거주라는 개념에 대해서는 명확히 합의된 정의는 없다. 에이징 인 플레이스란 노인들이 지역사회에서 신체적·사회적으로 연결되어 활동적으로 생활할 수 있도록 하는 활동적 노화(active aging)를 위한 가장 기본적인 요건이 된다(WHO, 2002). 즉, 연령과 소득, 능력수준과 무관하게 노인을 포함하여 누구나 자신의 집 또는 공동체에서 안전하게, 독립적으로, 그리고 편하게 사는 지역사회를 말한다.

1982년 유엔 비엔나 국제 고령화 계획에서는 에이징 인 플레이스에 대한 직접적인 언급은 없었지만, 돌봄과 주거의 기본적 노인정책방향으로 이와 유사한 방향은 제시되었다. 즉, "노인돌봄 기본 원칙은 가능한 한 지역사회에서 독립적 생활하도록" 하는 것이며, "노인에게 있어 집은 물리적인 것에 더해 심리적, 사회적 중요성을 갖는다"는 원칙이다.

에이징 인 플레이스의 실천모형은 초창기, 건강이 서서히 나빠지는 노인의 주거지 불편을 해소하고자 하는 것이며, 주거지의 개념이 노인의 집에 국한되지 않고 지역사회로 확장되는 모형으로 변화하고 있다. 예를 들어, 초창기에는 내부주택의 개조나 새로운 노인특화주거모형을 강조하였지만, 최근에는 이에서 더 나아가 지역사회를 고령친화적으로 개편하는 것에 관심을 갖게 되었다. 에이징 인 플레이스의 기간과 공간의 범위에 대한 정의는 학자마다 다르지만, 고령자의 "존엄과 자율성에 대한 존중(조아라, 2018 : 711)"이라는 이념에는 합의가 되어 있다. 최근의 에이징 인 플레이스는 시간적으로는 "가능한 한 오래", 공간적으로는 "자신이 살던 집과 지역사회"에서, 그리고, 관계의 측면에서는 "친숙한 관계"가 강조된다. 최근 정책과 연구에서 활용되는 에이징 인 플레이스의 개념 역시 일반적으로 가능한 한 노인이 살아온 지역사회에서 익숙한 사람들과 관계를 맺으면서 계속 살아가는 것이다(이윤경 외, 2017 : 22). 따라서 에이징 인 플레이스는 존엄한 노년을 위한 수단으로 노인의 독립적이고 자율적인 선택을 강조한다. 그런데 여기서 주의해야 할 점은 에이징 인 플레이스를 돌봄비용절감의 입장에서만 해석하는 점이다. 이로 인해 노인을 지역사회에 고립시킬 수 있으며, 노인을 돌보는 가족의 부담을 높일수도 있다는 점에서 주의가 필요하다.

2) 에이징 인 플레이스 실천 방안

에이징 인 플레이스를 위한 방안을 살펴보면, 지역사회에서 거주하다 건강이 악화되었을 때 이를 극복할 수 있는 서비스 체계를 구축하는 것이 핵심이라고 볼 수 있다. 이를 위해서는 의료와 장기요양 간의 벽을 허무는 것이 중요하며, 복지에 테크놀로지를 활용하는 문제에 대해서도 관심이 높다. 에이징 인 플레이스의 초창기에는 주거에 대한 관심이 높았으며, 안전한 주거는 지금도 에이징 인 플레이스의 중요한 관심사가 되고 있다. 또한 최근에는 지역을 기반으로 한 장기요양 돌봄 체계 구축에 더 큰 관심을 갖는다. 네덜란드는 고령자용 주거에 관심을 가지고 있는 나라이며, 독일과 네덜란드는 가족자원을 적극적으로 활용하는 데 관심을 가지고 있다. 반면, 일본은 주거와 케어가 결합된 형태의 서비스를 제공하는 데 관심을 가지고 있다.

우리나라에서도 노인이 시설이나 병원보다는 살던 곳에서 건강하게 생활하기(healthy aging in place)를 지원하는 것에 관심을 가지고 있다. 최근 일본과 같이 주거와 케어가 결합된 형태에도 관심을 가지고 있다. 지역사회 통합돌봄(community care)은 에이징 인 플레이스의 실현 방안 중 하나인데, 여기서 플레이스는 물리적 집, 공간에 국한하지 않고 지역사회 차원을 강조하며, 지역사회 안에서 지역사회의 자원을 활용하는 커뮤니티 케어가 중요한 실천방안으로 제시된다(이윤경 외, 2017). 결국 커뮤니티 케어가 활성화되기 위해서는 사례관리의 체계화가 중요한 과제라 할 수 있다. 결국 에이징 인 플레이스는 지역사회 돌봄의 차원에서 주거의 중요성, 커뮤니티 케어의 역할, 노인에게 필요한 돌봄서비스 등의 역할을 강조하는 개념이라고 볼 수 있다. 또한 노인에 대한 차별적 시각을 탈피하고, 노인을 존중하는 지역사회의 분위기가 중요하며, 노인이나 모든 연령이 물리적인 장벽없이 지낼 수 있도록 하는 고령친화도시의 개념과도 연결된다(정순둘·박애리, 2018).

2. 에이징 인 플레이스를 위한 주거 서비스

1) 노인의 거주 및 주거특성

가. 거주 특성

자녀와 함께 사는 것을 당연시하는 노인의 비율은 2008년 이후부터 지속적으로 감소하여 2008년 32.5%에서 2017년 15.2%로 크게 낮아졌다(김재곤,

2018). 자녀와 독립하여 자신이 살던 익숙한 주거공간에서 계속 거주하고 싶어하는 노인들의 욕구는 증가하고 있으며(KB금융지주 경영연구소, 2016), 통계청이 발간한 '노인 인구집단별 삶의 만족도 분석'에 따르면 65세 이상 노인 중 자녀와 따로 사는 노인이 자녀와 동거하는 경우보다 더 행복한 것으로 보고되고 있다(이훈철, 2018). 따라서 고령자가 안전하게 머물 수 있는 주거공간의 제공은 에이징 인 플레이스의 중요한 해결과제라 볼 수 있다(KB금융지주 경영연구소, 2016).

우리나라 노인의 주거 및 거주와 관련된 특성을 보면 다음과 같다. 먼저 거주와 관련하여 노인실태조사(정경희 외, 2017)에 의하면, 아래 <표 7-1>과 같다. 노인이 단독가구로 거주하는 이유 중 가장 큰 요인은 자녀의 결혼으로 독립가구가 되는 것이며, 자녀가 먼 거리에 살고 있어서 함께 살 수 없다는 이유까지 합하여 보면 50%가 넘는 비율이 자녀요인으로 독립가구가 됨을 알 수 있다. 다음으로 부부의 개별적 생활을 향유하기 위해서라는 응답이 약 20%로 자녀 독립 후의 독립적 삶이 중요한 요인이 되고 있음을 알 수 있다. 이를 개인 또는 부부 생활을 향유하고 싶거나 경제적 능력이나 건강이 허락해서, 기존 거주지에서 생활하고 싶어서라는 노인의 개인적 자립성에 기초한 단독거주를 희망하는 경우로 보면 약 30%에 해당한다(정경희 외, 2017 : 177). 따라서 우리나라 노인의 거주특성은 개인생활의 향유와 익숙한 지역에서의 지속적인 거주 희망으로 단독가구가 되는 경향이 높다고 볼 수 있다. 기존 거주지에 계속 거주하기를 희망하는 경향은 연령이 높을수록 높아지는 것으로 나타났다.

<표 7-1> 노인(65세 이상)의 지역·성별 노인 단독거주 이유 (단위 : %, 명)

구 분	전체[1]	지역		성		2014년도
		동부	읍·면부	남자	여자	
경제적 능력	1.8	1.8	1.7	2.3	1.4	2.6
건 강	1.1	0.9	1.4	1.1	1.1	1.8
개인(부부)생활 향유	18.8	18.8	18.7	18.3	19.2	15.5

기존 거주지 거주 희망	11.0	7.0	18.5	8.1	13.3	11.1
자녀의 결혼	36.0	40.3	27.7	39.1	33.6	32.7
자녀의 별거 희망	8.7	9.3	7.6	7.8	9.4	10.1
자녀가 타 지역에 있어서	18.8	17.4	21.6	20.6	17.4	20.6
자녀의 경제적 형편이 어려워	2.2	2.4	1.9	1.7	2.6	3.5
기타	1.7	2.1	0.9	1.1	2.2	2.2
계 (명)	100.0 (7,324)	100.0 (4,819)	100.0 (2,505)	100.0 (3,246)	100.0 (4,078)	100.0 (6,983)

주 : 1) 본인응답자 10,073명 중 단독가구 거주자 7,324명을 대상으로 함
출처 : 정경희 외(2017). 노인실태조사, p. 180.

나. 주거특성

우리나라 노인의 주거특성을 노인실태조사(정경희 외, 2017)를 통해 살펴보면 다음과 같다. 노인을 배려한 설비가 있다는 응답은 약 6%에 불과하였다. 생활하기 불편한 구조는 아니지만 노인을 배려한 설비는 없다는 응답이 84%로, 생활하기 불편한 구조라는 응답 9.9%까지 합하면, 고령자를 배려한 설비를 갖추지 않고 있는 경우가 93.9%로 매우 열악한 것으로 나타났다. 이러한 주거의 특성은 노인이 되어 신체기능이 쇠퇴하는 것에 대한 대비가 중요함에도 불구하고, 이에 대한 대비는 거의 전무한 것으로 볼 수 있다. 이러한 상황은 연령이 높은 노인도 예외가 아니어서 집에서 노인의 신체적 특성을 고려한 안전시설 설치가 매우 중요함을 시사해 준다. 즉, 노인들이 거주하는 주택은 고령친화적으로 설계되지 않은 한계를 보여준다고 볼 수 있다(정경희 외, 2017 : 585).

한편, 현재 살고 있는 주택에 만족하지 않는 이유를 노인실태조사(정경희 외, 2017)를 통해 살펴보면, 다음 <표 7－2>와 같다. 주방, 화장실, 욕실 등이 사용하기 불편하다는 응답이 25%를 상회하고 있으며, 그 다음 순으로 개보수 등 주거관리 비용이 많이 든다는 응답이 17%를 상회한다. 이러한 응답은 연령이 높을수록 더욱 증가하는 것으로 나타나 고연령 노인들의 어려움을 보여준다. 이 밖에도 방음이나 채광에 문제가 있다거나, 안전관리, 보수

등 관리가 힘든 경우, 냉난방 등 편의시설이 갖추어지지 않아서 등의 불편함이 각각 10% 이상으로 나타나 전반적으로 노인들이 생활하기에 어려운 구조임을 보여주었다. 특히 냉난방의 경우 폭염이나 혹한기를 노약자들이 버티기 어려운 경우가 많아 주거시설에 대한 문제가 심각한 것으로 나타났다. 특히 도시지역보다는 농촌지역이 더 열악한 것으로 나타나 지역별 관심도 필요하다고 볼 수 있다. 도시지역 노인의 경우 방음, 채광, 주거관리비용에 큰 어려움을 겪는 것으로 나타나 지역별 특성을 고려한 주거정책이 필요함을 보여주었다.

<표 7-2> **노인(65세 이상)의 지역·성별 거주주택 불만족 이유** (단위 : %, 명)

구 분	전체[1]	지역		성	
		동부	읍·면부	남자	여자
식사, 빨래 등 일생생활을 하기에 불편한 구조라서	12.8	11.8	15.1	14.0	12.1
주방, 화장실, 욕실 등이 사용하기 불편해서	25.1	22.7	30.6	25.6	24.9
냉난방 등 편의시설이 갖추어지지 않아서	13.0	12.2	14.8	13.9	12.5
방음이나 채광에 문제가 있어서	16.2	20.6	6.5	16.9	15.8
안전관리, 보수 등 관리가 힘들어서	13.5	12.4	16.0	12.9	13.9
개보수 등 주거관리 비용이 많이 들어서	17.5	18.9	14.3	15.3	18.9
기타	1.8	1.4	2.7	1.6	2.02.0
계 (명)	100.0 (844)	100.0 (582)	100.0 (262)	100.0 (332)	100.0 (511)

주 : 1) 본인응답자 10,073명 중 현재 살고 있는 주택에 만족하지 않는다고 응답한 844명을 대상으로 분석함

출처 : 정경희 외(2017). 노인실태조사, p. 614.

2) 노인의 주거지 안전사고

고령자 사고의 72.1%가 주택에서 발생하는데(KB금융지주 경영연구소, 2016 : 1), 이러한 사고는 유배우 노인보다는 무배우 노인, 취업 노인보다는 미취업 노인, 노인부부가구와 자녀동거가구보다는 노인독거가구, 기능상태에 제한이 없는 노인보다는 제한이 있는 노인이 상대적으로 더 많이 경험하는 것으

로 나타났다. 비슷한 맥락에서 65세 이상 노인의 낙상이유를 노인실태조사(정경희 외, 2017)의 결과를 통해 살펴보면 아래 <표 7-3>과 같다. 바닥이 미끄럽다는 이유가 26.4%로 가장 높고, 문의 턱에 걸려서 넘어진 경우도 16.5%로 나타나 물리적인 원인으로 안전사고가 발생한 경우가 약 50%에 근접하고 있었다. 따라서 주거시설 내 안전사고 예방이 매우 중요한 것으로 나타났다. 그 밖의 요인으로는 노인의 신체적 쇠약으로 인해 발생하는 경우가 또 다른 중요한 이유로 나타나 노인의 특성을 고려한 주거디자인이 중요하다는 것으로 알 수 있다. 일반적으로 고령자는 노화 현상에 따라 만성 질환, 신체, 감각, 생리적 기능의 약화를 겪고, 이러한 신체적 변화와 체력의 저하로 일상생활에 많은 불편함을 느낀다. 따라서 고령자의 주택은 물리적 장애 요소를 없애고, 신체적·생리적 기능이 원활히 수행될 수 있도록 계획되어야 한다(김성혜, 2018 : 68).

<표 7-3> 노인(65세 이상)의 낙상이유

(단위 : %, 명)

구 분	비율[1]	명
바닥이 미끄러워서	26.4	430
사람이나 사물에 부딪혀서	5.8	94
보도나 문의 턱에 걸려서	16.5	269
경사가 급해서	3.7	61
조명이 어두워서	1.2	20
다리를 접질려서(발을 헛디뎌서)	14.3	232
갑자기 어지러워서	11.6	189
다리에 힘이 풀려서(갑자기 주저앉아서)	20.1	328
기타	0.3	5[2]
계	100.0	1,627

주 : 1) 지난 1년간 낙상경험이 있다고 응답한 1,627명을 대상으로 분석함
2) 실수가 적어 통계적으로 무의미함
출처 : 정경희 외(2017). 노인실태조사, p. 601.

3) 고령자를 위한 주거서비스

고령자 주거지의 안전사고의 심각성에 비추어 볼 때 에이징 인 플레이스를 만들기 위한 안전한 주거에 대한 지원 지원체계는 중요 요인이 된다(KB금융지주 경영연구소, 2016). 노인이 지역사회에서 계속 거주하도록 하기 위해 지역사회의 돌봄 이외의 주거 서비스는 매우 중요하다(김혜신·박수빈, 2019; 이윤경 외, 2017). 일본 등 해외에서는 에이징 인 플레이스에 적합한 주거유형을 연구하고, 고령친화도시계획으로 도입하고 있다. 에이징 인 플레이스를 위해서는 주거환경에서 위험요소를 제거하고, 주택 내 각종 설비의 편의성을 제공하고, 이동이 가능한 공간을 계획함으로써, 노인이 자립적 생활이 가능하도록(김혜신·박수빈, 2019 : 20) 주거를 계획하고 이에 대한 서비스를 제공하는 것이 중요하다. 그러나 우리나라는 아직 노인이 안전하고 독립적인 생활을 할 수 있는 주거환경이 부족하다.

고령자는 노화에 따른 신체적, 정서적, 사회적 변화를 경험하게 되므로, 이에 따른 주거환경의 변화가 필요하다. 노인뿐만 아니라 전 연령층이 함께 살아가는 유니버설디자인의 적용은 필수이지만, 현재 고령자가 살고 있는 주택은 대부분 거주기간이 오래되어 개선할 부분이 많기 때문에(김성혜, 2018 : 67), 주거환경 전체를 개선하는 것보다 고령자의 변화에 적합한 주거환경의 조성 및 개선이 필요하다. 노인들은 새로운 생활패턴에 적응하기보다는 기존에 자신이 생활해 왔던 생활패턴을 유지하려는 성향이 강하기 때문에 이러한 특성을 고려한 주거환경 계획이 필요하다. 또한 노년기에는 사회적 역할의 상실과 사회적 접촉이 줄어들면서 사회적 관계 측면에서 관계의 변화를 경험하기 때문에 변화된 노인의 사회적 관계에 맞추어 노인이 자신의 거주지에 살면서 가족과 지역사회 주민과의 접촉이 수월하도록 하는 강조된 주거환경 조성이 필요하다.

김소희(2009)의 연구에 의하면, 노인의 주거환경 욕구와 관련하여 가스누출이나 화재안전 등 안전성이 가장 중요한 것으로 나타났다. 다음으로 실내온도조절, 화장실 등 미끄럼 안전, 통로계단 손잡이 구비 등에 대한 욕구가 높았는데 이는 노년기의 신체적 변화를 반영한 주거환경이 필요함을 시사하는 것이다. 또한 의료시설과 대중교통 접근성에 대한 주거환경 욕구도 큰 것으로 나타났는데, 이러한 주거환경의 조건은 커뮤니티 케어와 연계되어야 함을 시사한다.

'노인복지법'은 제8조에 국가 또는 지방자치단체가 노인의 주거에 적합한 기능 및 설비를 갖춘 주거용 시설의 공급을 조장하여야 하며 그 주거용 시설의 공급자에 대하여 적절한 지원을 할 수 있다고 규정하고 있으며, 동법 제31조에는 노인복지시설의 종류를 '노인주거복지시설, 노인의료복지시설, 노인여가복지시설, 재가노인복지시설, 노인보호전문기관, 제23조의2 제1항 제2호의 노인일자리지원기관, 제39조의19에 따른 학대피해노인 전용쉼터'로 분류하고 있다. 노인주거시설에 대해서는 동법 제32조에서 구체적으로 규정하고 있으며 양로시설, 노인공동생활가정, 노인복지주택으로 구분하고 있다.

「장애인·고령자 등 주거약자 지원에 관한 법률(약칭 : 주거약자법)」에서는 장애인·고령자 등 주거약자의 안전하고 편리한 주거생활을 지원하기 위하여 필요한 사항을 정함으로써 주거약자의 주거안정과 주거수준 향상에 이바지함을 목적으로 한다. 주거약자용 주택을 3% 이상 의무건설 하도록 규정하고 있으며 주택개조비용 지원, 편의시설 설치 의무화 등의 내용을 규정하고 있다.

국토교통부는 주거복지로드맵을 제시하며 고령자를 위하여 '무장애 설계(barrier-free)', 지역자원을 활용한 복지서비스 연계 등을 활용하여 맞춤형 공공임대주택 총 5만 호(연 1만 호)를 공급, 독거노인 거주용 주택에는 '홀몸노인 안심센서'를 설치, 임대료가 저렴한 영구임대·매입임대를 차상위 고령자에게 확대(1순위), 자가점유율이 높은 점을 고려 보유주택을 활용해 연금형 매입임대 등 생활자금 마련을 지원하고 주택 개보수 지원, 집주인 임대사업 시 고령자를 우대하고, 고령자 생활 지원 실시 등의 정책을 발표하였다(국토교통부, 2017). 또한 국토교통부는 2019년 어르신들을 위한 물리치료실·텃밭을 갖춘 복합시설을 1,000호 이상 추진할 것을 발표하였다. 고령자복지주택은 독거노인 등 어르신들이 주거지 내에서 편리하게 복지서비스를 이용할 수 있도록 주택과 복지시설을 복합건설하는 공공임대주택이다. 15~17년까지는 정부재정과 민간 사회공헌기금을 활용하여 고령자용 영구임대주택인 공공실버주택사업을 추진하였으며, 2019년부터는 「주거복지 로드맵(2017. 11. 29)」에 따라 '고령자복지주택' 공급 확대를 계획하고 있다. 고령자복지주택은 저층부에 고령자 친화형 사회복지시설과 상층부에 임대주택이 복합 설치된 맞춤형 공공임대주택이다. 고령자용 영구임대주택은 2019년 10개 지구 1,000호 이상 추진하고, 주택은 문턱 제거, 높낮이 조절 세면대 등 무장애(barrier-free) 설계를 적용한다. 사회복지시설은 입주민을 포함한 지역주민에게 복지서비스를 제공할 수 있도록 지구 여건에 따라 연면적 1천~2천㎡ 규모로 설치하며 정부가 사회복지시설 건설비용의 일부를 지원하여 추진하고, 지방자치단체 등이 희망하는 경우 고령자용 영구임대주택과 함께 국민임대·행복주택도 함께 공급할 수 있도록 할 계획이다. 보건복지부 역시 2019년 지역사회 통합돌봄 로드맵에 주거환경 개선, 주거지에서 만성질환관리, 건강관리 등의 서비스가 연계되도록 하겠다고 발표하여 케어와 주거가 함께 가야 함을 강조하고 있다.

3. 커뮤니티 케어(지역사회 통합돌봄)

1) 커뮤니티 케어의 등장배경과 정의

우리나라에서는 '지역사회 통합돌봄'으로 불리는 '커뮤니티 케어(community care)'는 '지역사회보호(care in the community)'로 명명되기도 한다. 커뮤니티 케어의 등장은 탈시설화의 맥락에서 찾아볼 수 있다. 정신질환을 가진 사람들의 시설수용, 즉 장기폐쇄병동에서의 보호에서 이들을 지역사회에서 보호하자는 흐름에 따라 커뮤니티 케어가 주목받기 시작하였다. 최근 커뮤니티 케어는 정신질환자의 지역사회보호의 개념을 넘어 노인과 장애인으로 대상이 확장되면서 이들의 독립적인 삶과 정상적인 삶을 지원하기 위한 대안으로 사용되고 있다. 영국 지역사회보호 발전에 큰 기여를 한 그리피스 보고서(Griffiths Report)는 커뮤니티 케어를 '노인이나 장애인이 지역사회 내 자기 집이나 집같이 편안한 환경에서 가능한 한 독립적으로 살 수 있도록 서비스와 지원을 제공하는 것(박정선, 2018 : 189)'이라고 정의하였다. 특히 2000년대 이후 서구 국가들에서는 지역사회, 우호적인 지역사회, 지역사회의 참여 등 지역사회를 주체로서 강조하고 있다(김용득, 2018).

우리나라도 지역사회의 역할에 중심을 두고 고령화에 따른 의료·돌봄 수요의 급증과 시설중심의 서비스에 따른 삶의 질 저하를 개선하기 위해 커뮤니티 케어의 필요성이 대두되었다. 또한, 사회적 약자의 보호와 문제 해결에 초점을 둔 기존의 서비스 체계와 달리, 지역사회 구성원의 건강·생계·주거·사회관계 등의 영역을 포괄하는 커뮤니티 케어 체계의 구축이 필요하다는 의견이 제시되었다. 서비스 체계가 사회적 약자의 보호와 문제해결에 초점을 둔 병원과 시설 중심 서비스만으로는 고령화의 돌봄 수요 급증과 삶의 질 저하에 대응하기 어렵다는 문제 제기에 따라, 보건복지부는 2018년 1월 지역사회 중심의 커뮤니티 케어체계 구축을 발표하게 된다(황경란 외, 2018).

2018년 3월 보건복지부는 커뮤니티 케어를 '돌봄을 필요로 하는 주민이 자택이나 그룹홈 등 지역사회에 거주하면서 개개인의 욕구에 맞는 복지급여와 서비스를 누리고, 지역사회와 함께 어울려 살아가며 자아실현과 활동을 할 수 있도록 하려는 혁신적인 사회서비스 체계'로 정의하였다(황미경, 2019 : 162). 커뮤니티 케어는 대상자가 지역사회 내 가정, 또는 시설에서 독립적으로 살아갈 수 있도록, 적절한 수준의 개입이나 서비스를 제공하자는 의미를 가지고 있는 용어이다(이규식, 2019). 2019년에 발표된 지역사회 통합돌봄(커뮤니티 케어) 선도사업 추진계획에서는 "케어가 필요한 주민(노인, 장애인 등)이 살던 곳(자기 집, 그룹홈 등)에서 개개인의 욕구에 맞는 서비스를 누리고 지역사회와 함께 어울려 살아갈 수 있도록 주거·보건의료·요양·돌봄·독립생활 지원이 통합적으로 확보되는 지역주도형 사회서비스 정책(보건복지부, 2019 : 1)"으로 개념을 좀 더 구체화하였다.

커뮤니티 케어의 의미는 아래 <표 7-4>와 같이 크게 세 가지로 분류될 수 있다(김용득, 2018b). 첫 번째는 가장 흔히 사용되는 일상적인 활동을 돕는 돌봄과 수발을 뜻한다. 두 번째는 의료적 측면을 중심으로 치료, 간호의 의미다. 세 번째는 관심, 지원, 지지 등을 위한 사회복지서비스 활동의 의미다.

<표 7-4> 커뮤니티 케어의 의미

커뮤니티 / 케어	공간으로서의 지역사회 (in the community)	지방으로 권한 이양 (decentralization)	주체로서의 지역사회 (by the community)
돌봄, 수발	지역사회 돌봄	돌봄의 분권화	지역사회 돌봄 참여
치료, 간호	지역사회 치료	의료의 분권화	치료적인 지역사회
관심, 지원	지역사회 복지서비스	복지서비스의 분권화	지지적인 지역사회

출처 : 김승연·권혜영(2018), p. 88.

2) 해외 커뮤니티 케어 사례

주요 선진국의 경우, 당시 고령화나 보건의료지출 부담이 심각한 수준은 아니었지만, 지속 가능한 돌봄체계를 위해, 고령사회에 진입한 이후 커뮤니티 케어를 도입하고 있다. 주요 선진국의 커뮤니티 케어 도입시기를 보면, 영국이 커뮤니티 케어법을 1990년에 제정하였고, 스웨덴이 1992년에 커뮤니티 케어의 개혁을 시작하였다. 일본은 2012년에 지역포괄케어시스템으로 커뮤니티 케어를 시작하였다(김승연 외, 2018).

가. 영국

영국의 커뮤니티 케어는 1990년에 개정된 국민보건서비스와 커뮤니티 케어법(NHSCCA : National Health Service and Community Care Act)에 기초하고 있다. 이 법의 도입 목적은 주로 시설입소에 지출되는 중앙정부의 복지비용을 통제하기 위한 것임과 동시에 이용자의 권리를 높이기 위한 것이다. 이러한 목적을 달성하기 위해 케어매니지먼트 체계가 도입되었는데, 케어매니저는 개별 서비스 이용자에 대한 예산 집행을 하며, 욕구사정, 서비스 공급자 파악과 예산을 할당하는 업무를 담당한다(김용득, 2018a).

영국 커뮤니티 케어의 핵심적 요소는 시장기제의 도입과 지방정부의 책임 강화이다. 시장기제의 도입에 따라 중앙정부 및 지방정부가 직접 운영하던 사회적 서비스가 점진적으로 감소했으며, 지역단위의 서비스 체계 수립과 케어매니지먼트를 통한 서비스 전달과 관리의 역할이 점점 확대되었다(김용득, 2018a). 특히 커뮤니티 케어에서 지방정부의 권한과 역할이 강조되고 있는데, 과거에 지방정부는 직접 서비스 제공자의 역할을 맡았지만, 현재는 서비스의 욕구사정, 서비스 구매, 서비스 비용 지불 등의 역할을 수행하고 있다. 커뮤니티 케어를 위한 서비스 창구는 따로 있지 않고, 지방정부의 일원화된 창구에서 사회복지서비스를 위한 사정을 신청한다는 점에서 차이가 있다. 특히 영국의 지방정부 책임 강화에 따라 많은 재정과 권한이 부여되고 있으며, 가족 등 지역사회의 적극적 참여를 유도한다는 점에서 특징이 있으며, 시장기제가 반영되었지만, 여전히 공적 책임수준이 높다는 점도 특징이다(김승연 외, 2018).

나. 일본

일본의 커뮤니티 케어는 ‘지역포괄케어’라는 용어로 사용되고 있으며, 2009년 개호보험 개정을 통해 2012년에 지역포괄케어시스템이라는 개념을 도입하였다(김윤영·윤혜영, 2018). 일본의 지역포괄케어시스템은 궁극적으로 고령자가 자신이 살던 지역사회에서 독립적으로 거주하며 마지막까지 살 수 있는 ‘에이징 인 플레이스’를 지향하고 있다(김윤영·윤혜영, 2018). 그러나, 일본의 커뮤니티 케어의 궁극적 시행 배경에는 재정의 압박이 있다. 2005년에 이미 초고령사회에 진입한 일본은 개호보험의 재정적 압박에 처하게 됨에 따라 지역사회 자원의 활용을 강조하는 방향으로 서비스 공급시스템을 구축하게 된 것이다.

일본의 커뮤니티 케어는 자조(自助), 호조(互助), 공조(共助), 공조(公助)의 가치에 기반을 두어 시행되고 있다(황미경, 2019). 자조는 개호보험과 의료보험의 자기부담부분, 시장서비스 구입, 자신과 가족의 대응 등 스스로 할 수 있는 것을 강조한다. 호조는 자원봉사 등의 지원, 지역주민의 대응 등 서로 돕는 것을 강조한다. 공조(共助)는 개호보험과 의료보험제도에 의한 급부로 함께 돕는 시스템을 의미하며, 공조(公助)는 개보험과 의료보험의 공공재원(세금) 부분, 지방자치단체 등이 제공하는 서비스 등 공공이 돕는 체계를 의미한다.

지역포괄지원센터의 주요 업무에 대해 살펴보면, |그림 7-1|과 같다. 지역포괄지원센터는 각 지역의 상황에 따라 업무를 수행하게 되는데 주요 업무는 재가의료·개호연계, 치매초기집중지원, 포괄적 지원업무, 개호예방추진, 지역케어회의, 생활지원코디네이터 등이다(황미경, 2019). 지역포괄케어시스템의 역할은 안심지킴이, 발견과 종합상담, 연결 및 지원, 권리옹호, 고충평가 등이다(김미진, 2017).

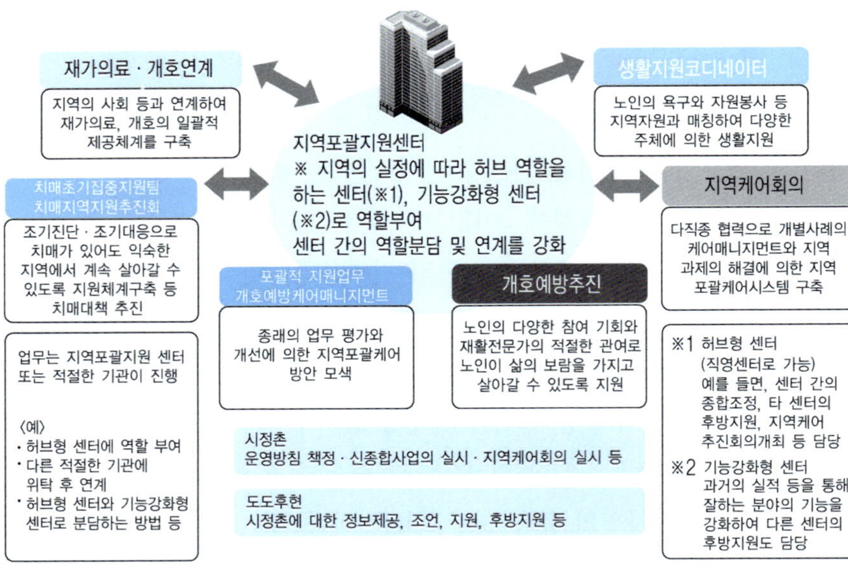

|그림 7-1| 지역포괄지원센터의 주요 업무

출처 : 황경란 외(2018), p. 25.

3) 우리나라의 커뮤니티 케어

가. 지향점

우리나라의 커뮤니티 케어는 |그림 7-2|와 같이 당사자의 인권과 삶의 질을 중요시하면서 지방분권과 책임성 강화를 지향하고 있다. 이와 함께 포용적 복지의 지속가능성 확보 및 일자리 창출, 지역사회 네트워크 복원 등도 지향하는 가치이다.

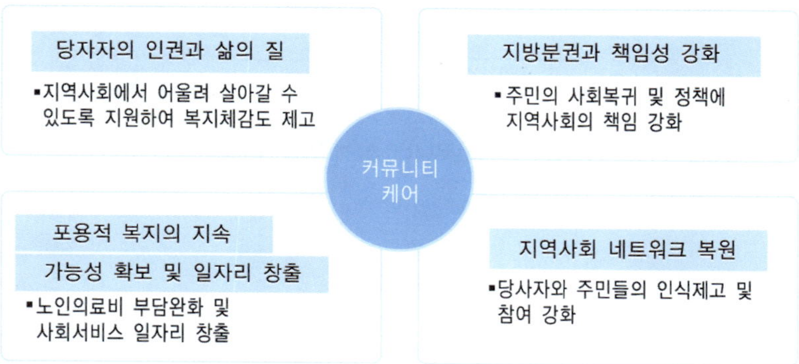

|그림 7-2| **커뮤니티 케어의 지향가치**

출처 : 보건복지부(2017), p. 2.

커뮤니티 케어는 읍·면·동에 설치되는 케어통합창구가 중심이 되어 보건·의료, 돌봄·복지, 거주 관련 서비스 기관들이 협력하여 대상자들에게 서비스를 제공하고 조정하게 된다(황경란 외, 2018 : 11). 다음 |그림 7-3|에서 커뮤니티 케어의 운영 개념도를 살펴보면, 읍·면·동 사무소가 케어통합창구 역할을 하게 되는데 이는 일본의 지역포괄지원센터의 역할과 같다.

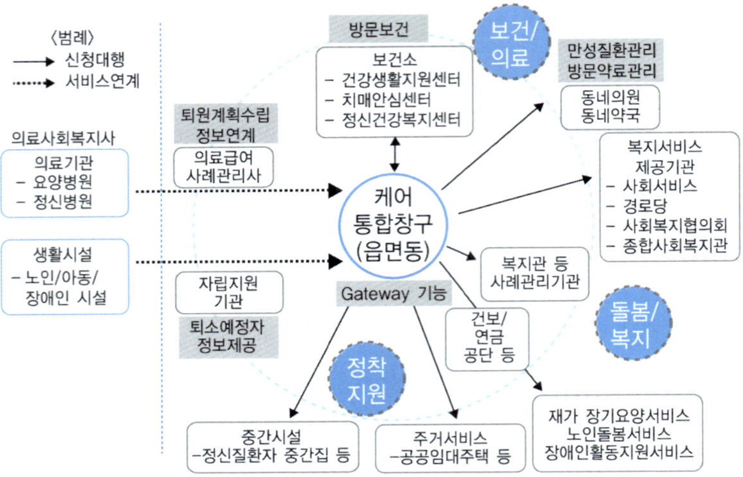

|그림 7-3| 커뮤니티 케어 운영 개념도

출처: 황경란 외(2018), p. 12.

나. 케어통합창구와 각 구성기관의 역할

케어통합창구와 각 영역의 구성기관의 주요 역할은 아래와 <표 7-5>와 같다. 케어통합창구는 서비스 안내와 연계의 역할을 하게 되며, 보건·의료기관은 보건소, 동네의원과 약국을 중심으로 건강과 치매에 대한 지원을 실시하게 되며, 돌봄·복지기관은 지역사회 돌봄과 생활지원서비스를 제공한다. 공공임대주택과 중간시설과 같은 주거서비스도 제공하게 된다.

<표 7-5> 케어통합창구과 각 구성기관들의 역할

영역	기 관	세부사항
서비스 안내·연계	케어통합창구	• 의료급여사례관리사가 작성한 의료기관 입원자의 퇴원계획을 반영하여 돌봄·복지, 의료·보건, 거주(정착지원) 등의 서비스를 연계 • 생활시설 퇴소자의 정보를 받아 돌봄·복지, 의료·보건, 거주(정착지원) 등의 서비스를 연계
보건·의료	보건소(건강생활지원센터, 치매안심센터, 정신건강복지센터), 동네 의원, 약국	일차의료 중심의 방문보건, 만성질환 관리 방문약료 관리 등의 기능 수행

돌봄·복지	복지관, 사례관리기관, 건보·연금공단	사회서비스, 재가장기요양서비스, 노인돌봄서비스, 장애인활동지원서비스 등을 제공
거주(정착)	공공임대주택, 중간시설	케어통합창구에서 연계하여 주거 서비스 제공

출처 : 황경란 외(2018), p. 11.

다. 커뮤니티 케어(지역사회 통합돌봄) 진행사항

커뮤니티 케어의 로드맵은 2019년 선도사업을 시작으로 2023년에는 커뮤니티 케어의 제공기반을 구축하며, 초고령사회에 진입하는 2026년 이후에는 커뮤니티 케어를 보편화한다는 것이다.

보건복지부는 커뮤니티 케어의 대상을 노인·장애인·아동으로 선정하고, 노인의 의료·요양체계 개선, 장애인과 정신질환자의 탈시설화 및 지역사회 정착 추진, 아동복지지원체계의 공적 책임 강화를 핵심 내용으로 기획하고 있다. 2018년 3월에는 커뮤니티 케어 추진본부와 전담조직인 커뮤니티 케어 추진단을 설치했으며, 사회보장위원회 산하 전문위원회로 커뮤니티 케어 협의회를 구성하였다. 커뮤니티 케어 추진본부는 총 8개의 팀으로 구성되었는데, 그중 노인 관련 팀은 노인의료팀과 노인복지팀이다.

커뮤니티 케어는 노인영역에서 먼저 선도 사업이 실시되었는데, 2019년 1월에서 3월까지 지방자치단체 시범사업 공모를 진행하여 '지역사회 통합돌봄 선도사업' 지방자치단체로 8개 지방자치단체를 선정하였다. 2019년 6월부터 시범사업이 시작하여 2021년까지 2년 간 선도사업이 실시될 예정이다. 노인 분야 선도사업 실시 지방자치단체는 광주 서구, 경기 부천시, 충남 천안시, 전북 전주시, 경남 김해시이다.

각각의 시범사업에서 제시된 문제점은 다음과 같다.

첫째, 지역케어회의 운영 등으로 통합적 사례관리를 위한 논의구조는 형성되었으나, 보건의료 직역 등 다양한 구성원이 참여하지 못하는 경우 실제 문제 해결에 한계가 있었다. 보건소와의 연계는 활성화 단계이나 보건의료 관련 직역의 참여 부족으로 실제 보건의료서비스와의 연계와 협력이 어려운 점 등이 제시됐다. 이를 종합하여 선도사업에 대한 인식을 개선하며 저변을 넓혀 나가야 할 필요성이 있다. 또한 지역의 사업을 지속 점검하면서 계획을 재조정해 나가는 주체의 역할, 단편적인 서비스 제공 중심이 아닌 목표 중심의 사례관리 방식으로 전환이 필요하다는 점 등이 제시됐다(박제선, 2019).

둘째, 11월 말 기준 경기도가 파악한 시·군별 맞춤돌봄 수행기관 선정 현황에 따르면 112개 수행기관 중 57.0%가량인 64개소가 노인복지관, 종합사회복지관 등 관내 복지관을 중심으로 설정됐다. 나머지 수행기관에는 노인재가복지센터 등이 다수 선정됐고, 자활기업이나 관련 협동조합 형태의 기관은 3~4곳에 그쳤다. 자활기업 상당수인 재가장기요양기관이 공모에 참여할 수 없도록 한 정부 지침 때문이다. 자활기업·센터의 사업 분야 축소로 인한 돌봄 전문 사회적 기업들의 쇠퇴와 수행인력의 지속적 근로환경이 악화될 수 있다는 우려가 나오고 있다(남궁진, 2019).

4. 노인맞춤형 돌봄서비스

1) 노인맞춤돌봄서비스의 등장 배경

노인맞춤돌봄서비스는 고령자의 급속한 증가, 가족돌봄의 약화와 노인의 사회적 관계망 악화라는 사회적 변화와 돌봄의 사회화 요구에 대응하기 위해 추진되었다. 2019년 기준 독거노인은 147만 명에 달하며, 그중 85세 이상의 인구는 70만 명에 달한다. 또한 부부끼리 또는 혼자 살기 희망하는 노인 역시 해마다 증가하고 있다. 이러한 경향과 함께 노인이 친한 친구나 이웃, 자녀와 소통하는 빈도 역시 매년 감소하고 있다.

기존의 노인돌봄사업은 다음 |그림 7-4|와 같이 노인돌봄기본서비스, 노인돌봄종합서비스, 단기가사서비스, 독거노인 사회관계 활성화 사업, 초기독거노인 자립지원 사업, 지역사회 자원연계사업 등 6개 사업이다. 그러나 이들 기존의 서비스는 첫째, 전달체계의 분절성으로 인한 중복수급 금지의 문제로 인해 서비스 사각지대가 발생한다는 점, 둘째, 서비스 공급자가

한정되어 있다는 점(이선희, 2014 : 62)과 지역에 따라 인프라가 달라 돌봄서비스를 제공받을 확률이 지방마다 다르다는 점(양난주, 2018 : 25), 셋째, 서비스 질적 측면에서도 서비스 질 관리는 기관이 자체적으로 실시하고 있어 서비스 질 저하로 이어진다는 점(박병현 외, 2011 : 163) 등 다양한 문제가 발생하고 있다.

이러한 한계를 극복하고, 건강한 노화(healthy aging), 지역사회 계속 거주(aging in place), 장기요양·요양병원 등 고비용 돌봄 진입 예방을 위한 예방적 돌봄 강화를 위해 노인맞춤돌봄서비스가 등장하게 되었다(보건복지부, 2019 : 3). 또한 지방자치단체 및 수행기관의 자율성을 보다 강화하여, 지역 실정 및 대상자 필요에 맞는 맞춤형 서비스를 제공하고, 다양한 자원 연계를 통한 지역사회 돌봄 기능 강화(보건복지부, 2019 : 4)를 위해 노인맞춤돌봄서비스를 도입하게 된 것이다. |그림 7-4| 와 같이 노인맞춤돌봄서비스를 통해 기존의 분절적인 사업 운영과 민간전달체계의 미흡한 서비스 질 관리를 제고하여, 공급자 중심이 아닌, 수요자 위주의 서비스 전달체계로 바꾸고자 하는 목표 또한 가지고 있다.

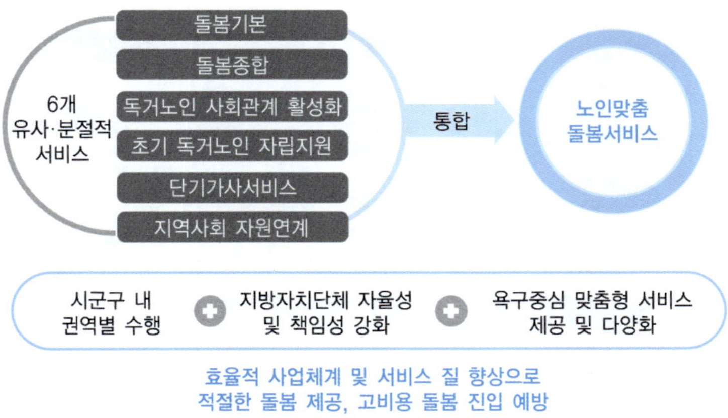

|그림 7-4| **노인맞춤돌봄서비스의 기본 방향**

출처 : 보건복지부(2019), p. 1.

2) 노인맞춤돌봄서비스의 내용

가. 서비스 대상 및 수행기관

① 대상

노인맞춤돌봄서비스의 대상은 독거·조손·고령부부 가구 노인 등 돌봄이 필요한 노인으로 확대된다. 대상자격은 만 65세 이상의 국민기초생활수급자, 차상위계층 또는 기초연금 수급자로 독립적 일상생활에 어려움이 있는 것이 확인된 경우이다. 또한, 기타 시장·군수·구청장이 돌봄 필요가 있다고 인정하는 자(보건복지부, 2019 : 17)도 대상자에 포함된다. 기존의 노인돌봄체계는 각 6개 사업의 기준을 적용할 대상자를 선별했는데, 노인맞춤돌봄서비스로 통합되면서, 사각지대 문제를 해결하기 위해 돌봄이 필요한 취약노인이 대상자가 된다. 개편 전에는 욕구가 아닌, 선정기준에 따라 대상자를 선별한다는 문제점이 제시되었는데, 새롭게 개편되는 노인맞춤돌봄서비스는 안전지원, 사회참여, 생활교육, 일상생활 지원 등 욕구에 따라 통합·맞춤형 서비스를 제공할 예정이다. 또한, 대상자를 기존보다 10만 명 늘려 45만 명에게 제공할 예정이다(그림 7-5 참조).

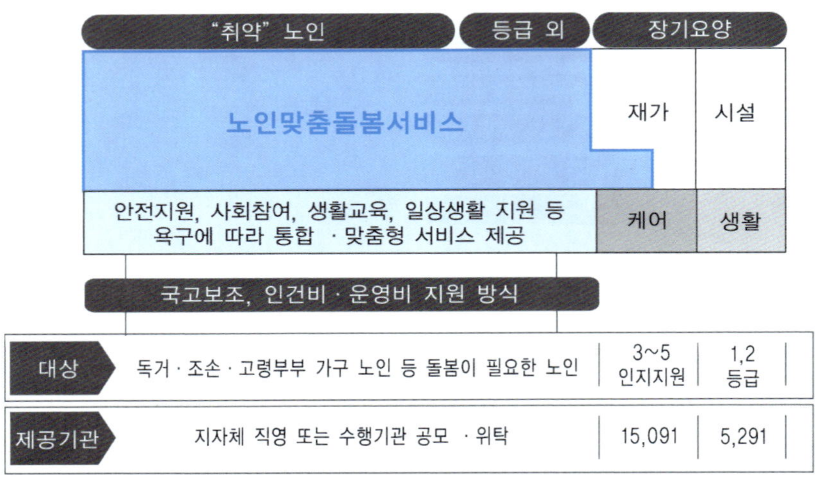

|그림 7-5| 노인맞춤돌봄서비스의 대상

출처 : 보건복지부(2019), p. 12.

② 수행기관

노인맞춤돌봄서비스의 수행기관의 자격은 공공성을 갖춰야 하고, 지역사회 노인복지 네트워크의 중심기관이 될 수 있어야 하며, 효과적인 사업수행이 기대되는 곳 등이다. 구체적인 자격은 아래 <표 7-6>과 같다. 수행기관의 서비스 계약기간은 최소 1년에서 최대 3년이며, 평가를 통해 재위탁이 가능하며, 수행기관 위탁은 공모를 통해 선정한다.

<표 7-6> 수행기관의 자격

구분	내용
(1) 관내 시설을 운영하고 있는 비영리법인 또는 사회복지 법인	노인복지시설·사회복지관·지역자활센터 등 사회복지시설, 자활기업 등의 시설 노인장기요양보험법 제32조에 의하여 설치된 재가장기요양기관은 참여 불가 동일 시·군·구 내 방문요양급여를 제공하는 법인의 경우 해당 법인이 운영하는 관내 방문요양급여 제공기관 전체의 방문요양 수급자 수를 제한하는 경우에 한함
(2) 사회서비스원	방문요양 제공 시에도 가능 장기요양서비스에 종사하는 요양보호사의 표준규모가 정해져 있으므로, 방문요양급여 제공규모 제한 없이 수행기관 참여가 가능
(3) 지방자치단체 운영	가장 최근에 받은 사회복지시설(직영) 평가결과가 A, B등급인 경우 공모를 거치지 않고 수행기관으로 선정 가능 가장 최근에 받은 사회복지시설(직영) 평가결과가 C, D, F등급인 경우 공모 참여 수행기관과 동일한 심사를 거쳐 선정 가능

출처 : 보건복지부(2019), p. 27.

나. 대상자 선정도구

대상자 선정도구는 다음의 <표 7-7>과 같이 3개의 영역으로 구분되며, 지방자치단체 사정에 따라 커트라인 운영도 가능하다. 각 영역별 채점방식과 지표는 현재 독거노인현황조사, 장기요양 인정조사표 등을 분석을 토대로 새로운 지표 연구·마련 중이다(보건복지부, 2019 : 20). 새로 개편되는 노인맞춤돌봄서비스에서는 사각지대 문제를 해결하기 위해 사각지대 대상 노인 발굴에도 적극적으로 임할 예정이다. 읍·면·동 주민센터, 수행기관, 통반장 등의 발굴인력이 나서 65세 진입, 75세 진입, 사별로 인한 독거노인 진입 등(보건복지부, 2019 : 19)의 노인을 대상으로 전수조사를 실시하거나, 다양한 방안 중 지방자치단체의 상황에 적합한 방안을 선택하여 대상 노인을 발굴하도록 한다.

<표 7-7> 대상자 선정도구

사회영역	가족구성, 가족관계(연락빈도), 이웃관계, 사회활동, 경제활동, 식사준비 가능 여부, 주거환경 등
신체영역	하지기능, 질병상태, 배변기능, 식사기능 등
인지영역	우울감, 스트레스 상태, 의사소통능력, 계산능력 등

출처 : 보건복지부(2019), p. 20.

다. 서비스 종류

노인맞춤돌봄서비스의 종류는 다음 <표 7-8>에 정리되어 있는 것처럼 직접서비스와 연계서비스로 구성된다. 직접서비스는 안전지원, 사회참여, 생활교육, 일상생활 지원 영역으로 구성되며, 방문형과 통원형으로 구분되어 제공된다. 서비스가 방문형과 통원형으로 나누어진 것은, 이번 통합·개편을 통해서 가구방문 서비스 이외에도 참여형 서비스가 신설되기 때문이다. 건강 및 기능상태 약화를 예방하고, 사회적 관계 형성 지원을 위해 집 밖으로 나와 참여할 수 있는 서비스를 제공하게 된다(보건복지부, 2019 : 4). 연계서비스는 민간후원자원과 연계하여 혹서·혹한기 물품 지원, 푸드뱅크 등 식품 지원, 주거환경 개선 등의 서비스를 제공한다. 기존 개별 사업체계에서는 중복 지원이 금지되어 하나의 서비스밖에 이용할 수 없었는데, 통합된 서비스를 통해 노인의 개별 욕구에 맞게 가사지원, 병원동행, 자원연계 등 서비스를 동시에 이용할 수 있게 된다. 그리고 위기상황에 처해 긴급하게 돌봄이 필요한 대상에게는 필요에 따라 월 최대 20시간의 가사지원서비스가 제공된다(보건복지부, 2019 : 10).

한편, 독거노인 친구 만들기는 특화사업으로 실시된다. 2014년부터 실시되었던 독거노인 사회관계활성화 사업은 참여노인의 고독감, 우울감, 자살생각 등이 경감하는 등의 효과가 나타났기 때문에 이 사업의 효과성을 반영하여, 독거노인 친구 만들기 사업을 노인맞춤돌봄서비스의 특화사업으로 실시하게 되는 것이다. 전국 도시지역 중심으로 200개 수행기관으로 확대하여 추진할 계획이다(보건복지부, 2019 : 9).

<표 7-8> 노인맞춤돌봄서비스 종류 및 내용

구 분		서비스 내용	
직접 서비스 (방문·통원 등) ※ 4개 분야	안전지원	• 안전·안부확인	– 방문 안전·안부확인 – 전화 안전·안부확인 – ICT 안전·안부확인
		• 생활안전점검	– 안전관리점검 – 위생관리점검 – 기타 생활점검
		• 정보제공	– 사회안전 정보제공 – 재난안전 정보제공 – 보건정보제공 – 복지정보제공
		• 말벗	– 정서지원
	사회참여	• 사회관계 향상 프로그램	– 문화여가활동 – 평생교육활동 – 체험여행활동
		• 자조모임	– 자조모임
	생활교육	• 신체건강 분야	– 영양교육 – 보건교육 – 건강운동교육
		• 정신건강 분야	– 우울예방 프로그램 – 인지활동 프로그램
	일상생활 지원	• 이동·활동지원	– 외출동행지원 – 산책, 나들이
		• 일상생활관리	– 영양·식사관리 – 위생·청소관리
연계서비스 (민간후원자원) ※ 지역사회 자원 연계는 읍·면·동에서 우선 실시		• 생활지원연계	– 생활용품지원 – 식료품지원 – 후원금지원
		• 주거개선연계	– 위생지원 – 주거환경개선지원
		• 건강지원연계	– 의료연계지원 – 건강보조지원
		• 기타서비스	– 기타 일상생활에 필요한 서비스 연계

출처 : 보건복지부(2019), p. 12.

라. 재정 및 급여

노인맞춤돌봄서비스 대상자는 기존보다 10만 명 늘린 45만 명 규모가 되고, 돌봄인력 또한 기존의 1.2만 명에서 3만 명으로 늘리게 된다(보건복지부, 2019 : 13). 이로 인해 노인맞춤돌봄서비스 예산은 2019년 예산 2,458억 원에 비해 51.7%, 즉 1,270억 원이 증가하여 총 3,728억 원이 된다. 급여, 서비스 제공 빈도와 시간 등은 다음 <표 7-9>와 같이 대상자 군에 따라 달라진다.

<표 7-9> 대상자 군별 서비스 내용

대상자 군	서비스 내용
중점돌봄군	16시간 이상~40시간 미만 직접서비스 + 연계서비스(필요시) + 특화서비스(필요시)
일반돌봄군	16시간 미만 직접서비스 + 연계서비스(필요시) + 특화서비스(필요시)

출처 : 보건복지부(2019), p. 48.

5. 전망과 과제

1) 커뮤니티 케어(지역사회돌봄서비스)

가. 전망

커뮤니티 케어 제공기관이 확대되면, 지역사회 내에서의 돌봄(care in the community)뿐만 아니라, 해외 선진국에서 현재 목표로 하고 있는 지역사회에 의한 돌봄(care by the community)까지 가능해질 것이다. 지역사회에 의한 돌봄(care by the community)은 조금 더 지역사회 자원을 적극적으로 활용하는 맥락의 개념이다. 즉, 지방자치단체가 돌봄의 책임 주체가 되고, 주민 참여 조직의 활성화를 통해 돌봄의 주체로서 이웃 돌봄 체계를 구축하는 것이다(김승연 외, 2018 : 124). 그리고 공공과 민간 간, 보건의료 및 복지 등 다직종 간 네트워크를 활발하게 하는 것이다(표 7-10 참조).

<표 7-10> 커뮤니티 케어의 현재(한계)와 미래상

구분	현재		미래
지역사회 내에서의 돌봄 (care in the community)	• 대규모 시설 또는 병원에서 케어 • 절대적으로 부족한 공적서비스 • 복지서비스 위주의 재가서비스 • 보건의료·요양·복지서비스 분절적 제공		• 집이나 지역사회 내 시설 이용 • 포괄적 서비스를 보편적으로 적용 • 집에서 진료·간호·재활서비스 이용 • 다양한 서비스를 통합적·연속적 이용
지역사회에 의한 돌봄 (care by the community)	• 지역사회 보건의료, 복지 등 다직종 간 네크워크가 약함 • 지역사회 내 민·관협력 파트너십 취약 • 주민참여, 자치조직 비활성화	➡	• 보건의료, 복지 등 다직종 협력 및 통합적 사례관리 체계 • 공공과 민간서비스 기관 간 사례연계 • 주민자치 활성화, 이웃돌봄체계
지방분권화 (decentralization community)	• 국고보조사업 위주의 보건의료 및 복지 서비스 제공 • 지방자치단체의 재정 여력 및 사업의 자율성 부족		• 지방자치단체가 서비스제공의 주체 • 지방분권형 커뮤니티사업 및 재정체계로 지역맞춤형 서비스 제공

출처 : 김승연 외(2018), p. 125.

나. 과제

첫째, 커뮤니티 케어의 핵심목표 중 하나는 지역사회 내 통합적인 돌봄이기 때문에, 포괄적이고 다양한 서비스가 필요하다. 2007년부터 바우처사업을 통해 다양한 사회서비스를 지원하고 있지만(김승연 외, 2018 : 71), 일상생활 지원에 필요한 포괄적인 서비스가 체계적으로 갖춰지지 못했다. 또한 보건의료, 장기요양 및 복지서비스, 자립생활 지원에 관련된 다양한 서비스를 세분화하여(김승연 외, 2018 : 131) 제공되어야 한다(김승연·권혜영, 2018 : 131).

둘째, 해외 주요 국가들과 노인돌봄서비스, 그리고 커뮤니티 케어를 비교했을 때, 대부분의 국가들은 노인 친화형 주택개보수를 공적 서비스로 제공하고 있지만, 우리나라는 주택개보수 서비스 지원이 없다(김승연 외, 2018 : 131). 또한, shared lives나 supported housing과 같이 지역사회에 함께 사는 다양한 주거서비스 모델을 개발할 필요가 있다(김용득, 2019 : 36).

셋째, 지방정부의 책임성을 높이고, 예방적 성격의 커뮤니티 케어가 될 수 있도록 해야 한다. 다수의 선진국에서는 지방정부의 책임성이 강하다. 하지만 우리나라는 공공 서비스가 매우 취약하여 현재 지역돌봄 필요자에게도 매우 부족한 상태이다(김승연 외, 2018 : 132). 서비스의 포괄성과 충분성의 확보는 성공적인 커뮤니티 케어의 전제조건이다. 덴마크는 지방정부가 직접 이용자의 재가방문을 하고, 후기 노인의 재가방문은 필수로 하여 이를 꾀하고 있다.

넷째, 덴마크와 일본처럼 24시간 돌봄체계를 마련할 필요가 있다. 지역주민과 민간단체가 참여하여 정기순회, 수시대응형 방문 등 24시간 돌봄이 가능하게끔 해야 한다.

다섯째, 커뮤니티 케어는 돌봄이 필요한 사람에게 보편적으로 제공되어야 한다. 현재 노인장기요양보험을 제외한 대부분의 재가서비스는 돌봄의 필요에 의해 제공되는 것이 아니라, 취약계층을 대상으로 제공되고 있다. 커뮤니티 케어 서비스의 수급권을 확대하기 위해서는 점진적으로 재가복지서비스나 요양서비스의 수급대상자의 수를 늘리거나, 건강보험과 장기요양보험 급여를 커뮤니티 케어 서비스에 포함시켜(김승연 외, 2018 : 133) 수급자를 대거 확대하는 방법이 있다. 또는 영국 외 다수의 북유럽 국가들이 돌봄이 필요한 모든 이에게 수급자격을 부여하여, 사정(assessment)을 한 후, 그 결과와 소득수준에 따라 서비스 이용료를 차등화하는 방안이 있다.

2) 노인맞춤형 돌봄서비스

기존 서비스가 갖는 한계를 극복하고, 대상자 중심의 서비스를 강화하기 위한 노인맞춤돌봄서비스는 2020년 시작되지만, 아직 시스템이 정착하지 않은 상태에 있다. 서비스 제공기관들로 선정된 기관들 역시 어떻게 서비스를 제공해야 할지에 대한 경험이 전무한 상태여서 시간이 흐르면서 서비스에 대한 이해와 대상자 중심, 지역의 책임성을 강화하는 방향에서 서비스가 정착될 것으로 기대된다.

향후 과제로 고려되어야 할 것은 첫째, 지역의 책임성을 강화하는 방향으로 서비스가 추진되지만, 실제 지역 간 역량에 따른 차이가 존재할 것이므로 이에 대한 대비가 필요하겠다. 특히 재정자립도가 낮고, 인프라가 부족한 지역은 여러 가지 문제를 겪게 될 가능성이 크므로 이들 지역에 대한 지원이 어떻게 이루어져야 할지에 대한 대책이 마련되어야 할 것이다.

둘째, 노인맞춤돌봄서비스가 추진되면서 기존의 노인돌봄서비스보다 일자리가 약 2만 개 늘어나게 된다. 기존의 독거노인지도사는 독거노인지원사로 이름이 바뀌게 되는데 이들의 일자리가 단순 일자리 증가의 수단이 되어서는 안 된다는 점이다. 이들 인력에 대한 지속적 교육이 이루어져야 하며, 급여체계 역시 요양보호사와 같은 맥락에서 고려해 본다면 불만이 나타날 가능성이 높다. 따라서 이러한 점에서 서비스 제공자에 대한 관리가 구체화될 필요가 있다.

셋째, 수행기관에 대한 감독과 관리, 제제가 구체적으로 필요하다. 화순군이 노인맞춤돌봄서비스 수행기관을 모집하면서 보조금 부정수급 등 사회적 문제를 일으킨 기관의 참여를 차단하지 않으면서 적정성 논란을 불러일으켰다(화순자치뉴스, 2019). 보조금 부정수급의 전력이 있는 문제의 기관들은 기존의 노인돌봄기본서비스를 위탁제공하고 있지만, 이 기관들이 수행기관으로 선정될 가능성이 높다. 실제로 보건복지부가 제공한 '2020년 노인맞춤돌봄서비스 사업 안내'에서는 수행기관으로 발탁된 후의 부정수급에 대한 지침이 있을 뿐, 부정수급 전력이 있는 기관에 대한 공모 참여에 대한 지침은 없다. 인프라가 적은 곳일수록, 참여기관이 부족하기 때문에 부정수급 전력이 있는 기관도 공모에 참여하여 선택되는 경우도 있으므로 도덕적 책임성을 강화해야 할 것이다.

학습과제

❖ 노인맞춤돌봄서비스가 정착하기 위해서 필요한 것들이 무엇인지 찾아보자.

❖ 커뮤니티 케어의 발달배경과 가장 관련이 깊은 것은 무엇인가?

❖ 장기요양보호와 지역사회보호는 어떻게 공존해야 하는가?

참고문헌

KB 금융지주 경영연구소(2016). 고령화 사회의 Aging in place를 위한 주거지원체계 트렌드. KB 지식 비타민, 25, 1-6.

국토교통부(2017. 11. 29). 국토교통부 보도자료.

김미진(2017). 일본의 고령사회를 둘러싼 지역 커뮤니티 케어 대응-지역포괄케어시스템을 중심으로. 서울시50플러스재단. https://50plus.or.kr/org/detail.do?id=45146

김성혜(2018). 고령자 주거환경 실내디자인 기준에 관한 연구. **한국디자인문화학회지**, 24(3), 65-76.

김소희(2009). 노인의 주거환경 욕구에 관한 연구. **노인복지연구**, 43(1), 157-182.

김승연·권혜영(2018). 해외 사례와의 비교를 통한 한국형 커뮤니티 케어 개념 정립 필요성 및 추진 방향. 한국보건사회연구원. 2018년 보건사회연구 콜로키움. 65-107.

김승연·장익현·김진우·권혜영(2018). 해외 사례와의 비교를 통한 한국형 커뮤니티 케어 개념 정립 및 추진방향 연구. 서울연구원. 1-182.

김용득(2018a). 영국 커뮤니티 케어와 이용자 참여 기제. 복지동향. http://www.peoplepower21.org/Welfare/658390

______(2018b). 커뮤니티 케어, 무엇을 어떻게 해야 할까? 복지동향. http://www.peoplepower21.org/Welfare/1576880

김윤영·윤혜영(2018). 커뮤니티 케어 해외사례와 함의 그리고 구상. **비판사회정책**, 60, 135-168

김재곤(2018). 노인 85% "자녀와 굳이 같이 살 필요없다". 조선일보. https://news.chosun.com/site/data/html_dir/2018/05/25/2018052500219.html

김혜신·박수빈(2019). 지속적 거주(Aging in place)를 위한 국내·외 주택설계지침의 비교. **대한건축학회 논문집-계획**, 35(9), 19-28.

박병현·황보람·이성은·배은석·송영지(2011). 노인돌봄종합서비스 발전 방안. 부산대학교 산학협력단. 1-216.

박정선(2018). 영국의 사회적 돌봄과 커뮤니티 케어의 역사적 변천과 복지의 혼합경제. **사회복지법제연구**, 9, 182-208.
http://www.molit.go.kr/housingroadmap/mn3.jsp

박제선(2019). 지역사회 통합돌봄 두 달 경과. 메디컬투데이. http://www.mdtoday.co.kr/mdtoday/index.html?no=372459

보건복지부(2018). 지역사회중심 복지구현을 위한 커뮤니티 케어 추진방향.

__________(2019). 2020년 노인맞춤돌봄서비스 사업안내. 보건복지부.

양난주(2018). 노인돌봄서비스 공급체계의 재검토 : '조치'와 '선택'의 이분법을 넘어. 한국노인복지학회 학술발표논문집, 2018(1), 14−36.

이규식(2019). 커뮤니티 케어1 <기본이론> 건강복지정책연구원. Issue Paper, 제41호, 1−23.

이선희(2014). 노인돌봄서비스 관련 현행제도의 실태와 개선방안. 보건복지포럼, 2014(8).

이승현(2019). 노르딕 국가와 지역사회통합돌봄 정책협력 강화한다. 보건복지부. https://www.mohw.go.kr/react/al/sal0301vw.jsp?PAR_MENU_ID=04&MENU_ID=0403&CONT_SEQ=351784

이윤경·강은나·김세진·변재관(2017). 노인의 지역사회 계속 거주(Aging in Place)를 위한 장기요양제도 개편 방안. 한국보건사회연구원.

이훈철(2018). 자녀와 따로 사는 노인 더 행복하다. 뉴스1코리아. http://news1.kr/articles/?3508483

정경희·오영희·강은나·김경래·이윤경·오미애·황남희·김세진·이선희·이석구·홍송이. (2017). 2017년도 노인실태조사. 한국보건사회연구원, 1−911.

정순둘·박애리(2018). 고령친화 환경인식이 사회결속력 인식에 미치는 영향 : 연령통합 인식의 매개역할을 중심으로. 한국노년학, 38(4), 999−1013.

조아라(2013). 일본의 고령자 거주문제와 주거정책 : Aging in Place를 중심으로. 대한지리학회지, 48(5), 709−727.

화순자치뉴스(2019). 노인맞춤돌봄서비스 수행기관 선정 기준 적정한가. 화순자치뉴스. http://m.hwasunjachinews.net/a.html?uid=9537

황경란·황재영·박혜선(2018). 커뮤니티 케어 현황과 쟁점−일본 기초자치단체 사례를 중심으로. 경기복지재단. GGWF Report, 1−75.

황미경(2019). 커뮤니티 케어와 통합사례관리 연계 네트워크 실천 방안 연구. 한국케어매니지먼트 연구, 30, 161−184.

CHAPTER 08

노년기 여가와 교육 서비스

우리가 살아가는 고령사회의 특징은 건강하고, 활기찬 노후생활을 영위하는 연소노인이 증가하며, 다양한 여가생활과 사회변화에 대한 학습, 그리고 심리사회적 욕구를 표출하는 고령인구가 증가하는 것이다(오영희, 2006). 일반적으로 노년기는 경제활동의 감소로 인하여 사회 내 역할이 줄어들고, 자녀양육의 책임으로부터 벗어나 사회적 의무가 줄어드는 시기이다. 따라서 노인들은 평생의 과업으로 수행해 오던 노동과 의무적 사회활동으로부터 벗어나 자율감을 경험하는 동시에 자신의 정체성과 동일시하였던 역할을 상실하여 공허함을 경험하게 되며, 여가 투성이의 생활을 해야만 하는 입장(박재간·김태현, 1986)에 처하게 된다. 역할 없는 역할(roleless role) 속에서 익숙하지 않은 전일제 여가(full−time leisure)의 고통을 해소하기 위한 방안으로 새로운 영역의 활동을 실천하는 것은 노년기를 풍부하게 하는 요소가 된다(George, 1999). 그러나 이러한 긍정적인 파급효과는 국내외 선행연구를 통하여 지속적으로 보고되어 왔음에도 아직까지 우리나라 노인의 실재적 생활실태에서 나타나는 여가활동과 문화향유, 사회단체 및 교육학습 참여는 그 빈도와 다양성 측면에서 지극히 제한적이라 할 수 있다(이가옥, 1994; 정경희 외, 2005).

사회보장기본법 제3조에 의하면 사회서비스란 "도움이 필요한 모든 국민에게 복지, 보건의료, 교육, 고용, 주거, 문화, 환경 등의 분야에서 인간다운 생활을 보장하고 상담, 재활, 돌봄, 정보의 제공, 관련 시설의 이용, 역량 개발, 사회참여 지원 등을 통하여 국민의 삶의 질이 향상되도록 지원하는" 국가와 지방자치단체 및 민간부문의 제도를 말한다. 사회서비스의 개념은 각

국가와 학자마다 다양하게 정의되고 포함하는 영역 또한 차이를 보이나 전반적으로 넓은 의미의 사회서비스는 앞서 언급된 모든 국민의 인간다운 생활을 보장하기 위해 요구되는 고용, 돌봄, 복지, 교육, 문화, 환경 등을 포괄하는 총체적 개념이라 할 수 있다. 우리나라 사회서비스는 주로 노인, 장애인, 아동을 대상으로 하는 돌봄서비스를 중심으로 확장되는 추세를 보인다. 그럼에도 노인들이 은퇴 후 당면하는 경제적, 신체적 문제뿐 아니라 사회적, 정서적 제약을 극복하도록 지원하고, 특히 지역사회 내에서 그들이 일상의 삶을 통하여 보람을 얻을 수 있는 역할을 발견하도록 돕는 것은 매우 중요한 과업이다.

여가와 문화, 학습에 대한 인간의 욕구는 매슬로우(Maslow, 1970)가 제시한 소속(belonging)과 자존(self-esteem), 그리고 자아실현(self-actualization)의 욕구에 합치되는 개념으로서 이는 경제적, 물질적 풍요 이상의 정신적 욕구 충족을 필요로 한다. 여기에서 노년층을 위한 사회서비스의 광의적 접근의 중요성이 드러난다. 본 장에서는 노년기 여가활동과 노인교육을 중심으로 사회서비스의 맥락을 살펴보기로 한다.

1. 노년기 여가

1) 여가의 개념

Webster 사전에 의하면 여가는 '한가로움', '안일', '직업생활로부터 벗어난 자유(freedom from necessary occupation)', '한가한 시간(spare time)', '휴양 및 기분 전환(recreation)'이라는 뜻으로 해석되고 있다. 여가(leisure)의 어원은 라틴어의 '리세레(licere)'에서 유래되었는데 이는 일이나 직업으로부터 '벗어나도록 허용된, 자유로운(to be free)'이라는 뜻을 가지고 있다. 또한 로마어의 오티움(otium)과 그리스어의 스콜레(scole)도 여가의 어원을 제공한 것으로 알려진 바 있다. 오티움은 '아무것도 하지 않는 소극적 행위의 상태(doing nothing)'를 뜻하는 한편, 스콜레는 '학자(scholar)'와 '학교(school)'를 의미하는 말로서 '조용함 혹은 평화, 남는 시간'이자 학문적 토론이 진행된 장소를 지칭하여, 여가와 교육의 밀접한 관련성을 반영할 뿐 아니라 '자기의 교양을 높이기 위한 적극적 행위'를 의미한다(김광득, 1997).

일반적으로 여가(leisure)란 일로부터 해방되어 자유, 휴식, 즐거움 등을 누릴 수 있는 여유 있는 시간을 의미한다. 여가 개념에 대한 정의를 종합해 보면 시간의 한계와 활동내용에 있어 가치의 한계를 어디에 둘 것인가라는 문제가 주로 논의되고 있는데 이를 정리하면 다음과 같다. ① 일이나 일상생활의 준비시간 외에 단순한 자유 시간, ② 가치 있는 여가활동을 추구하려고 노력하는 적극적 시간, ③ 사회적 치료 수단, ④ 인간의 내면적 욕구의 반응이나 표현 활동, ⑤ 하루 일과 중 개인이 느낄 수 있는 가치 있는 활동으로 보는 견해 등이 있다.

2) 노인 여가의 필요성

노인의 욕구 중 하나는 노년기의 긴 여가시간을 유용하게 보내고 싶은 것이다. 캐플란(Kaplan, 1960)은 여가활동과 관련한 노인의 욕구를 다음과 같이 구분하고 있다. ① 여가를 친구들과 함께 지내고 싶어 하는 욕구, ② 오래도록 건강을 유지하고 싶은 욕구, ③ 사회적으로 공헌하면서 봉사활동을 하고자 하는 욕구, ④ 자신의 존재를 타인에게 인정받고 싶어 하는 욕구, ⑤ 가족관계를 원만히 유지하려는 욕구, ⑥ 종교적 신앙을 포함한 정신적 안정을 얻으려는 욕구, ⑦ 자기표현과 성취감의 기회를 가지려는 욕구 등이다.

경제적, 사회적, 문화적 자본을 보유한 베이비부머 세대들이 노인이 되는 고령사회에서는 노년기의 여가활동에 대한 욕구가 상승될 것이 예상되어 이에 대한 대비가 필요하다. 그리고 노인의 여가활동은 시간적 여유에 대한 취미·오락 활동 또는 건강과 능력의 한계 내에서 사회를 위해 기여하는 활동이라 할 수 있다. 노인의 여가욕구는 각 개인이 지니는 심리적 특성이나 가치관 또는 경제 형편, 교육 등 제반 환경에 의해서 그 비중이 각기 다를 수 있다. 그러나 누구도 부인하지 못하는 사실은 급변하는 정보화 사회에 어느 정도 맞추기 위해서, 그리고 노인의 여가문화를 활성화하고 나아가 사회에 공헌하기 위해서 여가에 대한 교육이 필요하다는 것이다.

근래에는 우리나라에서도 노년학 분야의 연구가 활발해지고 있는데 이것은 노인에 대한 관심이 증가하고 있는 현상으로 볼 수 있으며, 따라서 노인의 여가활동에 관한 다양한 프로그램이 마련될 수 있는 계기를 가져올 것으로 보인다. 노인 인터넷, 스마트폰 교육 프로그램 역시 인터넷과 스마트 기기를 통한 노인 여가문화의 형성에 간접적으로 기여할 것이다. 노인은 다른 연령층에 비하여 상대적으로 여가시간이 많은 상황이므로 주어진 여가시간을 어떻게 활용하며 어떠한 노인여가문화가 존재하는가에 따라 그 사회 구성원의 삶의 질(quality of life)은 영향을 받는다. 따라서 건강한 노인문화가 형성될 수 있도록 기틀을 바로잡아 가야 할 것이다.

3) 노인 여가활동의 특성과 현황

(1) 노인 여가활동의 특성

여가는 순전히 자발적으로 선택하는 행위로서 자유, 휴식 및 즐거움 등 정서적, 정신적 풍요로움과 관계되는 것이며, 노동의 반대개념이라 할 수 있다. 다시 말하면, 여가는 강제성과 의무성이 없는 시간적 특성과 자유선택에 따라 시간을 사용할 수 있다는 것이 주요한 특성이다(곽효문, 2002; 박재간·김태현, 1986). 한편 <표 8-1>에 제시된 바와 같이 여러 학자들에 따라 여가의 유형을 구분하는 방법이 다양하여 일관된 분류기준을 제시하기란 쉽지 않다.

<표 8-1> 여가 유형 분류의 예

Kaplan의 분류	Maw의 분류	Time Budget 연구	Dumanzedier의 분류	Meyersohn의 분류
• 개인사교 • 단체활동 • 경기 • 예술 • 동적활동 • 정적활동	• 대화, 연회 등 • 스포츠, 놀이 등 • 연극 • 외식, 여행, 자기사업, 정원 가꾸기등 • 휴식, 독서, TV 시청, 라디오 청취 등 • 취미활동	• 사교, 대화 등 • 조직 • 스포츠 • 영화, 연극 등 • 휴식, 독서, TV 시청, 라디오 청취 등 • 취미활동	• 휴식의 기능 • 기분전환(오락)의 기능 • 자아(인격)개발의 기능	• 휴식, 휴양, 보양의 기능 • 오락의 기능 • 자아실현의 기능 • 정신적 변화의 기능

출처 : 나항진(2002).

노인에게 여가개념은 청장년층의 경우와 근본적으로 차이가 있다. 청장년층에게 여가란 사회적 의무와 역할을 감당하기에 필요한 심신의 피로회복, 재생산을 위한 쉼의 목적으로 이루어지는 것이라면 노년기의 여가는 수행해야 할 일정한 역할이 없는 상황에서 막연히 오랜 시간을 보내는 것도 포함되기 때문이다(이성훈·이유리, 2004). 일하는 과정에서 잠시 쉼을 얻는 청장년층의 여가와는 달리 노년기의 생활 자체가 여가시간인 경우가 많기에, 노년기 여가활용의 방법과 만족수준은 노인의 삶의 만족도, 주관적 행복감, 자기존중과 성공적인 노화에 직접적인 영향요인이 된다(나항진, 2002; Franks, Herzog, Holmberg, & Markus, 1999).

(2) 우리나라 노인의 여가활동 현황

우리나라 노인의 여가활동 현황을 파악하기 위해서 통계청의 생활시간조사와 보건복지부의 노인생활실태조사, 문화체육관광부의 국민여가활동조사 결과를 살펴보고자 한다. 통계청에서 5년 단위로 실시하는 「2014년 생활시간조사」 결과에 따르면, 65세 이상 인구는 개인유지(수면시간 등) 시간을 제외하고, 교제 및 여가활동에 보내는 시간이 가장 많은 것으로 나타났다(7시간 16분). 주된 여가활용 방법은 TV 시청(3시간 48분), 종교·문화·스포츠(1시간 11분), 교제(51분), 기타 여가활동(47분) 순으로 나타났는데, 이는 우리나라 노인의 수동적이고 제한적인 여가활용 실태를 재확인하는 결과라 할 수 있다. 이는 5년 전에 응답한 동일 연령대의 응답자와 유사한 결과이며, 최근의 결과에서는 5년 전에 비하여 필수시간과 여가시간은 증가하고, 의무시간은 감소한 경향이 차이가 나는 부분이다.

노인의 성별에 따라 생활시간을 살펴보면 필수생활시간의 비중은 큰 차이를 보이지 않았으나 남성은 여성보다 일(수입노동)에, 여성은 남성보다 가사노동에 더욱 많은 시간을 소요한 것으로 분석된다. 여가생활시간에 소요하는 총량은 여성보다 남성이 많았는데 이들은 주로 TV 시청시간과 스포츠 및 레포츠에 여가시간을 주로 사용하였고, 여성은 교제에 사용하는 시간이 남성보다 약간 많은 것을 볼 수 있다.

동일한 조사에서 다른 연령대와 비교하면 청년기(25~39세) 인구는 개인유지 시간에 11시간 9분을, 의무생활시간에 약 9시간을 사용하였고, 여가생활에는 3시간 51분을 사용하였다. 주된 여가활용 방법은 TV 시청(1시간 19분), 교제(39분), 기타 여가활동(34분), 종교·문화·스포츠(31분) 순서로 나타났다. 중장년기(40~54세)와 연소노인(55~64세) 인구의 경우는 청년기 결과와 비교하여 점차적으로 의무생활시간은 감소하는 반면 여가생활시간은 증가하는 경향을 보였고, TV 시청시간이 지속적으로 증가하는 결과를 보였다.

<표 8-2> **고령자(65세 이상)의 생활시간** (단위 : 시간 분)

구 분	전체			남자(A)			여자(B)			남녀차이(B−A)	
	2009	2014	증감	2009	2014	증감	2009	2014	증감	2009	2014
□ 필수생활시간	11:34	11:46	0:12	11:34	11:49	0:15	11:34	11:44	0:10	0:00	−0:05
수면	8:20	8:22	0:02	8:17	8:20	0:03	8:22	8:24	0:02	0:05	0:04
식사 및 간식	1:46	1:58	0:12	1:52	2:04	0:12	1:43	1:54	0:11	−0:09	−0:10
기타 개인유지[1]	1:28	1:25	−0:03	1:25	1:25	0:00	1:30	1:26	−0:04	0:05	0:01
□ 의무생활시간	5:16	4:58	−0:18	4:41	4:23	−0:18	5:41	5:22	−0:19	1:00	0:59
일(수입노동)	1:39	1:26	−0:13	2:14	1:58	−0:16	1:14	1:03	−0:11	−1:00	−0:55
가사노동[2]	2:19	2:23	0:04	1:01	1:10	0:09	3:13	3:15	0:02	2:12	2:05
학습	0:02	0:01	−0:01	0:03	0:01	−0:02	0:03	0:01	−0:02	0:00	0:00
이동	1:16	1:08	−0:08	1:23	1:14	−0:09	1:11	1:03	−0:08	−0:12	−0:11

□ 여가생활시간	7:09	7:16	0:07	7:45	7:48	0:03	6:44	6:52	0:08	-1:01	-0:56
교제	0:56	0:51	-0:05	0:48	0:42	-0:06	1:01	0:57	-0:04	0:13	0:15
미디어 이용	3:42	4:04	0:22	4:13	4:33	0:20	3:20	3:42	0:22	-0:53	-0:51
실시간 방송(TV)	3:27	3:48	0:21	3:46	4:05	0:19	3:14	3:36	0:22	-0:32	-0:29
종교·문화·스포츠	1:10	1:11	0:01	1:20	1:19	-0:01	1:04	1:05	0:01	-0:16	-0:14
스포츠 및 레포츠	0:47	0:49	0:02	1:07	1:06	-0:01	0:33	0:36	0:03	-0:34	-0:30
기타 여가활동[3]	0:54	0:47	-0:07	0:58	0:50	-0:08	0:50	0:44	-0:06	-0:08	-0:06

주 : 1) 개인 건강관리, 개인위생, 외모관리 등
2) 가정관리, 가족 및 가구원 돌보기
3) 집단게임·놀이, 컴퓨터·모바일게임, 개인 취미활동, 유흥 등
자료 : 통계청(2014). 2014년 생활시간조사.

한편 보건복지부(2018)가 발표한 「2018년 고령자 통계」에 따르면 2017년 기준 65세 이상의 고령자는 주중·주말 모두 대부분 'TV 시청'과 '휴식활동'에 여가시간을 활용한 것으로 보고되었다. 이들은 앞으로 경제적, 시간적 여유가 있다면 여가시간에 가장 하고 싶은 활동으로 관광활동을 선택하였고, 그 다음은 휴식활동과 TV 시청의 순으로 응답하였다. 이를 통해 희망하는 여가활동과 현재 수행하는 여가활동 간에 괴리가 있음을 확인할 수 있다.

<표 8-3> 여가활동(65세 이상, 복수응답)

(단위 : %)

구 분	TV시청	문화예술 관람 및 참여	스포츠 관람 및 활동	관광 활동	취미 자기개발 활동	휴식 활동	사회 및 기타활동	기타[1]
주 중	91.4	5.0	13.3	2.8	14.8	69.8	11.3	5.0
주 말	86.2	5.7	12.3	8.0	11.8	70.0	18.9	3.8
향 후	32.4	22.4	16.7	65.8	28.1	33.3	30.6	1.9

주 : 1) '컴퓨터 게임, 인터넷 검색 등' 포함
자료 : 통계청(2017). 사회조사.
출처 : 보건복지부(2018). 2018년 고령자통계.

2017년 노인생활실태조사(보건복지부·한국보건사회연구원, 2017)에서는 소극적 여가활동과 적극적 여가활동을 구분하여 제시하였는데, 소극적 여가활

동에서는 노인의 99.3%인 대부분이 TV 시청과 라디오 청취를 즐긴다고 응답하였고, 1일 평균 시청시간은 3.8시간으로 분석되었다. 응답자의 연령이 높을수록, 독거노인일수록, 학력수준이 낮을수록, 가구소득수준이 낮을수록 1일 평균 시청시간은 증가하는 경향이 나타났고, 1일 평균 5시간 이상 TV를 시청하고 라디오를 청취한다고 응답한 비율도 전체 응답자의 31.8%에 달하였다. 한편, 적극적 여가활동에 참여한 경험이 있다고 응답한 비율은 전체 응답자 10,073명 중 85.1%이었고, 여가문화활동 중 주된 활동(중복응답)으로는 취미오락활동(50.5%), 사회 및 기타활동(49.1%), 휴식활동(43.5%), 스포츠참여활동(16.6%), 문화예술참여활동(8.6%)의 순으로 나타났다. 또한 지난 1년 간 여행을 한 경험이 있다는 응답자는 33.8%이었으며, 국내외 여행횟수는 1회가 52.9%로 가장 높은 비율을 보였다. 마지막으로 세 가지 차원에서 노인의 사회단체활동을 분석한 결과, 노인의 친목단체활동 참여율은 45.6%, 동호회 활동 참여율은 4.4%, 정치사회단체활동 참여율은 0.4%로 나타났다.

문화체육관광부(2018)의 국민여가활동조사에 따르면 전체 응답자의 평일 여가시간은 3.3시간인 반면 60대 응답자는 3.6시간, 70대 이상은 4.8시간으로 나타났으며, 평일 여가활동의 유형별 참여율은 다음 <표 8-4>에 제시된 바와 같다. 국민여가활동조사에서 활용한 여가활동의 분류체계는 앞서 살펴본 보건복지부의 노인생활실태조사와 차이가 있는데 예로 소극적 여가활동으로 구분했던 TV 시청과 라디오 청취활동은 산책, 사우나, 낮잠 등과 함께 휴식활동에 포함되어 있다. 따라서 전 연령대와 마찬가지로 고령자일수록 휴식활동의 참여율이 가장 높은 것으로 분석되었고, 등산, 낚시, 공예, 원예, 요리, 인터넷 검색, 쇼핑과 외식 등 자신의 흥미에 중점을 두는 다양한 취미오락 활동과 종교활동, 동호회, 가족과 친지 방문 등이 포함된 취미오락 활동의 참여율이 높게 나타났다. 이 세 가지 유형의 여가활동은 전 연령대에 걸쳐 참여율이 높게 분석되었고, 특히 휴식활동과 관광활동은 연령이 높아질수록 참여율 또한 높아지는 경향을 보였으나 문화예술 참여 및 관람활동과 스포츠 참여 및 관람활동은 낮아지는 경향을 보이고 있다.

<표 8-4> 평일에 참여한 유형별 여가활동(복수응답)

여가활동 유형	전 연령	50대	60대	70대 이상
문화예술 참여활동	28.3	24.4	26.6	19.8
문화예술 관람활동	41.8	35.7	29.6	17.5
관광활동	50.0	49.0	52.7	54.5
스포츠 참여활동	52.9	50.4	44.1	27.7
스포츠 관람활동	55.5	55.0	47.2	37.1
사회 및 기타활동	90.8	89.8	90.1	88.3
취미오락 활동	94.6	93.5	93.0	89.9
휴식활동	98.8	99.1	99.3	99.8

자료 : 문화체육관광부(2018). 2018 국민여가활동조사.

지금까지 살펴본 바와 같이 우리나라 노인들의 여가활동은 TV 시청과 라디오 청취, 가족과 친지 방문, 종교활동 등 우인교류형 중심으로 이루어지고 있고, 이러한 개인욕구 중심의 활동을 제외하고는 자기개발과 성장 및 사회공헌을 위한 봉사, 학습, 정치 등 다양한 사회단체활동에 참여하는 비율은 매우 낮은 편이다(권중돈, 2016; 유성호 외, 2015). 특히 노인의 문화예술 및 스포츠 활동의 참여율은 매우 저조하여 노인세대의 문화향유 수준은 낮은 상황이다(권현정·박화옥, 2008). 이는 현재 노인세대가 한국전쟁과 그 이후의 절대적 빈곤 상황에서 기본적 교육과 문화향유의 기회조차 충분히 누리지 못한 세대라는 시대적 맥락에서 이해가 되어야 할 것이다. 1970년대 이후 한국 경제발전의 주역으로 일과 가정의 양립보다는 경제적 활동을 위주로 생활해 왔고, 여가란 단지 경제적 활동을 유지하기 위한 휴식시간으로 간주하였기에 온전한 여가활동과 문화예술에 대한 욕구를 추구할 기회가 부족하여 나타나는 결과로 추정된다. 그러나 40세 이상 중장년층인 베이비부머의 여가활용 실태는 현 노인세대와 극명한 차이를 보인다. 특히 베이비부머 세대 내에서도 연령이 낮을수록 여행과 스포츠, 컴퓨터게임, 문화예술 관람, 자기계발 등의 여가활동에 참여하는 비율이 높아지고 있다. 즉, 미래의 노인들인 베이비부머 세대는 교육 수준이 높아 퇴직 후에도 자신의 역량과 재능을 계속 활용하고 향상시키기를 원하며, 노후생활을 위한 경제적 여건을 어느 정도 갖춘 상황에서 보다 양질의 여가시간과 문화생활을 누리고자 하는 욕구를 표출하고 있는 것이다. 따라서 미래 사회의 노인복지 서비스는 이러한 신노년인구의 욕구에 대응할 수 있도록 사회서비스의 범위와 지원내용 등이 다양화되고 서비스의 질적 향상이 수반되어야 할 것이다.

4) 노인 여가활동 지원 정책

(1) 노인 여가활동 관련 법

노인의 여가활동과 문화생활은 어떻게 정의하는가에 따라 그 규모와 범위에 많은 차이가 있고 포괄적인 특성이 있어 다양한 법체계와 다수의 정부 부처의 사업들이 상호 연관되어 있다. 먼저 저출산·고령사회기본법에는 제14조 여가·문화 및 사회활동의 장려와 관련하여 국가 및 지방자치단체는 노후의 여가와 문화활동을 장려하고 이를 위한 기반을 조성하여야 하며, 자원봉사 등 노인의 사회활동 참여를 촉진하는 사회적 기반을 조성하여야 한다고 제시되어 있다.

문화체육관광부 주관의 문화기본법에는 제8조에서 문화진흥 기본계획의 수립 등과 관련하여 국가는 5년마다 문화여가시설 등의 조성과 활용에 관한 사항을 포함한 기본 계획을 수립하여야 하고, 제9조에서 문화 진흥을 위한 분야별 문화정책 추진에 있어 국가와 지방자치단체는 여가문화의 활성화를 위하여 문화정책을 수립하고 시행하도록 노력해야 함이 명시되어 있다.

또한 노인복지 정책의 근간이 되는 노인복지법에서는 제36조 노인여가복지시설에 대한 조문과 제23조 노인 사회참여 지원에 대한 조문이 가장 밀접하게 관련되어 있는데 현행 노인여가복지시설로 노인복지관, 경로당, 노인교실을 제시하고 있으며 각 시설의 목적을 명시하고 있다.

<표 8-5> 노인여가복지시설의 종류(노인복지법 제36조)

시 설	설치 목적	이용 대상자	설 치
노인복지관	노인의 교양·취미생활 및 사회참여활동 등에 대한 각종 정보와 서비스를 제공하고, 건강증진 및 질병 예방과 소득보장·재가복지, 그 밖에 노인의 복지증진에 필요한 서비스를 제공	60세 이상의 자	시장·군수·구청장에 신고
경로당	지역노인들이 자율적으로 친목도모·취미활동·공동작업장 운영 및 각종 정보교환과 기타 여가활동을 할 수 있도록 하는 장소를 제공	65세 이상의 자	〃
노인교실	노인들에 대하여 사회활동 참여욕구를 충족시키기 위하여 건전한 취미생활·노인건강유지·소득보장 기타 일상생활과 관련한 학습 프로그램을 제공	60세 이상의 자	〃

출처 : 보건복지부(2019b). 2019 노인복지시설 현황.

(2) 노인 여가서비스 제공기관

노인여가복지시설은 비교적 거동이 수월하고 건강수준이 양호한 노인이 이용하는 시설로 각종 여가와 취미활동, 건강증진 프로그램이 운영되고 있다. 노인복지관은 주로 도시지역을 중심으로 2018년 말 기준 385개소가 설치되어 있으며, 전국의 읍면 단위까지 고르게 분포한 경로당은 2018년 말 기준 66,286개소가 운영되고 있어 접근성이 매우 높다. 1970년대부터 설치된 노인교실은 2018년 기준 1,342개소가 파악된 것으로 제시되나 미신고 운영 중인 노인교실의 수는 훨씬 많을 것으로 추정된다. 노인여가복지시설의 지원은 2005년 이후 지방사업으로 이양되어 각 지방자치단체는 경로당의 난방비 및 운영비와 노인복지관의 운영비를 지원하고 있다.

<표 8-6> 노인여가복지시설의 증가 추이 (단위 : 개소)

구 분	2014	2015	2016	2017	2018
노인복지관	344	347	350	364	385
경로당	63,960	64,568	65,044	65,604	66,286
노인교실	1,361	1,377	1,393	1,356	1,342
계	65,665	66,292	66,787	67,324	68,013

자료 : 보건복지부(2019b). 2019 노인복지시설 현황.

보건복지부(2019a)에 따르면 노인복지관은 복지서비스가 필요한 노인을 대상으로 ① 건강한 노후를 위한 예방, 취약노인 케어 기반구축 및 확충, ② 활동적인 노후를 위한 사회참여 여건 조성 및 활성화, ③ 안정적 노후를 위한 소득보장의 다양화와 내실화를 통해 성공적인 노후가 실현될 수 있도록 지원하는 종합적 노인복지서비스 전달기구로서 중심적 역할을 수행하는 것을 운영목표로 한다. 노인복지관은 전문성, 지역성, 중립성, 책임성을 견지하고 자율적인 운영기반을 확립할 뿐 아니라 노인계층의 다양화 및 시대변화에 대비한 특화 프로그램(예 베이비부머세대 대상의 은퇴준비 프로그램, 사회참여 및 취업 등 특화 프로그램, 세대통합 프로그램 등)을 개발하고 운영할 것으로 기대된다. 노인복지관의 주요 사업은 종합복지센터로서의 기능과 역할을 수행하기 위해 기본적으로 제공해야 할 사업과 해당 지역 또는 노인복지관의 특성을 반영하여 개발·추진 가능한 사업으로 구분할 수 있다(표 8-7). 기본사업에는 평생교육지원사업, 취미여가지원사업, 건강생활지원사업(치매예방 인지활동서비스 및 건강증진지원), 상담 및 정보제공사업, 사회참여지원사업, 위기 및 독거노인 지원사업, 정서 및 사회생활지원사업, 지역자원 개발 및 연계사업, 노인권익증진사업이 포함되고, 선택사업에는 건강생활지원사업(기능회복지원, 급식지원), 고용 및 소득지원사업, 가족기능지원사업, 가족통합지원사업, 돌봄 요양서비스 등이 추진 가능하다.

<표 8-7> **노인복지관 사업구분**

사업구분		프로그램(예시)
상담	상담 및 정보제공	노인의 일반상담(이용상담, 접수상담), 전문상담(경제, 법률, 주택 상담, 연금상담, 건강상담, 세무상담), 심리상담, 치매상담, 노인학대상담 등
	정서 및 사회생활지원	우울 및 자살예방 프로그램, 죽음준비 프로그램, 집단 프로그램, 자조 모임 등
사례관리	위기 및 독거노인 지원	취약노인의 신체·정서·사회적 자립 지원 프로그램 운영, 독거 노인돌봄서비스, 사례관리사업, 읍·면·동행정복지센터 및 유관 기관 등과 연계(취약노인연계망구축사업)
	가족기능지원	가정봉사원파견, 방문간호, 노인돌봄서비스사업 등

건강생활 지원	건강증진지원	건강교육, 건강상담, 건강교실(건강체조, 기체조, 요가 등), 독거노인지원사업(기존 재가사업), 이·미용, 노인건강운동, 치매예방 인지 활동서비스, 물리치료 등
	기능회복지원	양·한방진료, 작업요법, 운동요법, ADL훈련 등
	급식지원	경로식당(중식서비스), 밑반찬·도시락배달, 푸드뱅크 등
노년사회화 교육	평생교육지원	노인역량강화교육, 정보화교육, 사회화교육, 시민사회교육, 한글교실, 외국어교실, 교양교실, 인문학교육, 예비노인 은퇴준비 프로그램 등
	취미여가지원	예능활동(음악, 미술, 생활도예, 서예, 댄스), 문화활동(연극, 사진, 영화, 바둑, 장기, 레크리에이션), 취미활동(종이접기, 손뜨개질, 민속놀이), 체육활동(탁구, 당구, 게이트볼), 동아리활동 등
지역조직 및 세대통합	지역자원개발	자원봉사자 발굴·관리, 후원자 개발, 외부 재정지원기관 사업 수탁 등
	지역복지연계	경로당 프로그램 연계 등의 지역복지기관 연계, 지역협력사업(경로행사, 나들이 등) 등
	주거지원	주택수리사업, 주거환경 개선사업(도배 등) 등
	가족통합지원	가족상담, 가족관계 프로그램, 가족캠프, 세대통합 프로그램 등
사회참여 및 권익증진	사회참여지원	노인자원봉사 활성화 사업, 노인일자리 및 사회활동지원 사업, 지역봉사활동, 교통안전봉사, 동아리·클럽 활동 지원, 교통편의 서비스 등
	노인권익증진	정책건의, 노인인권 옹호, 노인인식개선사업, 편의시설 설치, 노인 소비자피해예방교육, 양성평등교육, 성교육 등
	고용 및 소득지원	고령자취업지원 사업, 경제교육, 취업교육 등
돌봄	요양서비스	치매환자 프로그램, 주·야간보호 등

※ 기타 제시되지 않은 사업은 자체 수행 가능
출처 : 보건복지부(2019a). 노인보건복지사업안내.

경로당은 지역노인들의 친목도모, 취미활동, 공동작업장 등 자율적인 여가활동과 일상생활 및 각종 정보에 대한 교류가 발생하는 장소로서 오랜 시간 사랑방이자 노인정의 기능을 담당하였다. 도시지역에 집중되어 있는 노인복지관에 비하여 전국 읍면 지역의 농산어촌까지 세밀하게 분포되어 있는 경로당은 시설의 낙후성과 운영의 비전문성 문제점을 해결할 수 있다면 후기노인(85세 이상)을 위한 지역밀착형 복지전달체계로서 그 기능과 역할을 담당할 수 있을 것으로 기대된다. 경로당 운영혁신사업은 경로당을 ① 건강관리·운동·교육·여가·자원봉사 등 다양한 프로그램을 제공하는 노인이 가장 손쉽게 접근할 수 있는 다기능 공간으로 활용하고, ② 프로그램 조정·지원을 담당하는 경로당 순회 프로그램 관리자의 기능을 전문화하며, ③ 경로당을 독거노인 생활교육 실시장소로 활용하여 지역사회 독거노인을 보호하고, ④ 경로당을 '학대노인 지킴이센터'로 지정하여 학대피해노인을 감시·신고하는 기능을 수행하도록 함으로써 지역의 노인복지·정보센터·학대노인 지킴이센터로 기능을 변화시키는 것을 골자로 하고 있다. 이를 위하여 '경로당 활성화 지원협의체'는 지역사회 내 인적·물적 자원을 효과적으로 동원하고 연계·운영할 수 있도록 지원을 강화하고, 경로당 순회 프로그램 관리자를 대한노인회 지회에 1인 이상 배치하며, 경로당 운영의 재정 건전성과 투명성 확보를 위해 역할을 담당하고 있다.

<표 8-8> 경로당 활성화 프로그램 분야

구 분		내 용
건강운동	체조·댄스교실, 웃음교실, 요가·명상, 건강운동	노인들의 신체적·정서적 건강유지 및 증진을 위한 건강운동 프로그램 지원
건강관리	건강검진, 한방치료, 방문간호	노인들의 신체적·정서적 건강유지 및 증진을 위한 건강검진, 한방치료 등
교육·상담	정보화교육, 어학교육, 인식개선교육, 노인상담, 생활안전교육	노후생활, 정보통신 등 다양한 교육을 실시함으로써 노인들의 건전하고 건강한 노후생활 영위를 위한 교육 프로그램 제공
여가활동	음악활동, 바둑장기교실, 문학활동, 미술활동, 문화·공연활동	노래교실 등 각종 레크레이션 활동 등을 통해 노년의 건전한 여가·취미생활을 유지할 수 있는 프로그램 제공
권익증진	노인 성 교육, 소비자피해예방교육, 노인자살·학대예방교육	노인 권익증진을 위한 성교육, 학대예방교육

사회참여	방문 이·미용서비스, 시설방문위문공연, 자원봉사활동	경로당 이용 노인들을 중심으로 지역사회 청소 및 재활용품 수집, 청소년 안전지킴이 등의 봉사활동 수행
공동작업장	공동작업장 운영	경로당을 중심으로 노인들이 지역특성에 맞는 일거리를 확보하여 공동으로 생산 활동에 참여
기 타		지역특성에 알맞은 각종 활동

출처 : 보건복지부(2019a). 노인보건복지사업안내.

노인교실은 노인여가복지시설로 분류되어 있으나 여가와 교육을 세분화하는 경우 노인교육 전담기관으로 구분되기도 한다(이윤경 외, 2013). 1972년 종로 태화관에 서울평생교육원이 최초로 개원하여 노후생활 강좌를 시작한 이후 법제상의 명칭인 노인교실은 노인학교, 노인대학, 경로대학 등 다양한 명칭과 혼용되고 있다. 보건복지부에 등록된 노인교실의 운영주체는 지방자치단체(시·군·구), 대한노인회, 한국교회노인학교연합회, 천주교노인대학연합회, 불교 등 종교기관이 다수를 이루고 있는데(이윤경 외, 2013), 2018년 기준 1,342개소가 있는 것으로 파악되지만 도시를 중심으로 편중되어 있고, 노인 수 대비 노인교실의 숫자는 매우 제한적이어서 우리나라 노인의 여가와 교육의 욕구를 담당하는 주요 시설로 보기에는 무리가 있다. 노인교실의 운영 내용은 교양강좌와 여가 프로그램으로 분류될 수 있으나 노인교육의 체계적 운영보다는 취미와 오락 중심의 여가활동 위주로 진행되고 있기 때문이다(권중돈, 2016). 노인교실의 수업기간은 방학을 제외하고 주 1회 이상 수업을 실시하고 있다.

<표 8-9> 2019 노인여가복지시설 총괄표 (단위 : 개소, 명)

시·도	65세 이상 노인인구 (2018. 12. 31 주민등록 인구 기준)	합 계	노인복지관		경로당	노인 교실
			시설수	종사자수		
합계	7,650,408	68,013	385	7,051	66,286	1,342
서울	1,410,297	3,885	82	1,511	3,425	378
부산	589,961	2,509	31	374	2,311	167
대구	362,934	1,562	19	201	1,508	35
인천	362,675	1,540	20	281	1,489	31
광주	187,186	1,364	9	220	1,315	40
대전	188,530	837	7	128	817	13
울산	123,919	841	13	170	806	22
세종	29,178	486	1	0	478	7
경기	1,551,801	9,834	59	1,975	9,609	166
강원	289,386	3,226	15	243	3,150	61
충북	261,763	4,154	18	393	4,129	7
충남	372,515	5,816	16	300	5,733	67
전북	358,410	6,795	22	431	6,699	74
전남	413,132	9,092	29	366	9,003	60
경북	529,349	8,131	19	182	7,998	114
경남	523,165	7,483	23	255	7,378	82
제주	96,207	458	2	21	438	18

주 : 2018년 12월 31일 기준
자료 : 보건복지부(2019b). 2019년 노인복지시설 현황.

5) 노년기 여가활동의 전망과 과제

노인의 여가활동은 퇴직 후 사회와 가족으로부터의 소외에서 벗어나 자긍심과 자신감을 주고 자아실현을 이룰 수 있는 계기를 마련해 준다. 노인의 적극적인 여가활동을 통해 개인적으로는 신체 및 정신 건강, 삶의 만족감, 심리적 안녕 등을 얻을 수 있고, 사회적으로는 노인에 대한 긍정적 이미지 확립, 노인의 지역 내 통합 등 긍정적 결과를 기대할 수 있다. 그럼에도 우리나라 중고령자는 길어진 노년기에 무엇을 하며, 어떻게 보낼지에 대한 준비 없이 노년기에 접어들고 있다. 현재 65세 이상의 노인세대는 적극적인 여가활동을 누리고 있지 못하다. 이들의 대부분은 평생교육 프로그램의 참여나 컴퓨터 및 인터넷 활용과 같은 활동보다는 TV 시청이나 가족과 시간을 보내는 소극적인 활동으로 노후시간을 보내고 있으며 이를 통해 즐거움(보람)을 느끼고 있는 것으로 나타났다. 한편, 자원봉사, 학습활동, 문화예술활동 등에 참여하는 노인의 비율은 매우 저조하다. 특히 여가활동의 수단이 될 수 있는 정보화 교육 프로그램에 참여경험이 있는 노인은 전체의 6.7% 정도로 저조한 참여율을 보였으나 응답자의 절반 정도가 향후 이용 필요성을 느끼고, 정보화교육에 참여의향이 있다고 보고하였다. 따라서 노년기에 새로운 활동이나 교육, 기술습득이 쉽지는 않지만 점차적으로 노인들도 사회의 변화에 적응하고 적극적 여가활용을 희망하는 추세를 보이고 있다.

미래 노인세대의 문화향유 및 다양한 취미여가활동에 대한 욕구는 더욱 다양화될 것으로 전망된다. 그러나 노인여가복지시설에서 실제 운영되는 프로그램과 활동내용을 살펴보면 노인복지관의 경우는 70대 고령자의 특성과 취향에 맞는 취미여가활동 중심으로, 경로당의 경우는 80대 이상 고령자의 신체기능과 취향에 맞는 친목 중심의 개인적 활동으로 구성된 경향이 있어 이에 대한 적극적인 개선이 요구된다. 노인여가복지시설의 프로그램이 보다 활발한 사회참여와 공헌활동, 문화예술 및 스포츠 활동뿐 아니라 50대, 60대의 연소노인들의 여가 욕구를 파악하여 이를 적극적으로 반영할 필요가 있다. 노인복지관과 경로당, 노인교실이 연령별, 세대별, 그리고 개인의 종교성에 따라 집단이 고착되어 사회통합을 저해하는 요인이 되지 않도록 새로운 프로그램 개발과 시범운영에 끊임없는 노력을 기하여야 할 것이다. 노인교실의 경우 단순 오락과 취미활동 프로그램을 지양하고 노인교육 전담기관으로서 정체성을 보다 명확하게 정리할 필요가 있다(권중돈 외, 2018).

지금까지 상담, 교육, 여가, 사례관리, 지역 자원 연계 등 다양한 사회서비스를 제공해 온 노인복지관은 노인복지서비스를 총괄하고 제공하는 이용시설이므로 노인여가복지시설로 분류될 것이 아니라 돌봄의 기능을 강화하여 종합서비스를 제공하는 시설로서 정체성을 재정립해야 한다는 취지의 노인복지법 전면개정(안)이 논의되고 있다(권중돈 외, 2018). 커뮤니티 케어 사업과 독거노인 지원 및 노인 맞춤돌봄사업 등 지역 기반의 돌봄서비스가 강화되는 맥락에서 이미 지역사회 내 단단한 네크워크를 형성한 노인복지관이 주요 역할을 담당하는 모형은 타당하다고 보인다. 그럼에도 현재 노인복지관의 기능과 역할 중 큰 비중을 차지하고 있는 노년사회화교육사업을 한순간에 부정하고, 여가서비스의 기능을 급격히 축소하는 것 또한 바람직한 방향은 아니다. 따라서 노인복지관의 여가복지시설로서의 기능에 돌봄서비스 기능을 추가하여 종합서비스 제공기관으로 균형을 맞출 수 있도록 행·재정적 지원과 전문인력 확충이 반드시 병행되어야 할 것이다.

지금까지 우리나라의 노인복지정책은 소득보장과 건강보장, 돌봄서비스 확충에 치중되어 왔다. 돌봄영역을 제외한 사회서비스 부문은 예산지원도 미비하고 노인 여가활동은 전문성을 갖춘 인력도 부족하며 현행되는 여가프로그램은 미래 노인세대인 베이비부머 세대의 욕구를 반영하기에 역부족인 실정이다. 중앙정부와 지방자치단체의 여가정책은 노인복지정책 혹은 문화여가정책에서 부차적인 영역으로 구분되어 그 지원규모가 크지 않다. 따라서 노년기의 활동적이고 건강한 삶을 위한 보다 포괄적인 여가정책이 요구된다.

프랑스의 여가사회학자인 뒤마즈디에(Dumazedier, 1967)에 따르면 여가문화의 결정요인은 다측면적으로 이해되어야 한다. 첫 번째로 '기술적 요인'은 교통수단의 발달과 대중매체의 발달이다. 두 번째로 '전통적 요인'은 과거의 사회구조가 사라지고 새로운 사회구조가 만들어져도 여가문화는 사람들의 정신 속에 어떠한 형태로든 잔존해서 새로운 사회에 영향을 미치는 것을 말한다. 끝으로 '사회경제적 요인'에서는 사회적 생산력의 발전에 따른 여가문화의 변화, 계층별 소비 관행에 따른 여가양식의 차별성이 여가문화를 결정하는 데 영향을 준다. 이렇게 여가문화를 결정하는 요인에서 유추해 볼 때 여가문화는 사회의 변동과 연관이 된다.

오늘날 정보통신기술의 발달과 노인여가문화 형성의 가능성을 찾아보면, 정보통신기술의 발달과 촉진으로 한 단계 발전된 인간사회 건설을 통하여 인간의 삶의 질 향상이 가능할 것으로 예견된다. 그러나 정보사회는 정보격차, 또는 정보 불평등이라는 문제를 초래하여 오히려 사회적 불평등을 심화시키고 사회적 약자로 하여금 더욱 불리한 위치에 처하게 할 수도 있다. 정보화와 정보사회는 피할 수 없는 사회적 변동 과정이다. 따라서 이를 얼마나 주체적이고 능동적으로 수용하느냐에 따라 정보사회에서의 적응 능력과 생활 양상이 다르게 전개될 것이다.

우리나라 노인의 현재 여가활용 형태는 대체로 단순하고 오락 위주며, 자기계발 및 자기실현을 목표로 하는 계획적이고 장기적인 활동은 빈약하다. 그러나 향후 한국사회가 고령사회로 진입하였을 때의 노인인구는 경제력 및 교육 수준의 향상을 수반하여 그에 따른 변화된 여가욕구를 표출할 가능성이 높다. 노인에게 아무리 많은 시간이 주어져 있다 하더라도 실제로 그 시간을 활용할 수 있는 기술과 지식이 없으면 유용한 활동을 할 수 없는 경우가 많아지는 것이다. 과거에는 여가활동과 문화생활의 영위가 사전준비 없이 단순참여로 이루어지는 경우가 대부분이었으나 앞으로는 다양한 여가수단과 문화를 경험함으로써 얻은 익숙한 기술과 지식이 있어야만 보다 효과적인 여가활동 및 문화권을 누릴 수 있는 시대가 도래할 것으로 예상된다. 그러므로 모든 인간의 삶의 질 제고라는 광의의 복지적 개념을 실현하기 위해서는 물질적이고 경제적인 풍요뿐 아니라 정신적, 문화적인 풍요를

조화시켜야 한다. 이에 문화복지 개념을 기반으로 하는 노인여가와 문화활동을 정책적으로 활성화하여 국가와 사회가 함께 개입함으로써 개개인의 노인이 총제적인 의미로서 성공적인 노화를 경험하도록 돕는 것이 바람직하다.

2. 노년기 교육

현대사회에서는 과거의 지식이나 경험만으로는 노년기 생활을 하는 데에 한계를 경험하며 더욱이 사고방식의 차이로 인한 세대 갈등을 극복하기 어려운 형편에 처할 수 있다. 따라서 노인교육은 노인들에게 현대사회에 적응할 수 있는 능력을 키우도록 지식을 습득하게 하고 고독과 소외감을 줄이며 삶의 보람을 찾게 지원함을 목적으로 한다. 다시 말해 노인교육은 노년기 삶의 질을 높이고 노인들이 급변하는 사회변동에 적응할 수 있게 하며 나아가 세대 간의 심화되는 격차를 해소하도록 도울 수 있다. 그러면서 교육의 궁극적 목적인 계속적 자기계발과 원만한 사회적응, 다른 연령집단과의 연대감을 통한 전인적 인격형성을 추구할 수 있어야 한다.

1) 노인교육의 개념과 필요성

노인교육의 개념은 고령자를 다른 연령대의 학습자와는 근본적으로 다른 존재로 인정하고, 이들의 특성을 고려하여 고안된 교육학적 접근과 이론이 필요하다는 기본 전제로부터 시작되었다(Formosa, 2012). 레벨(Lebel, 1978)은 '평생학습 : 성인기(Lifelong Learning : The adult years)'라는 논문을 통해 고령자를 위한 교육학적 이론이라는 의미의 'geragogy' 용어를 강조하였고, 이후 다양한 학자들은 노인교육의 개념을 확장하고 심화시켜 갔다(Creech & Hallam, 2015에서 재인용). 피터슨(Peterson, 1983)은 노인교육을 '노인학습자를 위한 교육'과 '노인과 노화에 관한 교육'의 두 영역을 포함하는 것으로 정의하였는데, 한정란(2001)은 이에 고령자들이 직접 교육적 자원으로 투입되는

'노인에 의한 교육'과 '세대공동체 교육'을 추가하여 더욱 포괄적인 개념을 제시하였다(한정란 외, 2011).

최근 들어 교육은 인생의 초기단계에 국한된 학습으로 간주되기보다 계속적인 평생학습의 과정으로 인식되면서 생애주기의 전 과정에 해당하는 모든 세대들이 교육의 대상이 되고 있다. 한편 노인교육은 가장 늦게 시작되어 아직 체계적인 패러다임이나 지원체계가 미비한 상황이지만 고령사회의 지속적인 평균수명의 연장과 활기찬 노후(active aging)의 패러다임과 맞물려 그 중요성이 점점 커지고 있다. 또한 노인교육은 평생교육의 개념에 뿌리를 두고 있는데, 평생교육은 1970년 UNESCO의 기본 정책으로 채택된 수평적 통합과 수직적 통합이라는 양대 핵심 이념을 강조하고 있다. 수평적 통합이란 가정교육, 학교교육과 사회교육이라는 교육의 3대 부분을 삼위일체로 통합하고 연계하는 것을 의미하고, 수직적 통합은 평생에 걸친 교육과 학습이 필요하다는 교육시기의 항상성과 계속성을 내포한다.

이러한 시대적 움직임을 고려할 때 노인교육은 퇴직 후의 즐거운 생활수단이 되는 여가교육이며, 변화하는 사회에 적절히 적응해 가기 위해 필요한 힘을 기르는 생애학습이라는 점에서 교육의 중요성이 발견된다. 특히 급변하는 시대에 발맞추어 정보화 교육을 받은 후 사회 환원의 차원에서 노년기의 자원봉사 활동과 연결된다면 더욱 생활에 보람을 안겨주는 활동으로 자리 잡을 수 있을 것이다.

2) 노인교육의 특성과 현황

(1) 노인교육의 특성

노인교육은 고령학습자의 현재 욕구를 충족시키는 단순 교육활동뿐 아니라 사회변화에 대처하고 노년기에 요구되는 생활양식과 직업능력을 갖추도록 지원하여 궁극적으로 자아실현에 도달하도록 돕는 모든 교육활동을 의미한다(한정란 외, 2009). 따라서 노인교육은 학습자의 자발적 의지로 지속적 참여가 이루어지고 학습자의 동기가 매우 중요한 요인이 된다.

맥클러스키(McClusky, 1974, Cusack & Thompson, 1999 재인용)는 노인교육 프로그램의 개발을 위한 지표이자 노인이 갖는 교육에 대한 욕구를 다음과 같이 제시하였다. 첫째, 사물에 대처하려는 욕구(coping needs)이다. 이는 생활의 여러 가지 요구를 충족하기 위한 신체적·경제적·복리적 교육을 말한다. 둘째, 표현적인 욕구(expressive needs)이다. 노년기에는 특히 어떤 목적을 띤 수단이 아니라 활동 자체에 참여하는 것을 목적으로 하는 예술 분야 등에 관여하는 것이 바람직하다. 셋째, 공헌하려는 욕구(contributive needs)에서는 자신의 삶의 보람으로 다른 사람을 돕고자 하는 봉사활동 등을 말한다. 넷째, 영향력 욕구(influence needs)는 노인 자신의 생활 방향을 세워나가는 데 필요하여 활동을 집단적으로 조직하여 권익을 창출하려는 것이다. 다섯째, 초연하고자 하는 욕구(transcendence needs)는 체력의 쇠퇴와 기대수명의 감소에 대한 불안을 넘어 인간의 생존에 대하여 보다 높은 수준의 의미를 터득하고 정신수준을 올림으로써 세상의 욕망에서 초연해지려는 것이다.

나항진(2010)은 네 가지의 노인들이 갖는 교육적 욕구를 제시하였는데, 첫째, 노년기의 변화에 적응을 돕는 교육에 대한 욕구, 둘째, 새로운 기술과 지식습득을 통해 획득되는 새로운 역할에 대한 희망, 셋째, 사회공헌에 도움이 되는 교육에 대한 욕구, 그리고 자기표현의 욕구를 충족시키는 교육에 대한 욕구가 그것이다.

(2) 우리나라 노인교육의 현황

우리나라에서 평생교육에 대한 관심이 시작된 시기는 1970년 초반으로 알려져 있다. 이후 1980년 10월 헌법 제29조 제5항에 '국가는 평생교육을 진흥하여야 한다'는 조항이 명문화되었으며(현재는 제31조 제5항), 1982년 12월 사회교육법이 제정되어 이를 기반으로 노인교육에 대한 법적 기반이 마련되었다. 이후 1998년 평생교육법으로 법체제가 정비되었으며 이는 교육기본법에 규정된 평생교육 진흥에 대한 국가 및 지방자치단체의 책임과 그 운영에 관한 기본적인 사항을 정하고 있다(한정란, 2005).

이혜연과 김기석(2009)에 따르면 전국적 범위에서 노인교육정책이 시작된 계기는 1978년 문교부(현 교육부)에서 전국 초등학교 학군단위로 노인교실을 설립하고 운영비를 지원한 것으로 파악된다. 주로 노인교실을 운영했던 주체는 한국성인교육회, 대한노인회, 대한적십자회, YMCA 등 종교단체를 포함한 민간자원단체들이 주류를 이루었는데 1980년 이후 한국성인교육회가 대한노인회로 통합되면서 시군 단위의 노인교실, 노인대학, 노인학교들이 운영되어 왔다. 법적으로는 '노인교실'이라는 명칭이 공식적이라 할 수 있으나 현장에서는 각종 노인단체, 종교기관, 사회봉사단체들을 중심으로 노인학교와 노인대학의 용어가 함께 쓰이고 있다. 특히 노인교육 프로그램을 관장하는 정부 부처가 명확하지 않은 상황에서 교육부와 보건복지부의 사업을 통해 다양한 민간단체가 참여하거나 미등록 기관들이 자율적인 프로그램을 운영하는 경우가 많아 우리나라 노인교육의 정확한 현황을 파악하는데 어려움이 있는 실정이다(이윤경 외, 2013).

2017년 노인실태조사(보건복지부·한국보건사회연구원, 2017) 결과를 살펴보면 10,073명의 전체 응답노인 중 지난 1년 간 평생교육에 참여하였다고 응답한 비율은 12.9%로 분석되었고 참여빈도는 주 1회가 34.7%, 주 2~3회가 49.3%, 주 4회 이상이 11.8%로 나타났다. 남성노인보다 여성노인의 참여비율이 2배 이상 높았고(8.0% vs. 16.5%), 교육수준에 따라 참여비율과 참여빈도가 다르게 보고되었는데, 전문대 이상의 학력을 가진 노인의 참여비율(19.5%)은 무학의 노인(9.4%)에 비하여 2배 이상 높았고, 참여빈도에 있어 주 4회 이상 참여한다는 응답비율 또한 약 3배 정도 차이가 나타났다(20.1% vs. 6.8%).

지난 1년간 평생교육 프로그램에 참여경험이 있다고 응답한 1,300명의 노인 중 41.9%가 건강관리 및 운동 프로그램에 참여하였고, 34.9%가 문화예술, 10.4%가 어학, 6.7%가 정보화, 3.6%가 인문학 프로그램에 참여한 것으로 분석되었다. 이들은 주로 노인복지관(34.8%), 경로당(19.2%), 시 · 군 · 구민회관/ 동 · 읍 · 면 주민센터(13.8%), 공공문화센터(10.5%)를 통해 평생교육 프로그램에 참여하는 것으로 나타났는데, 남성노인은 노인복지관을, 여성노인은 경로당과 시·군·구민 회관/ 동·읍·면 주민센터를 이용하는 비율이 높게 나타났다. 이는 성별의 차이를 반영하는 것으로 보이나 교육수준과 연령의 영향도 함께 고려해야 할 것으로 판단된다. 기술적 통계로는 교육수준이 낮을수록 그리고 연령이 높을수록 경로당에서 평생교육 프로그램에 참여하는 비율이 높은 것으로 분석되는데 여성노인이 남성노인보다 교육수준은 낮고, 연령은 높을 가능성이 있기 때문이다.

3) 노인교육 지원 정책

(1) 노인교육 관련 법

앞서 살펴본 바와 같이 우리나라 노인교육을 전담하는 정부부처는 부재한다. 노인교육을 교육기본법에 근거하여 모든 국민을 대상으로 하는 성인교육의 일부분이라 접근하면 관련 법체계는 평생교육법이 되고, 한편 노인을 대상으로 총체적인 삶의 질 향상을 위해 필요한 하나의 영역으로서 여가와 교육을 접근하면 관련 법체계는 노인복지법이 된다. 따라서 유관 주무행정부처는 교육부와 보건복지부라 할 수 있다.

평생교육법령에 따르면 평생교육기관은 학점은행기관, 학교부설 또는 학교 형태의 평생교육시설, 사내대학 또는 원격대학 형태의 평생교육시설, 사업장 부설 형태의 평생교육시설, 시민사회단체 부설 평생교육시설, 언론기관 부설 평생교육시설, 지식·인력개발 사업 관련 평생교육시설 등으로 분류되어 있다. 이들은 학력인정 여부에 따라 이원화되어 있으며, 노인을 대상으로 하는 교육 프로그램은 주로 ① 주민자치센터나 문화시설기관을 포괄하는 기관형, ② 직업훈련기관과 연수기관을 포함하는 훈련 및 연수형, ③ 비영리 민간단체와 비영리 사(재)단법인 등 시민사회 단체형 등 다양한 유형의 기관을 통해 운영되고 있다. 노인복지법에서는 노인을 위한 '학습 프로그램을 제공하는 기관'으로 '노인교실'을 명시하고 있으며 그 외에도 노인의 교양, 취미생활, 친목도모를 위하여 노인복지관과 경로당에서 다양한 사회교육 프로그램을 운영하고 있다(이윤경 외, 2013).

(2) 교육서비스 제공기관

2017년도 노인실태조사(보건복지부, 한국보건사회연구원, 2017)에 따르면 노인의 평생교육 참여율은 12.9%로 나타났다. 평생교육 프로그램에 참여한 경우 교육받은 기관에 대해 살펴보면, 노인복지관 34.8%, 경로당 19.2%, 시·군·구민 회관/ 동·읍·면 주민센터 13.8%, 공공문화센터 10.5% 등의 순으로 나타났으며, 평생교육 내용으로는 건강관리/ 운동(41.9%)과 문화예술(34.9%) 프로그램이 대부분을 차지하여 노인의 평생교육 내용이 주로 취미나 개인관심 및 건강 프로그램에 제한되어 있음을 알 수 있다(노인복지법 전면개정 연구, 2018). 이경희(2004)의 연구에서는 노인복지관에서 평생교육에 참여하고 있는 이들을 대상으로 분석한 결과, 응답자의 절반가량인 49.9%가 노인복지관에서만 교육에 참여한다고 하였고, 나머지는 타 교육기관에서도 프로그램을 이용하는 것으로 나타났다. 타 교육기관으로는 사회복지관(33.2%)이 가장 높은 비율을 보였고, 대학 부설 평생교육원(8.5%), 동사무소·구청(6.3%), 사설문화센터(5.4%), 도서관(3.0%) 순으로 나타났다. 한정란 외(2009)의 연구에서도 중고령자를 대상으로 어떤 기관이 평생학습 제공기관으로 적합한지 살펴보았는데, 노인복지관이라고 응답한 사람이 가장 많았다(이윤경 외, 2013).

한편, 노인들은 접근 가능한 지역사회 내 여가 문화 시설 중 하나로 공공도서관을 언급하였는데, 공공도서관이 노인들에게 비용부담이 없는 평생교육의 역할을 수행하여야 할 것으로 기대하였다. 교육 기관을 선택하는 이유에 있어서도 취업이 잘 될 것 같은 교육과정을 찾아서 수강하기보다는, 교육 내용이 적성과 흥미에 맞아서(18.8%), 교통이 편해서(18.8%), 교육훈련 시간이 잘 맞아서(12.5%) 등으로 조사되었다(박성정, 2009).

평생교육법에는 시·도 교육감은 관할 구역 안의 주민을 대상으로 평생교육 프로그램 운영과 평생교육의 기회를 제공하기 위해 평생학습관을 설치 또는 지정·운영하도록 명시되어 있다(평생교육법 제21조 제1항 및 제4항). 평생교육법 제21조 제3항에서는 평생학습관의 사업을 제시하고 있는데, 평생교육 프로그램의 개발·운영, 장애인 대상 평생교육 프로그램의 개발·운영, 평생교육 상담, 평생교육 종사자에 대한 교육·훈련, 평생교육 관련 정보의 수집·제공, 읍·면·동 평생학습센터에 대한 운영 지원 및 관리, 그 밖에 평생교육 진흥을 위하여 필요하다고 인정되는 사업이 그것이다.

4) 노인교육의 전망과 과제

노인교육은 여가 활용과 취미활동의 일환으로 인식되는 것이 우리나라의 현 주소이다. 1998년 평생교육법이 제정되면서 노인교육에 대한 관심이 일부 증가되었으나 평생교육 분야에서 성인교육은 여전히 직업(재)교육과 보수교육에 초점을 두고 진행되고 있으며 노인을 위한 교육 프로그램으로는 성인문해교육이 대표적인 상황이다. 노인의 여가문화활동으로서 사회교육 프로그램은 매우 활발히 운영되고 있으며 향후 건강과 학력 수준이 향상된 베이비부머 세대가 노년층으로 진입할수록 노인복지관과 경로당 내 단위사업으로 그 비중이 확대될 가능성이 높아지고 있다. 그럼에도 '노인학습자를 위한, 노인과 노화에 대한, 그리고 노인에 의한 교육 프로그램'의 개발과 보급은 여전히 부수적인 사회서비스의 영역으로 인식되는 한계가 내재되어 있다.

한정란 외(2009) 연구에서는 약 1,500명의 중년층(40~59세)과 노년층(60세 이상)의 교육에 대한 욕구를 비교분석하였는데 두 연령층 모두 노인교육의 필요성(중년층 94.8%과 노년층 81.9%)과 참여의사(중년층 92.6%와 노년층 87.4%)에 대하여 높은 비율의 응답자가 동의하였다. 또한 노인교육에 참여하는 이유로 노년층은 건강관리라고 응답한 반면 중년층은 지식획득이라고 응답하여 미래 노인교육의 기능은 정보와 지식의 습득에 중점을 둘 필요가 있음을 밝혔다. 교육방법으로는 학력수준이 높을수록 강의방식보다 견학과 실습과 같은 참여형 방식을 선호하는 경향이 나타났는데 전반적으로 중년층 응답자들이 참여교육을 선호하는 것으로 나타났다. 특히 이들은 평생교육기관의 선택요건으로 강사의 질(93.2%), 교육기관의 수준과 질(88.6%)을 중요시한다고 응답하여 노인교육 프로그램의 질적 향상을 위한 적극적 대응이 요구된다(이윤경 외, 2013). 한편 노년층과 중년층 모두 노인교육을 제공하는 적합한 기관으로 노인복지관을 선택하였다. 더불어 노인교육의 주요 콘텐츠로 두 연령층 모두 건강교육을 우선순위로 선택하였는데, 중년층 응답자들은 이와 더불어 경제교육과 자원봉사교육도 선호하는 것으로 분석되었다.

따라서 평생교육 분야의 담당자와 노인복지 분야의 교육 프로그램 담당자는 현재 노년층의 욕구뿐 아니라 중장년층 학습자 특성의 변화에 맞추어 교육 프로그램의 다양화, 질적 수준 제고, 전달체계의 효율적 재편 및 전문인력 양성에 대한 중장기적 계획을 마련해야 할 것이다. 좀 더 구체적으로 선행연구에 따르면 다음의 과업이 우선적으로 수행되어야 할 것으로 제시된다(이윤경 외, 2013; 한정란 외, 2011).

① 중앙부처 및 지방자치단체의 노인교육에 대한 비전과 중장기계획 마련
② 노년교육 관련 기능을 통합하는 행정부서의 일원화
③ 노인교육 관련 효율적 업무 분장 및 상호협력체계 구축
④ 지역 내 노인교육 민간조직들 간 협의체 및 네트워크 형성
⑤ 평생교육사 또는 노인교육 관련 전문자격을 갖춘 노인교육전담직원 배치 의무화 및 보수교육 강화
⑥ 노인교육 프로그램 운영을 위한 기본 지침 마련
⑦ 미등록 노인교육 시설의 정확한 현황 파악 및 일정 기준을 갖춘 경우 각 해당 시·군·구 "노인교실"에 등록하도록 안내 및 지원
⑧ 대한노인회 산하 노인대학의 전문성 강화를 위한 외부자원 및 기관(노인복지관, 교육기관, 평생학습관, 공공도서관 등) 연계 활성화

노인교육은 노인의 여가복지 측면뿐 아니라 사회변화에 따른 적응에 요구되는 지식과 정보습득을 위한 생애교육 측면에서 그 필요성과 중요성이 강조된다. 급변하는 과학기술의 발전과 사회 및 가족구조의 변화는 노인으로

하여금 익숙한 기존의 생활패턴과 가치체계를 그대로 유지하도록 놓아두지 않는다. 끊임없는 세대교류 활동과 상호이해를 위한 세대통합 및 교육 프로그램이 노인복지 현장에서 활성화되는 현상도 이러한 맥락에서 비롯된 것이라 해석된다. 향후 신노년층을 위한 교육 프로그램은 전문성과 질적 수준이 담보되어야 할 것이며 단순 여가의 목적보다는 자기실현의 욕구 및 사회공헌의 가치를 구현하는 방향으로 발전되어야 할 것이다.

학습과제

❖ 노년기 여가생활의 특성은 무엇인가?

❖ 노인교육은 어떠한 특징을 바탕으로 이루어져야 하는가?

❖ 노년기의 여가활동과 교육의 활성화 방안은 무엇인가?

참고문헌

곽효문(2002). 노인의 여가생활과 문화복지적 접근. **노인복지연구**, 가을호, 27-49.

권중돈(2016). **노인복지론**. 서울 : 학지사.

권중돈·손의성·엄태영·이민홍·박정연(2018). 노인복지법 전면 개정(안) 연구. 보건복지부.

권현정·박화옥(2008). 베이비붐세대의 문화자본이 문화활동에 미치는 영향 : 문화복지 관점에서. **한국노년학**, 28, 535-553.

김광득(2008). **21세기 여가와 현대사회**. 서울 : 백산출판사.

나항진(2002). 성공적 노화를 위한 노인의 여가에 관한 연구. **노인복지연구**, 겨울호, 131-162.

______(2010). 노년교육 활성화를 위한 정의론적 탐색 : J. Rawls의 정의론을 중심으로. **한국노년학**, 20(4), 1045-1058.

문화체육관광부(2018). 2018 국민여가활동조사.

박재간·김태현(1986). 현대사회에서의 노년기 여가생활에 관한 연구. **한국노년학회**, 6, 27-40.

보건복지부(2018). 2018 고령자통계.

__________(2019a). 2019 노인보건복지사업안내.

__________(2019b). 2019 노인복지시설현황.

보건복지부·한국보건사회연구원(2017). 2017 노인생활실태조사.

오영희(2006). 고령사회의 사회통합적 여가활성화 방안. **보건복지포럼**, 113, 31-38.

유성호·김형수·모선희·윤경아(2015). **현대노인복지론**. 서울 : 학지사.

이가옥(1994). **노인생활실태와 노인복지의 정책과제**. 서울 : 한국보건사회연구원.

이성훈·이유리(2004). 한국 노인의 여가장애 극복을 위한 여가정책방안. **복지행정연구**, 20, 317-335.

이윤경·염주희·황남희·양찬미(2013). 평생교육 관점에서 바라본 노년교육의 현황과 정책과제. 한국보건사회연구원. 연구보고서 2013-31-23.

이혜연·김기석(2009). 한국 노인교육정책의 전개와 특징. **한국노년학**, 29(3), 935-951.

정경희·오영희·석재은·도세록·김찬우·이윤경·김희경(2005). 2004년도 전국 노인생활실태 및 복지욕구조사. 서울 : 한국보건사회연구원·보건복지부.

통계청(2014). 2014년 생활시간조사.

한정란(2001). **교육노년학**. 서울 : 학지사.

______(2005). **노인교육의 이해**. 서울 : 학지사.

한정란 · 원영희 · 박성희 · 최일선(2009). 중년층과 노년층의 노인교육 욕구. **평생교육학연구**, 15(4), 131－161.

한정란 · 박성희 · 원영희 · 최일선(2011). 한국 노인교육의 현황 및 발전 방안. **한국성인교육학회**, 14(1), 121－149.

Creech, A., & Hallam, S.(2015). Critical geragogy : A framework for facilitating older learners in community music. *London Review of Education, 13*(1), 43－57.

Cusack, S. A., & Thompson, W. J.(1999). *Leadership for Older Adults : Aging with purpose and passion.* PA : Taylor & Francis.

Dumazedier, J.(1967). *Towards a Sociology of Leisure.* Macmillan.

Formosa, M.(2012). Critical geragogy : Situating theory in practice. *Journal of Contemporary Educational Studies*, 5, 36－54.

Franks, M. M., Herzog, A. R., Holmberg, D., & Markus, H. R.(1999). Educational attainment and self－making in later life. In C. D. Ryff, & V. W. Marshall(Eds.), *The Self and Society in Aging Processes*(pp. 223－246).

George, L. K.(1999). Social perspectives on the self in later life. In C. D. Ryff, & V. W. Marshall(Eds.), *The Self and Society in Aging Processes*(pp. 42－66).

Kaplan, M.(1960). *Leisure in America. A social inquiry.* New York : Wiley.

Maslow, A. H.(1970). *Motivation and Personality*(2nd ed.) New York : Harper & Row.

Peterson, D. A.(1983). *Facilitating Education for Older Learners.* San Francisco : Jossey－Bass.

PART 4

노인복지실천과 사례관리

CHAPTER

09 노인복지실천

이 장에서는 노인복지실천의 방법에 대해 알아보고자 한다. 노인복지실천은 노인에게 제공되는 서비스에 대한 직접적 개입을 다루는 것으로 현장에서 일하는 사회복지사라면 노인복지실천의 과정을 이해하고, 실제 현장에서 이를 적용할 수 있도록 하는 것이 중요하다. 일반적으로 노인복지실천과정 역시 사회복지실천의 과정과 동일한 과정을 가지고 있으며, 다만 대상이 노인이기 때문에 노인에 대한 이해가 중요한 관건이 된다. 이 장에서는 노인복지실천에 대한 이해를 기초로 노인복지실천의 과정, 노인복지실천 방법으로서 개별접근과 집단접근에 대해 다루기로 한다.

1. 노인복지실천의 이해

1) 노인복지실천의 개념

사회복지실천은 사회복지의 가치(values), 원칙(principles), 기술(techniques)로 이루어져 있으며, 다음과 같은 목적을 가진다. 클라이언트가 실제적 서비스를 제공받을 수 있도록 돕고, 개인, 가족, 집단과 상담하거나 심리치료를 제공하며, 지역사회가 보건복지서비스를 개선할 수 있도록 돕는 것, 그리고 입법과정에 참여하는 것에 있다(NASW, 2020). 노인복지실천은 구성과 목적이 사회복지실천과 같이 진행되나, 그 실천 대상이 노인 클라이언트로 국한된다는 점에서 차이가 있다. 즉, 노인복지실천이란 노인을 대상으로 사회복지실천의 가치, 원칙, 기술을 적용하여 노인이 인간다운 삶을 영위할 수 있도록 사회복지서비스를 제공하는 방법을 의미한다. 따라서 노인이 자신의 노년기와 사회에 잘 적응할 수 있도록 도움을 제공함은 물론 노인 스스로가 필요한 자원에 접근할 수 있도록 하고, 문제해결을 위해 잠재적으로 가지고 있는 역량을 발휘할 수 있도록 강화시켜 주는 것까지를 포함한다. 여기에 입법과정에의 참여도 포함된다.

최근 노인을 대상으로 한 사회복지실천에 관심이 커지고 있다. 사회복지교육협의회(Council on Social Work Education)에서는 노인복지실천에 관한 과목 구성을 어떻게 할 것인지에 관심을 가지고 있으며, 실제로 사회복지실천의 중요한 영역으로 교과과정을 개발하고 있다. 미국의 사회복지사협회(National Association of Social Workers)에서도 전문 영역(specialty area)으로서 노인복지실천에 대해 강조하고 있으며, 과거에는 아동과 청소년 및 가족에 대해 초점을 두었다면 현재는 노인복지실천에 대한 관심으로 초점이 이동하고 있음을 알 수 있다. 이는 노인인구의 급격한 증가와 함께 급증하는 노인의 욕구와 복지에 대처하기 위한 필요성에서 비롯되었다고 볼 수 있다.

2) 노인복지실천의 대상 및 목적

노인복지실천의 대상은 모든 노인이라고 볼 수 있으며, 우선적으로 그 대상을 노인의 신체적 기능 상태에 따라 구분해 볼 수 있다. 먼저 연령과 신체적 능력에 따라 65세부터 74세 이전의 전기 노인으로 활동에 전혀 지장이 없는 노인과 75세 이상의 후기 노인으로 활동에 지장이 있는 노인으로 구분하여 살펴볼 수 있다. 74세 이전의 활동이 왕성한 노인에 대한 노인복지실천의 목적은 이들이 건강하게 노후를 보내기 위해 필요한 서비스와 자원이 무엇인지를 파악하여 이들이 가지고 있는 욕구를 충족시켜 주고, 이들이 가지고 있는 자원을 사회에 제공할 수 있도록 하는 것이다. 예를 들어, 신체활동이 가능한 노인이 보람된 노후를 보내려는 욕구 충족을 위해 자신이 그동안 쌓아왔던 삶의 지식과 기술을 젊은 사람들이나 같은 또래의 노인을 위해 활용하면서 활동적 노후를 보내도록 할 수 있다. 최근 노인복지관을 이용하는 젊은 노인들(young old)이 급격히 증가하고 있지만, 이들의 욕구를 모두 충족시키기에는 노인복지관의 수가 부족한 형편에 놓여 있다. 따라서 이들에 대한 욕구 충족과 함께 이들의 에너지를 사회에 대한 시너지로 전환하기 위해 다방면의 사회복지실천적 노력이 이루어지고 있다.

다음으로 75세 이상의 후기 노인들로 활동에 지장이 있는 경우, 노인복지실천의 목적은 점점 쇠퇴해 가는 신체적 기능을 가능한 한 유지하도록 하는 한편 기능이 쇠퇴한 노인을 지역사회에서 어떻게 보호하는지에 관심을 가지고 이루어진다. 여기서 노인복지실천은 노인이 인간으로서의 존엄성과 독립성을 유지하면서 노년 후기의 삶에 적응하고, 자신의 삶을 주도적으로 영위할 수 있도록 돕는 것에 그 목적이 있다. 이러한 노인의 경우 '장기요양보호'의 관점에서 지역사회보호와 시설보호의 연결선상에서 사회복지서비스 제공의 선택과 가능성이 논의되고 있다.

또 노인복지실천의 대상을 경제적 능력에 따라 구분해 볼 수 있다. 일반적으로 그 대상을 경제적 능력이 전혀 없는 기초생활보장 대상 노인과 독거노인이나 부부가 함께 지역사회에서 생활하고 있는 노인으로 본다. 전자의 경우, 국가적 지원이나 도움이 없이는 생활하기 어렵기 때문에 이들이 가지고 있는 경제적·신체적·심리적 문제에 적극적으로 개입하여 문제를 해결하기 위한 노력을 기울이게 된다. 후자의 경우 고독감의 문제나 활동적 노후의 측면에서 접근하게 된다.

3) 노인복지서비스 제공자

노인복지서비스 제공자는 사회복지사 자격증 1급과 2급을 가지고 있는 전문가로 구성되어 있다. 아직까지 노인복지에 대한 전문적 자격제도는 정립되지 않은 실정이다. 최근 노인복지서비스 분야가 분화되어 케어복지사나 노인복지사 자격증에 대한 논의가 진행되고 있는 것은 사실이지만, 아직까지 제도화되고 공인된 자격증은 없다. 따라서 사회복지사로서 노인 분야에서 서비스를 제공한 경험이 있는 전문가들이 노인복지서비스의 주된 제공자가 될 수 있다. 미국의 경우도 노인복지 분야의 전문가 양성에 관심을 가지고 다양한 방법을 모색하고 있는 상황으로, 고령화 사회에 걸맞은 사회복지실천의 방법을 모색함은 물론 그에 맞는 전문가 육성을 위해 고심하고 있다는 맥락에서 한국과 비슷한 실정이라 할 수 있을 것이다.

4) 노인복지실천을 위한 지침

노인복지서비스 제공자인 사회복지사는 노인의 특별한 욕구에 대응하기 위해 사회복지 기법과 접근을 적용하여야 한다. 쉐퍼 등(Sheafor, et al., 1998 : 607－610)은 노인을 돕는 사회복지사가 가져야 할 지침으로 다음과 같은 사항을 강조하였다.

첫째, 노인 클라이언트를 존중하여야 한다.

이는 사회복지사가 가져야 할 가장 중요한 시각이다. 노인에 대한 연령 차별(ageism)의 시각에서 탈피하여야 하며, 일반적으로 노인은 낮은 자아존중감을 가지고 있을 것이라는 잘못된 고정관념에서도 벗어나야 한다. 노인을 존중하기 위해 할 수 있는 것에는 다음과 같은 것이 있다.

- 노인의 자율성을 높이 평가해야 한다. 노인 스스로 개입방법을 찾을 수 있도록 도와야 한다.
- 노인도 프라이버시에 대한 욕구가 있음을 살펴야 한다.
- 노인 개인의 역사를 이해해야 한다. 당시의 역사적 사건에 대한 이해를 바탕으로 노인의 경험을 존중하여야 한다. 예를 들어, 노인 시대의 음악, 영화 등을 이해하는 것이 좋다.

둘째, 노인의 강점을 파악한다.

노인을 병리적으로 보기보다 능력의 관점에서, 부정보다는 긍정적으로 파악하는 것이 중요하다. 사회복지사는 문제를 해결해 주는 사람이 아니라 노인 스스로가 자신의 문제를 해결해 가도록 도와주는 사람이지 정답을 제시하는 사람이 아니다. 노인에게 있어 강점은 다음과 같은 것이 될 수 있다.

- 인생을 오래 산 지혜 : 인간에 대한 깊은 이해, 사회적 관계에 대한 지식, 삶의 불확실성에 대한 이해 등이다. 에릭슨(Erikson, 1963)의 통합의 시기가 여기에 해당된다.
- 탄력성과 적응력 : 어려운 상황에 대한 대처 능력과 극복 능력이다.
- 통제감 : 노년기는 모든 인생 경험이 결합된 중요한 시기로 이에 대한 통제 능력이다.

셋째, 대부분의 노인은 자신의 독립성을 유지하고자 한다.

노인이 되면서 주위의 중요한 많은 사람들을 잃게 된다. 이때 노인들은 대처기제로 완전하게 독립적이 되고자 함으로써 서비스 제공에 대한 저항을 느낄 수 있다. 사회복지사는 이러한 상황을 이해하고 노인 클라이언트가 최대한 통제력을 가지고, 독립성을 유지할 수 있도록 도와야 한다. 치료적 관계 형성 이전에 노인의 친구로서 비공식적 관계를 통해 대화의 문을 여는 것이 중요하다. 이때 사회복지사가 전문가인지 친구인지 존재의 경계가 모호해질 수 있으므로 주의해야 한다.

넷째, 시력과 청각 손실로 인한 어려움을 고려하여 가능하면 메시지를 명확하게 반복적으로 말하는 것이 중요하다.

비언어적 의사소통은 특히 청각을 손실한 클라이언트에게 보충적 방법으로 매우 중요하다. 면접의 보조는 점차 늦어지는 것을 감안해야 한다. 또한 노인의 에너지 한계로 면접 시간에 제한을 받을 수 있으므로 시간 조절에 주의해야 한다.

다섯째, 노인학대와 방임, 특히 자기방임의 지표에 주의를 기울인다.

학대와 방임의 지표에는 모호하거나 방어적인 태도로 설명하는 화재, 절단, 치료받지 않은 상처, 타박상 등이 속한다. 날씨에 맞지 않는 옷차림을 하거나, 적절하지 않은 시간이나 위험한 장소에서 방황하고, 우유, 신문, 그 밖의 배달물을 수거하지 않고, 비정상적 행동 혹은 이동의 흔적이 전혀 없으며, 주거 환경에서 불쾌한 냄새가 나는 것 등도 포함된다. 정신질환을 가진 보호자와 함께 있거나, 기본적 욕구가 충족되지 않은 것에 대해서도 주의를 기울여야 한다.

2. 노인복지실천의 과정

1) 접수면접과 관여

사회복지사와 노인 클라이언트의 첫 대면에서 무엇보다 중요한 것은 신뢰관계의 형성이다. 사회복지실천의 질은 사회복지사와 클라이언트의 접촉의 강도(intensity of contact)에 의해 좌우되므로, 일반 사회복지실천에서와 마찬가지로 관계는 매우 중요한 역할을 하게 된다(Johnson, 1995). 따라서 사정 단계에서부터 클라이언트와 관계 형성을 원활하게 해나갈 필요가 있다. 클라이언트와 사회복지사 간의 관계 형성과 관련하여 관계의 질은 클라이언트의 긍정적 변화를 가져오는 요소이며, 관계는 주로 연령, 성별 등의 개인적 특성과 연관이 되어있다(Strupp, 1955). 단기 면접의 경우 사회복지사와 클라이언트의 특성이 영향을 미치지만 장기적 개입을 해야 하는 클라이언트의 경우 사회복지사와 클라이언트의 특성 차이가 크게 영향을 끼치지 않는다.

클라이언트의 관계 형성에 있어서 무엇보다 신뢰감을 형성하는 것이 가장 중요한데, 긍정적 라포가 형성될 수 있도록 사회복지사는 클라이언트가 마음을 편하게 가지고 이야기할 수 있는 환경을 마련해 주어야 한다. 예를 들어, 사회복지사는 노인이 경험했던 시대의 사건이나 이야기, 노래 등을 회상하게 하여 이야기를 유도할 수 있다. 클라이언트의 기대와 관심을 확인하고, 면접 과정 동안의 상호 역할과 책임성, 상담과 원조의 방법, 한계 등에 대해 논의해야 한다. 노인복지실천의 출발점은 '무엇이 이 노인 클라이언트를 다르게 만들 것인가?'이다.

처음 노인과 만날 때 사회복지사는 왜 노인과의 면접이 시작되었는지, 노인이 사회복지사와의 만남을 어떻게 느끼는지에 대해 파악해야 한다. 따라서 현재 노인 자신의 상태에 대한 느낌, 또는 현재 노인의 가장 중요한 관심사가 무엇인지 등의 대화로 시작한다.

2) 자료수집과 사정

노인 클라이언트에 대한 사정은 객관적 정보를 수집하고, 노인 클라이언트의 욕구를 파악하여 문제를 사정하는 단계이다. 사정(assessment)은 노인 클라이언트의 건강, 사회심리적 기능, 인지 능력, 재정, 환경, 사회적 지지, 욕구 등을 사정 도구를 통해 구체화하는 과정이다(Holt, 2000). 사정을 위한 자료수집은 과학적 방법에 의해 이루어져야 하며, 객관적 자료가 수집되어야 한다. 이를 위해 문제 체크리스트나 다양한 척도, 검사 도구 등을 활용하거나, 직접 혹은 간접 관찰 방법을 활용할 수 있다. 노인의 경우 관련된 그림이나 가계도 등의 간편한 도구, 비디오 등을 활용하거나, 회상적 대화를 통해 많은 정보를 수집할 수 있다. 클라이언트와 언어적·비언어적 의사소통 과정을 통해 사회복지사는 클라이언트의 표면적 문제와 정서적 문제를 인지해야 한다. 여기서 기억해야 할 중요한 점은 사정이 사회복지실천에서 첫 단계로 끝나는 것이 아니라 사회복지사가 클라이언트를 다루는 동안 지속적으로 진행되는 과정이라는 점이다.

사정은 어떤 서비스를 제공할 것인지를 결정하는 단계이다. 임상적 사정은 클라이언트에게 제공될 서비스의 유형과 양을 결정한다. 주기적 사정을 통해 치료의 계속, 중단, 전환을 결정해야 한다. 노인에 대한 사정은 오랜 기간 동안의 삶의 경험으로 인해 매우 복잡하고, 하나의 측정 도구만으로 판단하기 어려운 점이 있다.

따라서 노인에 대한 사정은 여러 측면을 다양하게 고려하는 다양한 측면의 사정(multidimensional assessment)이 되어야 한다(그림 9−1 참고).

일반적으로 노인 클라이언트에 대한 사정의 영역은 다음과 같다. 첫째, 클라이언트의 능력과 대인서비스 욕구에 대한 사정으로, 교육 정도와 취업 경험, 사회활동 정도, 문제해결 능력과 의사결정 능력, 개인적 자질과 성격, 물리적·재정적 자원 소유, 문제해결에 대한 동기와 의지 등에 대한 영역이다. 이에 더해 클라이언트의 영양 상태, 신체적 활동 능력 등의 건강과 기능상태, 인지적·정서적 영역 등에 대해서도 파악하여야 한다. 때에 따라서는 성적기능에 대해서도 사정을 실시한다(McInnis-Dittrich, 2020). 또한 노인이 과거의 경험을 통해 형성해 온 지혜 등 강점을 파악하기 위한 노력도 필요하다(Weick, et al., 1989).

둘째, 클라이언트의 사회적 망과 이러한 망 구성원들이 클라이언트의 욕구에 부응하는 능력에 대한 사정이다. 여기에서는 비공식적 원조자들을 발굴하는 노력과 더불어 클라이언트들이 관계하고 있는 사회적 지지체계에 대한 사정이 이루어져야 한다. 특히 사회적 망에 대한 사정은 환경 속의 인간(person-in-environment)을 강조하는 사회복지실천에서 매우 중요한 영역으로 간주된다. 이 시기 노인 클라이언트의 배우자, 형제, 다른 동료 등의 상실에 대해서도 주의를 기울일 필요가 있다.

셋째, 대인서비스 제공자에 대한 사정과 이러한 제공자들이 노인 클라이언트의 욕구에 부응하는 능력에 대한 사정이다. 노인 클라이언트의 욕구와 자원 제공자의 욕구가 일치하는지를 파악하여야 하며, 만일 일치하지 않는다면 이러한 욕구들을 일치시킬 수 있는 방법들을 사정하는 것이 중요하다.

넷째, 1차적 보호의 제공자에 대한 사정이 동시에 이루어져야 한다. 특히 1차적 보호의 제공자가 경제활동을 하고 있거나 아동을 양육해야 할 환경에 있다면 이들의 부양부담에 대해 파악하여야 한다. 여기서 주의해야 할 점은 노인의 가족과 노인이 함께 생활하고 있는 사람들에 대한 사정으로, 노인 자신에 대해서만이 아니라, 배우자와 부부의 기능을 수행하고 유지하며, 심리사회적으로는 쇠약하지 않은지에 대해 주의를 기울여야 한다(Sheafer, et al., 1998 : 404).

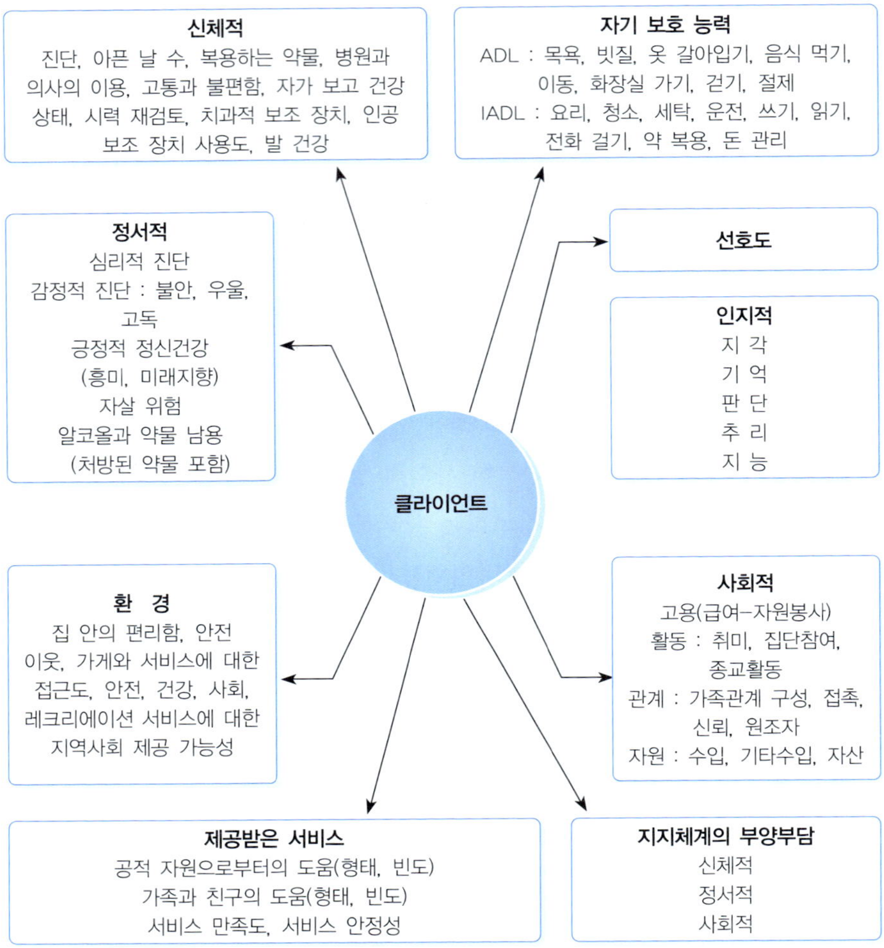

|그림 9-1| **사정의 다양한 측면**

출처 : Kane, R. A.(1990), p. 64.

3) 서비스 계획 및 실행

서비스 계획은 클라이언트의 욕구 충족을 위한 목적을 발전시키는 과정이며, 이러한 목적을 성취하기 위한 서비스를 구체화하는 과정이다(Holt, 2000 : 49). 즉, 드러난 문제들 가운데 해결할 수 있는 표적 문제를 정하고, 이에 대한 대안을 클라이언트와 함께 모색하는 단계이다. 이때 문제를 풀어가기 위해서는 사회복지사와 노인 클라이언트가 함께 일하는 과정이 강조된다. '지금, 여기'에서 다룰 수 있는 문제인지에 대해 합의해야 하며, 노인의 역할이 충분히 반영되도록 해야 한다. 따라서 서비스 계획은 사정과 서비스 전달을 이어주는 중요한 역할을 하게 된다.

서비스 계획은 사회복지사의 전문적 판단과 실천적 경험에서 수립되며, 욕구 사정이 이루어진 후 특정한 서비스의 목표를 정립하게 되면서 이루어진다. 목표는 장기와 단기로 나누어 수립하고, 장기 목표는 단기 목표의 달성하에 궁극적으로 희망하는 상태를 나타내게 된다. 단기 목표는 클라이언트의 현재 욕구 충족이나 위기 상황을 해결하기 위한 직접적 목표가 된다. 클라이언트와 사회복지사는 장기 목표 또는 단기 목표 중 어디에 초점을 둘 것인지를 결정해야 한다. 대부분 클라이언트는 빨리 문제 상황에서 벗어나기를 원하기 때문에 단기 목표에 초점을 두게 되는 경우가 많지만, 실제 클라이언트의 문제는 단기 문제의 해결로 끝나지 않는 경우도 많다. 사회복지사는 단기와 장기 목표의 달성을 위해 시간과 노력을 어떻게 배분해야 하는지에 대한 면밀한 검토가 필요하며, 필요에 따라서는 목표를 수정하기도 해야 한다.

서비스 계획 과정에서 목표를 설정하기 위해 주의해야 할 점을 살펴보면 다음과 같다.

첫째, 목표는 명료하게 세워야 한다는 것이다. 목표가 명확하지 못하면 노인 클라이언트의 진전 상황을 보고할 수 있는 근거가 없어지게 된다.

둘째, 실현 가능한 목표를 세워야 한다. 서비스 제공 시간, 서비스 종류, 양, 횟수 등에 대해 구체적으로 설정해 주는 것이 필요하다. 목표를 세울 때 자주 범하기 쉬운 실수 가운데 하나가 바로 사회복지사가 클라이언트의 능력을 과대평가하는 것이다. 즉, 실현 가능한 목표를 설정하기보다는 달성할 수 없는 범위의 목표를 설정함으로써 결과적으로 서비스가 성공하지 못하는 요인이 된다. 따라서 목표를 세울 때 클라이언트의 신체적 기능을 고려해 달성 가능한 범위 내에서 현실적 목표를 세우는 것이 중요하다.

셋째, 클라이언트와 목표에 대한 동의가 이루어져야 한다. 사회복지실천 활동 자체가 전문가에 의한 일방적 결정보다는 클라이언트의 능력을 배양하고, 클라이언트로 하여금 스스로의 문제를 해결하게 하는 데 있으므로 어떤 수준에서 문제가 해결되기를 원하는지에 대한 합의가 필요하다.

4) 종 결

사회복지실천의 마지막 과정은 공식적 종결 과정이다. 클라이언트의 정서가 안정되었다고 느낄 때, 표적 문제의 객관적 해결이 성취되었을 때, 혹은 클라이언트의 문제가 상담자의 능력을 벗어난다고 판단될 때 사회복지사와 노인 클라이언트는 관계를 종결하게 된다.

종결(termination)은 사회복지사와 클라이언트의 관계가 끝나게 됨을 의미한다. 이 용어는 최근에는 상황에 대한 자유 상태(disengagement)라는 용어로 대체되고 있는데, 이는 종결이라는 마지막에 대한 이미지를 탈피하기 위한 노력에서 비롯되었다고 할 수 있다. 사례 종결은 클라이언트에게 더 이상 서비스가 필요 없게 되었을 때 이루어지게 되는 것으로 클라이언트의 상태가 개선되었음을 의미한다. 그러나 종결은 자원의 한계로 클라이언트의 조건을 더 이상 개선시키기 어려울 경우에도 발생한다. 즉, 현재의 프로그램이나 사회복지기관으로서는 클라이언트를 보호하기 위해 더 이상 충분한 서비스를 제공할 수 없을 때에도 종결이 이루어진다. 종결은 사회복지사가 클라이언트와 관계 형성이 원만하게 이루어지지 않아 상호 간에 신뢰할 수 없는 경우 나타나기도 한다. 이러한 경우 사례관리자는 클라이언트에게 다른 사회복지사를 연결해 주기도 한다.

종결에 대한 결정은 사회복지사와 클라이언트 양자 간에 이루어지는데, 사회복지사가 종결을 위해 가장 먼저 해야 할 일은 사례에 대한 재사정(reassessment)을 실시하는 것이다. 클라이언트의 상황은 시간이 지남에 따라 바뀌기 때문에 서비스 종결을 위한 재사정은 필수적이다. 종결이 일어난 후에도 사회복지사는 다시 클라이언트를 도울 수 있다는 것을 알려야 하며,

클라이언트는 다시 서비스 수혜에 대한 허가를 받을 권리가 있다.

사회복지사는 종결을 위한 클라이언트의 진전 정도와 종결 후에 발생할 수 있는 위험 요소에 대한 평가를 해야 한다(Raiff & Shore, 1993 : 62). 많은 경우 사회복지사는 종결 후에도 3달, 6달, 1년 정도의 간격으로 서비스가 다시 필요한지에 대한 사후조사를 한다(Holt, 2000 : 76). 따라서 사후조사를 할 것인지를 결정하는 것도 종결 단계에서 해야 할 중요한 과업이다(Frankel & Gelman, 1998 : 53). 특히 사회복지서비스를 제공받고 있는 클라이언트들은 장기간에 걸쳐 서비스를 제공받는 경우가 많아 서비스에 의존적이 되기도 하기 때문에 사회복지사는 종결이 발생했을 때 클라이언트의 상황에 미칠 영향에 대해 충분히 고려해야 한다. 또한 사람과의 관계를 종료하는 데 대해 클라이언트가 받을 정신적 분리불안과 우울에 대해서도 고려해야 한다. 이러한 심리적 원인으로 인해 때로는 클라이언트들이 자신이 사회복지사로부터 전혀 도움을 받지 않았다고 불만을 제기하기도 하며, 또는 자신들이 가지고 있는 다른 문제를 제기하여 아직 종결이 일어나서는 안 된다는 점을 강조하기도 한다.

다른 한편으로 사회복지사 역시 종결로 인해 많은 심리적 문제를 경험하게 된다. 어떤 클라이언트는 좀처럼 종결을 원하지 않고, 사회복지사의 지속적 보살핌을 요구하기도 한다. 따라서 종결을 위한 전문가적 목표는 클라이언트가 다른 사람의 도움 없이도 살아갈 수 있도록 클라이언트의 역량 강화라는 것을 깨닫도록 요청한다. 종결의 최종 과정은 클라이언트에 대한 모든 서류 정리를 완료하는 것이며, 다른 서비스 제공자들에게도 이를 알리는 것이다.

3. 개별 개입방법

1) 면접 기술

(1) 여러 가지 형태의 질문 기법

인터뷰에서 가장 중요한 기술은 '질문하기'라고 할 수 있을 것이다. 특별한 훈련을 받지 않아도 많은 사람들은 질문하는 기술을 가지고 있다. 질문의 종류에는 크게 개방형과 폐쇄형이 있다. 개방형의 질문과 폐쇄형의 질문은 같은 내용에 모두 사용될 수 있으며, 어떤 형태의 질문을 사용해도 무방하다. 예를 들어, "당신의 자녀는 몇 명입니까?"라고 폐쇄형으로 질문할 수도 있고, "당신의 자녀에 대해 말씀해 주시겠습니까?"라고 개방형으로 질문할 수도 있다. 폐쇄형 질문을 했을 경우 클라이언트는 매우 간단한 대답만을 하지만 사회복지사가 얻고자 하는 정보를 정확하게 얻을 수 있다는 장점이 있다. 반면에 개방형으로 질문했을 경우 사회복지사가 원하는 것보다 많은 정보를 얻을 수 있다는 장점이 있지만, 클라이언트가 여러 가지 설명을 할 경우 주어진 상담 시간에 보다 정확한 정보를 얻어내는 데에는 한계가 있다는 것을 기억해야 한다. 따라서 인터뷰에서 개방형, 폐쇄형 질문을 적절히 사용하고, 진술문 형태의 질문도 적절히 사용하면 틀에 박히지 않은 면접을 이끌어 갈 수 있다.

(2) 초점과 좀 더 나아가기

인터뷰에서 여러 가지 형태의 질문 기법을 사용할 때 사회복지사가 주의해야 할 점은 개방형의 질문을 사용할 경우 '초점(focusing)' 기술을 사용하고, 폐쇄형의 질문과 진술형의 질문을 사용할 때 '좀 더 나아가기(furthering)'의 기술을 사용해야 한다(Frankel & Gelman, 1998 : 61－62). '초점'의 경우 클라이언트가 본질에서 벗어나 다른 길로 가려고 할 때 사용할 수 있는 기술이다. 간단히 말하면 클라이언트가 벗어난 길에서 돌아오도록 하는 것인데 여기에는 직접적 방법과 간접적 방법이 있다. 예를 들어, 사회복지사는 노인 클라이언트에게 딸과의 관계에 대해 질문했는데 노인 클라이언트가 딸이 자기의 아내와 비슷하다면서 엉뚱한 사례를 들어 이야기할 때 사회복지사는 직접적으로 이야기가 주제에서 벗어나고 있음을 알리고 다시 딸과의 관계에 대해 이야기해 주도록 요청할 수 있다. 간접적으로 요청하려면 노인 클라이언트가 자신의 딸을 사랑하고 있는지에 대해 다시 물을 수 있다. 사회복지사는 자신의 클라이언트가 집중하지 않고 다른 길로 자꾸 나가려고 하는지에 주목해야 한다.

'좀 더 나아가기'는 초점과 함께 사용되는 관계에 있는 기술이다. 이 기술은 클라이언트가 충분한 정보를 제공하지 않고 약간의 정보만 제공했을 때 사용되는 기술이다. 사회복지사는 주제에 대한 정보를 확장해서 얻고자 할 때 이 기법을 사용해 지속적으로 정보를 수집할 수 있다. 예를 들어, 클라이언트가 우리 엄마가 무섭다고 이야기한다면 어떤 점이 무서운 것인지 계속 예를 들어 설명하게 할 수 있다.

(3) 듣기

이건(Eagan, 1998 : 63-64)은 사회복지사가 클라이언트의 말을 듣는 것에 대한 다섯 가지 가이드라인을 제시하고 있다(Woodside & McClam, 2003 : 116 재인용).

첫째, 클라이언트를 정면으로 쳐다보아라. 이러한 자세는 사회복지사가 클라이언트의 문제에 관심을 가지고 있고, 여기에 관계하고 있음을 말해주는 것이다.

둘째, 열린 자세를 취하라. 팔짱을 끼고 있거나 다리를 꼬고 있는 것은 다른 사람과의 관계를 약화시킨다. 열린 자세는 사회복지사가 클라이언트의 말을 듣고 있고, 클라이언트에 대해 열려 있음을 나타내 주는 것이다.

셋째, 인터뷰 시간은 다른 사람을 통해 배울 수 있는 시간이라는 점을 기억하라. 배운다는 말은 신체적으로 또는 책임감에 대한 것을 의미하는 것으로 이것이 클라이언트와의 대화를 촉진시킨다.

넷째, 눈 맞춤을 지속하라. 눈 맞춤을 계속한다는 것은 나는 당신과 함께 있고, 나는 당신이 말하는 것을 듣고 싶다는 의미를 가진다.

다섯째, 긴장을 풀도록 하라. 긴장을 푼다는 의미는 마음에 걸리는 표정으로 관련되어 있거나 안절부절못하는 것을 의미하는 것이 아니라 개인적 접촉과 표현으로써 사회복지사를 통해 안식을 얻고자 함을 의미한다.

① 재기술

적극적 경청을 위해 중요한 두 가지 기술은 재기술(restating)과 재구조화(re-framing)이다. 재기술은 쉽게 이야기하자면 클라이언트가 말한 것을 다시 한번 말해주는 것이다. 이것은 테이프 레코더가 말을 반복하는 것과 같은 것이다. 클라이언트가 말하는 것을 끊고 사회복지사가 들은 내용을 재기술해 주는 것은 사회복지사가 클라이언트가 말하는 것을 잘 알고 있음을 표현해 주는 것이다. 또한 말하는 사람은 자기의 이야기를 상대방이 잘 듣고 있다는 것을 알게 될 때 만족감이 커지는 경향이 있다. 재기술한다는 것은 사회복지사가 클라이언트의 이야기를 잘 이해하려고 노력하고 있음을 보여주는 것이라 할 수 있다. 특히 재기술은 클라이언트가 무엇인가 화가 나 있을 때 사용하면 효과적이다(Frankel & Gelman, 1998 : 65). 클라이언트의 화(anger)가 대화 도중 발생한 것인지 다른 것의 영향 때문에 발생한 것인지를 알 수 있게 해주기 때문이다. 재기술은 적당한 시간에 사용해야 하는데 너무 오랫동안 듣기만 하고 재기술해 주지 않으면 나중에 재기술해 주어야 할 내용이 지나치게 많아지게 되고, 사람의 기억력에 한계가 있기 때문에 힘들어질 수 있다. 반대로 너무 자주 사용할 경우에도 클라이언트의 인내에 문제가 생길 수 있으므로 주의해야 한다.

② 재구조화

재구조화(reframing)는 재기술과 함께 사용하거나 독자적으로 사용할 수 있는 기술이다. 재구조화는 사회복지사가 들은 내용과 이미 알고 있는 내용을 가지고 재구성하여 노인 클라이언트에게 이야기하는 것이다. 예를 들어, 클라이언트가 "저는 이번 주의 다이어트에는 완전히 실패했어요. 일요일 저녁 텔레비전을 본 후 식욕을 참을 수 없어 그만 또 먹어버렸죠"라고 이야기하면 이 이야기에 대한 재기술의 기법을 사용하기보다는 재구조화의 기법을 사용하여 "당신의 실패에 대해 몹시 화가 나셨나 보네요. 그렇지만 토요일에는 성공적 다이어트가 된 것 아닌가요?"라고 말하는 것이 더 효과적이다. 사회복지사의 재구조화는 클라이언트가 다른 사실에 집중하도록 할 수 있기 때문이다. 즉, 클라이언트가 실패를 경험했지만 그것을 극복하기 위해 노력한 부분에 대한 칭찬이 들어 있기 때문에 클라이언트는 자신이 부분적으로는 해냈다는 사실에 주목하게 된다.

(4) 요약

긴 시간 동안 재기술하지 않았을 경우 '요약(summarizing)'의 기술을 사용해야 한다. 요약은 재기술과는 달리 사회복지사가 이제까지 경청한 내용을 정리하여 이해하기 쉬운 언어로 요약해 말해주는 것을 의미한다. 사회복지사는 인터뷰 도중 경청한 내용과 관련하여 몇 차례 요약을 해주게 된다. 요약에는 재기술과 재구조화가 포함될 수 있다.

(5) 심리학적 해석

때때로 재구조화는 클라이언트의 문제를 다른 곳으로 변화시키기 위해 사용하는 기법이 된다. 이러한 경우 '심리학적 해석(psychological interpretation)'이라고 하는데 심리학적 해석은 임상개별사회사업이나 심리치료에서 많이 활용되는 방법이다. 재구조화와 심리학적 해석의 차이점은 사회복지사의 반응이 보다 이론적 개념에 의해 뒷받침되느냐, 노인 클라이언트의 과거사에 집중하느냐, 사회복지사의 현재 관찰에 의존하느냐, 또는 사회복지사의 경험에 의존하느냐에 따라 달라질 수 있다는 점이다(Frankel & Gelman, 1998 : 67).

예를 들어, 심리학적 해석은 최근 암 진단을 받은 노인이 느끼는 우울감에 대해 개인적인 접근을 중심으로 하게 될 수도 있고, 가족적인 개입으로 진행될 수 있는 것이다. 만일 심리학이나 정신보건훈련을 받은 전문가의 경우 노인의 우울감에 초점을 맞추고 이를 해결하기 위한 정신과적 약물치료와 인지 및 예술 치료 등을 권유할 수 있다. 반면 가족상담의 훈련을 받은 전문가의 경우 노인의 질병과 그에 따른 정서적인 변화와 가족 간의 갈등을 가족의 문제로 생각하고 가족의 주요 구성원과 갈등의 원인을 탐색하며, 가족 간 정서적인 지지를 표현할 수 있도록 도와줄 수도 있다(김미령 외, 2013).

(6) 저항에 대한 통제

사회복지사와 클라이언트의 관계에서 저항은 변화를 방해하는 힘이 되기 때문에 사회복지사는 저항을 다루는 기술을 개발해야 한다. 저항의 유형은 침묵, 핵심에서 벗어난 주제, 무력감의 표현, 문제 축소, 지각 등 다섯 가지로 분류해 볼 수 있다(양옥경 외, 2000 : 112－113). 저항의 근원은 새로움을 바라면서도 변화를 두려워하는 것과 사회복지사와 서비스에 대한 잘못된 이해 등이 될 수 있다. 따라서 이러한 저항을 다루기 위해서 다음과 같은 방법을 사용할 수 있다(양옥경 외, 2000 : 114－116). 첫째, 사회복지사는 저항의 저변에 있는 클라이언트의 현재 감정에 초점을 두고 클라이언트와 대화하여 부정적 감정을 효과적으로 다룰 수 있어야 한다. 둘째, 변화를 두려워하는 클라이언트에게 긍정적 관점을 제공해 주어야 한다. 셋째, 비현실적 클라이언트의 반응을 찾아내 현실적 관점을 가지도록 한다.

2) 노인상담

상담이란 사람들이 구체적인 목표를 실현할 수 있도록 하기 위해 정보, 조언, 자원, 의뢰 등을 제공하는 것이다(Hawkins, May, & Rogers, 1996 : 362). 노인상담은 노인이 생활 가운데 직면하는 문제들을 발달적 시각으로 보고, 노인의 발달적 욕구를 이해하여(즉, 노화를 정상적인 과정으로 이해함), 가족과 사회의 환경에 대한 노인들의 적응을 돕는 것을 일차적 목적으로 한다.

노인의 총체적 행동 변화는 다양한 접근으로 가능하다. 첫째, 인간을 구성 요소들의 총화로 보지 않고 인간 그 자체를 하나의 존재로 간주하여 그 존재가 변화 성장할 수 있도록 하는 접근이다. 내담자와 치료자가 상호적 관계를 맺음으로써 내담자의 변화와 성장이 이루어질 것을 기대할 수 있다. 따라서 만남이 가장 중요한 의미를 갖는 것으로 볼 수 있다. 실존주의 상담 접근이 이 부류에 속한다. 둘째, 인간을 구성하는 요소 중 어느 하나 혹은 하나 이상의 요소에 주요 관심을 가지고 그 요소의 변화를 우선적으로 시도함으로써 다른 요소들에게 영향을 주어 총체적 인간행동의 변화를 모색하는 접근이다. 여기서 인지적 변화에 일차적 관심을 두면서 다른 측면의 변화가 따라오도록 시도하면 인지상담, 정서적 측면의 변화에 일차적 관심을 두면 인간 중심 상담, 행동적 측면의 변화에 일차적 관심을 두면 행동주의 상담이 될 수 있다. 셋째, 하나의 구성 요소의 변화에만 관심을 두는 것이 아니라 둘 이상의 측면에 주요 관심을 가지고 이들 요소의 변화를 함께 시도하여 총체적 인간행동의 변화를 모색하는 접근이 있다. 인지－행동 접근, 인지－행동－정서적 접근, 인지－정서적 접근(정신분석) 등이 있다.

(1) 상담과 치료에 대한 이해

상담(counseling)과 치료(therapy)는 모두 클라이언트에 대한 직접적 서비스의 기능으로 클라이언트의 기능을 촉진시키기 위한 종합적 기능을 한다. 연계가 환경에 초점을 두고 있는 것과는 달리 상담과 치료는 클라이언트의 정서적이고 인지적인 내면의 세계에 초점을 두고 1 : 1의 관계 속에서 진행된다. 이 두 개념은 이론적 배경을 공유하며, 매우 비슷한 기술을 사용한다. 상담과 치료 속에는 클라이언트가 지역사회의 외적 지지를 받을 수 있도록 돕는 것도 포함된다. 상담과 치료의 목적은 상처받기 쉬운 클라이언트의 내적 자원을 강화시켜 주는 것이며, 개인적 자원이 지역사회에서 기능하도록 하는 데 있다.

따라서 상담과 치료의 개념은 많은 문헌들에서 구분 없이 사용되기도 하지만 이 두 개념에는 차이가 있다(Rothman & Sager, 1998 : 92). 치료란 병리적인 것에 초점을 두고 병리 상태에서 벗어나도록 하는 것에 관심을 가지고 있으며, 심리역동적이고 내면적인 것을 더욱 강조한다. 또한 '말하기(talking)' 방법을 사용해 클라이언트 내에 있는 근본적이고 영속적인 마음의 문제를 치료하는 데 사용된다. 반면에 상담은 문제의 해결과 치료를 목적으로 하는 치료적 모형에서 예방과 전인적 발달과업의 성공적 성취를 위한 실질적 도움을 제공하는 데 그 목적이 있다. 또한 상담은 매일의 삶과 관련해 '지금, 여기(here－and－now)'에 관심을 가지고 도움을 제공하는 데 관련되어 있다.

(2) 클라이언트 동기화시키기

클라이언트에 대한 동기화는 클라이언트가 가지고 있는 내적 장애를 극복하기 위해 내적 자원을 끌어내도록 하는 것이다. 클라이언트를 동기화시키기 위해서는 다음과 같은 전략을 사용할 수 있다(Rothman & Sager, 1998 : 101).

- 클라이언트가 변화를 위해 목표로 하는 특정 문제에 정확히 집중하도록 격려한다.
- 클라이언트의 능력과 관심 영역 속에서 '행할 수 있는' 과제를 정의한다.
- 대처 기술을 마스터하기 위해 과제를 연습한다.

(3) 클라이언트의 참여 촉진하기

클라이언트의 강점 관점에서 볼 때 효과적 개입을 위해 매우 중요한 요소이다. 그렇다면 실천 활동에서 어떻게 클라이언트의 참여를 촉진할 것인지의 문제가 있다. 때때로 환경은 클라이언트로 하여금 무기력하게 느끼게 하고, 그들로 하여금 클라이언트의 역할에 고정시킨다. 클라이언트가 참여적 역할을 수행하기 전에 사회복지사는 개인적 가능성과 제한점에 대해 사정해야 한다. 또한 서비스 세팅에 대한 클라이언트의 경험과 이해에 대해 숙지하고 있어야 한다. 클라이언트가 상담이나 치료의 규칙에 익숙하다고 단언하는 것은 주의해야 한다. 손상이 있는 클라이언트의 경우 자신들이 무엇을 기대했는지 모르거나 잊어버린다. 따라서 적극적 느낌의 표현, 관심, 선호도 등을 표현하는 것은 언제나 환영한다는 것을 알려주어야 한다. 사회복지사는 때때로 모델링, 역할 연기, 모양 만들기 등과 같은 구조화된 행동기법을 사용할 수 있다.

(4) 지지의 제공

사회복지사의 두 가지 의무는 사정의 과제를 완성하는 것이며, 클라이언트에게 정서적 지지를 제공하는 데 있다(Frankel & Gelman, 1998 : 68). 긍정적 지지로 칭찬을 사용할 수 있는데 이로 인해 사회복지사와 클라이언트의 관계가 더욱 공고해질 수 있으며, 클라이언트가 무엇인가 하도록 격려하는 효과가 있다. 행동수정 이론이 언급하는 바와 같이 긍정적 지지는 새로운 행위의 동기가 되며, 칭찬을 받는 사람에게 매우 값진 것이 될 수 있다. 그러나 새로운 행위가 생겼다고 해도 이러한 행위는 지속적 보상을 받지 못하면 금방 소거될 수 있으므로 사회복지사는 인내를 가지고 일관되게 긍정적 보상을 주어야 한다.

(5) 노인상담의 내용

① 노인기에 대한 적응 유형

노인이 어떻게 그들의 노인기에 적응하고 있는가에 관한 내용으로 일반적으로 노인은 다음과 같은 적응 유형을 갖게 된다.

- 건설적 : 노화에 잘 적응하고 개인적, 사회적으로도 바람직하고 낙관적인 태도를 지님
- 의존적 : 노화에 적응은 하지만 수동적이고 게으름
- 방어적 : 노화를 따라가지 못할 정도로 바쁨
- 적대적 : 사회에 적응을 잘 못하고, 공격적임, 노화를 두려워함
- 자아혐오 : 사회적으로 부적절하고 낮은 자존감을 가짐, 거의 삶을 통제하지 못함

② 상실에 대한 대처

노인이 되면 겪게 되는 다음과 같은 각종 상실에 대해 상담할 수 있다.

- 신체적 기능 상실
- 사회적 관계 상실
- 부모역할 상실
- 급여를 받는 피고용자 지위에서 상실
- 고독감
- 우울증
- 자살
- 경제적·사회적 지위 상실
- 독립성 상실
- 존엄성 상실(노인학대)
- 죽음

③ **성공적 적응을 위한 전략**(정순둘·김미혜, 2014 : 35-38)

- 삶의 의미 찾기와 몰입 : 삶의 의미 찾기, 목표 찾기, 몰입
  노년기에도 사회참여 등 활동수준 유지를 통해 삶의 의미를 찾고, 꾸준한 삶의 목표를 가지며, 자아통합을 통한 삶의 의미를 찾는다.
- 자아탄력성 유지 및 회복
  자아탄력성이란 강한 스트레스 상황에서 위험이나 역경에도 불구하고 성공적으로 적응하는 것을 말하는데(김충희, 2014 : 10, 국민연금, 2014 : 36 재인용), 자아탄력성을 유지하고 향상하기 위해서는 적절한 훈련과 지도, 노화 관련 지식, 결정을 내리기 위한 정보망, 감정조절 훈련, 스트레스 발생 시 원조네트워크, 긍정성, 낙천성, 외향성, 개방성, 성실성, 열정, 호기심, 유머, 정서적 안정 등이 필요하다.
- 친밀한 관계 유지
  행복감에 가장 큰 영향을 미치는 것은 인간관계이므로 나이가 들수록 인간관계를 잘 형성하고 유지해야 한다.
- 생활습관 관리 : 물질사용, 신체적 운동, 취미생활, 약물요법, 정기검진
  중년기와 노년기 흡연, 과음 등 물질사용은 향후 장애발생 예측 인자가

되므로 위험 요인들을 제거하거나 낮추어야 한다. 꾸준한 신체 운동은 인지기능을 향상시키고 사회적 고립을 예방한다. 또한 취미생활을 통해 인지기능에 도움이 되는 활동을 하면 인지기능 감퇴, 치매 예방에 도움이 된다. 약물요법으로는 골다공증이나 심장질환 예방효과가 있는 에스트로겐, 인지기능 보호효과가 있는 비타민, 혈관성 질환 발병위험을 감소시키는 엽산 섭취 등이 있다. 마지막으로 정기검진은 질환의 조기 발견과 예방에 도움이 된다.

4. 집단 개입방법

1940년대 중반 집단적 접근이 노인을 위한 접근법으로 인기를 얻기 시작하였으며, 1960년대 후반에 와서 집단 활동에 활동적(active)·구조적(structured)·시간 제한적(time-limited)·문제지향적(problem-oriented)·인지행동적(cognitive and behavioral) 요소가 도입되면서 우울한 노인에 대한 접근으로도 적합한 것으로 알려졌다. 이러한 집단 개입에서는 문제의 예방적 역할이 강조되는데, 특히 노인에게 적합한 집단 개입은 노인의 소외감, 상실, 발달 과정상 경험하는 공통적 문제 등에 대한 개입이다.

1) 노인이 집단 개입을 통해 얻을 수 있는 가장 중요한 요소

첫째, 사회화(socialization)와 집단응집력(group cohesiveness)이다. 많은 노인들은 은퇴, 친근한 사람들의 상실 등으로 인해 강한 고독을 느끼게 되는데 집단 활동을 통해 고독감을 해소할 수 있다는 장점이 있다. 집단을 통해 새로운 연결망(network)을 생성할 수 있고, 새로운 관계를 가질 수 있게 되었기 때문이다(Yost & Corbishley, 1987).

둘째, 보편성과 희망에 대한 주입(universality and instillation of hope)이다. 사회적·재정적·신체적 어려움을 노인 자신만이 겪는 것이 아니라는 것을 집단 성원들과의 경험을 통해 알게 되며, 중요한 타자의 죽음과 자신의 육체가 쇠퇴해 가는 과정을 다른 노인의 문제해결 과정을 통해 배울 수 있게 된다.

셋째, 이타주의(altruism)이다. 집단 활동을 통해 노인 자신도 누군가에게 도움을 줄 수 있는 사람이라는 것을 알게 된다. 집단에서 다른 사람의 경험을 배울 수도 있지만, 자신의 경험을 다른 사람에게 가르쳐 줄 수도 있기 때문이다.

2) 노인에게 사용될 수 있는 집단 접근법

(1) 활동과 흥미 집단

① 활동집단 : 댄스, 창조적 움직임, 체중 조절, 스포츠 집단

② 흥미집단 : 시사문제 토론, 독서, 서예, 대화, 교육 세미나, 창작, 음악 집단

(2) 문제지향적 집단

① 노인기에 일어날 수 있는 공통된 문제를 가지고 모이는 집단(조기퇴직자 집단, 건강문제 예방 및 치료를 위한 집단, 외기러기 모임)

② 기능 유지나 재생을 위한 집단 : 쇠퇴를 예방하거나 지연시키려는 목적을 가진 집단(뇌 조직 장애를 가진 노인에게 게임, 신호, 감각 행동을 통해 말하기와 상호작용을 증진시킬 수 있으며, 사회기술훈련을 시킬 수 있다).

(3) 치료와 성장 집단

전자의 집단과 중복되며, 노인도 성장한다는 전제하에 문제해결 워크숍, 성적 매력 향상 프로그램, 선언적 훈련집단(assertiveness training groups), 행동치료집단, 지지집단, 지금 여기에 행복집단(well-being here and now groups), 개인적 탐험과 창조집단 등이 있다.

3) 집단 과정

(1) 집단 발달의 단계

사회복지실천에서 집단의 발달 단계는 일반적으로 5단계로 구분된다(Corey & Corey, 2002 : 95－123). 집단구성 단계(forming a group), 시작 단계, 변화 또는 전이 단계, 작업 단계, 종결 단계이다.

첫째, 집단구성 단계에서는 이유(rationale), 목표(objective), 실천의 고려사항들(practical considerations), 과정(procedures), 평가(evaluation)를 계획한다(Corey & Corey, 2002 : 99－100).

둘째, 시작 단계는 새로운 성원들과의 만남으로 인한 설렘과 기대 등이 나타나는 시기이다. 또한 집단에 대한 저항도 있을 수 있다. 따라서 클라이언트가 왜 집단에 참여해야 하는가의 당위성을 가질 수 있도록 돕는 것이 필요하다. 노인집단을 구성하는 데 있어 가장 중요한 이슈는 '믿음'이다(김미혜·서혜경, 2002). 집단의 활동, 목적, 목표, 활동 방법, 비밀 보장에 대해 언급함으로써 노인이 신뢰를 가지고 집단에 참여할 수 있도록 해야 한다.

셋째, 변화 또는 전이의 단계로 집단이 진행되면서 역동이 생겨나기 시작하는 단계이다. 이 시기는 노인 스스로가 고립될 것인지, 집단에서 어떠한 역할을 할 것인지를 결정하는 시기가 된다. 따라서 적극적으로 집단에 참여하는 노인 간의 역동성이 생길 수 있지만, 반면에 소극적으로 집단에 참여하는 노인의 고립과 소외가 가시화되기도 한다. 이러한 변화의 단계에서 노인의 저항이나 방어기제가 두드러질 수 있으므로 사회복지사는 이를 잘 파악하고 다룰 수 있어야 한다.

넷째, 작업 단계는 본격적으로 치료나 개입이 일어나 변화가 나타나기 시작하는 단계라고 할 수 있다. 따라서 집단에 참여하는 구성원 간의 역동성이 가장 활발하게 나타나는 시기이다. 집단에 참여하는 노인들은 서로 격려하고, 자신이 집단에서 가지고 있는 역할에 대해 충실하게 된다. 특히 집단의 응집력이 생겨나는 시기로 좋은 친구가 되어주는 것 등의 관계가 형성된다. 노인의 수준을 고려하여 작업의 강도를 조절해 나가야 한다. 이때 집단에서 사용할 수 있는 개입방법으로는 회상, 현실 지각, 독서치료 같은 것을 예로 들 수 있다(Erwin, 1996).

다섯째, 집단의 목적을 달성하고 종결하는 단계에서 지도자는 헤어짐에 대한 준비를 해야 한다. 종결 후에도 집단 성원들은 서로 만날 수 있도록 하고, 앞으로의 삶에 있어서 네트워크로, 즉 지지자로서 기능할 수 있도록 준비시키는 것이 필요하다. 따라서 종결 모임에서 자신의 미래 계획이나 집단 참여를 통해 얻게 된 결과에 대해 함께 이야기할 수 있어야 한다.

(2) 집단 과정에서의 이슈

① 성원에 대한 비밀 보장이 가장 중요하다.

② **직면과 조사**(confronting and probing) : 노인의 가장 깊숙하고 고통스러운 감정과 관심에 대해 직면하고 이에 대한 조사를 하는 것이다. 이러한 감정에 대한 관대함이 필요하며 주의가 요청된다. 때로는 직면보다 지지, 격려가 더 필요할 수도 있다.

③ 집단응집력을 파악해야 한다.

④ 집단 내의 불만, 집단 내에서 하는 이야기, 집단 내의 일반적 사회적 상호작용에 관심을 두어야 한다.

⑤ 치료적 클라이언트 관계에서 개인적 세부 사항에 대한 공유, 따뜻함과 관심을 가지고 반응하기, 서로 친밀해지기, 감정과 관심에 대해 표현하도록 격려해야 한다.

(3) 집단 과정에서 고려할 점

① **출석** : 신체 기능, 기후 등의 영향을 받을 수 있으므로 집단 모임 날짜를 정할 때 주의를 요한다. 또한 집단 성원들이 결석 없이 회기 동안 잘 참여할 수 있도록 격려해 주어야 한다.

② **장소** : 이동이 편한 곳으로 한다.

③ **시간** : 활동하기 좋은 시간으로 정한다.

④ 상담자는 내담자의 참여의식을 높이고, 구체적 기대를 갖게 하며, 집단에 소속감과 책임감을 갖도록 하고, 자신을 잘 표현하도록 한다.
⑤ 집단의 구성에 주의해야 한다. 가능하면 비슷한 성향의 노인들로 구성한다.
⑥ 집단에 참여하는 노인은 대부분 능동적인 경우가 많으므로 초기 정신질환을 가지고 있는 노인에게 적합하다.

5. 전망과 과제

노인복지실천과 관련하여 개별적 접근과 집단적 접근방법에 대해 살펴보았다. 또한 실천의 과정에 대해 점검해 보면서 종합적인 사정방법과 개입방법에 대해 다루었다. 일반적으로 노인복지실천의 과정 역시 사회복지실천의 과정과 유사하지만, 노인이라는 클라이언트의 특성을 얼마나 잘 반영했는가가 중요한 관건이 될 것이다. 사회복지사는 노인을 클라이언트로 다루는 전문가가 된다. 따라서 이러한 점을 염두에 둔 실천의 과정이 되어야 할 것이다.

향후 고령화 사회의 지속과 함께 노인을 대상으로 한 상담이나 실천에 대한 요구는 꾸준히 증가할 것으로 전망된다. 그러나 실제 실천현장에서 노인에 대한 실천경험을 가지고, 꾸준히 전문성을 키우고 있는 사회복지사는 많지 않은 실정이다. 앞으로 노인 분야의 실천가로서 전문적인 상담과 실천활동을 이끌어 갈 수 있도록 사회복지 교육이 좀 더 심화되어야 할 것이며, 미래의 노인 분야 전문가로 성장하기 위해서는 이러한 경험을 쌓아야 할 것이다.

학습과제

❖ 노인복지실천과 일반 사회복지실천의 차이는 무엇인가?

❖ 노인복지실천가로서 사회복지사는 어떠한 훈련을 받아야 하는가?

❖ 노인상담과 집단 프로그램의 사례를 찾아보자.

참고문헌

김미령·김원경·김유진·김주현·배나래·손화희·원영희·이민홍·이호선·전혜정·정미경·한은주(2013). **노인복지상담**. 경기 : 공동체.

양옥경·김정진·서미경·김미옥·김소희(2000). **사회복지실천론**. 서울 : 나남.

정순둘·김미혜(2014). **2014 국민연금 CSA 상담사**. 국민연금공단.

Corey, M. S., & Corey, G.(2002). *Groups : Process and practice* (6th ed.). Pacific Grove, CA : Brooks/ Cole.

Erikson, E. H.(1963). *Childhood and Society* (2nd ed.). New York : Norton.

Erwin, K. T.(1996). *Group Techniques for Aging Adults*. Washington, D. C. : Taylor & Francis.

Frankel, A. J., & Gelman, S. R.(1998). *Case Management : An Introduction to Concepts and Skills*. Chicago, IL : Lyceum Books.

Hollis, F.(1980). On revisiting social work. *Social Casework : The Journal of Contemporary Social Work, 1,* 3–10.

Hawkins, B. A., May, M. E., & Rogers, N. B.(1996). *Therapeutic Activity Intervention with the Elderly : Foundations & Practices*. Venture.

Holt, B. J.(2000). *The Practice of Generalist Case Management*. Needham Heights, MA : Allyn and Bacon.

Johnson, L. C.(1995). *Social Work Practice : A Generalist Approach* (5th ed.). Boston : Allyn and Bacon.

Kane, R. A.(1990). Assessing the Elderly Client. In A. Monk(Ed.), *Handbook of Gerontological Services*. New York : Columbia University Press.

NASW(2020). Practice. Adopted from www.naswdc.org. 2020. 1. 20.

Raiff, N. R., & Shore, B. K.(1993). *Advanced Case Management : New Strategies for the Nineties*. CA : Sage.

Rothman, J., & Sager, J. S.(1998). *Case Management : Integrating Individual and Community Practice*. Boston : Allyn and Bacon.

Sheafor, B. W., Horejsi, C. R., & Horejsi, G. A.(1997). *Techniques and Guidelines for Social Work Practice*. Boston : Allyn & Bacon.

Strupp, H. H.(1995). The Psychotherapist's skills revisited. *Clinical Psychology, 2,* 70–74.

Weick, A., Rapp, C., Sullivan, W. P., & Kisthardt, W.(1989). A Strengths Perspective for Social Work Practice. *Social Work, 34,* 350−354.

Woodside, M., & McClam, T.(2003). *Generalist Case Management : A Model of Human Service Delivery.* Pacific Grove, CA : Brooks/ Cole.

Yost, E. B., & Corbishley, M. A. (1987). *Career Counseling : A psychological approach.* San Francisco : Jossey−Bass.

CHAPTER 10

사례관리

이 장에서는 노인복지서비스의 맥락에서 사례관리에 대해 알아보고자 한다. 사례관리는 사회복지서비스에서 가장 중심적인 역할을 해왔다. 노인복지영역에서도 사례관리가 강조되고 있는데 장기요양서비스나 지역사회돌봄서비스에서 사례관리는 핵심적인 부분이 되고 있어 사례관리에 대한 이해는 매우 중요하다. 특히 노인복지영역에서 사례관리실천에 대한 기본적인 이해와 실천과정을 익히는 것이 필요하다. 따라서 이 장은 사례관리에 대한 기본적인 이해에서 시작하여 사례관리의 과정, 사례관리의 모델, 그리고, 사례관리자의 역할 등에 대해 살펴보고자 한다. 각각의 내용과 함께 최근 제시되고 있는 노인복지 서비스 체계에서 사례관리가 어떻게 활용되어야 할 것인가에 대해서도 살펴보고자 한다.

1. 노인사례관리의 이해

1) 정의 및 필요성

사례관리는 정신보건에서 재입원율을 낮추는 치료적 접근법으로 불리기도 하지만, 종합 보호 체계의 한 요소로 인식되면서 클라이언트가 지역사회에서 생활하는 데 필요한 서비스와 자원들을 제공하는 것을 의미하기도 한다. 사례관리란 복합적 욕구가 있는 클라이언트를 위해 주 사례관리자가 서로 다른 사회복지기관들과 스태프들과 서비스에 대한 계획을 세우고, 자원을 찾고 연결하며, 서비스 과정을 모니터하는 것을 의미한다. 보통 한 기관이 클라이언트에 대한 기본적인 책임을 담당하고, 서비스 조정, 클라이언트 옹호, 그리고 때때로 클라이언트를 위한 서비스 매입과 자원 통제 등을 수행하는 사례관리자를 할당한다. 이 절차는 한 기관의 여러 사회복지사 혹은 다른 기관들의 전문가들이 팀워크를 통해 주어진 클라이언트에게 서비스를 제공하기 위한 그들의 노력을 조정하는 것을 의미한다. 사례관리는 하나의 서비스로는 해결되지 않는 다양한 문제를 지닌 클라이언트에게 필요하며, 여러 전문가들(복지, 의료, 간호, 정신보건 등)은 클라이언트의 변화과정을 함께 모니터링하고 슈퍼비전을 주는 과정을 가진다. 사회복지사와 간호사들은 이러한 기능을 수행하는 전문가 집단의 대표적 예가 된다(Rose & Moore, 1995).

한편 노인들은 여러 가지 복합적 문제를 가지게 되어 종합적 사례관리서비스를 요구하게 되는 인구 집단이다. 먼저 노인은 일정한 연령이 되면 직장에서 은퇴하게 되고 이로 인해 경제적으로 어려움을 겪게 된다. 신체적으로도 나이가 들면서 거동이 불편해지고, 누군가의 도움 없이는 생존이 어려워지는 단계에 이르기도 한다. 또한 배우자나 가까운 친구들의 죽음으로 인해 심리적, 정서적으로 고독감과 우울감을 경험하게 된다. 이처럼 노인이 되면서 나타나는 다양한 문제들은 노인이 사례관리서비스가 필요한 대상임을 나타내 준다.

그러나 지금까지 노인을 대상으로 제공되고 있는 재가복지서비스는 전통적 사회복지서비스 모델을 사용하여 단순서비스 제공만 하였기 때문에 복합적 욕구를 지닌 노인 클라이언트에게 효과적 서비스를 제공하지 못하였다. 이러한 문제점을 개선하고 서비스의 질적 향상과 비용 효과를 고려한 사례관리 모델이 노인을 위한 새로운 사회복지실천방법이 되고 있다. 노인을 대상으로 한 사례관리는 한 사람의 주 사례관리자, 즉 키워커가 노인의 복합적 욕구와 지역사회의 서비스 자원을 연결시켜 노인이 사회생활상의 어려움을 극복하기 위해 적절한 서비스를 제공받도록 책임지는 것을 말한다(Johnson & Rubin, 1983 : 49).

사례관리의 중요 개념은 보호와 서비스의 조정을 통해 클라이언트에게 적합한 서비스를 제공하여 클라이언트의 삶의 질을 높이는 것이라 할 수 있다. 사례관리는 지역사회의 자원개발과 네트워크 연결, 사례관리자의 실천방법에 대한 인식의 변화와 적용이 함께 어우러져야만 성공할 수 있는 방법론이다. 전통적 사회복지서비스와 사례관리 접근법의 가장 큰 차이점은 전자가 기존의 서비스에 클라이언트를 맞추는 것이라면 후자는 클라이언트의 욕구에 서비스를 맞추는 것이라 할 수 있다(Pilling, 1992). 즉, 사례관리 접근법은 클라이언트의 욕구에 맞춘 서비스를 제공하기 위해 필요한 자원을 개발하는 범위까지를 포함하게 된다.

따라서 이러한 정의들을 고려하여 노인을 위한 사례관리를 정의한다면 "사례관리란 다양한 노인의 욕구를 충족시키기 위해 기존의 자원과 새로운 자원을 개발하고, 서비스 기관 간에 연대하여 노인에게 패키지화된 서비스를 제공하는 방법"이다. 최근 개편되고 있는 지역사회 돌봄서비스 역시 이러한 정의에 입각하여 디자인된 것이다.

2) 목 적

노인을 위한 사례관리의 목적은 다음과 같다.

첫째, 사례관리의 중요한 목표는 노인의 삶의 질을 개선하고 노인의 문제해결능력을 향상시키는 것이다. 실제로 노인의 삶에서도 삶의 질 개선은 활동적인 노후를 보내기 위해 매우 중요한데 사례관리를 통해 이 목적의 달성이 가능해진다는 의미이다. 참고로 사례관리가 노인의 복지를 향상시키는데 공헌했다는 몇몇 연구들이 있다(정순둘·고미영, 2003; Challis & Davis, 1986; Huxley & Warner, 1992).

둘째, 서비스 조정의 개선이다. 즉, 사례관리의 가장 중요한 결과는 보다 나은 서비스의 조정(the better coordination of services)이다. 보다 나은 서비스의 조정을 통하여 노인에게 효과적 서비스를 제공하고 그의 욕구를 충족시키게 되는 것이다. 지역사회 돌봄서비스 중 커뮤니티 케어 역시 지역사회

내 서비스들을 조정하여 노인들의 삶의 질을 개선시키기 위한 맥락에서 사례관리를 강조되고 있다.

셋째, 사례관리의 중요한 목적은 효과적인 자원의 분배에 있다. 즉, 사회복지기관들 모두가 필요한 자원을 다 소유할 수 없으므로 자원의 분배를 통하여 필요한 자원을 가지게 되고, 이 자원이 노인의 복지 향상을 위해 쓰이게 되는 것이다. 미국에서의 사례관리가 분산된 서비스 체계들의 조정에 초점을 두는 것이라면 우리나라에서의 사례관리는 노인을 위한 자원개발과 분배에 초점을 두게 된다. 노인맞춤돌봄서비스 역시 민간차원의 자원개발에 초점을 두고 있는 것도 사례관리의 맥락과 상통하는 것이라 볼 수 있다.

3) 사례관리 실천을 위해 고려해야 할 요소

체계이론에 입각해 볼 때 사례관리의 실천을 위해서는 다음의 두 가지 배경적 요소를 고려해야 한다. 첫째는 서비스 대상의 특성이며, 둘째는 기존 서비스 체계의 특성이다.

(1) 서비스 대상인 노인에 대한 이해

노인이 서비스의 대상이 된다는 의미는 이들이 필요로 하는 서비스에 대한 욕구가 한 가지의 서비스로 충족되고 끝나는 것이 아니라 여러 가지 서비스가 필요하다는 것을 의미한다. 노인은 신체적 기능이 쇠약해지면서 독립적인 삶을 유지하기 위해 누군가의 도움을 필요로 하게 된다. 그런데 경제적으로 여력이 없거나 가족이 도움을 제공하기 어려운 노인은 이러한 도움의 문제를 스스로 해결하기 어려워진다. 따라서 도움의 제공에 대한 사회적 지원을 필요로 하게 된다.

한편 노인은 어디에서 어떤 서비스를 받을 수 있는지에 대한 정보가 부족한 실정이다. 즉, 어떤 치료기관이나 단체에 가면 적절한 서비스를 받을 수 있는지에 대한 이해와 정보가 부족해 서비스 수혜를 체념하거나, 배회하는 경우가 발생한다. 재가노인복지서비스에 대한 인지율도 30%대 이하로 낮은 실정인데, 그나마 찾아간 서비스 기관에서 다른 기관으로 노인을 의뢰한다면 대부분의 노인은 서비스 수혜를 포기하게 될 가능성이 높아진다. 최근에는 지역사회에 있는 노인돌봄서비스 체계가 개편되면서 2019년 커뮤니티케어 시범사업 실시, 2020년 노인맞춤돌봄서비스 시행 등으로 이러한 서비스에 대한 이해가 부족하여 서비스를 제공받을 때 혼란이 있을 것으로 예상된다.

한편 노인에게 있어 가족은 노인의 주 부양자로서 노인에게 신체적·경제적·정서적 부양을 제공해 왔다. 그러나 오랜 질병 등으로 인한 부양부담의 증가로 가족 내에서 부양자 소진이 발생하며, 이것이 가족 간의 갈등으로까지 심화되기도 한다. 이러한 노인 부양부담에 대한 사회적 책임 의식이 고조되면서 부양자들의 지지에 대한 관심이 높아지고 있다. 따라서 사회복지사는 노인 한 사람에게만 보호를 제공하는 것이 아니라 노인의 가족에 대한 문제까지 개입하기 때문에 여러 가지 자원을 필요로 한다. 이는 노인과 노인 가족을 위한 지역사회의 자원을 동원하고, 서비스를 개발하려는 노력이 필요함을 의미한다.

(2) 기존 서비스 체계의 특성 이해

기존 서비스 체계의 특성을 이해하는 것은 사례관리의 성공을 위해 무엇보다 중요한 요소라 할 수 있을 것이다. 예를 들어, 사회복지서비스를 제공하는 조직들에는 어떤 것들이 있으며, 사회복지서비스를 제공하는 직접적 조직은 아니어도 관련되는 서비스를 제공할 수 있는 기관들에 어떠한 기관들이 속하는지에 대한 이해가 필요하다. 특히 사회의 변화에 따라 서비스 체계가 개편되는 경우가 많고, 서비스 명칭 또한 개편이 되고 있어 사례관리를 하는 사회복지사들은 이에 대한 이해가 필수적이다.

노인에게 서비스를 제공하는 기존의 서비스 체계로는 노인의료복지시설, 노인종합복지관, 지역사회복지관, 재가복지봉사센터, 통합재가돌봄센터, 독거노인지원센터(2020년 노인맞춤돌봄서비스가 개편됨에 따라 명칭도 변경될 예정임) 등이 있다. 노인의료복지시설은 요양원과 전문 요양원을 포함하는 시설이며, 노인종합복지관과 지역사회복지관은 노인여가복지시설에 해당한다. 이러한 서비스 체계들은 연속성이나 지속성에 의해 서비스 제공이 이루어지기보다는 단편적인 서비스의 제공 위주로 이루어져 왔다.

이들 복지서비스 기관 외에도 노인에게 서비스를 제공할 수 있는 서비스 체계로는 각종 의료시설과 치과시설, 보건소 등이 포함된다. 보건과 복지의 통합이라는 측면에서 이들 서비스 체계의 협력은 매우 활발히 논의가 되어 왔고, 여러 가지 시범사업도 진행되었다. 2019년 커뮤니티 케어 시범사업이 실시되면서 보건과 복지 서비스의 통합적 제공에 대한 논의가 다시 시작되었으며, 구체적인 서비스의 연계와 통합모델이 제시될 것이다. 여기서 주목해야 할 것은 1990년대에 와서 사례관리에 관심을 갖게 된 이유 중에 하나는 불필요한 서비스의 중복을 피하고, 국가 재정의 낭비를 막기 위한 방법으로서 사례관리가 효과적이라고 인식하고 있기 때문이었다는 것이다. 한국보건사회연구원(2015)에 따르면 중앙정부와 지방자치단체의 복지서비스를 비교해 본 결과 유사사업이 전체의 25.4%였으며, 특히 요양돌봄은 82%, 주거지원은 81.6%가 유사사업으로 인한 중복문제가 제기되었으며, 서비스 중복의 조정으로서의 사례관리가 필요한 상황이다.

위에서 언급한 서비스 체계 외에도 노인의 가족 등에 의한 비공식적 보호체계가 존재하는데, 이 체계는 공적 체계와 함께 공존하기도 한다. 그러나 비공식적 체계가 노인에게 도움을 제공할 수 없을 때에는 공적 보호에 의해 대체되기도 한다. 따라서 비공식적 보호체계와 공식적 보호체계 간의 조정과 통합을 위해 기존의 서비스 체계에 대한 이해가 요청된다. 노인맞춤돌봄서비스에서는 이를 감안하여 직접서비스와 연계서비스로 구분하여 연계서비스에서 민간자원을 끌어들여 생활, 주거개선, 건강지원 등의 서비스와 연계하는 계획을 세웠다. 그러나, 실제 가족의 역할에 대해서는 언급하고 있지 않다.

2. 사례관리의 과정

사례관리의 절차는 사정(assessment), 보호의 계획(care planning), 직접 또는 간접 개입(direct and indirect intervention), 모니터링(monitoring), 재검토 또는 평가(review and evaluation)로 이루어지는데, 특히 연결(linkage)과 중재(brokering)의 기능이 강조되어 왔다.

1) 사 정

노인을 대상으로 한 사정은 다음과 같은 영역에서 이루어질 수 있다.

첫째, 노인의 능력과 대인서비스 욕구에 대한 사정을 말하는 것으로 여기에는 교육 정도와 취업 경험, 문제해결 능력과 의사결정 능력, 개인적 자질과 성격, 물리적·재정적 자원 소유, 문제해결에 대한 동기와 의지 등이 포함된다.

둘째, 노인의 사회적 지원망과 이러한 망 구성원들이 노인의 욕구에 부응하는 능력에 대한 사정으로 공식·비공식적 원조자들을 찾아내야 한다.

셋째, 대인서비스 제공자에 대한 사정과 이러한 제공자들이 노인의 욕구에 부응하는 능력에 대한 사정으로 노인의 욕구와 자원 제공자의 요구가 일치하는지를 파악하는 것이 중요하고, 만일 일치하지 않는다면 이를 일치시킬 수 있는 방법을 사정하는 것이 중요하다.

넷째, 개별적 사정은 모든 인간서비스 활동과 동일하지만, 사례관리에서는 노인의 다양한 욕구를 충족시키기 위한 지역사회 자원 개발 및 활용이 강조된다.

자세한 사정방법은 9장 노인복지실천 중 256~258페이지에 자세하게 기술되어 있으므로 참고하면 된다.

2) 보호의 계획

사회적 지원망 구성원과 여러 서비스 제공자들의 서비스 및 사회적 지원 활동을 통합할 수 있도록 포괄적 서비스 계획을 발전시키는 데 집중하여야 한다. 이러한 계획은 다학문적이거나 상호 제휴 과정에 근거하고, 노인과 그들의 사회적 지원망 구성원들로부터의 기본적 투입과 관련되는 것이다. 노인에 대한 서비스 전달을 계획할 때 다음과 같은 것들을 포함한다.

첫째, 주요 욕구들을 구체화한다.
둘째, 서비스 전달과 사회적 지지의 목적 및 목표 안으로 욕구를 이전한다.
셋째, 서비스 전달과 사회적 지원의 역할 및 책임성을 명백히 규정한다.
넷째, 행동 가능한 구체적 상태의 계획이 수립되어야 한다.
다섯째, 제공될 수 있는 서비스의 양, 시간, 횟수를 설정한다.
여섯째, 사례관리자가 서비스 계획을 점검하고 평가할 수 있도록 해주는 서비스 효과성에 대한 지표들을 명백하게 만들어 준다.

3) 개 입

노인의 사회적 지원망, 혹은 대인 서비스 제공자의 수행 중 어느 하나를 변화시키기 위해 고안된 개입을 전달하는 데 집중한다. 사례관리자는 두 가지 유형의 개입을 이용한다. 또한 이러한 개입과정에서 사례관리자는 노인과 지역사회와의 관계를 잘 맺고 유지해야 한다.

(1) 직접적 개입

노인에게 자기 표현의 기술을 가르치거나 노인에게 자기 옹호의 기술을 가르치는 것, 그리고 위기의 기간 동안 개입하는 것 등은 직접개입의 방법이다. 그러나 직접개입에 있어서는 노인에 대한 상담, 지지 등의 직접실천도 중요하지만 무엇보다 노인 스스로 서비스에 접근하고 이용할 수 있는 자기 능력과 기술을 향상하도록 노력하는 점이 필요하다.

(2) 간접적 개입

사례관리자가 노인을 대신해 체계의 수행이나 행동을 변화시키려고 할 때 사용하는 방법으로 다음과 같은 것이 예가 될 수 있다. 대인서비스 제공자와 노인을 연결하는 것, 서비스들을 중개하는 것, 노인 욕구에 대한 책임을 보장할 수 있도록 노인을 옹호하는 것, 사회적 지원 급부를 증가시키는 것 등이다.

(3) 사례관리자의 관계

사례관리자는 노인 및 지역사회와 지지적 관계를 잘 유지해야 한다(이원숙, 2008). 사례관리자와 노인의 관계는 서비스 제공을 위한 사정의 단계부터 종결이 이루어지는 단계에 이르기까지 사례관리 실천의 전 과정에서 중요하다. 이러한 관계에서 특히 지지적 관계는 서로의 관계에 대한 신뢰에서 생성될 수 있기 때문에 지지적 관계가 유지된다는 것은 라포가 형성되었음을 의미한다고 볼 수 있다. 또한 지지적 관계는 사례관리자의 일방적 권위적 관계에서 이루어지는 관리차원에서의 관계가 아니라 노인과 사례관리자가 동등한 위치에서 이루어지는 지속적이고 긍정적 관계를 의미한다. 사례관리에서는 사례관리자와 클라이언트가 참여자로서 지속적으로 서비스 과정에 참여함이 중요하고, 사례관리자는 노인 참여자 스스로의 결정을 존중해 준다.

가. 노인과 지지적 관계 유지하기

'지지적 관계 유지'는 사례관리의 전 과정에서 사례관리자가 노인과 동등한 위치에서 지지적 관계를 지속하는 것을 의미한다. 노인이 도움을 요청하면 언제든지 지원할 수 있는 적정의 근접성을 유지해야 하며, 사례관리자는 노인의 욕구충족을 위한 어느 수준까지 협력적 지지관계를 유지해야 할지에 대해 민감하게 파악해야 한다. 예를 들면, 노인이 조금만 도움을 주면 스스로 욕구를 해결할 수 있기 때문에 간단한 정보를 제공해 주거나, 할 수 있다는 격려와 지지만을 제공할 수도 있다. 또는 적극적인 개입을 통해 필요한 서비스를 조정하여 맞춤형 서비스를 제공할 수도 있다. 그러나 여기서 주의해야 할 점은 노인의 안전에 대한 고려가 가장 우선시되어야 한다는 점이다. 예를 들어, 노인학대와 같이 노인의 안전을 위협하는 위기상황이 발생된다거나 혹은 이러한 상황이 재발되었을 때 사례관리자는 노인의 안전을 가장 우선순위로 적극적인 개입과 지원을 모색해야 한다.

사례관리자가 노인과 지지적 관계를 유지하기 위해서는 노인의 집에 정기적인 방문을 하거나 정기적인 방문이 없어도 노인이 도움을 필요로 할 때는 언제나 도움이 가능하다는 인식을 시키는 것이 필요하다. 노인의 집에 정기적인 방문을 할 경우는 주로 노인이 집중적인 사례관리 대상으로 지정되었을 때를 의미한다. 대상자의 집에 정기적인 방문을 약속하였다면, 반드시 약속이 이행되어야 하며, 만약의 경우 부득이하게 약속을 지키기 어렵다면 노인의 양해를 구하고, 다시 방문일자를 잡아 방문하는 것이 필요하다. 지지적 관계에서는 노인이 항상 존중받고 있다는 느낌을 받을 수 있어야 하며, 도움이 필요할 때는 언제든 사례관리자의 도움을 받을 수 있다는 사실을 기억할 수 있도록 해야 한다.

나. 지역사회 네트워크와 지지적 관계 유지하기

사례관리자는 노인뿐 아니라 지역사회의 자원기관들과도 지지적인 관계를 유지하고 있어야 한다. 왜냐하면 지역사회 자원기관들은 노인을 위한 중요한 자원을 제공해 주기 때문이다. 자원기관들과의 지지적 관계 유지를 통해 사례관리자는 새로운 정보를 얻을 수 있고, 자원을 제공받음에 있어서도 수월한 위치를 차지할 수 있다. 따라서 사례관리자는 지역사회의 자원기관들과 지지적 관계를 유지하기 위해 노력해야 한다. 대개 자원기관들과의 관계는 개인적인 네트워크를 통해 이루어지는 경우가 많은데 사례관리가 보다 원활하게 이루어지게 하기 위해서는 서비스 제공과 관련된 기관들과의 협약도 필요하다.

4) 모니터링

서비스 계획의 이행과 성취를 점검하는 것으로 다음과 같은 것들이 예가 될 수 있다. 노인의 상태를 정기적으로 점검하거나 계획된 서비스가 기관 내외로 잘 전달되고 있는지에 대한 점검, 서비스 제공에 대한 노인의 만족도와 욕구충족도에 대한 점검, 그리고 사회적 지원망의 변화 여부 등을 점검하는 것이 모니터링에서 살펴보아야 할 점이다.

5) 평 가

서비스 전달계획의 영향을 평가하는 것은 크게 과정평가와 결과평가로 나누어 볼 수 있다. 과정평가는 서비스의 전달과정과 그에 대한 만족도로 살펴볼 수 있다. 서비스 전달이 계획만큼 잘 진행되었는지? 서비스의 전달과정, 서비스는 노인에게 적절하였는지? 서비스를 제공받는 클라이언트는 얼마나 만족하는지? 등에 대해서 평가할 수 있다. 결과평가는 서비스를 통해 궁극적으로 노인에게 어떠한 개선과 발전이 있었는지를 평가하는 것이다. 그 예로는 서비스의 제공이 노인의 기능을 개선하고 있는지? 사회적 지원망의 제공이 노인의 능력의 발전에 도움이 되었는지? 대인서비스 제공을 통해 노인의 능력이 목표에 비해 얼마나 개선되었는지? 등을 살펴볼 수 있다. 또는 우울증이나 사회적 관계 등과 같은 척도를 활용해 변화상을 비교하여 평가결과를 제시할 수도 있다.

6) 요 약

|그림 10-1|을 통해 사례관리 전 과정에 걸쳐 이루어지는 사례관리의 행동과 상호작용 과정을 파악해 볼 수 있다. 대상이 구체화되고 나면 사정 단계부터 전문가 간 협력은 물론 노인과 사회복지사와의 관계도 협력적으로 이루어져야 한다. 이러한 협력관계는 사례관리 전 과정에 걸쳐 지속되어야 한다. 정보의 공유와 교환도 사정부터 그 이후의 모든 단계에 걸쳐 이루어

지며, 연결과 서비스 조정은 사정이 일어나는 중간부터 전 단계에 걸쳐 이루어진다. 사정이 끝나면 서비스 모니터링이 시작되는데 이것 역시 전 단계에서 이루어진다.

사례관리 과정	대상의 구체화와 아웃리치	사 정	서비스 계획	서비스 수행	노인과 시스템 수준에서 평가
사례관리 행동		정보의 공유와 교환			
		연결과 서비스 조정			
			서비스 모니터링		
상호작용 과정		노인-사회복지사 동반 관계 (enablement, empowerment, and advocacy)			
		전문가 간 협력 (coordinated assessment and evaluation : joint planning and decision making)			

| 그림 10-1 | **사례관리의 과정**

출처 : Weil, et al.(1995), p. 212.

3. 사례관리자의 역할

사례관리에서 강조하고 있는 역할의 중심은 정책적·거시적 수준에서 개별적 사례관리자에게로 옮겨 가고 있다. 따라서 사례관리자의 역할이 더욱 중요해지고 있다. 사례관리자의 가장 기본적 목표는 사회복지 클라이언트의 문제를 해결하고, 사회복지 대상자가 필요로 하는 프로그램과 서비스에 효과적으로 연결시켜 줌으로써 클라이언트의 문제를 해결하는 것이다. 이와 함께 사례관리자는 필요한 서비스가 시간적으로 적합하게 조정되어 노인에게 제공되고 있는지를 확인하는 역할을 한다(Rubin, 1992). 그러기 위해서 사례관리자는 특정 인구 집단과 그들을 위한 적절한 자원을 동원하기 위한 지식을 가지고 있어야 한다. 사례관리자는 클라이언트와 함께 클라이언트가 도움을 효과적으로 활용할 수 있도록 직접적 서비스를 제공하며, 클라이언트의 문제 해결에 장애가 되는 장애물을 극복하며, 잠재적 자원을 개발하여 연결시키는 역할을 한다(Ballew & Mink, 1996). 따라서 사례관리자는 클라이언트와 의사소통을 원활하게 할 수 있어야 한다. 그렇다고 여기서 사례관리자 혼자서 이러한 모든 일을 다 담당하는 것은 아니다. 다른 서비스 제공자의 도움을 받으며, 계획된 목표가 달성되었을 때 사례를 종결할 수 있다.

1) 기관 차원에서 사례관리자의 역할 : 행정가

사례관리는 대상 집단을 위한 보호의 연속성을 강조하는 기능이 매우 중요하므로 이를 위한 행정가로서 사례관리자의 역할을 강조하는 측면이 있다. 사례관리자는 보다 많은 시간을 직접적 서비스의 제공보다는 행정적 일로 보내기도 하는데, 행정가의 역할로는 서비스 제공자 간의 서비스 조정, 클라이언트에 대한 서비스 제공의 지속성 관찰, 사례관리의 효과성 관여 등을 들 수 있다.

사회복지기관에서는 사례관리자에 대한 행정적 지지와 지도감독의 역할을 수행해야 한다. 사회복지관의 사회복지사와의 면담 결과 사례관리의 성공 여부는 기관장의 사례관리에 대한 인식과 지원에 달려 있다고 하였다. 따라서 기관의 상위 책임자나 중간 관리자는 사례관리서비스를 담당하고 있는 개별 사회복지사나 그들의 역할을 충분히 이해하고 있어야 하며, 기관적 차원에서 타 기관과 협력할 수 있도록 협조해야 한다.

사례관리자의 행동은 그가 일하는 서비스 시스템에 의해 중요하게 규정될 수 있다. 시스템 내에 제공할 서비스가 거의 없다면, 사례관리자는 클라이언트를 서비스에 연결하는 데 시간을 거의 보내지 않을 것이다. 이러한 상황이 되면 사례관리자는 직접 서비스를 주려고 노력하게 될 것이다. 이처럼 사례관리자의 실제적 행위는 그들이 하는 일의 성격(job description)보다 일하는 환경의 제약을 더 많이 받게 된다.

사례관리는 클라이언트 또는 기관 등 개별 수준에서 따로 이루어지는 것이 아니라 두 수준에서 동시에 이루어져야 한다. 사회복지기관을 여행사에 비유한다면 사회복지사는 여행 동료에 견줄 수 있다. 따라서 사회복지사가 개인 클라이언트를 위해 계획을 세우고 조정하는 모든 과정은 사회복지기관을 떠나서는 이루어질 수 없는 일이다. 사회복지기관에 속한 사회복지사는 그 위치에서 클라이언트에 대한 개입의 계획을 세워야 하며, 기관장은 기관에서 자원을 교환하고 서비스가 의뢰될 수 있도록 역할을 해야 한다.

2) 문제해결 차원에서 사례관리자의 역할 : 임상실천가

사례관리는 개입방법의 하나로 심리사회적·의료적인 직접실천을 선택할 경우도 있기 때문에 사례관리자를 임상실천가라고 보기도 한다. 상담이나 어려운 점에 대한 개입 시 심리정서적 문제들이 첫 상담이나 개입에서 해결되는 부분들이 많기 때문에 임상적인 실천가로서의 사례관리자의 역할도 중요하다. 다음은 사회복지사가 클라이언트의 문제를 해결하기 위해 수행하게 되는 몇 가지 역할이다. 나열된 여러 가지 역할 중 몇 가지 역할을 동시에 수행한다(Weil, Zipper & Dedmon, 1995 : 212−213). ① 문제 해결자, ② 옹호자, ③ 중개인, ④ 계획가, ⑤ 지역사회조직가, ⑥ 서비스 모니터, ⑦ 기록 유지자, ⑧ 평가자, ⑨ 협력자, ⑩ 상담가 등이다. 이러한 역할 외에도 사례관리자는 프로그램 개발자(the program developer)로서 역할을 수행할 수 있다. 사례관리는 지역사회 전반에서 장기보호체계 중 하나로 간주될 수 있고, 따라서 사례관리자는 이를 위한 프로그램을 개발하는 역할을 담당해야 한다는 견해가 들어 있다.

세스타와 타한(Cesta & Tahan, 2003 : 81−89)은 사례관리자의 역할을 다음과 같이 설명한다. ① 임상가(clinical expert), ② 자문가(consultant), ③ 조정자와 촉진자(coordinator and facilitator of patient care), ④ 관리자(manager of patient care), ⑤ 교육자(educator), ⑥ 협상가/ 중개자(negotiator/ broker), ⑦ 환자와 가족 옹호자(patient and family advocate), ⑧ 성과와 질 관리자(outcomes and quality manager), ⑨ 조사 및 연구자(scientist/ researcher), ⑩ 위험관리자(risk manager), ⑪ 변화매개자(change agent), ⑫ 전체적 보호 제공자(holistic care provider), ⑬ 상담자(counselor), ⑭ 서비스 활용 관리자(utilization manager), ⑮ 변화 계획자(transitional planner), ⑯ 도덕가(ethicist)

사례관리자가 가져야 할 기술 중 가장 중요한 것은 클라이언트 및 그의 가족들, 서비스 제공자들과 원활하게 의사소통할 수 있는 능력이다. 따라서 무엇보다 중요한 것은 사례관리자가 클라이언트의 욕구를 충족시키기 위해 임상적 지식과 기술을 가지고 있어야 한다. 그 다음으로 중요한 역할은 클라이언트 및 그의 가족들에게 제시된 문제를 해결함에 있어 어떤 자원이 동원될 수 있으며, 또 그들은 어떤 노력을 해야 하는지에 대해 교육하는 역할을 해야 한다.

4. 노인사례관리실천 모델

사례관리에 대한 여러 가지의 모델이 있지만, 사례관리에 대한 일반적 합의는 기본적 서비스의 과정에서 찾을 수 있다. 즉, 사정, 서비스 계획, 서비스 제공 및 자원 연결, 점검, 평가 및 재사정과 같은 과정을 공통적으로 포함하고 있다는 점이다. 이러한 과정 속에서 사례관리 모델은 여러 학자들에 의해 정의되고 있다. 여기서는 이얼리와 포트너(Early & Poertner, 1995)가 제시하는 네 가지 모델로서 치료자 모델, 중개자 모델, 팀 접근 모델, 강점 모델 등을 중심으로 살펴보았다. 네 가지 모델에 대한 요약은 <표 10-1>에서 이루어지고 있다.

치료자 모델은 기존의 사회복지서비스에 자원 연결 기능을 강화한 모델이고, 중개자 모델은 치료자 모델에서 한 걸음 더 나아가 능동적으로 기관 간 자원 교환이 이루어지는 모델이며, 팀 접근 모델은 서비스 조정에 합의된 기관이나 각각의 전문가들이 적극적으로 협력하여 서비스를 제공하는 모델이다. 강점 모델은 기관 간의 협력에 더해 클라이언트와 그의 체계가 가지는 강점에 초점을 두고 그들이 더 이상 사례관리자에게 의존하지 않아도 스스로 자원을 연결할 수 있는 능력을 배양해 주는 모델이다.

<표 10-1> 사례관리 과정에 따른 네 가지 사례관리 모델

기 능	치료자 모델	중개자 모델	팀 접근 모델	강점 모델
특징	기존의 치료에 사례관리 첨가	서비스 체계가 잘 조정되어 있지 않으므로 클라이언트가 서비스를 잘 받도록 중개	클라이언트가 다양한 서비스 체계와 관련되어 있을 경우 다분야 전문가 팀이 조정하는 기능	클라이언트의 개별적 강점과 그의 체계가 가지는 강점에 주목
사정	DSM-III-R에 의거	기능적 사정에 의거해 서비스 욕구를 결정(DSM에서 확장)해 재정 지원을 목적으로 프로그램 자격 조건을 사정	각각의 전문가에 의한 사정 후 팀이 함께 만나 종합적이고 임상적인 사정 실시	클라이언트와 가족의 능력과 자원, 즉 '강점'을 사정
계획	사회복지기관의 치료 계획	사례관리자가 클라이언트의 욕구에 부합되는 서비스를 찾고 이를 주선	서비스에 대한 팀 계획과 주선	클라이언트와 가족이 필요한 자원과 기술을 획득하도록(더 이상 사례관리자에 의존하지 않도록) 계획
옹호	클라이언트와 가족을 위해 필요할 것으로 보이는 다른 서비스를 얻을 수 있도록 초점을 두고 옹호	서비스 자격 조건의 유동성을 얻기 위해 다른 서비스 제공자에게 초점	모든 기관의 서비스 제공자가 서비스 제공에 동의하고 있으므로 옹호 노력 불필요	클라이언트와 가족이 자원 획득법을 배우도록 하고 기관의 변화를 위한 노력도 기울임
모니터	클라이언트의 피드백을 통해 계획의 진행 정도가 모니터링됨	위기 상황이 다가오면 계획은 수정됨. 주기적 평가. 타 기관 워커가 평가하기도 함	정기적으로 팀이 평가	클라이언트와 가족의 지속적 평가
연계	부가적 서비스를 위해 지역사회 내의 다른 기관에 수동적으로 연계(예 근무 시간 내 전화 접촉)	특정 서비스에 대한 가족의 인지부터 재정적 보증을 포함한 능동적 의뢰	한 리더 사례관리자가 연계에 대한 책임을 지기도 하고, 팀원으로 구성된 사례관리자가 각각의 기관서비스와 연계. 가족이 초기 사례관리자의 역할을 하기도 함	클라이언트와 가족이 효과적 자원의 소비자가 되도록 하며, 연계에 대한 책임은 사례관리자, 클라이언트, 가족에게 있음. 공식적 자원이 없을 경우 비공식적 자원 창출(예 이웃의 도움)

출처 : Early & Poertner(1995), pp. 44-45.

다음으로 노인들을 대상으로 한 사례관리모델들 중 클라이언트 욕구 중심 모델, 팀 접근 모델, 통합사례관리 모델을 중심으로 살펴보고자 한다.

1) 클라이언트 욕구 중심 모델

사례관리의 성공에 영향을 주는 요인들(Rossi, 1999)로는 다음과 같은 것들이 있다.

- 클라이언트의 나이
- 사회적 배경
- 최근의 위기 경험(퇴직, 이혼, 죽음, 자녀의 결혼)
- 치료 계획의 적절성, 보호 수준을 관리할 수 있는 기관의 존재
- 치료 계획에 동조하는 클라이언트와 그의 가족
- 클라이언트와 그 가족의 신체적·심리정서적 안정성
- 자원 동원 가능성
- 다른 프로그램의 수혜 가능성 여부

여기서는 사례관리 실행 모델로서 클라이언트의 욕구를 중심으로 한 모델을 살펴보고자 한다. 재가복지 대상 중 혼자 사는 노인이나 노인을 모시는 가족의 욕구를 발견하여 서비스가 제공되어야 하는데 실제로 욕구 중심보다 서비스 중심으로 서비스가 제공되는 경우가 많다. |그림 10-2|에 제시된 바와 같이 사회복지사나 사회복지전담공무원이 정기적으로 조사하여 서비스 욕구를 발견하는 것은 매우 중요하다.

(1) 인테이크 : 욕구 발견 단계

정기 조사	사회복지 전문 요원, 사회복지사
수시 방문 조사	통반장, 아파트 관리인
피이용자 및 가족에게 연락	친척, 이웃 사람
기타 조사	노인집단 자원봉사자, 가정봉사원

| 그림 10-2 | **욕구 발견 체계**

출처 : 류상렬(1999), p. 212.

(2) 욕구 검토 및 욕구의 해결

욕구 검토의 목적은 ① 노인의 요구 내용이나 정도, ② 요구에 대응하는 노인의 능력, ③ 그 요구에 대응하는 비공식적 지지체계의 역량, ④ 그 요구에 대응하는 공식적 지지체계의 역량 등을 사정하는 것이다. 또한 욕구 검토 과정에서 누가, 어느 기관이 노인을 담당하는 주요 사례관리자(key worker)가 되는 것이 효과적인지를 결정할 수 있다. 참고로 <표 10－2>에서 욕구의 유형을 A, B, C, D형으로 분류하였다. 욕구 검토를 위해서는 사례관리팀이 구성되어야 하는데, 사례관리팀은 사회복지사, 자문위원(교수), 의료진(간호사), 사회복지전담공무원 등으로 구성될 수 있다. 팀은 1~2개월마다 1회씩 만나 욕구를 분류, 정리, 분석, 검토하여 욕구의 형태를 네 가지 유형으로 나누고, 욕구 충족 방안을 제시할 수 있다. B유형 이하에서는 사례관리회의에서 서비스 경로 개발이 필요한 경우이다.

<표 10-2> 욕구의 분류 유형

유형	특 성	서비스 내용	욕구 해결 방법
A형	단위 복지관과 노인이 살고 있는 지역 내에서 해결할 수 있는 욕구	가사, 간병, 정서서비스, 교육서비스	단위 복지관의 재가복지봉사센터에서 지원 가능한 서비스는 지원하고, 자원봉사자를 연결한다. 또는 서비스를 연결할 새로운 자원을 개발한다.
B형	각각의 서비스 기관과 공공기관의 협조(재정적·도구적·인적)가 필요한 복합적 욕구	의료, 자립지원서비스, 급식서비스, 목욕서비스, 회의 장소, 의료, 재정, 정서적 지원을 동시에 필요로 하는 복합적 서비스	사례관리회의에서 서비스 연결을 위한 경로를 개발(의뢰)하여 자원을 연결한다.
C형	비교적 전문적인 기술이나 지식을 요하는 욕구로 단위 복지관에서 해결하지 못한 욕구	법률서비스, 우울증 치료, 학대노인 개입	사례관리회의에서 서비스 연결을 위한 경로를 개발(의뢰)하여 자원을 연결한다.
D형	A, B, C형으로 해결할 수 없는 욕구	새로운 서비스	사례관리회의에서 연구 개발한다.

2) 팀 접근 사례관리 모델

(1) 구조 및 내용

여기서 소개하는 팀 접근 사례관리 모델은 |그림 10-3|과 같이 한 개인 사례관리자가 사례를 담당하여 진행시키지 않고 지역사회 내에서 활동하는 전문가와 준전문가가 적절히 혼합된 사례관리팀을 형성하여 집중적으로 선별된 사례를 공략하는 것이다. 여기서 팀은 두 개의 세부 구조로 나뉘는데 하나는 슈퍼비전 팀이고 다른 하나는 활동가 팀이다. 슈퍼비전 팀은 사례관리 전문 담당 교수 2명, 자문교수 1명, 정신과 의사 1명으로 구성되고, 활동가 팀은 주요 사례관리자와 그를 돕는 준전문가 자원봉사자로 구성된다.

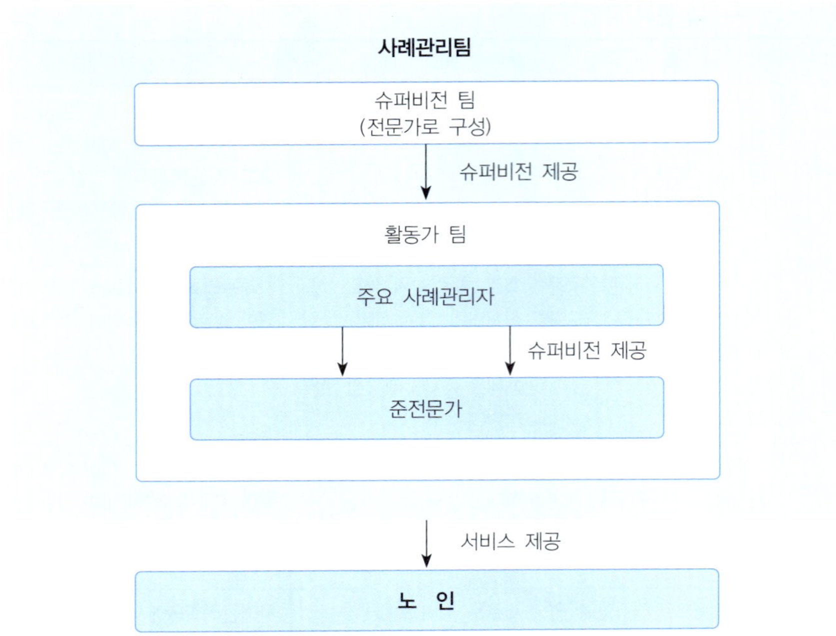

| 그림 10-3 | **팀 접근 사례관리 모형**

출처 : 정순둘(2004).

첫째, 슈퍼비전 팀은 사회복지를 전공한 교수, 정신과 의사, 간호사 등으로 구성한다. 사회복지학과 교수는 사례관리의 실무 경험을 가지고 5년 이상 지역사회기관에서 일한 경력을 가지고 있으며, 사례관리 실행 팀을 실제로 구성하여 시행하고 평가한 경력이 있으면 더욱 좋다. 슈퍼비전 팀에 참여한 정신과 의사는 정신의료사회사업에 관심을 가지고 있으며, 지역사회에서 정신건강실천을 위해 개업한 의사이면 좋다. 간호사도 이와 비슷한 수준에서 선정한다. 둘째, 주요 사례관리자는 사회복지관에서 사회복지사로 3년 이상 일한 실무 경험을 가지고 있으며, 재가복지를 담당하고 있는 사회복지사들을 위주로 구성한다. 셋째, 준전문가는 사회복지를 전공하고 있는 학부 3학년 이상의 학생과 대학원에서 사회복지를 전공하고 있는 학생들로 구성한다. 주요 사례관리자와 준전문가들은 사전에 사례관리에 대한 교육을 받는다. 준전문가들은 주요 사례관리자가 속한 기관에 배정을 받으며,

1인당 2명의 재가노인을 관리하도록 한다.

전체 사례관리팀은 한 달에 한 번 정기적 모임을 통해 사례를 검토하고, 그 진행을 점검한다. 슈퍼비전 체계는 일차적으로는 주요 사례관리자가 그를 돕는 보조 인력인 준전문가 학생 사례관리자에게 주고, 이차적으로는 슈퍼비전 팀의 전문가들이 주요 사례관리자 혹은 준전문가들에게 직접 슈퍼비전을 준다. 사례관리팀의 슈퍼비전에서 다뤄지는 문제는 사례 선정 기준의 설정, 노인 사정 양식 작성, 주요 사례관리자와 준전문가에 대한 교육, 개인 사례별 계획의 검토, 지역사회 자원 발굴 및 추천, 노인 상담과 옹호에 관련된 자문, 노인 자원과 지지망의 개발과 확장에 대한 자문, 사례의 재사정 및 평가 등이다.

사례관리 대상자는 기존의 서비스를 받고 있는 노인의 경우 재사정에 의해 사례관리서비스가 지속적으로 필요하다고 사례회의에서 결정되면 대상자로 선정하며, 신규의 경우 사례관리서비스가 필요하다고 사례회의에서 판단되는 노인으로 한다. 사례관리서비스의 진행은 대상 노인으로 결정된 노인의 경우 팀 접근 사례관리 프로그램 시작 1주일 전 주요 사례관리자들이 대상자의 집으로 직접 방문하여 사전조사를 실시한다. 즉, 서비스 개시 전의 상태를 점검하기 위한 목적에서이다. 이때 주요 사례관리자들과 각 복지관에 속한 준전문가 학생 사례관리자들이 대상 노인들의 집으로 함께 방문하여 사례관리서비스에 대한 안내를 하도록 하며, 준전문가 학생 사례관리자의 역할에 대해 설명한다. 팀 접근 사례관리 프로그램이 끝난 후 다시 주요 사례관리자들이 대상 노인의 집에 방문하여 사후조사를 실시한다. 준전문가 학생 사례관리자들은 총 20~24회 정도 노인의 가정에 방문하거나 전화 방문을 실시한다.

(2) 각 체계의 역할

사례관리팀 내에서 각 체계의 역할은 다음과 같다. 슈퍼비전 팀은 주요 사례관리자와 준전문가에게 슈퍼비전을 제공하고 사례의 진행에 대해 검토한다. 주요 사례관리자는 한 사례에 대해 총 책임을 맡아 사례를 진행하며, 구체적으로 노인 욕구의 사정, 서비스 계획, 자원의 연결 및 서비스의 조정 등에 대한 업무를 담당한다. 준전문가 학생 사례관리자는 주요 사례관리자의 지도를 받아 노인의 가정에 방문하여 인테이크, 서비스에 대한 지속적 모니터링, 그리고 정서적 지지 제공 등의 업무를 담당한다. 준전문가 학생 사례관리자들은 반드시 1주일에 1회 이상 직접 대상자의 집에 방문하도록 하며, 만약 직접 방문이 어려울 때는 전화 방문을 하도록 독려한다. 또한 방문 시마다 상담일지를 기록하도록 하며, 사례관리팀의 슈퍼비전 모임과 각 복지관별 사례관리 회의에 그들의 활동을 정기적으로 보고하도록 한다. 준전문가 학생 자원봉사자들은 주요 사례관리자로부터 2주에 1회 간격으로 노인 가정방문에 대한 지도를 받으며, 한 달에 한 번 사례관리팀의 슈퍼비전 모임에 참여해 슈퍼비전을 받는다.

한편 노인의 욕구와 자원의 연결은 다음과 같은 경로로 이루어진다. 먼저 ○○시의 경우 지역사회보장협의체가 구성되어 있어 각 복지관 및 보건소, 사회복지 관련 서비스 기관 간의 연계가 매우 잘 이루어져 있는 상황이다. 또한 각 복지관 간에는 연계에 관한 합의가 되어 있어 서비스 제공에 대한 요청 시 협력 관계가 잘 이루어지고 있다. 다만, 문제는 협력 관계 속에 속해 있지 않은 기관(예 의료기관, 보청기나 가전제품 제공기관)과 자원을 연결하거나, 관련된 자원을 개발하는 경우이다. 이러한 기관에 대해서는 협력을 별도로 요청하거나 주요 사례관리자가 알고 있는 정보에 의존하여야 한다. 서비스 제공 경로는 우선 대상자 노인이 3개의 복지관에서 주요 사례관리자에 의해 추천되어 슈퍼비전 팀에 올라온다. 슈퍼비전 팀은 전문가와 주요 사례관리자, 준전문가가 모인 사례회의를 통해 활동가 팀에서 담당할 노인을 결정하며, 활동가 팀은 사례 사정을 실시하고, 주요 사례관리자의 슈퍼비전하에 기초적 서비스 계획을 세운다. 서비스 계획은 슈퍼비전 팀의 사례회의에서 검토하여 확정하며, 필요한 자원에 대한 정보 제공과 교환도 이루어진다. 예를 들어, 치과진료서비스와 우울증에 대한 치료의 욕구를 가지고 있는 노인의 경우 사정을 통해 이러한 욕구와 서비스의 연결에 대한 계획이 진행된다. 치과서비스의 경우 협력 관계가 체결되어 있지는 않지만 P복지관의 주요 사례관리자가 클라이언트를 주로 의뢰하는 곳으로 연결하여 주는 등 도움을 제공한다. 우울증의 경우 슈퍼비전 팀의 전문가가 우울증에 대한 서비스를 제공할 수 있는 정신과를 연결하여 준다. 또한 준전문가 학생 자원봉사자의 방문 외에도 이 노인을 지속적으로 방문하여 말벗이 되어줄 자원봉사자를 연결하여 주기도 하였다. 서비스 제공 상황에 대한 모니터링이 체크리스트에 의해 기록되었으며, 슈퍼비전 팀에서 행하는 사례회의에서 점검된다. 이러한 과정을 거쳐 팀 접근 사례관리가 진행되며, 대상 노인들에 대한 사전평가와 더불어 사후평가도 이루어진다. 사후평가에서는 재사정이 이루어지며, 서비스의 지속 여부가 슈퍼비전 팀에서 행하는 사례회의에서 결정된다.

(3) 서비스 목표

팀 접근 사례관리가 지향하는 바는 노인의 기본적 생활 욕구에 집중하여 기본적 서비스를 제공하는 데 그치는 현 사례관리체계를 활용 가능한 전문 혹은 비전문 인력을 동원하여 보다 적극적이고 지지적인 사례관리를 실시할 기반을 조성해 보고자 하는 데 있다. 여기에는 첫 번째, 노인의 삶의 질을 향상시킬 수 있는 사례관리 기본 철학이 포함된다. 노인의 삶의 질 향상은 기본적 생활 욕구를 충족시키는 데서 더 나아가 전반적으로 삶에 대한 만족도와 행복감을 향상시키는 데 초점을 두고 있다. 즉, 노인의 신체기능적인 면과 정신심리적인 면, 사회환경적인 면의 모든 상황에 대한 전체적으로 균형 있는 향상을 도모하는 것이다. 따라서 생태체계적 관점에서의 이해 및 사정을 실시하고 이를 자원 연결과 지지망 확보로 발전시켜 나아가는 데 주안점을 두고 있다.

두 번째는 노인의 자원과 지지망 확보에 있어서 자연적 친분 관계, 가족 등과 같은 자연 지지망을 돈독히 하는 데 주력한다. 가족 관계의 강화를 위해 그간 연락이 끊겼던 가족들과의 재연결 시도, 가족 갈등의 해결을 위한 상담 등 지속적으로 클라이언트의 지지망이 될 수 있는 친분, 이웃, 교회 등의 자연적 지지망 확보에 초점을 맞추도록 노력한다. 이는 공식적 사례관리가 종결된 이후에도 꾸준히 노인을 지지하는 역할을 맡아줄 수 있는 지지망을 확보하는 차원에서 중요한 과제이기도 하다.

3) 통합사례관리 모델 : 희망복지지원단 통합사례관리

최근 제시되고 있는 공공서비스체계에서의 사례관리모델에 대해서도 살펴보겠다. 희망복지지원단 통합사례관리실천가이드에 제시한 공공사례관리모델이다. 여기서는 주로 정신건강 분야에 초점을 맞춘 사례관리를 중심으로 한 매뉴얼이 작성되었다.

(1) 공공사례관리의 정의

일반적으로 사례관리는 민간 주도로 실시되었으나 2012년 시·군·구에 희망복지지원단이 생기면서 공공영역에서 통합사례관리가 실시되었다. 민간영역의 사례관리와 구분하기 위해 통합사례관리로 부르게 되었다(보건복지부, 2019). 복지전문인력이 확충되면서 2016년 읍·면·동 허브화, 2017년 찾아가는 보건복지서비스 등으로 변화하면서 희망복지지원단은 읍·면·동 주민센터, 지역사회보장협의체, 지역 내 서비스제공기관과의 연계 및 협력을 통해 대상자의 다양한 욕구를 충족시키는 통합사례관리를 제공하고 있다. 공공사례관리는 주로 빈곤층을 대상으로 하고 있으며, 이들이 필요로 하는 서비스와 급여 같은 자원을 연계를 통해 제공하여 빈곤을 예방하거나 해결하는 것에 우선 순위를 두어왔다(서울시, 2017). 공공 사례관리가 진행되면서 관련 법령에 의한 법정급여 대상자뿐 아니라 전형적으로 복지사각지대에 놓여 있던 비수급 빈곤층의 발굴과 지원에도 관심을 갖는 계기가 되었다는 점에서 의의가 있다(강혜규 외, 2008).

'통합사례관리' 용어 사용 이유 : 동 사업은 「사회보장급여의 이용·제공 및 수급권자 발굴에 관한 법률」 제42조의2 '통합사례관리'를 근거로 하며, 지역사회의 공공복지를 담당하는 지방자치단체에서 수행할 핵심적인 업무로서 '통합사례관리'라는 용어로 통칭함

"통합사례관리란 지역사회 공공, 민간자원에 대한 체계적인 관리, 지원체계를 토대로 복합적이고 다양한 욕구를 가진 대상자에게 복지, 보건, 고용, 주거, 교육, 신용, 법률 등 필요한 서비스를 통합적으로 연계, 제공하고, 이를 지속적으로 상담, 모니터링해 나가는 사업을 말한다(희망복지지원단 중앙지원센터, 2014 : 3)." 따라서 통합사례관리란 공공과 민간을 아우르는 사례관리 서비스를 공공의 주도를 통해 제공하는 것이라 볼 수 있다. 특히 지역주민의 다양한 욕구에 따른 서비스를 제공한다는 목표를 가지고 있지만, 실제로는 빈곤계층의 탈빈곤과 빈곤예방을 위해 고용과 복지의 연계에 중점을 두고 있다고 보아야 할 것이다. 따라서 복지제도의 효과성과 효율성을 향상시키는 것이 주된 목적이 된다.

찾아가는 보건복지서비스 이후의 사례관리는 읍·면·동에서 가구 발굴부터 초기상담, 통합사례관리 및 서비스 연계, 종결가구에 대한 사후관리를 모두 수행하게 되며(필요시 희망복지지원단으로 고난도사례 의뢰가능) 시·군·구(희망복지단)은 고난도 사례에 집중하며 읍·면·동을 지원하는 역할을 수행한다.

(2) 통합사례관리 절차

대상자 발굴, 초기상담, 대상자 접수, 욕구 및 위기도 조사, 사례회의, 대상자 구분·선정, 서비스제공계획 수립, 서비스제공 및 점검, 종결, 사후관리 등 |그림 10-4|와 같이 총 10단계로 구성되어 있으며, 희망복지지원단은 읍·면·동에서 초기상담 후 의뢰된 사례관리 가구에 대해 대상자 접수부터 종결까지의 사례관리를 수행한다.

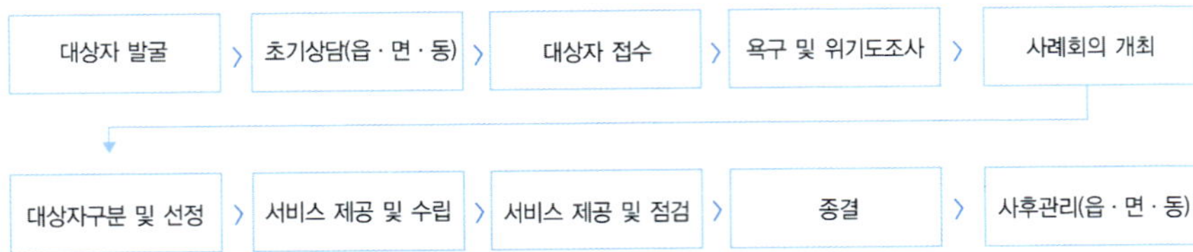

|그림 10-4| **통합사례관리의 과정**

출처 : 보건복지부(2019), p. 18.

|그림 10-5|에서 기존의 사례관리와 통합사례관리의 차이를 살펴보면 통합사례관리는 다양한 주체들의 참여로 이루어진다는 것을 알 수 있다.

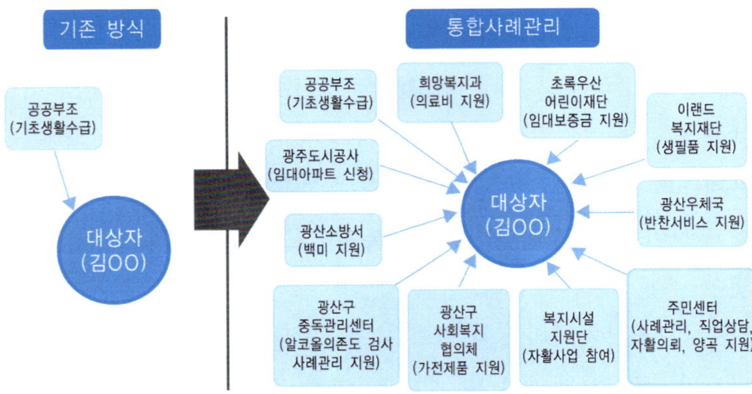

| 그림 10-5| **기존의 사례관리와 통합사례관리의 차이**

한편 통합사례관리는 |그림 10-6|에서 보듯이 희망복지지원단에 의한 사례관리로 읍·면·동 주민 센터의 의뢰를 통해 사례관리대상자에게 자원관리, 지역보호체계 구성 및 운영과 함께 실시된다. 특히 사회보장정보시스템을 통해 관리하며, 지역사회보장협의체와도 연계하여 서비스를 제공한다.

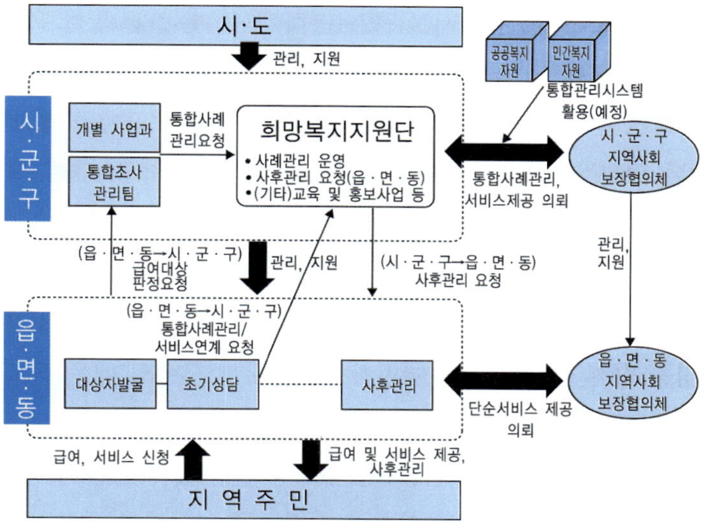

|그림 10-6| **통합사례관리 전개도**

출처 : 보건복지부(2019), p. 20.

(3) 전문가의 역할

통합사례관리사업팀장은 통합사례관리조정자 역할을 수행하는데 주된 업무로는 주 사례관리자를 지정하고, 사례회의를 운영하며, 서비스제공계획을 승인하고 점검한 결과를 확인, 사례관리종결을 승인하는 역할을 수행한다. 사례관리팀의 팀원은 주 사례관리자로서 실무를 수행하는데 사례관리 전 과정에서 업무를 수행한다. 주로 5년 이상 복지업무 경력이 있는 자로 통합사례관리사는 이 업무 외에는 타 업무를 담당할 수 없도록 되어 있다.

5. 전망과 과제

사례관리에 대한 수요는 민간영역은 물론 공공영역인 희망복지지원재단의 역할에까지 확장되고 있다. 또한 사회복지관과 노인복지관, 자활기관 등 다양한 기관에서 사례관리를 필요로 하고 있다. 앞으로 커뮤니티 케어나 노인맞춤돌봄서비스 분야 등에서 이를 활용하게 될 것이다. 특히 읍·면·동이 사정을 위한 첫 단계의 역할을 수행할 수 있기 때문에 여기서 의뢰된 클라이언트에 대한 주 사례관리자의 역할이 더욱 강화하여 진행될 것이다. 이처럼 노인 분야에서도 사례관리자가 중요해짐에도 불구하고, 사례관리자로서 트레이닝을 받거나 전문가로서 성장한 사람을 찾기가 쉽지 않다.

향후 사회복지사로서 사례관리에 대한 트레이닝을 더 받을 필요가 있으며, 노인을 대상으로 한 사례관리는 노인에 대한 이해를 바탕으로 사례관리의 전문성을 함께 필요로 하기 때문에 이에 대한 훈련도 매우 중요할 것으로 전망된다. 특히 노인은 다른 클라이언트와는 달리 복합적인 문제를 가지고 있는 대상이기 때문에 사례관리의 중요성이 더 높다고 볼 수 있다. 노인복지실천방법론에 대한 학습과 함께 사례관리에 있어서도 전문성을 높이는 것이 필요하다. 따라서 노인복지실천에서 사례관리의 위상을 높이고, 전문성을 강화하기 위한 노력이 필요한 시점이라 할 수 있다.

학습과제

❖ 노인이 사례관리의 대상이 되는 이유를 찾아보자.

❖ 장기요양보호, 지역사회 돌봄과 사례관리는 어떠한 관련이 있는가?

❖ 노인에게 적합한 사례관리 모형은 어떠한 것이 있는가?

❖ 통합사례관리의 장점을 찾아보자.

참고문헌

강혜규 외(2008). 사회복지서비스 공공 전달체계 개선방안 연구. 한국보건사회연구원.

류상열(1999). **재가복지와 사례관리**. 서울 : 학문사.

보건복지부(2019). 희망복지지원단 업무안내.

서울시·서울시 복지재단(2017). 공공사례관리 시행에 따른 개선방안 연구 : 서울시 찾아가는 동주민센터 사례를 중심으로.

정순둘(2004). 사례관리실천의 이해—한국적 경험—. 서울 : 학지사.

정순둘·고미영(2003). 재가노인을 위한 사례관리 서비스의 효과성 연구—팀접근모델을 중심으로—. **한국사회복지학** 54, 273−294.

희망복지지원단 중앙지원센터(2014). 희망복지지원단 통합사례관리 실천가이드.

Ballew, J. R., & Mink, G.(1996). Case management in social work : Developing the professional skills needed for work with multiproblem clients. Charles C Thomas Pub Limited.

Cesta, T. G., & Tahan, H. A.(2003). The Case Manager's Survival Guide(2nd ed.). MosbyPublication.

Challis, D., & Davis, B.(1986). *Case Management in Community Care*. Aldershot : Gower.

Early, & Poertner(1995). Examining Current Approaches to Case Management for Families with Children Who Have Serious Emotional Disorders. In B. J. Friesen, & J. Poertner(Eds.), *From Case Management to Service Coordination for Children with Emotional, Behavioral or Mental Disorders*. New York : Paul H. Brooks Publishing Co., Inc.

Huxley, P., & Warner, R.(1992). Case Management for Longterm Psychiatric Patients : a Study of Quality of Life. *Hospital and Community Psychiatry, 43,* 799−802.

Johnson, P., & Rubin, A.(1983). Case Management in Mental Health : A Social Work Domain?. *Social Work, 28*(1), 1−12.

Pilling, D.(1992). *Approaches to Case Management for People with Disabilities*. London : Jessica Lingsley Publishers.

Rose, S. M., & Moore, V. L.(1995). *Case Management, Encyclopedia of Social Work*(19th ed.). NASW Press.

Rossi, P.(1999). *Case Management in Healthcare : A practical guide*. Philadelphia : Saunders.

Rubin, A.(1992). Is Case Management Effective for People with Serious Mental Illness?. *A Research Review. Health and Social Work, 17*(2), 138−150.

Weil, M. O.(1985). Key Components in providing efficient and effective services. In M. O. Weil & J. Karls(eds.), *Case Management in Human Service Practice : A systematic approach to monilizing resources for clients*(pp. 29−71). San Francisco : Jossey−Bass.

Weil, M. O., Zipper, I. N., & Dedmon, S. R.(1995). Issues and Principles of Training for Case Management in Child Mental Health. In Frissen, B., & Poertner, J.(1995), *From Case Management of Service Coordination for Children with Emotional, Behavioral or Mental Disorders : Building on Family Strengths.* Brooks Publishing Co.

PART
5

노인복지 각론

CHAPTER

11 노인인권과 노인학대

노인학대는 노인의 인권과 생존권, 나아가 가족과 지역사회의 안전을 위협하는 복합적인 가족폭력의 일환임에도 불구하고, 아동학대나 가정폭력에 비하여 오랫동안 사회적으로 주목받지 못하였다. 노인학대는 단순한 일회성의 폭력이 아니라 피학대 노인과 가해자 간의 복잡한 역사성을 내포하고 반복적으로 이루어지며, 다른 어떤 가정폭력보다도 은폐된 채 자기강화하는 특성이 있다. 또한 노인학대는 학대발생의 매커니즘 안에 포함된 복합적인 문제들 - 노인자살, 폭력의 순환, 인권과 지역사회 안전과 건강 등과 밀접하게 관련된 현상으로 노인의 생존과 직결된 위협적인 특성이 강하여 외부의 효과적인 중재와 적극적 예방 전략이 요구되는 사회문제이다.

2020년 기준 최소 80여만 명 이상의 노인들이 학대에 노출된 것으로 추정되며[1] 취약 노인인구의 급속한 증가, 가족 분절화 및 지역 공동체 해체로 인한 돌봄기능 약화 및 학대 예방 및 개입을 위한 불충분한 제도 등 다차원적인 맥락 가운데 노인학대는 양적으로 증가함과 동시에 학대의 다양성 및 병리성도 커지고 있어 체계적이고 강력한 사회적 개입의 필요성이 강조되고 있다. 본 장에서는 노인학대에 대한 개념과 정의, 이론적 관점, 노인학대 실태 고찰를 통한 노인학대의 특성과 제도 및 서비스를 간략히 고찰하고, 노인학대 예방을 위한 제도와 정책적 대안을 모색하였다.

1) 2017년 보건복지부에서 실시한 노인실태조사에서 우리나라의 노인학대 경험율은 9.9%로 나타났음

1. 노인인권과 노인학대

1) 노인학대의 개념과 정의

(1) 노인학대의 개념정의와 인권관점의 준거

급속한 고령화로 취약한 노인들의 수가 증가하면서 노인들의 신체적·정신적 건강문제, 노인 빈곤과 소외, 가족 해체와 가족의 돌봄기능 약화, 젠더 불평등의 문제 등은 결국 노인 차별과 인권침해로 귀결되고 있다. 국제적 노인 인권옹호 단체들은 일상에서 노인인권 침해사례가 증가함에도 불구하고 노인의 인권문제를 다루는 법과 제도가 불충분하다고 지적하면서, 노인인권 차원에서 노인의 노동권, 보건 및 의료권, 경제·사회·문화적 권리에 대한 국가와 사회적 의무 규정을 요구해 왔다. 이에 1990년대 후반 이후 UN 총회, 인권이사회 및 여러 조약기구는 노인인권의 관점에서 노인학대를 비롯한 노인문제들을 조명하기 시작하였다. 결국 2010년 이후 노인인권규약 제정을 향해 집약되기 시작하였으며, 이제 노인인권규약 설립을 기대하고 있다(정진성, 2019).

인권관점에서 본 노인학대 개념과 정의는 1991년 유엔총회에서 채택한 유엔노인원칙(United Nations Principles for Older Persons)의 제3원칙(돌봄)과 제5원칙(존엄성)과 관련된다. 유엔노인원칙 제3조에 의하면 노인은 지역사회로부터의 돌봄 및 보호, 적정 수준의 시설보호, 신체적·정신적·정서적 안녕의 최저수준 유지를 제공받을 권리가 있다고 명시하고 있다. 또한 제5조는 인간으로서의 존엄성을 보장받을 권리로서 학대로부터의 자유, 존엄과 안전을 누릴 권리, 공정한 대우를 받을 권리를 보장받아야 한다고 명시하고 있다. 따라서 노인학대의 개념과 정의에 관한 협의적 준거는 적절한 돌봄과 보호, 신체적·정신적·정서적 안녕을 해치는 제반 행위와 상황으로, 광의적 준거는 인간으로서의 존엄성 유지에 반하는 제반 상황으로 규정할 수 있다. 한편 보건복지부가 2016년 실시한 노인인권 실태조사에서는 노인인권을 건강권, 존엄권, 안전권, 자기결정권, 권리구제로 나누어 노인학대에 관한 인권관점의 조망과 적용이 확대되고 있다.

(2) 노인학대 정의와 법적 준거

우리나라는 노인학대를 노인복지법에 의하여 규정하고 있다. 노인복지법 제1조의2, 제4호에 의하면 '노인학대란 노인에 대하여 신체적·정신적·정서적·성적 폭력 및 경제적 착취 또는 가혹행위를 하거나 유기 또는 방임을 하는 것을 말한다'고 규정되어 있다. 동법 제39조의9에서는 노인학대의 유형과 범위를 규정하고 있으며, 신체적·정서적·성적·경제적 학대와 유기·방임 등 6가지 유형의 행위를 포괄적으로 포함하고 있다. 한편 제39조의9는 노인학대를 금지조항을 통해 규정하고 있다.[2)] 이 두 조항을 비교해 볼 때, 우리나라의 노인복지법 제1조의2에서는 노인학대를 광의로 규정하는 반면, 동법 제39조의9에서는 정서적, 정신적 학대의 개념을 제외한 협의의 개념으로 규정한다고 할 수 있다(노인복지법, 2019, 법제처 홈페이지).

한편 그 외에 형법, 가정폭력방지법, 성폭력 관련 법률, 노인장기요양보호법 등에서 노인학대에 관한 법적 규정을 제시하고 있다.

(3) 노인학대의 일반적 개념과 정의

초기의 연구자들은 노인학대를 노인희생자들에게 어떤 형태로든 해와 손실을 입히는 일련의 행위라는 상당히 단순화된 개념으로 정의하였다(Wolf, 2000). 그러나 노인학대 개념은 발생 장소에 따른 행위 특성, 민족과 문화적 특성에 따라 차이가 있고, 연구자의 관점에 따라 다르게 규정할 수 있기 때문에 실제로 노인학대를 명확히 정의하기는 쉽지 않다. 명확하고 타당성 있는 노인학대 정의는 학대 행동의 범위를 합리적으로 규정하고, 이에 대한 적절한 용어 및 용어의 의미를 규정하는 것이다(Daly & Jogerst, 2001, 2006; Mercurio & Nyborn, 2006, Anetzberger. G. A, 2012에서 재인용). 대체로 국내외의

---

2) 노인복지법 제 39조의9에서는 '누구든지 65세 이상의 사람에 대하여 ① 노인의 신체에 폭행을 가하거나 상해를 입히는 행위, ② 노인에게 성적 수치심을 주는 성폭행·성희롱 등의 행위, ③ 자신의 보호감독을 받는 노인을 유기하거나 의식주를 포함한 기본적 보호 및 치료를 소홀히 하는 방임행위, ④ 노인에게 구걸을 하게 하거나 노인을 이용하여 구걸하는 행위, ⑤ 노인을 위하여 증여 또는 급여된 금품을 목적 외의 용도에 사용하는 행위 ⑥ 폭언, 협박, 위협 등으로 노인의 정신건강에 해를 끼치는 정서적 학대행위를 해서는 안 된다'고 규정하고 있다.

많은 학자들은 노인학대를 크게 가해자의 행위유형에 따라 학대(abuse), 방임(neglect), 착취(exploitation)로 분류하고, 가해자 행위의 의도성과 적극성에 따라 학대(abuse), 유기(abandonment), 방임(neglect), 착취(exploitation)로 구분하고 있다. 한편, 가해자와 피해자 간의 관계성에 따라 부당한 대우(mistreatment), 부적절한 보호(inadequate care)도 학대행위로 규정하고 있다(우국희, 1999, 그림 11-1).

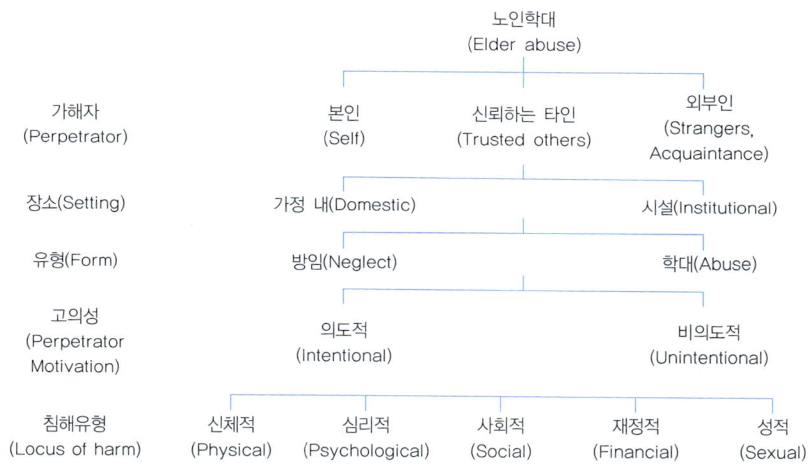

|그림 11-1| **노인학대 정의 분류표(Hudson, 1991, Anetzberger, 2012 재인용)**

국내외 학자들의 노인학대 개념적 정의는 연구자마다 다양하게 정의되고 있으나, 일반적으로 신체·언어·정서 혹은 심리 상해, 방임과 무시, 노인의 재산이나 자본을 오용하는 것 등은 공통적인 개념이다(표 11-1). 그러나 전반적으로 직접적인 폭력행위뿐 아니라 소극적, 간접적인 모든 부적절한 행위와 대우를 포괄적으로 포함하는 정의와 개념으로 확대되고 있다(한국가족복지학회, 2005).

<표 11-1> 국내외 학자들의 노인학대 정의

최혜경(1993)	신체, 심리, 언어, 성적 학대, 의료적 부적절한 처우, 방임, 재정적 착취
이해영(1996)	신체적 학대, 심리적 학대, 경제적 착취, 방임, 부양거부 및 유기
서 윤(2000)	신체적 학대, 언어적 학대, 정서적 학대, 재정적 학대, 성적 학대, 소극적 방임(방임)과 적극적 방임(유기), 방임, 자기방임
전길량·송현애(1997)	홀대(mistreatment)개념 사용 신체적 홀대, 심리적 홀대, 재정적 홀대, 유기(적극적 홀대)
Sengstock & Hawlek(1986)	① 신체적 학대 및 방임 ② 심리적 학대 및 방임 ③ 물질적 학대 ④ 개인적 권리 침해 ⑤ 자기학대·자기방임
Hudson & Carlson(1998)	① 신체적 학대(physical abuse) ② 심리적 학대(psychological abuse) ③ 사회적 학대(social abuse) ④ 재정적 학대(financial abuse)

2) 노인학대의 유형과 학대지표

노인학대의 유형은 크게 노인학대 발생공간과 노인학대의 행태에 따라 분류하고 있으며, 유형에 따른 판정지표는 다음과 같다(표 11-2, 11-3).

(1) 노인학대 발생공간에 따른 분류

<표 11-2> 노인학대 발생공간에 따른 분류

가정학대	노인과 동일한 가구에서 생활하는 노인의 가족구성원인 배우자, 부양의무자 또는 기타 사람들에 의한 학대행위
시설학대	요양원 및 양로시설과 같은 거주시설의 종사자들에 의한 제반 부적절한 학대행위
기 타	가정 및 시설 이외의 공간에서 발생하는 제반 학대행위

출처 : 중앙노인보호전문기관(2019).

(2) 노인학대유형 및 지표

<표 11-3> 노인학대 지표

학대유형	판정지표	대표적 행위
신체적 학대 (physical abuse)	• 노인을 폭행함 • 노인을 제한된 공간에 강제로 가두거나 노인의 거주지 출입을 통제함 • 노인의 신체를 강제로 억압하고 신체적 해를 가져올 위험성이 큰 행위로 노인을 협박하거나 위협함 • 노인의 신체적 생존을 위협할 수 있는 행위 • 약물을 사용하여 노인의 신체를 통제하거나 저해함 • 노인이 원하지 않거나 수행하기 어려운 노동을 하게 함	• 밀치고 넘어뜨리거나 바닥에 내리침, 잡아 흔들고 발로 차거나 주먹이나 도구로 침, 할퀴거나 물어뜯거나 벽에 박거나 잡아 흔듦, 몸을 벽에 박거나 목을 조르거나 흉기를 사용하여 협박, 위협함 • 기본 생존유지에 필요한 가스/ 난방/ 전기/ 수도/ 식사/ 음료/ 약 단절 • 의료적으로 불필요한 약/ 주사 투입 • 강제로 노동, 수감하고 일을 시킴 • 집 안에 감금/ 통제하거나 집밖으로 쫓아냄
정서적 학대 (emotional abuse)	• 노인과의 접촉을 기피함 • 노인의 사회관계 유지를 방해함 • 노인을 위협, 협박하는 언어적 표현이나 감정을 상하게 하는 행동을 함 • 노인과 관련된 결정사항에 대하여 의사결정에서 소외시킴	• 쳐다보지 않고 무시, 대화 단절, 타가구원과 별도로 생활하게 함 • 친구/ 친지를 만나거나 방문방해, 이성교제 방해 • 사회활동이나 종교활동을 방해함 • 비방, 유언비어로 경제활동 저해 • 죽인다/ 시설로 가라/ 나가라 등 위협 협박하는 말 • 거취결정에서 본인 배제, 집안 경조사 배제
성적 학대 (sexual abuse)	• 노인에게 성폭행을 행함 • 노인에게 성적수치심을 주는 표현이나 행동을 함	• 강제적 성관계, 애무, 성폭행을 함 • 신체를 빗댄 혐오감, 굴욕감을 줌 • 성적 부위 노출로 옷, 기저귀 교체, 목욕 촬영함 • 성기, 자위행위, 포르노 등을 강제로 보게함
방임과 유기 (neglect)	• 의식주 등 일상생활 보호를 제공하지 않음 • 경제적 보호를 제공하지 않음 • 의료적 보호를 제공하지 않음 • 자신을 돌보지 않거나 돌봄을 거부함으로써 노인의 생명이 위협받음(자기방임) • 의존적인 노인을 유기함	• 식사제공 단절, 배변처리 방치, 청결유지 및 환경정리 방치 • 홀로 거주, 안정된 주거공간 박탈, 부적절한 주거공간 제공 • 생활비, 생활 관련 업무, 사회활동비 지급 단절, • 의료 보장구, 약물이나 처치, 간병소홀, 모든 보호행위를 거절함 • 연락두절, 고의적 가출, 배회조장, 버림
경제적 착취 (exploitation)	• 노인의 소득/ 재산/ 임금갈취, 임의사용 • 노인재산에 관한 법률적 권리를 침해함 • 노인의 재산 사용, 관리 결정을 통제함	• 임의로 임금/ 연금/ 임대료/ 공적부조/ 저축 및 주식 등의 재산 갈취, 물건 파괴/ 노동력 착취 • 노인 소유의 부동산 강제명의변경/ 금융법적 서류에 서명날조, 명의 도용, 대출, 보험해약 • 부양의무불이행 • 노인의 재산권 사용에 대하여 협박

노인학대의 특성

- 위협성 : 노인의 신체적, 심리정서적, 경제적, 사회적 삶에 궁극적인 위협을 줌
- 역사성 : 홀대 및 학대행위는 발생과정과 행위유형에 있어서 역사성을 갖고 있음
- 포괄성 : 한 영역에서의 홀대 혹은 학대행위는 서로 다른 영역과 밀접히 연계되어 포괄적인 영향을 미침
- 자기강화성 : 어떤 유형의 학대라도 적절한 개입이 없으면 시간 경과에 따라 지속적으로 악화 혹은 강화됨
- 은폐성 : 홀대 및 학대행위는 학대자나 피해자 모두에 의하여 은폐되는 경향이 있음
- 사회성 : 노인학대는 개인 문제를 넘어 사회구성원 모두의 문제가 되는 사회적 특성이 있음

2. 노인학대 실태

1) 노인학대 관련 연구고찰 및 시사점

노인학대는 개념적 정의와 범위 규정이 상대적으로 복잡하고, 가해자나 피해자가 공생적 역학관계에 있거나 피해노인들의 부정적 학습, 무기력, 정보부족 등 다양한 요인으로 인하여 실제보다 월등히 낮게 보고된다. 노인학대 경험과 신고와의 관계가 약 3%로 추정된다는 연구(Pilferer & Finkelhor, 이화여대 사회사업연구회 역, 1998 : 388)를 비롯하여 많은 연구들이 노인학대 발생빈도는 지역, 연구자의 연구목적 혹은 학대의 유형에 따라 그 빈도의 스펙트럼이 매우 높고 대체로 매우 낮게 보고되고 있음에 일치하고 있다.[3)]

3) 미국 일리노이주에서 3700명 이상의 노인을 대상으로 조사한 결과에서 노인들의 49%가 재정적 착취, 36%가 정서적 학대, 33%가 부양자의 부양의무 태만, 2%가 성적 학대를 경험했다고 지각했으며, 사회복지사 등 전문가가 파악했을 때는 그 비율이 더 높아져 재정적 착취가 66%, 정서적 학대가 77%, 보호의무 태만이 66%, 성적 학대가 21%로 보고되었다(Neale, Hwalek, Goodrich & Quinn, 1966). 반면에 네덜란드의 암스테르담에 거주하는 약 2000명의 노인들 중에서 신체적인 폭행을 경험한 비율은 3.2%, 재정적으로 불리한 처우를 받았다는 비율이 1.4%, 보호자의 보호의무 태만이 0.2%로 노인학대 경험 비율은 매우 낮게 나타났다(Comijs, Pot, bouter & Jonker, 1998).

따라서 노인학대 사례 자료들은 다음과 같은 요인들을 감안하여 해석해야 한다. 첫째, 연구자의 자료수집과정, 연구목적, 연구기관의 특성, 노인학대 규정이 어떠한지 등을 살펴봐야 한다. 둘째, 피학대 당사자인 노인은 물론 그 사회의 학대행위에 대한 인식을 고려해야 한다. 예를 들면, 어떤 문화권에서는 노인학대로 해석될 수 있는 상황들이 다른 지역에서는 '과잉보호' 정도로 다루어지기도 하기 때문이다(Gililand & Picado, 2000). 셋째, 노인학대의 은폐성 문제이다. 재가노인 학대는 물론 시설학대 경우에도 옴부즈맨 프로그램이 실효성이 낮고 학대신고자의 의무와 기관의 책무성이 낮아 은폐성이 높다는 점을 고려해야 한다.

우리나라의 경우, 노인학대 경험율이 2007년 6.0%(2007 전국가정폭력실태조사)에서 2017년 9.9%(2017년 노인학대 및 실태조사)로 꾸준히 증가하고 있다. 이는 2004년 이후 노인학대예방 제도 수립, 노인학대 인식 개선 등 노인학대 예방 환경 개선이 학대 사례발굴을 촉진하였기 때문이다. 한편 노인학대는 양적인 증가와 함께 피학대노인과 가해자의 특성, 학대유형, 신고양상 등 노인학대의 내적 특성도 다양한 양상으로 분화하고 있다. 학대유형별로 보면 정서적 학대> 유기> 방임> 경제적 학대 > 신체적 학대의 순으로 빈도가 높고, 특히 신체적 학대는 주로 상대적으로 나이가 적은 여성노인이, 방임은 고연령 노인이 희생자가 될 가능성이 높다(이미진·김혜련, 2016). 인구사회학적 특성으로 보면 피학대 노인들은 여성, 고연령, 경제사회적 지위가 낮은 경우(미취업노인, 교육수준이 낮은 경우), 신체·정신·정서·경제적 의존성이 높고, 자녀들과의 관계가 좋지 않았던 경우, 읍면지역보다 동부지역의 노인들이 학대에 노출될 가능성이 높은 것으로 나타났다. 특이한 것은 과거에는 독거노인이거나 무배우자 노인들의 학대빈도가 높았으나, 최근 들어 가족과 함께 거주하는 노인들의 학대노출 빈도가 증가하는 현상도 주목할 부분이다.

한편 학대 가해자의 경우 중독이나 학습된 폭력과 같은 역기능적 개인요인, 부양 제공자의 부양스트레스, 피학대 노인과의 갈등관계 등이 주요 학대유발 요인이다. 특히 빈곤가족의 아들은 가장 빈번한 학대 가해자로 나타났다. 이는 여전히 아들이 부모 부양의 1차적 책임자이며, 빈곤하고 가부장적 특성이 강할수록, 가족 내 관계가 부정적일수록 아들에게 부양자로서의 사회적 책임이 강요되면서 나타나는 현상으로 해석된다(권중돈, 2004; 배진희·정미순, 2008). 반면, 최근 고령화가 진행되면서 배우자에 의한 학대비율이 급속히 증가하고 있다는 점도 주목해야 한다.

노인학대는 인간존엄을 훼손하고 노인자살 등 2차적 피해로 확대될 높은 가능성이 있음에도 불구하고 피학대 노인들이 학대 경험을 표현하는 데 소극적이며 주변의 도움요청을 하지 않아 잠재학대 사례가 많은 것으로 나타났다(김고은·박성애·곽민철, 2012). 2017년 실태조사 결과 노인학대 전담기관에 대한 노인들의 인지도는 평균 12.6%로 매우 낮고, 인지도가 낮을수록 학대경험율이 높았음을 볼 때, 노인학대는 미시적 분석과 함께 거시적 측면의 조망이 함께 적용되어야 한다(정경희, 2017).

한편 김유진(2015)의 연구는 학대예방 기관의 종사자들은 학대예방 현장의 모순적 딜레마에 주목하였다. 즉, 노인학대 현장의 종사자들은 노인학대를 노인의 취약성과 의존성의 결과로 규정하면서도 막상 대상자의 자기결정권 규정으로 인하여 문제해결을 위한 적극적 개입이 제한되는 현실을 지적하고 있다. 더욱이 가해자의 행위를 불법이며 범죄행위라고 규정하면서도 정작 가해행위에 대한 처벌은 피해자 중심이기보다는 가해자의 동의를 얻어야 하는 제도적 모순이 존재한다는 점이다. 학대피해노인은 오랜 폭력역사에 의해 착취와 단절이 만연한 가족관계 속에서 불안과 두려움에 시달리고 있고, 이러한 가족은 가족원 전체가 함께 지쳐있으며, 주된 가해자와 여러 명의 이차적인 행위자들이 공존하며 양가감정을 소유하고 있다. 노인학대가 가정 내 생애사적으로 축적된 문제들이 폭력으로 대물림되는 현상일 때, 노인학대 피해자와 같이 장기간의 폭력에 노출된 사람의 자기결정권 존중이 실제로 이들에 대한 치료적 개입에 어떻게 적용되어야 하는지 윤리적 판단이 필요하며 이에 대한 사회적 고민이 요구된다.

또한 학대에 대한 현장 실무자들의 관점과 인식에 따라 개입의 양상과 방향성이 달라짐에도 불구하고 학대실태를 조사 분석하는 데 인권관점 적용은 여전히 초기단계이다(문용필·이준영, 2016; 황영희, 2014). 이러한 상황에서 2016년 보건복지부 등이 조사한 노인인권실태 조사와 그 내용분석 및 개선방안의 결과는 매우 중요한 시사점을 제공하고 있다. 이 연구는 전국 노인주거복지 시설과 노인의료복지시설 4,915곳, 시설거주 노인 7,814명과 시설종사자 12,726명에 대해 실시한 노인인권 실태 점검 내용을 양적 분석과 질적 분석을 병행한 후 그 결과를 기반으로 노인학대 방지를 위한 정책방안을 제시하였다(복건복지부 외, 2016). 연구결과, 시설노인의 인권환경 및 상황개선을 위하여 인권관점의 현장 조사가 수시 혹은 정기적으로 이루어져야 하며, 시설 인권침해 및 학대 문제의 사후적 발견보다는 예방적 입장에서 시설의 인권환경 및 상황개선을 위한 실질적 도움을 제공하는 것이 바람직하다고 강조하였다.

2) 우리나라 노인학대 일반현황[4)]

(1) 노인학대 신고접수 현황

① 신고접수 건수 현황 및 연도별 추이

2018년 한 해 동안 전국 31개 지역노인보호전문기관을 통해 신고된 신고건수는 15,482건이며, 전체 신고사례는 2008년 5,309건에서 2018년 15,482건으로 증가하여 10년 동안 양적으로 약 3배 증가하였다. 전체적으로 일반사례의 비율이 학대사례의 약 2배 정도를 나타내고 있으며, 2018년 일반사례는 전체 신고사례의 66.5%, 학대사례가 전체 신고사례의 33.5%이었으며, 그중 재학대 사례가 9.4%였다.

한편 전체 상담횟수를 분석해 보면 학대상담 횟수가 일반상담보다 4배에 달하여 일단 접수된 건수에 대한 상담은 학대사례가 주를 이룬다(표 11-4).

---

4) 중앙노인보호전문기관은 2006년 이후 매년 연차보고서를 발간하고 있으며 본 내용의 현황은 「2018 노인학대현황보고서」에 근거하여 작성하였으므로, 2018년 이후의 현황은 당해연도 현황보고서를 참고하시기 바람. 다만 연간 추이는 연차보고서를 재구성하였음

신고접수 건수가 지난 10년 동안 지속적으로 증가한 것은 노인보호전문기관의 노인학대 인식교육 및 홍보활동과 신고경로 확대의 영향이라고 하겠다. 특히 2018년도부터, 긴급 신고전화(110, 112, 129)를 1588－1389 노인학대 전담전화와 통합함에 따라 대상자들이 익숙한 번호를 통해 신고가 용이해졌다. 또한 노인학대 신고의무자 범주를 확대하여 노인돌보미서비스 생활관리사, 노인일자리사업, 희망복지지원단 등 지역사회 네트워크를 적극 활용하여 다양한 사례들이 접수될 수 있도록 한 조치의 결과라고 할 수 있다.

<표 11-4> **2018년도 노인학대 신고접수 건수 및 비율** (단위 : 건수/ 비율)

구 분	전체신고접수			학대사례대비 재학대 사례
	학대사례	일반사례	전 체	
건 수	5,188	10,294	15,482	488
비 율	33.5	66.5	100	9.4

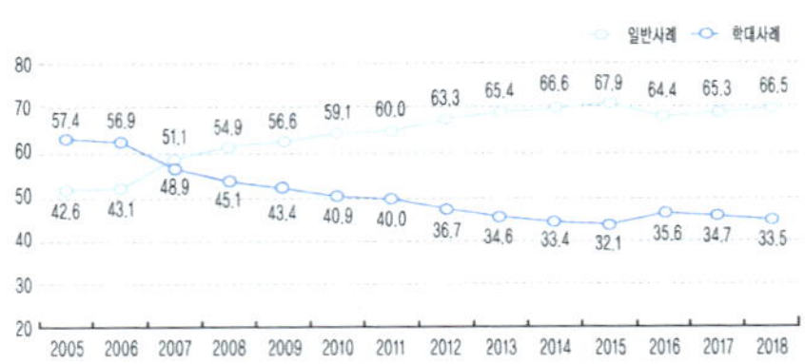

|그림 11-2| **신고접수 중 일반사례와 학대사례 비율추이**

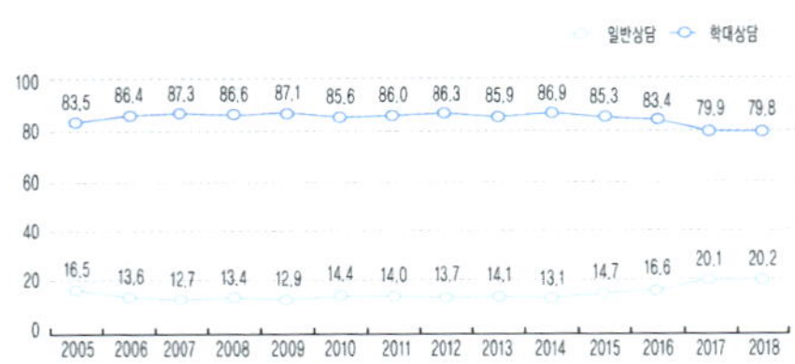

|그림 11-3| **일반상담과 학대상담 횟수 비교 추이**

② 신고자 유형 및 연도별 변화추이

2018년 학대사례 5,188건 중 신고의무자에 의한 신고건수는 767건(14.8%)이며 비신고의무자는 4,421건(85.2%)으로 나타났다.[5] 신고의무자를 세부적으로 보면, 사회복지전담공무원 > 노인복지시설종사자 및 노인복지상담원 > 가정폭력 관련 종사자 순으로 이들 특정 집단에 77.2%가 집중되어 있었

5) 노인학대 신고자유형은 신고의무자와 비신고의무자로 구분되며, 신고의무자는 노인학대를 발견할 수 있는 직업군 종사자들이다. 신고의무자의 경우 노인학대 발견 즉시 관련 기관에 반드시 신고해야 하며(노인복지법 제 39조의6 제2항), 불이행 시 법적 책임이 따른다(노인복지법 제61조의2). 2018년 3월 개정된 노인복지법에 의하여 현재 신고의무자 직군은 17개 직업군이다.

다. 한편 비신고의무자에 의한 신고는 4,421건(85.2%)으로 지킴이단, 경찰관 등의 관련 기관이 77.0%로 주를 이루고, 친족 > 학대피해노인 본인 > 타인 순으로 역시 특정 집단에 집중되어 있다(그림 11-4).

신고의무자 집단은 학대사례에 접근이 용이한 집단으로 선정되었음에도 신고비율이 비신고의무자집단에 비하여 현저히 낮고, 특정 집단에 집중되어 있음은 주지해야 할 사항이다. 따라서 신고의무자들을 대상으로 노인학대 사례 민감성 및 인식제고 교육과 신고의무자의 범위를 확대하는 방안을 적극적으로 모색해야 할 것이다.

<표 11-5> 2018년도 노인학대 신고접수 건수 및 비율 (단위 : 건수/ 비율)

구분	신고 의무자	비신고의무자					계
		피해노인 본인	친족	타인	관련 기관	소계	
건수	767	387	472	156	3,402	4,421	5,188
비율	14.8	8.8	10.7	3.5	77.0	85.2	100

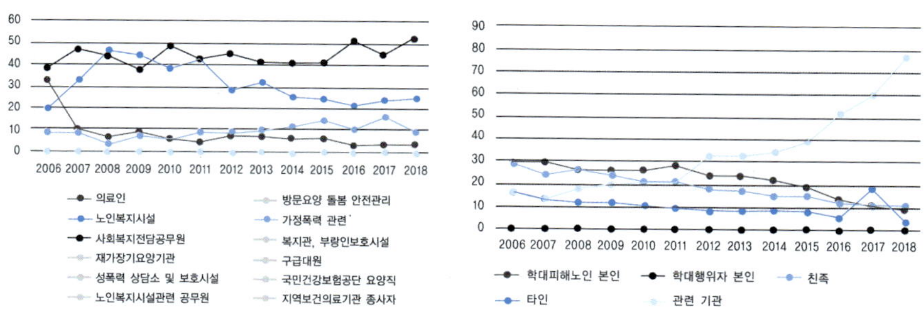

|그림 11-4| **신고의무자 및 비신고의무자의 연도별 신고비율 추이**

③ 신고접수 및 인지경로 유형

2018년 학대사례 신고접수 경로를 보면 전체 사례 중 112를 통한 접수 > 자체 접수 > 그 외 보건복지 콜센터 129이관 순으로 나타났다. 과거에 비하여 긴급신호 전화 통합에 따른 112나 보건복지콜센터를 통한 신고가 급증했음을 알 수 있다. 한편 노인학대 신고는 노인학대 신고전화(1588−1389)가 2,539건(48.9%)로 나타났다. 그 외에 서신 > 대면 > 온라인으로 나타나 노인학대는 아직 아날로그 방식의 신고접수가 다수이다. 노인학대 신고는 이미 노인학대에 대하여 직·간접적인 정보나 경험, 인식이 있는 경우(82% 이상)가 절대 다수로 노인학대예방 활동 및 인식교육의 중요성을 시사한다.

(2) 노인학대 피해노인 현황 및 인구사회학적 특성, 연도별 추이

학대피해노인의 인구사회학적 특성은 <표 11−6>과 같다. 연도별 추이현황을 보면, 지난 10년 간 노인부부가구 및 치매노인의 지속적인 증가추세가 뚜렷하며, 이는 최근 배우자에 의한 노노학대 증가 현상과 밀접한 관련이 있다.

<표 11-6> 학대 피해노인 인구사회학적 특성(2018년) [단위 : 비율(%)]

구 분		비율(%)
성별	남성	26.1
	여성	73.9
연령	65~69세	15.8
	70~74세	23.0
	75~79세	24.1
	80~84세	19.7
	85~89세	11.3
	90~94세	4.7
	95세 이상	1.4
가구형태	노인단독	19.3
	노인부부	29.1
	자녀/ 손자녀동거	37.1
	기타	9.6

구 분		비율(%)
결혼유형	배우자 있음	55.2
	배우자 없음	44.8
학대행위자 동거 여부	동거	70.6
	비동거	29.4
직업유형	무직	88.3
	1차산업	3.0
	서비스판매	1.5
	전문직	0.7
	공무원, 관리직	0.2
	단순노무	0.3
	자영업자 외	2.0
	종교인	0.1

주거형태	자택	60.0	장애수	1개	10.4
	전세	11.2		2개 이상	89.6
	월세	9.0	장애유형	신체장애	68.6
	임대/ 무상	7.8		정신장애	31.4
	시설	8.6	치매 정도	치매의심	9.8
	기타	3.3		치매진단	13.5
학력	무학	30.9	중독유형	알코올	1.1
	초졸	42.9		약물	0
	중졸	12.2		도박	0
	고졸 이상	14.0	수급현황	수급자비율	16.4

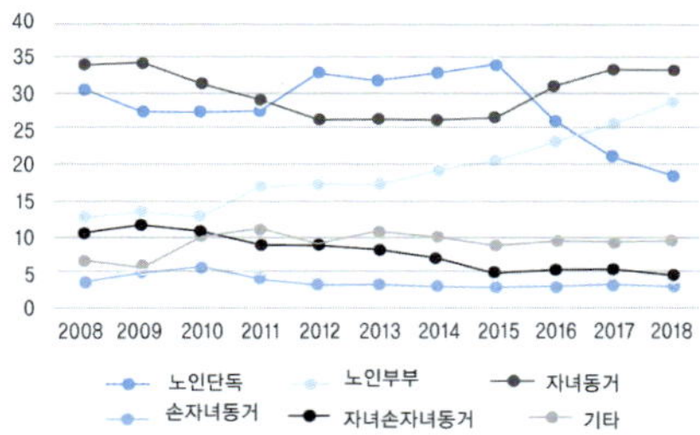

|그림 11-5| **학대 피해노인 가구유형의 변화추이**

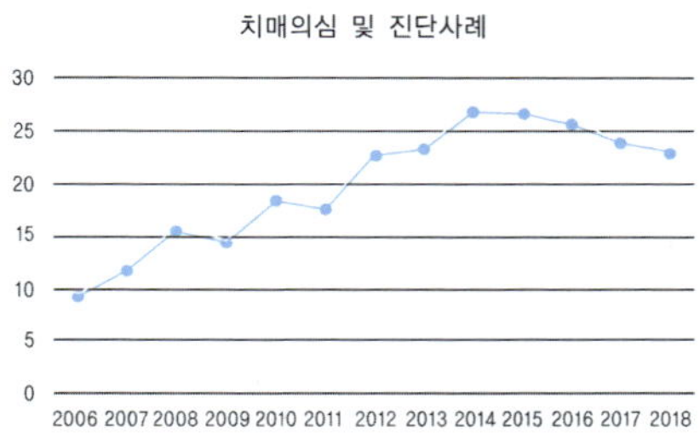

|그림 11-6| **학대 피해노인 치매유병률 추이**

(3) 노인학대행위자 현황 및 인구사회학적 특성

2018년 전체 학대행위자 관련 특성은 <표 11-7>과 같다. 지난 10년 동안 학대행위자 특성의 가장 큰 변화는 크게 세 가지로 요약된다. 첫째, 과거에 주 학대행위자였던 아들과 며느리 비율이 점차로 감소하고 배우자와 딸, 기관(타인)에 의한 학대사례가 꾸준히 증가하고 있다. 이는 우리나라 가족제도의 변화로 부모부양의 의무가 아들에서 다양한 자녀로 확대되는 추이를 보여주고 있으며, 부양스트레스는 학대행위와 정적인 관계에 있어 부양자 지원 프로그램이 중요함을 시사한다. 둘째, 학대행위자 연령의 지속적 증가는 노노부양이 노노학대로 전환됨을 보여준다. 2018년 60세 이상 노노학대 학대행위자의 비율은 45.5%에 달하였고, 이들 중 남성은 46.1%, 여성은

41%였다. 노노 학대행위자의 사회경제적 지위는 매우 낮은 것으로 나타났다. 셋째, 학대행위자의 수급자 비율이 꾸준히 증가하여 빈곤과 사회적 자원의 결핍은 학대행위로 연결됨을 시사하고 있다.

<표 11-7> **학대행위자의 인구사회학적 특성 및 학대행위 원인** [단위 : 비율(%)]

구 분		비율(%)
성별	남성	70.8
	여성	29.2
연령	29세 미만	2.8
	30~39세	5.6
	40~49세	22.1
	50~59세	25.0
	60~69세	14.5
	70세 이상	30.0
피해노인과의 관계	본인	4.2
	배우자	27.5
	아들	37.2
	며느리	2.5
	딸	7.7
	사위	0.6
	손자녀	2.4
	친척	1.0
	타인	3.0
	기관	13.9
결혼유형	배우자 있음	60.1
	배우자 없음	39.9
장애유형	신체장애	26.6
	정신장애	73.4
중독유형	알코올장애	15.7
	약물장애	0.5
	도박중독	0.6
직업유형	무직	59.5
	1차산업	2.9
	서비스판매	9.4
	전문직	10.4
	공무원, 관리직	0.5
	단순노무	9.5
	자영업자	3.9
	종교인	0.2
	기타	1.0
학력	무학	7.3
	초졸	17.5
	중졸	16.0
	고졸	39.1
	전문대졸 이상	20.1
행위자 원인	개인 내적문제	33.1
	개인 외적문제	18.0
	경제적 의존성	12.1
	과거 학대경험	1.5
	신체적 의존성	5.1
	알콜약물장애	12.1
	정신적 의존성	12.7
	부양부담	5.5
가족-환경 원인	가족구성원 갈등	25.1
	가족경제적 어려움	14.1
	피해자-행위자 갈등	60.7
수급현황	수급자	10.4

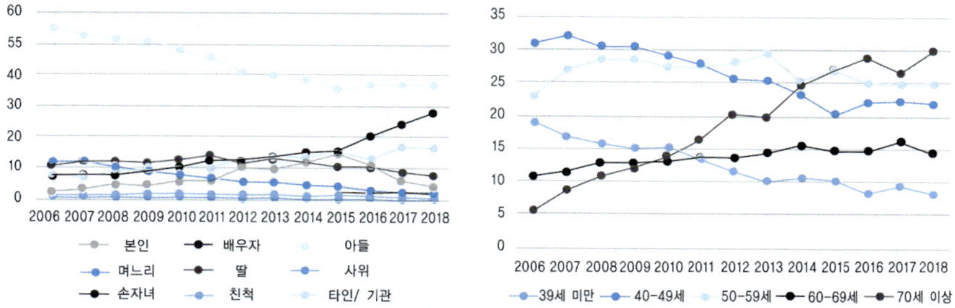

|그림 11-7| 학대행위자의 관계변화 및 연령변화 추이

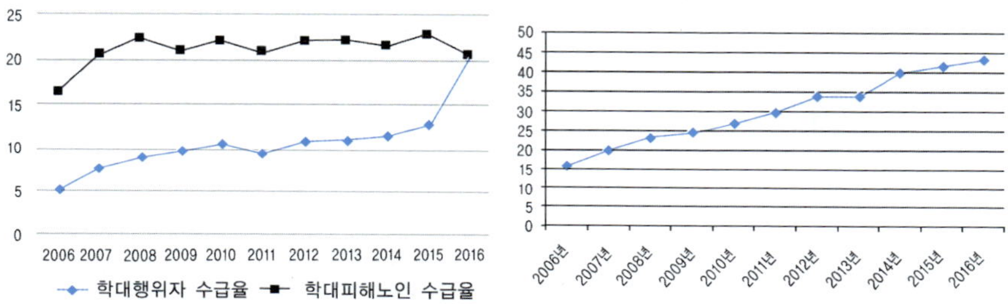

|그림 11-8| 학대행위자 기초생활 수급율 및 노노케어 비율 추이

(4) 노인학대 유형

① 학대유형별 발생건수와 피해노인 수

2018년 노인학대유형 건수는 8,176명으로 학대피해노인의 약 80%가 중복학대에 해당한다. 정서적 학대> 신체적 학대> 방임 순으로 이 세 유형의 학대발생율이 전체 학대 발생유형의 89.0%를 차지하였다. 그 외에 경제적 학대> 자기방임> 성적학대 > 유기 순이었다. 특징적으로는 신체적 학대가 전년도 대비 15% 증가하였으며, 특히 성적학대는 전년도 대비 52%의 증가율을 보였다. 반면 자기방임의 경우 전년대비 17.5% 감소하고 경제적 학대와 자기방임유형은 2015년을 전후하여 점차 감소하는 추세이다.

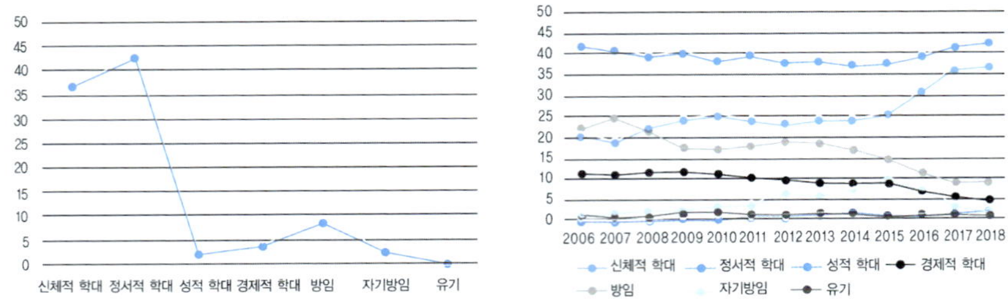

|그림 11-9| **2018년 학대유형별 발생비율 및 학대유형별 발생비율의 추이**

② 학대유형별 학대피해노인의 성별, 연령 특성

학대유형과 학대피해노인의 성별을 보면 약 7:3의 비율로 여성이 남성보다 신체적, 정서적, 경제적 학대유형에 많이 노출되었음을 알 수 있다. 한편 방임, 자기방임, 유기 등의 학대유형에서 성비 차이는 적지만, 성적 학대는 여성 대 남성의 비율이 약 3:1로 여성노인들이 주된 대상이었다. 이는 노인들을 무성적 존재로 인식하는 통념과 남성노인에 의한 노노학대가 성적학대를 동반하고 있음을 시사한다.

한편 학대유형별 피해노인의 연령 특성을 보면 전 유형에서 70대 초반에서 80대 초반까지의 연령대의 피학대율이 가장 높았다. 70대 초반의 노인들은 경제적, 정서적, 성적학대에서 가장 빈도가 높고, 80대 초반은 방임과 유기 유형에서 가장 빈도가 높았다. 한편 90세 이상의 노인들도(4.4%) 여전히 성적 학대, 방임, 유기, 자기방임과 경제적 학대 등 다양한 학대의 대상이 되는 것으로 나타났다.

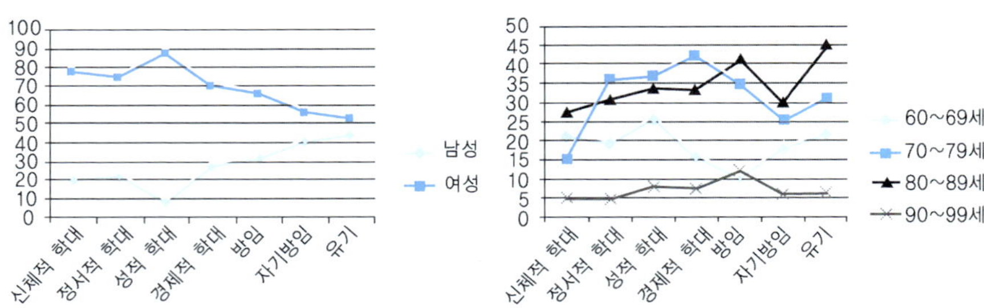

|그림 11-10| **성별 연령별 노인학대유형 특성**

③ 학대유형별 학대행위자의 특성

학대유형과 학대행위자와의 관계를 보면 신체적 학대는 배우자 > 아들 > 딸이었고, 정서적 학대는 아들> 배우자 > 딸 순이었다. 정서적, 신체적 학대의 경우 자녀 및 배우자에 의한 학대가 주 학대이고, 방임의 경우는 자녀 및 기관에 의하여 주로 이루어졌다. 경제적 학대의 경우 아들이나 딸 등의 자녀가 71.2%로 나타나 학대 피해노인의 대다수가 자녀에게 경제적 학대를 받고 있었다. 성적학대의 경우, 기관 > 배우자 > 타인, 유기의 경우 아들 > 딸 > 배우자 순이었다.

특히, 아들은 주된 노부모 학대행위자로 나타났다. 이는 여전히 우리 사회에서 주 부양자 역할을 담당하는 아들이 학대행위에 적극적으로 노출되고 있었음을 시사한다. 배우자가 주 학대행위자인 경우도 신체적 학대 > 정서적 학대 > 성적 학대 순으로 높게 나타나 노노학대의 심각함을 보여준다. 한편 성적 학대의 경우 기관이 67.5%로 생활시설 등에서 성적학대가 심각하여 기관장 및 종사자 대상 학대민감성 교육이 중요하다.

④ 학대발생 장소, 빈도, 지속기간

학대발생 장소는 가정 내 학대가 4,616건(89.0%)으로 가장 높고, 생활시설 > 병원 > 공공장소 > 이용시설> 기타 순으로 나타났다. 매년 가정 내 학대 신고 건수는 가장 큰 비중을 차지하고 있어 재가 노인의 학대 사례 발굴을 위한 노력을 강화해야 할 것이다. 학대발생 빈도를 보면 1주일에 한 번 이상 > 1개월에 한 번 이상 > 일회성 > 매일 순으로 학대가 일회성이기보다 지속적·반복적 양상임을 시사한다. 학대지속기간은 5년 이상 > 1~5년 미만 > 1개월~1년 미만 순이었으며 최소 1년 이상 학대가 지속된 경우가 전체의 66.2%로 나타났다. 이는 학대의 지속성과 폐쇄성을 보여주는 것으로 한 번 발생하면 재발과 지속성이 높기 때문에 조기발굴의 중요성을 시사한다.

3. 한국의 노인학대 관련 법과 제도

1) 노인학대 관련 법

노인학대 관련 국내 법은 노인복지법, 노인장기요양보험법, 가정폭력 관련 법률, 성폭력 관련 법률, 형법이다. 법에는 모든 폭력과 학대로부터 노인을 보호하는 것은 기본권으로서의 인권보장이며, 노인은 후손양육과 국가 및 사회 발전에 기여한 자로 존경받으며 건전하고 안정된 생활을 보장받아야 한다는 기본 이념을 준수하고 있다.

① 노인복지법

노인복지법은 사회법에 속하며, 노인의 건강 유지, 노후 생활안정을 통하여 노인보건복지 증진에 기여할 목적(제1조)으로 1981년 6월 제정된 노인복지의 모법(母法)이다. 노인학대 조항은 2004년 노인복지법 개정 시에 처음으로 신설되었다. 법 제1조의2 제4호에 노인학대는 "노인에 대하여 신체적·정신적·정서적·성적 폭력 및 경제적 착취 또는 가혹행위를 하거나 유기 또는 방임하는 것"으로 정의하였다. 한편 동법 제1조의2 제5호에서는"노인학대 관련 범죄"란 보호자에 의한 65세 이상 노인에 대한 노인학대로서 형법에서 규정하는 죄의 유형에 따라 상해 및 폭행죄, 유기 및 학대죄, 체포와 감금죄, 협박죄, 강간 및 추행죄, 명예훼손죄, 주거침입죄, 사기 및 공갈죄, 재물손괴죄 등이라고 규정하였다. 노인학대 관련 조항의 특징은 <표 11-8>과 같다.

초기 노인복지법의 노인학대 조항에서는 신고의무직종이 7개 직종이며, 노인자기방임은 학대행위로 규정되지 않았다. 그 이후 2011년 개정 시 노인보호전문기관의 설치·운영에 관한 세부내용을 명시하고, 2015년 개정 시에 중앙 및 지역 노인보호전문기관의 설치와 구체적인 운영내용을 명시하였다. 한편 2017년 3월 학대피해노인전용쉼터 설치에 관한 조항(제39조의19)을 신설하고 국가와 지방자치단체는 노인학대로 인하여 피해를 입은 노인을 일정 기간 보호하고 심신 치유 프로그램을 제공하기 위하여 학대피해노인 전용쉼터를 설치·운영할 수 있음을 명시하였다.

한편 최근 들어 증가추세에 있는 자기방임과 관련한 내용은 제27조의2에서 다루고 있다. 관련 조항에 따르면 국가 또는 지방자치단체는 홀로 사는 노인에 대하여 방문요양과 돌봄 등의 서비스와 안전 확인 등의 보호조치를 취하여야 한다. 제39조의10에서는 실종노인에 관한 신고의무를 정하고 있다. 이 조항에 따르면 누구든지 정당한 사유 없이 사고 등의 사유로 인하여 보호자로부터 이탈된 실종노인을 경찰관서 또는 지방자치단체의 장에게 신고하지 아니하고 보호하여서는 안 된다.

<표 11-8> **노인복지법상 노인학대 관련 조항 및 주요 개정내용**

조 항	내 용	신설년도	최근 개정 주요 내용
제1조의2의 제4호	노인학대 정의	2004. 1. 29.	
제1조의2의 제5호	노인학대 관련 범죄 정의	2004. 1. 29.	
제6조의3	인권교육	2017. 10 .24.	노인학대 관련 인권교육강화 2018. 4. 25. 시행
제39조의4	긴급전화의 설치 등	2004. 1 .29.	
제39조의5	노인보호전문기관의 설치 등	2011. 6. 7.	
	중앙노인보호전문기관설치운영	2015. 12. 29.	중앙/ 지역노인보호전문기관 설치 및 운영내용규정
	지역노인보호전문기관설치의무	2015. 12. 29.	
제39조의6	노인학대 신고의무와 절차 등	2004. 1. 29.	2007, 2011, 2015, 2016, 2017, 2018. 개정 신고의무직종 종사자 확대 수사기관(경찰)에 신고가능
제39조의7	응급조치 의무 등	2004. 1. 29.	
제39조의8	보조인의 선임 등	2004. 1. 29.	
제39조의9	금지행위	2004. 1. 29.	
제39조의11	조사 등	2004. 1. 29.	
제39조의12	비밀누설의 금지	2004. 8. 3.	2007. 11조에서 분리
제39조의15	노인학대 등의 통보	2015. 12. 29.	
제39조의16	노인학대행위자에 대한 상담· 교육 등의 권고	2015. 12. 29.	2017. 3. 14.
제39조의17	노인 관련 기관의 취업제한 등	2015. 12. 29.	2016. 2. 29. 10년 동안 취업정지
제39조의18	위반사실의 공표	2015. 12. 29.	2016. 12. 2. 55조 조항 포함

제39조의19	학대피해노인 전용쉼터 설치	2017. 3. 14.	
제55조의2	벌칙(직원에 대한 폭행/ 협박/ 업무방해죄)	2004. 1. 29.	2016. 12. 2. 7년 이하 징역 또는 7천만 원 이하 벌금(벌칙강화)
제55조의3	벌칙(노인학대행위에 대한 벌칙, 정서적 학대 포함)	2015. 12. 29.	2016. 12. 2. 5년 이하의 징역 또는 5천만 원 벌금(벌칙강화)
제55조의4	벌칙(금품 제공, 조사방해거부죄)	2007. 8. 3.	2016. 12. 2.(벌칙강화)
제57조	벌칙(비밀누설방지)	2016. 12. 2.	벌칙강화
제59조의2	가중처벌	2015. 12. 29.	2016. 12. 2. 벌칙강화

2015~2017년에 이르기까지 노인복지법상의 학대 관련 조항 개정을 살펴보면 우리나라 노인학대 정책의 방향을 알 수 있다. 첫째, 초기 학대 사례발굴과 초기 개입의 법적 강제성을 높였다는 점이다. 제39조의15에 노인학대의 의심사유가 있는 사건을 경찰이 입수하면 노인보호전문기관에 이를 통보해야 한다는 사법경찰관리 조항이 신설되어 현장조사 시 경찰동행이 가능해지고, 학대사례발굴이 용이해졌다. 또한 2012년과 2017년 2차에 걸쳐 신고의무직종 종사자 군을 17개 직종[6]으로 확대함으로써 신고의무를 강화 확대하였다. 둘째, 노인학대행위자 교육과 상담을 강조하여 잠재학대를 예방하고 학대발생을 인권관점으로 확대, 교육 지도를 강화하였다. 제39조의16에 노인학대행위자에 대한 상담·교육 등을 권고하고, 학대예방교육을 인권교육으로 연계하여 보다 본질적인 접근을 시도하려는 것이다. 셋째, 벌칙규정 강화를 통한 노인학대 경각심과 인식 개선 움직임이다.

이와 같이 우리나라는 노인복지법에서 노인학대 관련 조항을 명시하고 내용적 진보가 있지만 노인학대 특례법이 없이 노인복지법 테두리 안에서 노인학대 문제를 다루고 있어서 노인학대 문제를 다루는 실무 현장에서 한계가 되고 있다.

---

6) 의료기관에서 의료업을 행하는 의료인, 노인복지시설의 장 및 그 종사자, 장애인복지시설에서 장애노인에 대한 상담·치료·훈련 또는 요양을 행하는 자, 가정폭력관련상담소의 상담원 및 가정폭력피해자의 보호시설의 종사자, 노인복지상담원 및 사회복지전담공무원 등을 신고의무자로 규정하고 있다.

② 형법

형법에서는 노인학대의 개념을 직접 언급하지 않고 범죄행위로서 학대를 명시하고 있다. 형법 제2편 제25장 제257조~265조에서 노인학대 관련 죄목은 상해, 존속상해, 존속중상해, 특수상해, 상해치사, 폭행, 존속폭행, 특수폭행, 폭행치사, 상습범, 자격정지의 병과 등으로 구분되어 있다. 형법에서는 가해자의 학대 행위를 상해, 폭행 등 신체적 학대 행위의 유형을 중심으로 규정하고 있으나 유기 및 학대, 체포 및 감금, 명예훼손, 모욕, 협박, 주거침입 및 신체수색, 권리행사, 방해, 사기, 공갈, 재산의 손괴 등의 소극적 행위, 무작위적인 행위까지도 포함한다.[7)]

③ 가정폭력방지법

가정폭력방지에 관한 법은 「가정폭력방지 및 피해자보호 등에 관한 법률」(약칭 : 가정폭력방지법)과 「가정폭력범죄의 처벌 등에 관한 특례법」이 있다. 이 법의 목적은 가정폭력 예방과 가정폭력의 피해자 보호·지원이며(제1조), 가정폭력 피해자는 피해상황에서 신속하게 벗어나 인간으로서의 존엄성과 안정을 보장받을 권리를 갖는다(제1조의2)고 규정한다. 또한 "가정폭력"이란 가정구성원 사이의 신체적, 정신적 또는 재산상 피해를 수반하는 행위이며, 가정구성원이란 현재 혹은 과거의 배우자(사실상 혼인관계에 있는 사람), 본인 또는 배우자의 직계존비속 관계자, 계부모 자녀 관계 또는 적모서자 관계에 있었던 사람, 동거하는 친족으로 규정하고 있다(가정폭력범죄 처벌 등에 관한 특례법 제2조). 따라서 가정 내에서 자녀, 배우자, 친족 등에 의해 이루어지는 노인학대 행위가 가정폭력 행위에 속한다고 볼 때 이 법률들은 노인에 대한 신체적, 정서적 학대행위에 대한 법적 규정과 처벌을 보다 포괄적으로 명시한다. 즉, 노인복지법상 노인에 해당하는 학대피해자가 가정폭력방지법에서 규정하는 가정구성원이면서 동시에 여타의 가정구성원으로부터 신체적, 정서적 폭력 및 상해를 입었다면 가정폭력 관련 법률들의

7) 관련 형법 조항은 제257조, 258조, 260조, 271조 273조, 275조, 276~280조, 283~286조, 307조, 311조, 319조, 324조, 352조, 366조 등이다.

적용을 받을 수 있다. 노인학대 행위가 가정폭력범죄에 해당하게 되는 경우 누구든지 수사기관에 신고할 수 있다(가정폭력범죄의 처벌 등에 관한 특례법 제4조 제1항). 특히 노인학대와 관련한 신고의무자는 정당한 사유가 없으면 반드시 이를 수사기관에 신고해야 한다(동법 제4조 제3항). 수사기관은 반드시 현장 출동 의무가 있으며 현장 출동 사법경찰관은 필요한 경우 일정한 응급조치를 할 수 있다(동법 제5조). 이 법 제9조에서는 가해자를 형사처벌할 경우 가족 해체와 이로 인해 경제적 약자가 된 노인 여성 등이 또 다시 피해자가 되는 것을 막기 위하여 학대행위자에 대하여 형사절차 대신 가정보호절차에 의한 보호처분을 할 수 있다. 따라서 이 법 제9조 제1항에서는 검사가 가정폭력범죄로서 사건의 성질·동기 및 결과, 가정폭력행위자의 성행 등을 고려하여 이 법에 따른 보호처분을 하는 것이 적절하다고 인정하는 경우에는 가정보호사건으로 처리할 수 있으며 이 경우 검사는 피해자의 의사를 존중해야 한다고 명시하고 있다.

가정폭력방지법에서는 국가와 지방자치단체가 가정폭력의 예방·방지와 피해자의 보호·지원을 위해 신고체계 구축 및 운영, 피해자를 위한 보호시설 설치·운영, 긴급전화센터 및 가정폭력 관련 상담소 운영, 피해자 신변노출 방지 및 보호·지원 체계 구축 등의 조치를 취해야 한다고 되어 있다(제4조 제1항). 가정폭력에 관한 법률들은 가정폭력범죄에 의한 노인학대 피해자가 보호·지원받을 수 있는 근거를 제공하고 보호 및 지원의 과정에서 일어날 수 있는 가족해체를 방지하고자 가정보호사건 규정을 명문화하고 있다는 특징을 지닌다(가정폭력범죄의 처벌 등에 관한 특례법 제2장). 동시에 노인학대의 예방을 위한 상담, 교육, 캠페인 등에 관한 규정들이 구체적으로 명시되어 있다.[8] 그러나 법에서 아동은 18세 미만인 자로 규정한 반면, 노인에 대한 규정은 없어서 가정폭력으로서 노인학대의 특수성을 고민하고 이를 반영한 법 적용이 필요하다.

---

8) 가정폭력방지법 제4조의2(가정폭력실태조사), 제4조의3(가정폭력 예방교육의 실시), 제4조의6(긴급전화센터의 설치·운영 등), 제4조의7(가정폭력 추방 주간), 제5조(상담소의 설치·운영)

④ 성폭력 관련 법률

성폭력 관련 법은 노인복지법상 성적 희롱 및 성적 학대의 경우에 적용된다. 노인 성적학대는 주로 가족 내에서 일어나며 성폭력범죄의 처벌 등에 관한 특례법 제5조(친족관계에 의한 강간 등)에 따라 성추행, 성희롱, 성폭력과 같은 학대행위는 이 법에 따라 처벌을 받는다.[9] 또한 이 법에서는 성폭력 범죄에 대해서 특정 강력범죄의 처벌에 관한 특례법을 준용하여 증인에 대한 신변안전조치, 출판물 게재 등으로부터의 피해자 보호, 소송진행 협의, 간이 공판절차 결정, 판결 선고 등에 대한 특례를 규정하고 있다(제22조). 노인에 대한 성폭력 행위에 대한 구체적 규정은 없으며 일반적인 성폭력 피해자의 범주에 귀속하여 다루고 있다.

⑤ 노인장기요양보험법

동법 제37조 제1항 제6호는 장기요양기관 종사자의 노인에 대한 학대행위를 규정하고 이에 대한 처벌(기관 지정 취소)을 명시하고 있다. 해당 행위는 수급자의 신체에 폭행을 가하거나 상해를 입히는 행위, 수급자에게 성적 수치심을 주는 성폭행, 성희롱, 자신의 보호·감독을 받는 수급자를 유기하거나 의식주를 포함한 기본적 보호 및 치료를 소홀히 하는 방임행위를 말한다. 그러나 이 법은 노인 학대 관련 내용이 제37조의 제1항 제6호에서만 명시되고 있으며 학대행위가 발생하는 시설과 기관 종사자의 학대행위에 한정되고 있다는 한계가 있다.

2) 노인학대 관련 조직과 서비스

(1) 노인보호전문기관

우리나라에서 초기 노인학대 예방 전담조직은 2000년 한국재가노인복지협회 산하 31개 노인복지기관과 까리따스 방배종합사회복지관을 중심으로

---

9) 친족관계인 사람이 폭행 또는 협박으로 사람을 강간한 경우에는 7년 이상의 유기징역에 처함. 또한 친족관계인 사람이 폭행 또는 협박으로 강제추행한 경우는 5년 이상의 유기징역에 처함

노인학대예방센터라는 이름으로 출발하였다. 그 후 2002년 사회복지공동모금회 지원으로 11개의 노인학대상담센터가 개소하였다. 2004년 1월 노인복지법 개정으로 법적 근거를 마련하여 전국적으로 노인학대예방사업이 출발하였다. 2006년 보건복지부 위탁 중앙노인보호전문기관이 개관하였고, 전국 17개 노인학대예방센터는 노인보호전문기관으로 개명하고 다양한 노인권익 침해 문제에 대해 전문적 · 체계적인 대처와 포괄적인 서비스를 제공하게 되었다.

노인보호전문기관은 전국 단일 신고체계(1577-1389)를 갖춘 노인학대 전문기관으로, 노인학대를 인권관점에서 규정하고 노인학대 예방강화, 노인학대 개입강화 및 사후관리 강화를 통한 노인인권 강화를 3대 추진방향으로 설정하며, 2020년 2월 기준 1개의 중앙노인보호전문기관과 전국 31개의 지역노인보호기관이 다양한 사업을 추진 운영하고 있다. 중앙노인보호전문기관과 전국 31개의 지역노인보호전문기관의 사업을 정리하면 다음과 같다.

<표 11-9> **중앙노인보호전문기관의 사업 내용**

홍보사업	노인인식개선 사진/ 카툰 공모전, 노인학대예방 방송, 홍보대사위촉, 노인학대인식의 날 제정 및 기념행사, Silver Smile 공익브랜드 런칭, Silver Smile캠페인, 노인인식개선 캐릭터공모전, 노인학대예방 국제네트워크 참석
교육사업	학대피해노인을 위한 치유적 프로그램 개발, 노인학대 상담매뉴얼, 노인인권보호세미나, 상담원소진예방 및 역량강화 워크숍, 중간관리자 교육, 전산시스템 사용자교육, 슈퍼바이저 파견사업, 상담원 보수교육
연구사업	노인학대 판정지표 및 사정도구 개발, 노인친화지표개발, 한국형 학대사례 스크리닝 척도개발, 노인보호전문기관 성과관리시스템 개발연구, 학대피해노인전용쉼터 운영매뉴얼, 교육커리큘럼, 평가지표 개발, 고령화시대 노인인권과 노인보호전문기관의 역할연구, 노인학대사업상담 통계 DB 개발, 시설 내 옴부즈맨모델개발, 노인학대 재신고 관련 요인연구
실천사업	중앙사례관리위원회 운영, 지역사회 관련기관 연계, 민관협력체계활성화 워크숍, 노인학대 연간 현황보고서, 노인학대 개입사례집 발간, 학대쉼터개소

<표 11-10> 중앙노인보호전문기관의 업무 내용

구분	업무	내용
주요 업무	노인인권보호 관련사업	• 노인인권 관련 정책제안 • 노인인권보호를 위한 연구 및 프로그램 개발
	노인학대 예방사업 총괄관리 및 조정	• 노인학대 예방사업 계획 수립 및 정책 제안 • 노인보호전문기관 전산시스템 운영 및 관리 • 노인학대 예방사업 관련 연구 개발 평가 • 노인학대 예방의 홍보, 교육자료의 제작 및 보급 • 노인보호전문사업 관련 실적취합, 관리, 대외자료 제공
	지역노인보호전문기관 지원·관리·평가	• 업무수행 지침 제작 및 배포 • 지역노인보호전문기관 상담원 기초 및 심화교육 • 지역노인보호전문기관의 사업수행 및 지원 및 평가
	관련 기관과의 사업연계 및 홍보	• 국내외 관련 기관 협력체계구축 및 협력 • 전국적 노인학대 예방 교육 및 홍보
	학대 받은 노인의 단기보호	–
	기타 보건복지부장관이 위탁하는 사항	–
기타 업무	중앙·지역 노인보호전문기관 협력위원회	• 노인보호사업 관련 주요 정책 과제 및 법률 개정안 제안 • 노인보호전문기관의 사업발전방안 제시 • 노인보호사업 운영기준 검토 • 차기년도 사업계획 및 검토 • 민관 단체의 협력을 위한 의견 제시 • 보건복지부 등 중앙부처의 사업정보 공유 • 대내외적 행사 공동개최 및 협조 • 각종 운영기준 검토 • 전산시스템 운영 및 개선사항 제안
	중앙노인학대 사례판정위원회	• 노인학대 분쟁사례의 조정업무 • 노인학대 분쟁사례에 대한 위원회 사실조사 • 노인학대 분쟁 관련 제도정책연구, 통계작성, 교육홍보 • 노인학대 우수사례 선정 및 사례집 발간 • 노인학대 특수사례 심의 • 특이 사항에 대한 의견 제시 및 그 밖의 분쟁 관련 연구

<표 11-11> 지역노인보호전문기관의 업무 내용

구분	업무 내용
직접적 개입업무	• 노인학대 신고전화 운영 및 사례접수 • 노인학대 의심사례에 대한 현장조사 • 학대피해노인 및 학대행위자 상담 • 학대피해 노인 사후관리 • 상담 및 서비스 제공에 따른 기록과 보관
위원회	• 운영위원회, 지역노인학대 사례판정위원회, 자체 사례관리회의 운영
교육 및 홍보	• 지역단위 노인학대 예방교육 및 홍보 • 일반인 대상 노인학대 예방교육 • 노인학대 행위자 대상 재발방지교육 • 노인학대 예방을 위한 홍보 • 노인학대 신고의무자 등 대상 노인학대 예방교육
보호 및 시설운영	• 피해노인 일시보호를 위한 쉼터운영 • 피해노인의 의료기관 치료 및 노인복지시설 입소의뢰
연계 및 협력	• 피해자 지원을 위한 지역 자원개발 및 연계 • 지역사회 보건복지서비스 기관과의 협력체계 구축
기 타	• 노인학대 예방 및 방지를 위한 보건복지부 장관 및 시·도지사 위탁사업수행 • 연간 사업계획서 및 예결산 보고서 제출(보건복지부, 관할 시·도, 중앙노인보호기관)

(2) 학대피해노인 전용쉼터

학대피해노인 전용쉼터는 노인복지법 제39조의19를 근거로 설치 운영된다. 전용쉼터는 학대노인을 일시 보호하게 된 시·도에서 지정한 양로 및 요양시설들이 만성적 학대피해노인들에 대한 전문 상담, 심리치료 프로그램을 제공하는 데 한계가 있어 이들에 대한 가족기능 회복 및 학대재발 방지를 위해 학대 행위자 및 그 가족에 대한 전문상담 서비스를 제공할 필요에서 시작되었다. 쉼터의 목적은 학대피해노인에 대한 일정 기간 보호조치 및 심신치유 프로그램 제공을 통한 노인의 보호강화와 학대행위자 및 그 가족들에게 전문상담 서비스를 제공하여 재학대 발생예방 및 원가정회복 지원을 강화하는 것이며 2020년 2월 기준 전국에 쉼터는 18개소가 있다. 주요 업무로는 숙식 및 생활지원, 학대 피해노인 전문심리상담, 의료비, 다양한 적응 프로그램 지원 등이다.

(3) 협력기관 연계조직

노인학대예방 및 방지를 위해 우리나라의 관련 조직들은 |그림 11-11|과 같은 구조로 서로 협력·연계하여 서비스를 제공하고 있다. 최근 시군구의 사회복지 서비스체계는 지역사회 통합사례관리 시스템(시·군·구의 희망복지지원단, 보건소 방문건강관리서비스, 독거노인방문서비스, 재가급여서비스 조직)을 통해 지역 내 취약계층을 발굴하여 관리하는 바, 노인학대 사례 발굴을 위해 지역사회 네트워크로서의 통합사례관리 시스템은 매우 유용한 연계조직으로서 역할을 한다. 각각의 업무는 <표 11-12>와 같다.

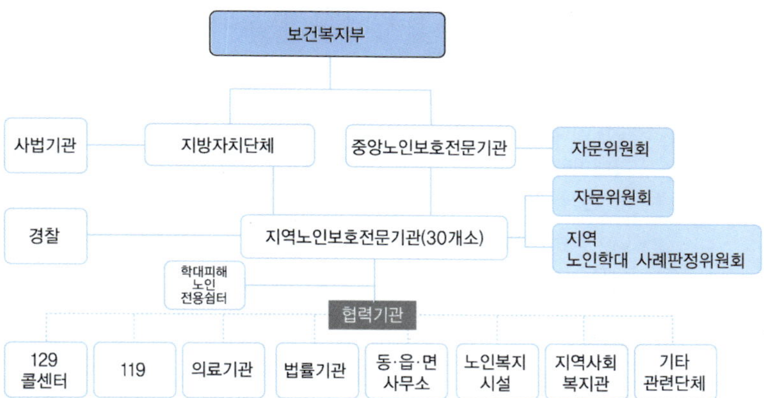

|그림 11-11| 연계조직 및 기구

<표 11-12> 기구별 주요업무

보건복지부	• 노인보호업무 관련 법·제도 정책수립 • 중앙 및 지역노인보호전문기관 업무지도감독 • 중앙노인보호전문기관 지정 운영 • 관계 중앙행정기관과의 협력체계구축 지원
지방자치단체 (시·도)	• 지역노인보호전문기관 지정운영 및 업무지도, 감독 • 분관설치 지원 • 홍보와 지원 • 격리요보호 학대피해노인에 대한 행정적 조치실시

기초자치단체 (시·군·구)	• 전문적 서비스지원 필요노인에 대한 지역전문기관과의 연계지원 • 피해 및 가해자 당사자/ 가족에 대한 인적사항 확인절차(주민등록등본확인 등) 연락처 제공 • 격리요보호 학대피해노인에 대한 행정적 조치 • 홍보와 지원 • 분관설치 지원 • 관할지역 내 시설학대 발생 시 피해노인 전원조치 및 시설학대 개입지원 및 협조
사법기관·경찰	• 노인보호전문기관과의 사례개입 협력체계 구축 • 112 신고사례 의뢰 • 현장조사 시 동행 • 학대행위자와의 분리조치 지원 • 현장조사 및 조사 이후 현장조사서 사본 송부 • 응급조치사례에 대한 의료기관 및 일시보호시설 조치의뢰 • 형사재판 사례 수사전담
의료기관	• 의료행위 시 사례발굴 신고 • 노인학대 판정을 위한 의학적 진단, 소견 및 증언 • 학대피해노인보호팀 구성 운영, 학대의심노인에게 종합적인 의료서비스제공 권장
노인 및 사회복지시설	• 노인학대 의심사례 조기발견 신고 • 시설이용자 중 학대 관련 상담 및 개입협조 • 노인보호전문기관으로부터 요보호 학대피해노인에 대한 입소의뢰 시 신속한 보호 제공 • 시설 내 종사자 및 이용자 대상 노인학대예방교육 실시
법률기관	• 노인에 대한 최선의 이익우선원칙에 따른 사법소송진행 • 학대피해노인의 법률적 보호 • 학대행위자에 대한 보호처분 등 협조 • 학대행위자 처벌 및 보호처분을 포함한 판정 • 후견인 지정, 노인격리에 대한 자문 • 기타 노인보호전문기관업무 관련 법률자문

출처 : 보건복지부(2019). 노인보건복지사업안내 재구성.

3) 노인학대 관련 서비스 및 서비스 전달체계

(1) 노인학대 관련 서비스

노인보호전문기관에서 제공하는 서비스는 <표 11−13>과 같다.

<표 11-13> 노인보호전문기관 제공 서비스 주요내용

서비스 명		서비스 내용
상담 서비스	24시간 상담전화 운영	노인학대 상담전화 1577-1389를 24시간 운영하여 24시간 전화, 방문, 서비스, 및 온라인 등으로 상담을 진행함. 이를 통해 노인학대 사례 및 노인학대 의심사례 등을 발굴하고 학대피해노인과 가족, 관련자를 대상으로 상담서비스를 제공, 내담자의 욕구를 파악하여 서비스를 제공하고 문제해결 도모
	신고접수 및 현장조사	신고접수된 노인학대 의심사례에 대한 정확한 사례판정과 정보를 파악하고 욕구 및 문제를 사정하기 위하여 방문상담을 실시한다. 응급사례는 12시간 내, 비응급사례는 72시간 내에 현장조사를 실시
	사례관리 및 사례판정위원회	노인학대 사례에 대한 자체사례회의 및 다양한 전문가로 구성된 사례판정위원회 회의를 통한 전문적이고 체계적인 사례관리를 제공
	긴급일시 보호 서비스	학대피해노인이 학대행위자나 거주지로부터 긴급하게 분리가 요구된 경에는 지킴이를 연결하거나, 또는 학대 피해로 인해 의료적 처치가 요구되는 경우에 학대피해노인 전용쉼터 혹은 시설보호를 요청하여 일시보호 및 의료지원을 실시하여 학대 피해노인의 신체적·정서적 안전 확보
	사후관리 서비스	종결된 사례에 대하여 학대 피해노인이 안전한지 학대 재발가능성은 없는지 일정 기간 정기적인 관리를 위하여 방문, 전화상담 제공
예방교육 및 홍보 서비스	예방교육 서비스	대상자별 예방교육 실시(노인, 일반인, 신고의무자, 관련 기관 종사자, 지킴이 자원봉사자)/ 노인지킴이단 운영
	교육콘텐츠개발	학대예방 교육 콘텐츠 개발 및 배포
	홍보서비스	대중매체 및 인터넷 홍보/ 노인학대캠페인, 사진전, 기관방문 등 홍보활동
기타 연계 서비스	복지서비스	학대피해노인 및 학대 행위자에 대하여 각종 사회복지 제도 및 프로그램을 제공하거나 필요한 자원을 제공함. 국민기초수급권연결, 재가서비스, 사회복지서비스, 지역사회 자원연결, 후원 및 직접 후원 등의 서비스를 제공
	법률서비스	법률상담연결, 법률소송지원, 학대행위자 고소고발 등의 서비스를 제공
	의료서비스	병원 등에 연계이송서비스, 의료기관에 연계하여 방문간호를 연결, 이송 및 동행서비스, 의료비 지급과 관련된 지원과 상담 제공
	정보제공 서비스	학대피해노인 및 가해자를 대상으로 학대재발 방지를 위한 제도 및 서비스 지역사회 자원 등에 관련된 제반 정보를 제공, 재학대 예방교육 제공

출처 : 보건복지부(2016). 노인학대 현황보고서, 보건복지부(2017). 노인보건복지사업안내 재구성.

노인보호전문기관 상담업무는 접수상담 > 진행상담 > 종결상담 > 사후관리 순으로 이루어지며, 방법적으로는 전화 > 방문 > 내방 순으로 이루어진다. 상담업무는 종사자들에게 큰 업무 부담이며 지난 10년 동안 가파르게 증가하고 있다(그림 11-12). 상담업무 중에 가장 큰 비중은 현장조사이며, 현장조사 결과 학대사례를 판정하게 된다.

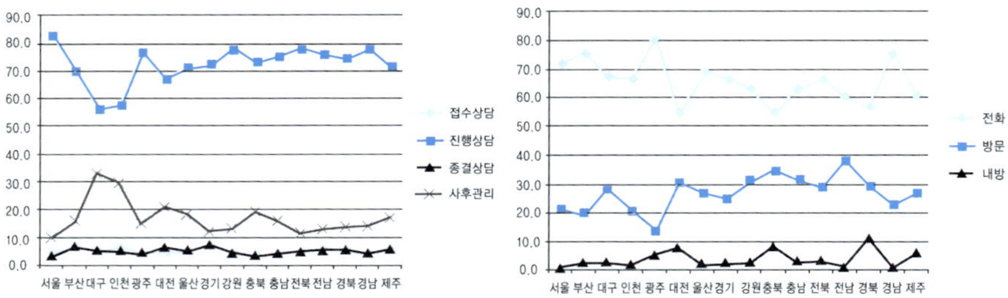

|그림 11-12| 노인보호전문기관의 상담서비스 현황

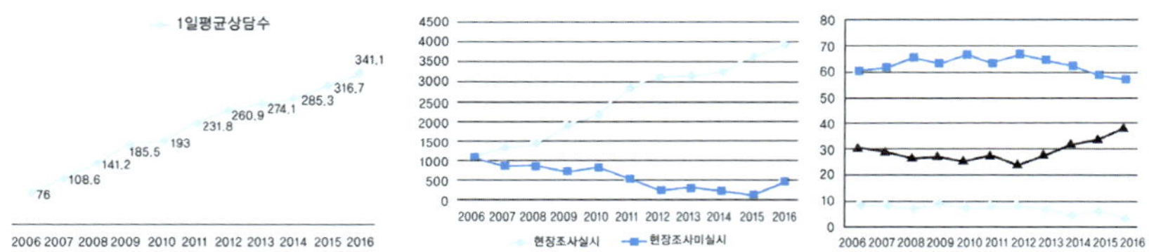

|그림 11-13| 노인보호전문기관 현장조사 및 사례판정 변화추이(2008~2018)

2018년 전국 노인보호전문기관에서 학대피해자에게 제공한 서비스는 한 사례당 평균 27.4회의 서비스가 제공되었으며 상담 > 정보제공 > 복지 서비스 제공 등의 순으로 나타났다. 세부적으로는 개별상담이 집단상담이나 가족상담보다 월등히 많고, 심리 및 기타전문검사는 매우 적었다. 서비스와 자원연계부분에 있어서 지역과 제도의 다양한 자원연계수준이 낮았으며, 이송 및 동행서비스가 활발히 이루어졌다. 반면에 학대행위자에게 제공한 서비스는 한 사례당 평균 4.5회의 서비스가 제공되었으며, 역시 상담 > 정보제공 > 복지서비스 순이었다. 역시 개별상담중심의 상담이 이루어졌으

며, 오히려 피해노인보다 가해자의 경우 의료지원이나 방문간호 서비스의 비율이 높고, 지역 자원연계비율이 높은 것으로 나타났다.

학대예방교육은 신고의무자보다 비신고의무자가, 공공기관이나 관련 종사자들보다 자원봉사자들이 더 많이 받았으며, 일반인 중에는 잠재 가해자인 성인이나 중장년층보다 학대 피해자인 노인들이 주로 교육을 받았다.

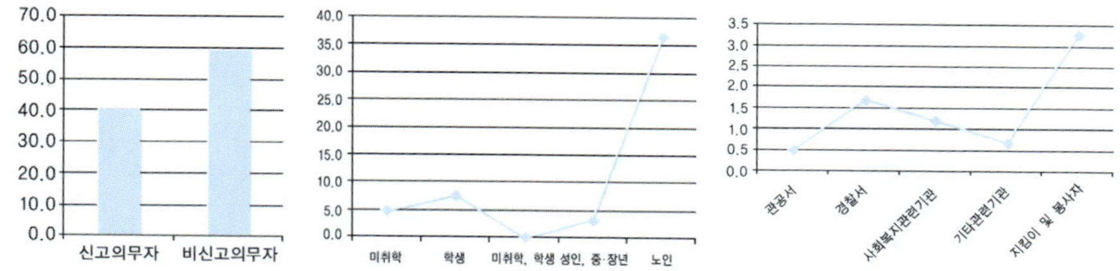

|그림 11-14| 노인보호전문기관에서 시행한 학대예방교육 세부내용

(2) 서비스 전달체계

노인보호전문기관의 서비스 전달체계는 |그림 11-15|와 같이 진행된다.

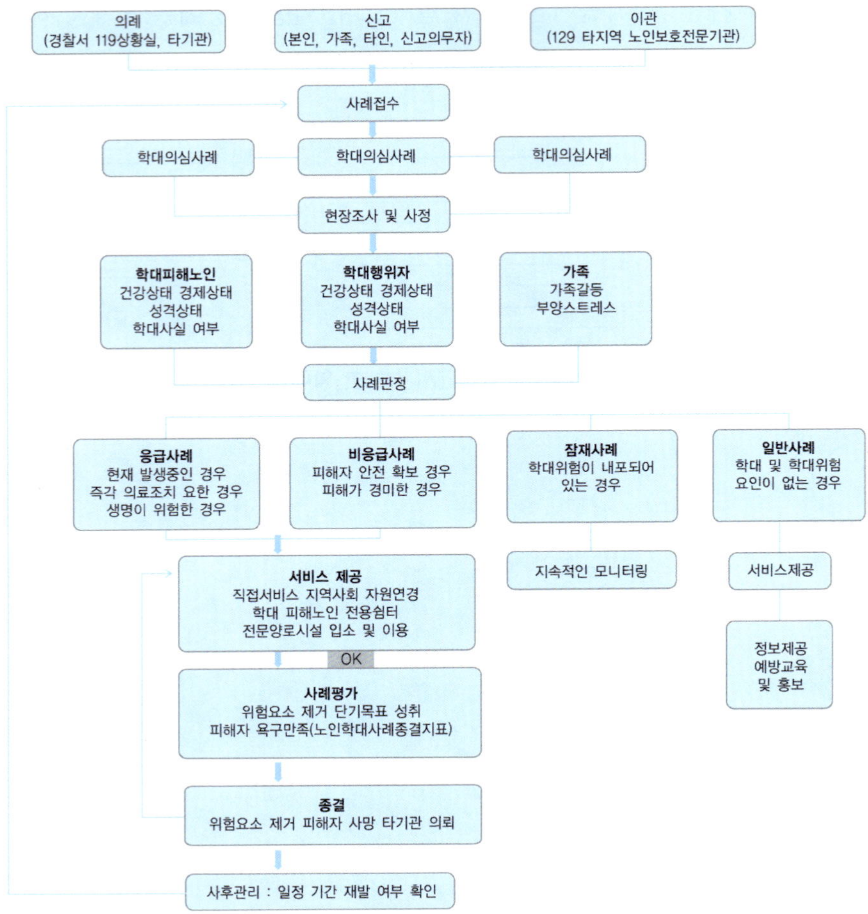

|그림 11-15| 노인보호전문기관 서비스 전달체계

4. 한국의 노인학대 대책의 전망과 과제

1) 노인학대특별법의 제정과 처벌 조항 등의 개선

2004년 노인복지법 개정으로 노인학대 관련 법적 근거가 생기면서 우리나라의 노인학대 업무는 전담기관을 중심으로 활발하게 진행되고 업무의 전문성과 정체성이 높아지고 있다. 그럼에도 불구하고 노인학대 관련 상위법이 없이 노인복지법, 형법, 가정폭력범죄의 처벌에 관한 특례법, 성폭력방지법과 민법 일부를 통한 법적으로 지원되고 있다. 현장에서는 당사자의 자기결정권 행사에 따르는 개입장벽 문제, 처벌 중심의 사후 개입을 원칙으로 하고 있어 실제 가해자 처벌에 한계가 있는 현행 법률 조항의 비합리성과 부적절성 등을 공론화하여 법률 개정을 촉구하고 있으나 쉽지 않은 실정이다(오혜경, 2016). 이에 이러한 독소조항의 개선은 물론 노인학대 예방과 관련된 종합적인 서비스와 관리 대책을 수립할 수 있는 상위법으로서 노인학대 특별법 제정의 필요성과 중요성이 더욱 커지고 있다.

2) 노인복지시설 거주 노인들의 시설학대 예방을 위한 통합적 개선책 마련

많은 실증 조사 연구들은 노인요양 및 주거시설들이 인권침해와 인권학대의 사각지대이며, 특히 소규모 개인 운영 시설들은 건강권과 안전권을 주장하기도 어려운 열악한 여건 속에서 운영되고 있다고 보고하고 있다. 이에 시설 노인 당사자 중심의 인권보장과 시설의 인권환경을 강화하기 위하여 ① 종사자에 대한 학대 및 인권 민감성을 강화하는 전문 교육의 체계적 실시, ② 종사자 대상 효과적인 신고의무 교육 확대 강화, ③ 시설학대 개입을 위한 행정적 처리 절차 간소화와 법률 정비/ 강화, ④ 시설 옴부스맨 제도의 적극 도입과 옴부즈맨 활동에 대한 민간 협력강화 및 옴부즈맨 현장 활동단 전문성 강화, ⑤ 시설담당 개방직 공무원 채용확대 등을 통한 통합적인 개선안이 필요하다.

3) 노인학대예방을 위한 공적 서비스 확대 및 전략적 개입

노인학대가 급증함에도 실제 학대예방을 위한 공적인 도움을 받지 못하는 노인들이 여전히 다수로 나타났다. 이경준(2017)은 노인학대 발생의 매커니즘을 분석하고 다면적 통합적인 개입전략을 수립해야 한다고 주장하였다. 학대예방을 위한 전략으로는 ① 학대에 대한 시민기초교육 활성화, ② 인프라 확충 및 사례관리 체계 고도화, ③ 생활안전위기 차원에서의 지역사회 협력체계 활성화, ④ 생애주기적 관점에서 삶의 기본적 역량제고를 위한 사회지원, ⑤ 노인부양여건 개선을 위한 다차원적 접근모색, ⑥ 상담지원체계 견고화 구축, ⑦ 상담전문 인력의 배치와 자격관리 등에서 다각적인 보완이 이루어져야 한다고 주장하였다.

이와 맥락을 같이하여 현장의 목소리를 담은 실천적 연구들은 노인학대예방을 위한심리적 개입이나 가족 대상의 개입 프로그램 혹은 관련 교육 등의 예방적, 간접적 방법에 대하여 회의적 입장을 보이면서 ① 성년 혹은 치매 후견제도를 도입하거나, ② 처벌규정을 강화하고, ③ 모니터링단을 구성하여 신고율을 높이고, ④ 신고인의 비밀보장, ⑤ 조사위원회 및 위원회 결과에 따른 적극적 공지와 조처 등과 같은 실질적인 대처에 주력하는 것이 효과적이라고 주장하고 있다(국제 보건복지연구동향, 2017; 권용신, 2015).

4) 노인학대의 인식제고를 위한 홍보 활성화

노인학대의 예방적 측면으로는 ① 노인 부양가족이나 노인 자신들에게 노인학대에 대한 교육을 강화하여 노인학대에 대한 인식을 전환시킬 뿐 아니라, 학대노인은 가해 가족원에 대하여 능동적, 적극적으로 대처해 나갈 수 있다. 한편 ② 언론을 통하여 노인학대에 대한 심각성을 대내외적으로 인식시키고 이에 대한 적절한 대처방안에 대한 국민적 합의를 도출하기 위한 다양한 모임을 운영해 나갈 필요가 있다.

5) 종합적인 지지서비스 체계 구축

노인학대는 피해학대 노인 측면, 가해자 측면, 가정환경적 측면, 사회문화적 측면 등 여러 요인들의 복합적이고 역동적인 상호작용으로 발생하므로 다각적인 접근을 통해 문제를 해결할 수 있는 다양한 치료 및 포괄적인 사회적 서비스 체계를 구축해야 한다. 피해자 측면에서는 ① 학대노인들을 위한 쉼터 및 보호시설 증설, ② 시설이용을 위한 제도적 장치 현실화 및 피해자 사후개입 현장 확보, ③ 가해자 치료 관련 구체적인 프로그램을 개발 실시해야 한다.

또한 노인 부양가족을 위한 다양한 서비스를 공급해야 한다. ④ 부양가족 스트레스와 당면문제 해결을 위한 복지상담 및 전문적 상담, ⑤ 전문상담기관의 확충과 전문인력 양성에 힘써야 할 것이다. 한편 사회적 부양제도를 적극적으로 개발·도입하고 서비스 접근성과 유용성을 높이는 제도적 조치를 강구해야 할 것이다. 예를 들면, ⑥ 노인 주거시설의 확충과 서비스 질적 개선, ⑦ 적절한 개호기술에 대한 교육, ⑧ 노인 부양가족에 대한 소득공제 및 세제감면 등의 실질적인 조처들이다.

6) 특성별 노인학대사례 등 빅데이터에 근거한 학대 발굴 및 맞춤형 서비스 개발

최근 빅데이터 및 자료 분석기법을 활용하여 심층적 분석을 시도하여 학대예방 및 효과적 사례 발굴과 개입전략을 수립해야 할 것이다. 노노케어 증가 및 재학대 발생율 증가에 대한 다면적 분석과 이에 근거한 개입전략 수립을 확대해야 한다.

7) 노인학대 전문기관의 전문성 강화 및 기능 확대

노인보호전문기관 확대 및 효과적인 자원연계를 위해 지역사회의 복지관이나 상담기관, 기타 관공서의 일부 조직들이 연계하여 종합적인 서비스 프로그램의 효율적 운영방안 모색이 필요하다.

한편, 노인학대 전문기관의 전문성을 강화하고 기능을 확대할 필요가 있으며, 이를 제도적으로 지원해 주어야 할 것이다. 노인학대에 대한 전국적 실증조사를 법제화하고 상담서비스와 사례관리 등을 원활히 할 수 있는 전문인력을 양성할 수 있는 교육체계를 마련해야 할 것이다.

학습과제

- ❖ 노인학대의 개념적 정의를 요약하고 개념정의에서 고려해야 할 점을 논의해 보자.

- ❖ 노인학대 발생과 관련된 요인들에 대하여 논의해 보자.

- ❖ 우리나라의 노인학대의 예방 및 문제해결에 가장 효율적인 방안은 무엇일지 생각해 보자.

참고문헌

강선아(2006). 시설에서의 노인학대 : 노인학대 목격실태 보고 및 신고의무자 처벌에 대한 시설종사자의 태도에 관한 연구. 선문대학교 사회복지대학원 석사학위논문.

김미혜·이선희(1998). 노인학대 측정도구 개발을 위한 일 연구. **사회복지**, 136, 87-110.

김선희 외(2005). **노인학대전문상담**. 서울 : 한국가족복지학회, 시그마프레스.

김태현·한은주(1997). 노인학대 측정과 개입을 위한 문헌적 고찰. **한국노년학**, 17(1), 51-73.

김한곤(1998). 노인학대의 인지도와 노인학대 실태에 관한 연구. **한국노년학**, 18(1), 184-197.

나용선(2005). 노인학대 개입 프로그램 개발을 위한 노인학대 가해 및 피해상황 관련 요인 분석. 서울여자대학교 대학원 석사학위논문.

박미은(2004). 국민기초생활보장 노인과 일반노인의 노인학대 관련요인 비교연구. **한국사회복지학**, 56(2), 93-119.

서 윤(2000). 노인학대에 대한 사회복지사의 인지도와 목격실태에 관한 연구. **노인복지연구**, 7, 27-71.

우국희(2001). 노인학대 관련 정책개발을 위한 일고찰. **한국사회복지학**, 44(3), 209-231.

______(2002). 노인학대의 의미와 사회적 개입에 대한 노인들의 인식연구-질적조사 연구. **한국사회복지학**, 50(8), 109-129.

윤가현(2004). 노인학대의 원인과 실태, KINPEA 세미나 자료집.

전길양·송현애(1997). 노인홀대에 관한 연구 I. **한국가정관리학회**, 15(3), 83-94.

정선경(2007). 노인학대 신고의무자들의 노인학대에 대한 인식수준과 대응행동에 관한 연구. 신라대학교 사회복지대학원 석사학위논문.

조애저(2008). 노인학대 실태와 정책방안. 보건복지포럼(2008. 9). 한국보건사회연구원.

조애저·김승권·김유경(1999). 노부모 학대실태에 관한 사례연구. 한국보건사회연구원.

중앙노인보호전문기관·보건복지가족부(2009). 2008 노인학대현황보고서.

______________________________(2009). 2008 노인학대 및 노인보호사업인지도 조사.

한동희(1996). 노인학대에 관한 연구. 대구효성카톨릭대학교 대학원 박사학위논문.

Minichiello, V., et al.(2000). Perceptions and Consequences of Ageism : Views of Older People. *Aging and Society, 20,* 253-278

Goodrich, C. S.(1997). Results of a national survey of state protective services programs : Assessing risk and defining victim outcomes. *Journal of Elder*

Abuse and Neglect, 9(1), 69−86.

Griffins, L. W.(1999). Understanding elder abuse. In Hampton, R. L.(Ed.), *Family Violence*(2nd ed.). Sage Publications.

Sodei, T.(1999). How to prevent Elder Abuse Caused by the Heavy Burden of Family Caregiving. 99서울 국제노년학회 특별후원심포지엄.

________(2004). 일본의 노인학대 실태. KINPEA 세미나 자료집.

CHAPTER

12 사회적 관계와 사회참여

인간은 사회적 존재이며, 생애에 걸쳐 끊임없는 사회적 관계를 형성하고 변화하며 살아간다. 사회적 관계는 최소 2명 이상의 개인들 간의 상호작용이 복잡하게 얽혀있는 집합으로 개인의 신체·정신적 건강에 긍정적으로도 부정적으로도 영향을 끼칠 수 있다. 사람들은 서로에게 다양한 형태의 사회적 지지를 제공하며 상호 간 의존하며 개인들 간의 관계가 형성되고 유지된다. 어떠한 관계를 맺느냐에 따라 서로가 제공하거나 받는 지지의 양이나 질은 달라지며, 특히 긍정적인 지지는 노년기에 겪게 되는 어려움에 대해 잘 대처할 수 있도록 돕는다.

인간이라면 누구나 보살핌을 주고받을 수 있는 관계에 대한 욕구를 가지고 이를 만족시키기 위해 노력하기 때문에 노인들도 젊은 세대와 마찬가지로 다양한 인간관계를 맺으며 안정적이고 긍정적인 상호작용을 형성하고자 한다. 그러나 이러한 안정적이고 보살핌을 주고받을 수 있는 긍정적인 상호작용을 경험할 수 없을 때 노인들은 외로움과 사회적 고립을 경험하게 된다. 노인의 사회적 고립은 노인 개인의 신체·정신적 건강에 악영향을 끼칠 뿐만 아니라, 노인자살과 같은 사회적 문제들을 일으킨다. 노년기 긍정적인 사회적 관계 형성·유지와 사회참여를 통한 사회통합은 노인들의 복지 향상을 위해 기초적인 역할을 한다고 볼 수 있다.

이 장에서는 노년기 사회적 관계의 변화와 특징, 의미를 이해하고, 노인들의 사회통합과 관련하여 사회참여에 대해 논의하도록 하겠다.

1. 노년기 사회적 관계에 대한 개념적·이론적 이해

1) 사회적 관계의 정의

사회적 관계(social relations)는 사람들 간의 사회적 교환(social exchanges)으로 특징지어지는 대인 간 상호작용과 그와 관련된 광범위한 요인들을 일컫는다(Antonucci, 2001). 사회적 관계는 사회적 관계망(social network)과 사회적 지지(social support)로 구분하여 이해할 수 있다.

사회적 관계망(social network)은 특정한 연계 또는 유대를 지닌 관계들의 집합체라고 정의된다. 즉, 한 개인과 대인 관계를 유지하는 사람들을 기술할 수 있는 객관적 특징으로서 관계망의 크기(사람 수), 성별, 역할 관계, 알고 지낸 기간, 지리적 근접성, 접촉의 빈도, 동질성/ 다양성과 같이 한 개인이 관계를 맺는 사람들에 대한 정보들을 나타낸다. 사회적 관계망은 가족, 친척, 친구, 이웃 등 비공식 관계망과 종교단체, 지역모임, 공공기관, 복지단체 등 공식 사회관계망을 모두 포함한다.

사회적 관계망이 사회적 관계의 구조적 특징을 서술하는 반면, 사회적 지지(social support)는 대인 간 상호작용의 내용이나 질(quality)에 대해 기술하기 위한 개념으로서 스트레스 상황에서 대처하기 위해 어떠한 형태의 지지나 지원을 주고 받는 것을 의미한다. 사회적 지지의 종류로는 어떠한 종류의 지원을 주고 받느냐에 따라 다르다. 일반적으로 도구적·물질적 지지(tangible support), 정서적 지지(emotional support), 정보적 지지(informational support)가 있다. 도구적, 물질적 지지란 자원, 재화, 서비스 등의 도움을 제공하는 것을 뜻하며, 정서적 지지란 신뢰, 애정, 친밀감, 감정이입 등을 의미하며, 정보적 지지란 정보 제공을 뜻한다. 따라서 사회적 지지는 사회적 관계망이 수행하는 기능 중 긍정적 기능의 일부로서, 위기에 부딪혔을 때 대처할 수 있도록 다양한 형태의 지지를 제공하는 것을 뜻한다(박영란·박경순, 2013).

2) 노년기 사회적 관계에 대한 이론적 이해

노년기 사회관계망의 변화와 그에 따른 영향에 대해 최근의 노년학 이론들은 노년기 사회적 관계가 일생을 통해 발달해 온 것이라는 점과 노인들 스스로 선택하여 만들어 나간다는 능동적인 측면을 반영하여 이해하려 한다. 다음은 노년기 사회적 관계를 이해하기 위한 몇 가지 이론들을 소개할 것이다.

(1) 콘보이 모델(Convoy Model of Social Relations)

콘보이(convoy)라는 용어는 인류학자 플래스(Plath)에 의해 제시된 것으로서 일본 아동들이 자라는 과정에서 연령과 관련된 사건들을 경험하면서 사회적 관계들을 통해 작동되는 보호적 기능을 기술하기 위해 사용하였다. 칸(Kahn)과 안토누치(Antonucci)는 이 용어를 사회적 관계가 생애 주기에 따라 변화하며 생애 과정을 통해 지속적임을 강조하기 위해 차용하였으며, 특히 정서적으로 가까운 사회적 관계들을 기술하기 위해 이 개념을 가져왔다(Kahn & Antonucci, 1980).

콘보이 모델은 개인의 사회적 관계를 체계적으로 분석하기 위해 도식체계를 구성하였으며, 생애 과정에서 개인이 사회적 관계를 맺고 있는 구성원들과의 복합적인 상호교류를 간명한 방식으로 나타낸다. 개인들은 지지적인 타인들에 의해 둘러싸여 있으며 이러한 지지망은 생애과정에서 지속적으로 함께 유지·변화한다. 이러한 관계들은 정서적 친밀성, 관계의 질(예 긍정적/부정적), 기능[예 도움(aid), 애정(affection) 및 동의(affirmation)의 교환], 구조(예 크기, 구조, 접촉빈도, 지리적 근접성)에 따라 다양한데, 개인적 요인(예 연령, 성별, 성격)과 상황적 요인(예 역할 기대, 규범, 가치)에 의해 콘보이는 영향을 받는다. 콘보이는 가깝고 중요한 인물들을 여러 개의 원으로 구분하고 있고, 친밀성과 접촉빈도를 기준으로 핵심집단(closest), 중간집단(closer), 외부집단(close)으로 분류하며, 각각의 집단은 독립적이고 상호보완적 관계이다(Antonucci, Ajrouch, & Birditt, 2014; 그림 12-1).

콘보이 모델은 노년기 사회적 관계가 아동기, 청·장년기를 거쳐 연속적인 과정을 통해 형성되었으며 사회적 관계의 특성이 구조적, 기능적, 질적 측면의 복합성을 요약적으로 반영하고 있어 노년기 사회적 관계를 이해하기 위한 틀로서 그 유용성이 크다.

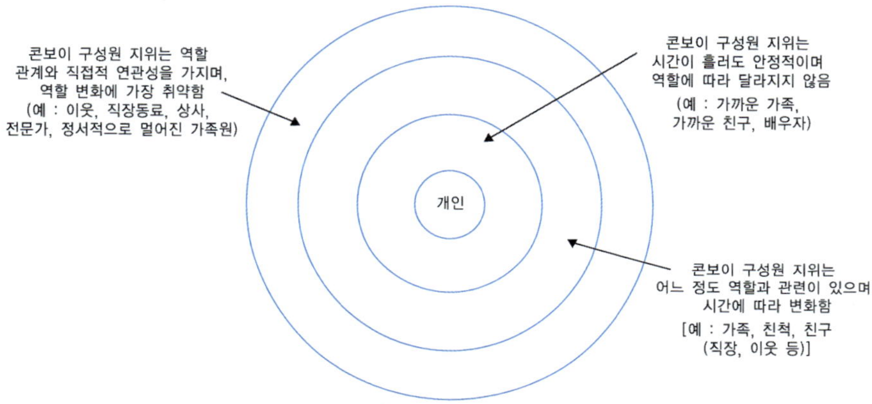

|그림 12-1| **콘보이의 가상적 예시**

출처 : Kahn & Antonucci(1980).

(2) 사회정서선택 이론(Socioemotional Selectivity Theory)

사회정서선택 이론은 노년기 사회적 관계망이 축소하는 것에 대해 사회로부터 소외되거나 자원이 없기 때문에 생긴 현상으로 이해하지 않고 다른 관점을 제시하였다. 노년기 사회적 관계가 감소하는 것에 대해 노인의 선택, 최적화, 보상과 같이 주체적인 관점으로 전환하였다(Carstensen, 1992). 카스텐슨(Carstensen)의 사회정서선택 이론에 따르면, 생애 주기를 거치면서 사회적 관계를 형성하고 유지하는 동기와 그 우선순위가 변화하는 것으로 보았다. 특히 성인기에는 주로 정보를 획득하거나 자기 개념의 유지에 의해 사회적 상호작용이 동기화되는 반면에 노년기에는 그러한 목적의 사회적 상호작용은 감소하고 정서 조절의 목표에 의해 동기화된다고 보았다(Cartensen,

1992; 그림 12-2). 따라서 노년기에는 다양한 목표들 가운데 긍정적인 정서를 유지하고 에너지를 보존하는 것이 우선적으로 고려되어, 대인관계를 신중하게 선택하게 되는 적응행동으로서 사회적 관계의 감소를 해석한다. 사회정서선택이론에 따르면 노인들은 시간이 얼마 남지 않음을 인지하면서 사회적 관계의 크기, 빈도, 질을 통제하게 되고, 이를 통해 긍정적 정서유지와 정서적 균형을 유지한다.

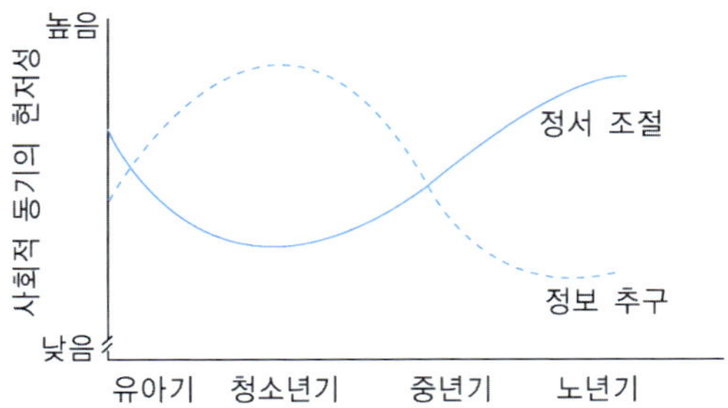

|그림 12-2| **사회정서선택 이론(socioemotional selectivity theory)의 생애주기에 따른 사회적 동기의 현저성 변화에 대한 개념화**

출처 : Cartesen, et al.(1997).

(3) 교환/ 호혜 모델(Exchange and Reciprocity Model)

교환 이론에 따르면 사회적 관계에서 자원을 서로 교환할 수 있는 상호호혜적인 관계가 형성될 때는 심리적 안녕을 가져오지만, 그렇지 않은 경우에는 교환관계가 불균등해져 종속적인 관계가 되고 스트레스를 야기한다(Dowd, 1975). 노인들이 신체적 기능이 저하되고 다른 자원들이 부족해지면서 의존상태가 증가하게 되면, 사회적 관계에서 엄격한 의미에서의 상호호혜적인 관계를 형성하는 것이 어려워진다. 따라서 개인들은 생애 주기에서 더 이른 시기에 지원을 제공하거나 상호작용에서 얻은 자원을 '저축'해 두고 노년기 이후 건강 악화 등 어려움에 처했을 때 도움을 받는다. '지지은행(support bank)' 개념은 즉각적인 상호호혜적 교류가 없더라도 노인들이 어떻게 적응적으로 사회적 관계를 유지하는지를 설명하는 데 유용하다(Antonucci & Jackson, 1990).

(4) 기능적 모델(Functional Model)

사회적 관계의 분업 모델(Litwak, 1985)에 따르면 비공식 지지체계는 특정 과제를 중심으로 작동한다고 보았다. 예를 들어, 가족은 장기적인 헌신과 친밀성을 요구하는 과제들을 수행하고, 이웃은 자원의 정보, 지리적 근접성, 반응의 빠른 속도가 요구되는 과제들을 수행하며, 친구들은 동료 집단의 지위나 경험의 유사성이 요구되는 문제들을 다루게 된다. 이와 유사하게 관계의 기능적 특정성에 대한 이론(functional specificity model; Weiss, 1974)은 다른 종류의 관계들은 다른 종류의 기능을 수행한다고 보았다. 예를 들어, 정서적 애착은 배우자, 파트너, 가까운 친구들에 의해 제공되며, 사회적 통합은 사회 활동 집단에 의해 제공되고, 가족/ 친척은 의지할 수 있는 지원군의 역할을 한다. 직장동료부터는 조언이나 확신을 제공받을 수 있고 자녀를 통해서는 양육의 기회를 갖게 된다. 이러한 기능들은 개인마다, 혹은 개인 내에서도 다를 수 있으며 보통 한 개인이 동시에 다중적인 관계들을 형성하므로 이러한 관계들의 기능과 질은 다양할 수 있다.

2. 노년기 사회적 관계의 범주별 특징

1) 가 족

가족은 가구구성원에 따라 다르게 정의할 수 있다. 가구원 동거형태에 따라 부부 또는 부부와 자녀로 구성된 핵가족, 2세대 이상(조부모, 부모, 자녀)의 가족이 함께 사는 확대가족, 주거장소는 분리되어 있으나 친밀하고 밀접한 상호원조적 관계를 유지하는 수정확대가족(modified extended family), 이혼·재혼 등을 통해 비혈연관계를 갖고 함께 거주하며 가족의 책임을 공유하는 복합가족(blended family)으로 분류할 수 있다. 과거에는 확대가족 형태가 보편적이었으나 현재는 노인 1인 가구, 노인부부가구 등의 노인으로만 구성된 가구 형태가 2.5~3배 증가할 것으로 예상되고 있다(표 12-1).

<표 12-1> **고령자 가구 추이** (단위 : 만가구, %)

구분		가구						구성비				
		2017	2019	2027	2037	2047	연평균 변화	2017	2019	2027	2037	2047
계		399.8	438.8	663.1	933.7	1105.8	23.5	100.0	100.0	100.0	100.0	100.0
친족가구	계	262.1	285.2	429.3	588.9	686.2	14.1	65.6	65.0	64.8	63.1	62.1
	부부	133.9	145.5	216.4	297.4	330.2	6.5	33.5	33.2	32.6	31.8	29.9
	부부+자녀	39.1	42.3	65.8	89.0	101.9	2.1	9.8	9.6	9.9	9.5	9.2
	부+자녀	5.4	6.0	10.0	14.4	17.0	0.4	1.3	1.4	1.5	1.5	1.5
	모+자녀	16.9	18.1	26.1	34.0	37.7	0.7	4.2	4.1	3.9	3.6	3.4
	3세대 이상	21.8	22.3	25.3	28.0	27.3	0.2	5.5	5.1	3.8	3.0	2.5
	기타	45.0	51.0	85.7	126.3	172.2	4.2	11.3	11.6	12.9	13.5	15.6
1인 가구		134.7	150.0	227.4	335.1	405.1	9.0	33.7	34.2	34.3	35.9	36.6
비친족 가구		3.1	3.6	6.3	9.7	14.5	0.4	0.8	0.8	1.0	1.0	1.3

주 : 고령자 가구는 가구주의 연령이 65세인 가구를 뜻한다.
자료 : 통계청(2019b).

(1) 부부관계[1)]

부부관계는 성인기 맺게 되는 관계들 가운데 핵심적인 역할을 수행한다. 노인부부 간 친밀감의 정도는 장애나 질병과 같은 스트레스 상황에서도 높은 수준의 자아 존중감, 낮은 수준의 우울감과 불안과 같은 심리적 안녕과 연관되어 있어 삶의 질을 결정하는 데 중요한 역할을 한다(Mancini & Bonanno, 2006).

노년기 부부관계의 전환점이 되는 공통적인 사건들은 다음과 같다.

① 자녀의 독립

1) 동거 또는 성적소수자 파트너 관계 등 결혼제도 밖의 친밀한 관계에 대한 연구가 부족하여 이 장에서는 결혼 관계에 기반한 이성애 부부 관계에 초점을 두고 설명하도록 하겠다.

② 은퇴

③ 본인 또는 배우자, 부모님에 대한 돌봄 제공

자녀의 독립과 은퇴는 부부의 가용시간 및 정체성의 변화를 가져오게 되어 부부관계 내 역할과 행복감도 달라지게 된다. 자녀의 독립과 은퇴의 부부관계에 대한 영향에 대한 연구결과는 일관되지 않는데, 이는 부부 간의 상호작용과 적응에 따라 자녀의 독립이나 은퇴 후 결혼만족감이나 행복감, 부부갈등이 높아지기도 하고 낮아지기도 하기 때문이다(Bookwala, 2012). 돌봄 제공의 역할을 수행하게 되는 경우 부부역할의 균형이 깨어지고, 돌봄을 받는 노인은 죄책감과 짐이 됨에 대한 걱정과 우울을 겪으며, 돌봄을 제공하는 배우자의 경우 부양부담으로 인한 스트레스 증가로 인해 대체로 부부관계의 질은 낮아지게 된다(Kwak & Ingersoll－Dayton, 2019). 따라서 부부관계가 어떠한가에 따라 노년기에 겪는 생애사건들에 적응하는 결과도 달라지게 된다.

부부관계의 질을 측정하는 척도 중 하나는 배우자에 대한 만족감이다. 노년기 결혼만족도에 대한 연구들은 생애 주기에 걸쳐 변화하는 과정에 주목하였다. 횡단 자료에 근거한 연구들에서는 생애주기에 따른 결혼만족도 변화가 U자형이라고 보고하였다. 즉, 결혼초기에는 결혼만족도가 높다가, 자녀를 출산한 후 양육 등으로 갈등을 겪으며 결혼만족도는 낮아졌다가 자녀들의 성장 후 부부가 함께 하는 시간이 늘며 같이 활동을 하며 만족도는 다시 높아지는 것으로 보았다(Henry, Berg, Smith, & Florsheim, 2007). 그러나 이후 종단자료에 근거한 연구들에서는 결혼 초기에는 결혼만족도가 높지만 이후 감소하여 중장년기에도 감소된 상태에서 유지되거나 더 낮아지는 것으로 나타났다(Umberson, Williams, Powers, Liu, & Needham, 2006). 우리나라 표본을 대상으로 한 연구에서는 남성의 경우 결혼기간이 길어질수록 결혼만족도는 높아지고 여성의 경우 낮아지는 경향을 보였다(Yoo, 2010).

부부관계의 질적인 측면 중 하나인 애정의 유형이 결혼초기와 후기가 다르다는 연구결과도 있다(Bierhoff & Schmohr, 2004). 결혼초기에는 강한 정서적 경험과 상대방에 대한 신체적, 심리적 이끌림을 특징으로 하는 열정적 애정(passionate love)의 형태가 결혼관계를 주되게 차지하다가 점점 애정, 친밀감, 헌신과 같은 요소들로 특징지어지는 우애적 관계로 대체된다고 가정하였으며, 실증연구에서는 결혼기간이 짧은 청년층에서게서는 낭만적 사랑(romantic love)이 우위를 보였으나 결혼기간이 긴 중년층 이상에서는 실용적 사랑(practical love)의 형태가 더 우세하게 나타났다고 보고하였다(Bierhoff & Schmohr, 2004).

그러나 부부관계는 양가적 측면이 강하다. 정서적 지지 등 긍정적 측면과 비난과 갈등과 같은 부정적 측면이 동시에 공존한다. 노년기 자녀의 독립, 은퇴 등으로 중장년기보다 더 많은 시간을 함께 보내며 한정된 자원을 효율적으로 분배해야 하는 노년기에는 부부가 함께 적응을 잘할 수도 있지만, 새로운 환경 속에서 갈등이 심화되기도 한다. 배우자가 있는 60세 노인 115명을 대상으로 부부갈등의 영역을 면접 조사한 연구결과에 따르면(서수균 등, 2013) 부부갈등을 가장 많이 겪는 영역은 부부관계 영역으로서 무시, 돌봄 및 관심행동 부족, 소통부족, 부부동반활동 차이, 성관계 문제, 의처(의부)와 관련되어 갈등을 겪었다. 그 다음으로 자주 보고한 갈등영역은 공동생활 영역으로서 경제문제와 가사문제로 인해 갈등을 겪었으며, 부부갈등과 관련된 개인 내 요인은 건강관리에 대한 관점 차이라든지, 기질 및 성격 차이, 적절한 사회활동에 대한 기준 차이, 생활습관 차이가 있었다. 그 외에는 자녀나 처가/ 시가와 같은 부부 외 가족관계로 인해 갈등을 겪었다고 보고하였다.

이러한 결과를 바탕으로 볼 때 노인부부의 불평등한 권력분배나 부정적인 의사소통 방식 또는 의사소통의 부재, 정서적 지지의 부재가 갈등의 원인이 된다고 볼 수 있다. 또한 부부관계 다음으로 공동생활과 관련된 갈등의 빈도가 높았는데, 이는 전통적인 성별 분업의 방식으로 부부관계가 지속되어 역할전환이 잘 이루어지지 않았기 때문으로 해석할 수 있다. 노년기 부부의 주된 생활공간은 가정으로 변화하므로 성역할에 얽매이지 않고 유연하고 평등한 방식으로 역할을 분배하고 학습하는 과정이 필요한데(최성재·장인협,

2010), 이에 대해 잘 적응하지 못할 경우 갈등이 야기된다. 부부관계에 대해 전통적 성별 역할 분리에서 벗어나 어느 정도 평등적 의식을 가진 남성노인의 경우 높은 배우자 만족감과 낮은 부부갈등을 겪는 반면, 전통적 성별 역할분리와 공사영역 분리를 지지하는 남성노인은 낮은 배우자 만족감과 높은 갈등수준을 경험한다(박하영·전혜정·주수산나, 2018). 또한 기존에 해결되지 못했던 이슈나 갈등들이 노년기의 자녀 독립 등 새로운 전환기를 맞으며 재점화되는 양식을 보이기도 한다. 비록 노년기 부부갈등이나 부정적인 상호작용의 수준이 상대적으로 낮다고 알려져 왔으나(김재엽·김동배·최선희, 1998; 전길양·임선영, 1998), 최근 노년기 이혼은 급증하고 있으므로 현재 노인 코호트에 대한 부부갈등에 대한 관심과 개입이 필요하다.

노인인구의 평균수명이 증가함에 따라 은퇴 후 부부가 함께 지내는 시간도 과거에 비해 길어졌다. 평균수명 증가, 결혼, 이혼 및 가족관계에 대한 인식이 변화함에 따라 노년층의 이혼과 재혼은 증가추세에 있다. 노년기 이혼률은 다른 연령대에 비해 낮은 편이지만 꾸준히 증가해 왔다. 60세 이상 남성노인의 조이혼율은 1990년에서 2017년까지 0.7에서 2.8로 증가하여 약 4배가량 증가하였다. 여성노인의 경우 같은 기간 0.1에서 1.3으로 증가하였다(통계청, 2017).

노년기 이혼의 원인은 여성노인의 경우 배우자의 가부장적 사고로 인한 이기적·독선적 태도, 외도, 도박중독, 신체적·정신적 폭력, 알콜중독, 경제적인 무능력과 부채 등 배우자 개인의 문제, 의처증 등의 문제가 복합적으로 나타났으며, 남성노인의 경우 가부장적 가치관을 그대로 아내와 자녀들에게도 관철시키려다 갈등이 심화되거나 고립되는 형태로 나타난다(곽배희, 2007).

이혼 경험과 적응과정은 성별에 따라 차이를 보이는데, 남성의 경우 가족관계에서의 고립, 일상생활 유지에서의 어려움 등을 호소하는 한편, 여성의 경우 이혼여성에 대한 사회적 편견과 차별, 경제적 어려움을 겪는 것으로 나타난다(김소진, 2009; 이현심, 2015; 이호선, 2018).

(2) 부모-자녀 관계

한국 노인과 자녀 세대 간 관계는 산업화, 핵가족화, 가족기능과 규범의 변화 등을 거치며 노인부모-자녀 세대 간 관계변화에 대한 부정적인 시각이 많으나 여전히 강한 유대관계를 유지하고 있다. 대부분의 한국노인들이 자녀로부터 경제적 지원을 받고 있거나 자녀와 함께 사는 비율은 낮아지더라도 근거리에 살거나 접촉과 연락이 빈번하다고 나타난다(정경희 외, 2017). 이와 같은 가족 연대감(family solidarity)은 애정, 접촉, 상호지지를 포함한다.

노인부모-자녀와의 관계의 질은 대체로 긍정적이지만 갈등과 긴장도 함께 존재하여 양가적인 성격을 띤다. 이렇게 노인부모와 성인 자녀 간 관계의 복합성을 이해하기 위해 세대간 양가성 이론(intergenerational ambivalence theory)이 제시되었다(Fingerman & Birditt, 2011). 세대 간 양가성 이론에서 양가성은 두 가지로 구분되는데, 사회구조적 측면에서 부모 세대와 자녀 세대는 서로에 대한 기대에 대해 명확한 사회적 규칙이나 지침이 없기 때문에 생기는 사회적 양가성이 있으며, 부모-자녀 관계에 대해 긍정적이고 부정적인 감정이 동시에 생기는 심리적 양가성이 있다. 또한, 세대 간 이해관계 가설(intergenerational stake hypothesis)에 따르면 나이 많은 세대는 젊은 세대에게 가치를 전수하고 젊은 세대와의 관계 증진에 관심이 있으나, 젊은 세대는 이와 반대로 나이 많은 세대로부터 독립과 자율을 더 중요하게 생각하고 세대 간 유대 증진에는 관심이 낮다(Bengtson & Kuypers, 1971).

부모-자녀 간 양가성에 대한 관점도 노인부모와 자녀 간 차이가 존재한다. 일반적으로 부모보다 자녀가 더 높은 수준의 양가성을 보고하는 편이며(이신숙, 2013) 어린 시절 경험한 부정적 양육태도나 거부가 자신이 성인이 된 후에도 노인부모와의 관계에 영향을 끼친다.

노부모-성인 자녀 간 관계를 이해하기 위해 거주형태와 접촉수준을 볼 필요가 있다. 노인 1인 가구나 노인부부가구가 증가하는 추세와 더불어 자녀와 함께 사는 노인들의 경우에도 누구와 함께 거주하는지도 변화가 있어왔다. 전통적으로는 장남과 동거하는 비율이 가장 높았으나 지난 20년 간

장남과 동거하는 노부모의 비율은 절반 이상 감소하였으며, 장남 외의 아들과의 동거는 약간 감소하였으며, 딸과의 동거는 약간 증가하였다. 또한 기혼자녀와 동거할 때에도 규범적인 이유보다도 자녀에게 가사나 손자녀 양육에 도움을 제공하기 위해 실용적인 이유가 가장 많았으며(27.3%), 노인 부모의 경제적 능력이 부족하거나(19.5%), 노인부모가 수발이 필요해서(15.9%), 자녀의 경제적 능력이 부족하거나 규범적인 이유(14.8%) 순이었다. 자녀나 노인의 욕구에 따라 동거 여부를 결정하는 것을 볼 수 있다. 요약하자면, 노인과 자녀와의 동거 비율은 감소하는 반면 전통적인 규범이나 의무보다 실제적인 욕구에 따라 동거 여부와 누구와 함께 살지를 결정하게 되는 모습으로 변화해 온 것을 알 수 있다(정경희 외, 2017).

노부모와 성인 자녀 간 사회적 지지의 교환은 일방향이라기보다는 상호 도움을 주고받는 경우가 많으며, 노부모가 자녀들에게 경제적, 비경제적 지원(도구적 지원과 정서적 지원)을 제공하는 경우도 많다. 세대 간 자원의 교환에 대한 여러 이론들은 주로 자원 이전(transfer)의 동기와 가설에 대한 설명들을 제시한다. 예를 들어, 규범적 근거에 중점을 두는 관점들에서는 가족 구성원으로서의 의무에 대한 규범, 이타주의, 다른 가족 구성원들의 희생에 대한 보답, 가족구성원들에 대한 정서적 애착으로 인해 세대 간 이전이 발생한다고 주장한다. 그러나 경제학적인 관점에서는 노년기 사회적 지지를 자녀로부터 받기 위해 부모가 자녀에 대해 투자를 하고, 이를 통해 최대한 이익을 얻기 위한 합리적 선택의 행동으로서 세대 간 이전을 설명하려고 한다(Suitor, Sechrist, Gilligan, & Pilemer, 2011).

2017년 노인실태조사에 따르면 노인들은 동거자녀 또는 비동거자녀들과 높은 수준의 정서적 지원을 주고받았으며 경제적 지원이나 도구적 지원은 노인의 수혜율이 높은 양상을 보였다(그림 12-3, 그림 12-4).

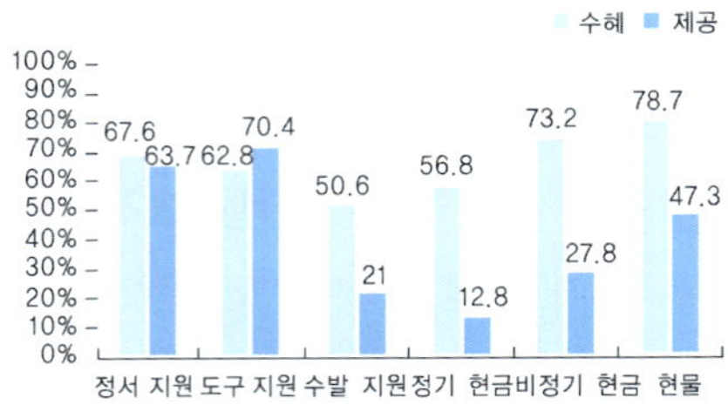

|그림 12-3| 65세 이상 노인의 동거자녀(전체)와의 부양 종류별 교환 실태

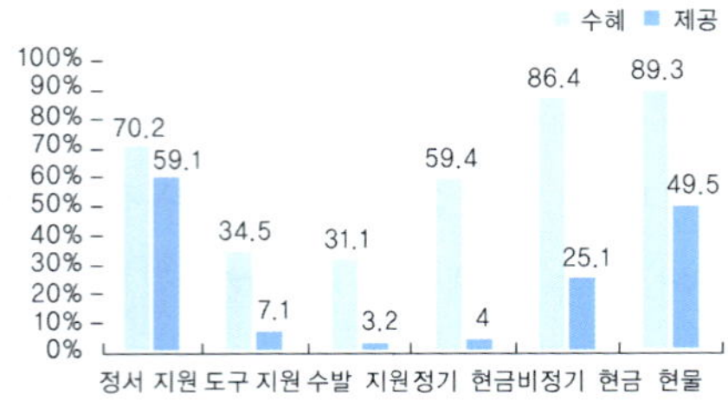

|그림 12-4| 65세 이상 노인의 비동거자녀(전체)와의 부양 종류별 교환 실태

자료 : 정경희 외(2017). 2017년도 노인실태조사. 한국보건사회연구원.
출처 : 정경희(2018).

(3) 조부모-손자녀 관계

가족구조가 변화하면서 평균 손자녀의 수는 과거보다 줄어들었지만, 평균 수명이 연장되면서 조부모의 지위를 유지하는 기간도 길어지게 되었으며, 증손자녀와의 관계를 형성하는 것도 과거에 비해 더 흔하게 되었다. 조부모－손자녀의 관계는 성별, 사회경제적 지위, 배우자 유무, 손자녀의 나이, 조부모로서의 역할이 시작될 때 생애 주기의 단계(예 은퇴 전후, 질병 등)에 따라 달라질 수 있다. 조부모가 연령이 낮고 직업을 가지고 일을 하는 경우 손자녀와 보내는 시간이 적겠지만, 은퇴 후 시간적 여유가 있고, 자녀와 같이 살거나 근거리에 거주하는 경우 손자녀와 보내는 시간은 더 많아진다. 또한 조부모의 건강상태에 따라 손자녀와 보내는 시간이나 활동의 내용도 달라질 수 있다. 조부모와 손자녀가 함께 살지 않는 경우 부모세대에 따라 조부모－손자녀 관계가 달라진다. 조부모와 부모세대가 정서적으로 가까운 관계를 형성하면 손자녀도 조부모와 시간을 많이 보내며 가까운 관계를 형성할 수 있다(Erber, 2013). 2017년 노인실태조사에 따르면, 우리나라 노인의 손자녀와의 접촉빈도는 일주일에 1회 이상 왕래하는 비율이 14.3%로 낮고, 주 1회 이상 연락을 주고받는 비율도 15.8%에 그친다. 10세 미만 손자녀가 있는 경우 직접 돌봐준 경험이 있는 경우는 4.4%였으며, 평균적으로 1.5명의 손자녀를 돌보았다(정경희 외, 2017).

조부모와 손자녀 간의 관계에 대한 초기 연구들 가운데 하나인 뉴가튼과 와인스타인(Neugarten & Weinstein, 1964)의 연구에 따르면 조부모 역할 유형을 다섯 가지로 나누었다. 첫 번째, 공식형(the formal)은 손자녀에게 관심을 가지고 있으나 부모의 권위나 책임을 침해하지 않는 선에서 관계를 맺는다. 두 번째, 재미추구형(the fun seeker)은 손자녀들과 시간을 보내는 것을 여가 활동으로 삼으며 손자녀들의 놀이친구가 된다. 세 번째는 대리부모형(the surrogate parents)으로서 부모가 직장을 나갈 때 대신하여 양육을 맡는다. 네 번째, 가족지혜 저장형(reservoir of family wisdom)은 가족 내에서 권위적인 위치를 유지하면서 지식과 기술을 전수한다. 다섯 번째는 원거리형(distant figure)로서 명절이나 특별한 날에만 만나며 그 외에는 접촉을 하지 않는다.

한국 노인의 조부모 역할의 유형화에 대한 연구로는 홍승우와 최혜경(2012)의 연구가 있다. 이 연구에서는 초등학생 손자녀를 둔 60대 노인 461명을 대상으로 설문조사를 실시하였으며, 연구결과 밀착형, 공식형, 소극형의 세 가지 유형으로 구별되었다. 밀착형은 손자녀와 자주 만나며 함께 보내는 시간이 많고, 양육자이자 친구로서 밀접한 관계를 맺는다. 공식형은 주로 생일, 명절과 같은 가족모임, 입학식, 졸업식과 같은 특별한 날 만나기 때문에 손자녀와 자주 만나지 않아 공유활동이 적다. 손자녀들에게 선물이나 용돈을 주고, 애정을 표현하지만, 자녀양육은 부모책임이라고 생각하고 노인부부끼리 독립적으로 생활하며 자신들의 인생을 추구하는 유형이라고 할 수 있다. 소극형은 손자녀와 자주 만나 함께 보내는 시간은 많으나 양육에 적극적으로 관여하지 않는다. 그러나 조부모의 역할이 이러한 유형화를 반드시 따르지는 않으며, 조부모의 성별, 배우자 유무, 손자녀의 나이, 생애 주기의 단계 등에 따라 달라진다.

2) 친 구

노년기 친구관계는 동년배 집단 또는 오랜 기간 유대를 쌓아온 관계로서 정의되며, 노년기 신체적 제약이 증가하고, 지역사회에 대한 애착과 의존이 증가하면서 생활공간을 중심으로 친구관계가 형성된다(이혜준, 2017). 비록 나이가 들어가면서 친구 관계망의 크기는 감소하는 경향이 있지만 가까운 친구는 오랜 기간 관계를 유지하는 경향을 보인다.

한국 노인들의 사회관계망에서 친구의 중요성은 그 역할과 의미에 비해 주목을 덜 받아왔다. 노년기 친구관계를 형성하고 유지하는 것은 소속감, 자아효능감과 자아존중감, 긍정적인 자아상을 형성하는 데 도움이 된다. 친구와 교류하는 경험 자체가 사회의 구성원으로 기능한다는 인식을 심어줄 수 있어 긍정적인 자아 개념을 갖게 도움을 주고 서로의 역할 모델이 되기도 한다. 비자발적으로 형성되어 의무 등이 역할이 부여된 가족관계와 달리, 친구관계는 자발적으로 형성할 수 있고, 상호호혜적 성격이 강하므로 친구관계를 통해 상호적 역할과 독립성을 확인받을 수 있다.

친밀하고 신뢰할 수 있는 친구관계는 정서적 지지원으로서 중요한 역할을 한다. 동년배의 친구는 비슷한 생애 사건을 경험하므로 공감와 위안을 제공할 수 있으며, 배우자의 죽음, 은퇴 등 다양한 스트레스 사건에 있어 보호적인 역할을 한다(Hutchison, et al., 2008). 특히, 가족이 없거나 지원을 해줄 수 없을 때, 친구의 중요성은 더욱더 커진다. 또한, 노년기 친구는 어린 시절의 추억을 함께 회상하거나 비슷한 흥미를 공유하며 여가를 함께 보내므로 즐거움, 정서적 친밀감과 우정을 경험할 수 있다(이혜준, 2017; Connidis, 1989).

한국 노인들의 76.8%가 친구·이웃·지인과 주 1회 이상의 왕래를 하고 있으며, 전혀 왕래가 없는 비율은 4.2%에 그쳤다. 연락빈도의 경우도 노인의 약 2/3(64.2%)가 1회 이상의 연락을 하고 있고 15.3%는 전혀 연락이 없다. 친구 관계를 만족하는 비율은 60.3%로 나타나 가족관계보다는 만족률이 낮았다(정경희 외, 2017). 친구나 이웃, 지인과의 관계에서 정서적 지원은 70% 이상으로 높게 나타난 반면, 도구적 지원이나 신체적 지원은 14%, 12%로 낮게 나타났으며, 특히 경제적 지원은 2%로 매우 낮았다. 친구관계는 주로 정서적 지지를 바탕으로 여가활동과 일상생활을 주로 함께 하는 것으로 보이며, 사회적 관계 종류에 따라 사회적 지지의 내용이 달라진다는 사회적 관계의 기능적 모델과 일치하는 결과로 해석할 수 있다.

3. 외로움(Loneliness)과 사회적 고립(Social Isolation)

1) 정 의

사회적 고립과 외로움은 유사한 용어로 인식되며 혼용되고 있으나 각각 다른 의미를 지니고 있다. 사회적 고립(social isolation)은 사회적 관계망의 크기, 다양성, 접촉 빈도와 같은 객관적이고 양적인 측정치를 기준으로 관계망 크기가 작고 접촉 빈도가 낮은 상태를 뜻한다. 예를 들어, 노인이 홀로 거주하며, 가족이나 친구가 거의 없으며, 주변과의 접촉을 거의 하지 않는 상태일 때 사회적으로 고립되어 있다고 본다. 사회적으로 고립되어 있다고 한다면 사회적 환경과의 통합 정도가 낮다고 평가할 수 있다. 한편, 외로움(loneliness)은 사회적 관계의 친밀도나 상호작용에 대한 개인이 가지는 기대와 만족감으로서 질적이고 주관적인 평가를 의미한다(de Jong Gierveld & Havens, 2004).

2) 실 태

우리나라 노인인구의 사회적 고립과 외로움 경험에 대한 실태는 다음과 같다. 만 19세 이상 69세 이하 8,000명을 대상으로 한 2018년 사회통합실태조사 결과에 따르면 60대의 경우 평일 하루 가족이나 친척과 전혀 접촉이 없다고 보고한 비율이 15.7%로 20대 다음으로 높았으며, 가족·친척 외 타인과 전혀 접촉이 없다고 보고한 비율은 3.4%로 30대에 이어 높게 나타났다. 그러나 외로움을 느낀다고 응답한 비율이 60대는 20.2%로 12~16% 정도의 다른 연령대에 비해 높게 나타났으며, 어려운 상황에 도움을 청할 수 있는[2] 사람이 전혀 없다고 응답한 비율은 60대가 압도적으로 높았다(표 12－2).

2) 갑자기 목돈이 필요할 경우 빌릴 수 있는 사람의 수, 몸이 아플 때 도와줄 수 있는 사람 수, 우울할 때 사적으로 대화할 수 있는 사람 수를 질문하였다.

<표 12-2> 연령대별 사회적 소통

(단위 : %)

항 목	연령	없다	1~2명	3~4명	5~9명	10명 이상
평일 하루 접촉하는 사람 수-가족·친척	19~29	19.9	44.8	28.2	5.9	1.2
	30~39	12.5	50.8	28.6	6.1	2.1
	40~49	10.5	49.2	30.8	6.3	3.0
	50~59	12.7	53.7	25.4	5.3	2.9
	60~69	15.7	52.8	25.6	4.7	1.2
평일 하루 접촉하는 사람 수-가족·친척 외	19~29	3.1	18.9	38.2	24.6	15.2
	30~39	3.8	26.0	40.0	20.4	9.8
	40~49	2.1	25.7	42.9	19.8	9.5
	50~59	2.6	29.3	42.4	18.6	7.1
	60~69	3.4	31.9	43.5	16.1	5.1
갑자기 목돈이 필요할 경우 빌릴 수 있는 사람의 수	19~29	21.3	52.0	24.0	2.1	0.6
	30~39	15.3	59.0	23.4	2.1	0.2
	40~49	13.8	61.5	22.0	2.2	0.5
	50~59	18.0	58.4	20.5	2.7	0.4
	60~69	25.0	56.7	16.2	1.6	0.4
몸이 아플 때 도와줄 수 있는 사람 수	19~29	7.9	60.6	27.9	2.9	0.7
	30~39	9.1	65.5	22.6	2.6	0.2
	40~49	7.8	64.9	24.8	2.0	0.5
	50~59	10.9	61.2	24.8	2.8	0.3
	60~69	11.0	68.6	18.2	1.8	0.4
우울할 때 사적으로 대화할 수 있는 사람의 수	19~29	6.3	44.1	36.7	11.3	1.6
	30~39	5.6	51.3	34.2	8.0	0.9
	40~49	5.5	51.3	35.1	7.4	0.8
	50~59	7.2	51.4	32.9	7.8	0.7
	60~69	8.2	55.7	30.3	5.0	0.8

출처: 한국행정연구원(2018).

3) 위험요인

노년기 외로움과 사회적 고립을 위험을 증가시키는 요인들은 다음과 같다(Cohen-Mansfield, et al., 2016).

① 인구학적 요인들(예 연령, 성별, 가구원 구성, 결혼유무)
② 생애 사건(예 사별, 주변인의 사망, 질병 진단, 조기 은퇴, 이사)
③ 건강(예 만성적인 신체적, 또는 정신적 건강 악화, 감각기관 손상, 기능상태, 낙상, 거동 어려움, 주관적 건강 상태, 건강상태에 대한 기대, 우울, 인지장애)
④ 사회적 자원(예 가족과 친구의 지원가능성, 사회적 접촉과 사회적 참여)
⑤ 물질적 자원(예 교육 수준, 자가 소유여부, 수입, 빈곤)
⑥ 심리적 요인(자아존중감, 삶의 만족도)

배우자 없음, 독거, 낮은 교육수준, 여성, 저소득 노인, 고령, 주관적 건강 상태가 나쁜 경우, 신체기능이 감퇴한 경우, 만성질환이 많이 있을 때, 거동이 어려울 때, 흡연이나 음주와 같은 건강하지 않은 행위를 할 때, 사회활동이 부족할 때, 사회적 접촉이나 사회적 지지가 낮을 때, 사회적 관계의 질이 낮을 때, 우울할 때, 삶의 만족도와 자아존중감이 낮을 때, 부정적 생활사건들을 겪을 때, 인지장애가 있을 때 외로움을 더 느끼는 것으로 나타났다(이시은, 2019).

4) 영 향

사회적 관계가 결여된 사회적 고립이나 사회적 관계가 기대에 미치지 못하는 주관적 인식인 외로움은 그 자체로 신체적, 정신적 건강에 악영향을 미친다. 여러 연구들에서 외로움은 심혈관계 질환의 위험요인이었으며(Hawkley, et al., 2010), 또 다른 연구에서는 말초혈관 질환, 폐질환, 관절염과 관련 있는 것으로 나타났다(Thurston & Kubzansky, 2009). 최근 연구들에서는 사망률과도 관련성이 있다고 보고하고 있다(Holt-Lunstad, et al. 2015). 또한, 외로움은 정신건강에도 부정적인 영향을 미치는데, 외로움을 더 많이 느낄

수록 더 높은 수준의 우울증세, 심리적 디스트레스, 무망감, 자살생각 및 자살시도, 수동적 죽음에 대한 희망과 연관되어 있음을 여러 횡단·종단 연구에서 밝혔다(Ayalon & Shiovitz-Ezra, 2011; Barg, et al., 2006; Cacioppo, et al., 2006). 외로움은 인지기능과도 연관성이 발견되고 있는데, 외로움은 인지기능 손상과 감소를 예측하였고(O'Luanaigh, et al., 2012), 치매의 위험요인으로도 알려졌다(Wilson, et al., 2007).

4. 사회참여

노년기 사회적 기능을 충분히 발휘하기 위해서는 의미 있는 사회적 관계를 맺는 것뿐만 아니라 사회활동에 참여하는 것 역시 필요하다. 아래에서는 노인의 사회참여의 개념과 참여 형태의 종류, 그리고 노인의 사회참여활동 중 하나의 형태인 노인자원봉사에 대해 초점을 맞추어 논의하도록 하겠다.

1) 사회참여의 정의와 중요성

성공적 노화(successful aging) 개념에 따르면 활발한 사회적 관계와 생산적인 활동은 건강한 노년을 보내기 위한 주요 요소이다. 사회적 참여의 정의에 대한 문헌연구(Levasser, Richard, Gauvin, & Raymond, 2010)에 의하면, 사회적 참여는 사회나 지역사회 내에서 타인과의 상호작용에 의해 제공되는 형태의 활동에 개인이 참여, 연결, 기여, 통합되는 것을 뜻한다. 여기에서 활동과 상호작용은 주로 생산적인 지역사회 참여 활동들을 뜻한다. 레배써(Levasseur) 등(2010)은 활동의 수준을 6단계로 나누었는데, (1) 타인과의 활동 참여/ 관여 정도(수준 1 : 홀로, 수준 2 : 함께 있으나 상호작용은 없는 병렬적, 수준 3~5 : 타인과 상호작용), (2) 활동의 목적(수준 1, 2 : 기본적 욕구 충족을 위해, 수준 3 : 사회관계 충족을 위해, 수준 4 : 과제를 수행하기 위해, 수준 5 : 타인을 돕기 위해, 수준 6 : 사회에 기여하기 위해)을 기준으로 구분하였다. 수준 1은 타인과 연계되기 위한 기본적인 활동을 하는 것으로서, 식사 차려 먹기, 라디오나

텔레비전 듣고 보기 등과 같은 활동들이다. 수준 2에 해당하는 활동은 혼자 영화 보기와 같이 홀로이지만 타인과 접촉 없이 같은 공간에 있는 것을 뜻한다. 수준 3은 쇼핑할 때 가게 주인과 상호작용하는 것처럼, 타인과 사회적 접촉을 하지만 특정한 활동을 같이 하는 것은 아닌 것들을 포함한다. 수준 4는 특정한 목표를 달성하기 위해 테니스와 같은 운동처럼 타인과 함께 협력하는 것을 뜻한다. 수준 5는 가족이나 친구에게 돌봄을 제공하거나 자원봉사활동과 같이 타인을 돕는 활동들을 포함한다. 수준 6은 흔히 시민 활동이라고 할 수 있는 좀 더 광범위한 의미의 사회에 기여하기 위한 활동들을 뜻한다(Levasseur, et al., 2010).

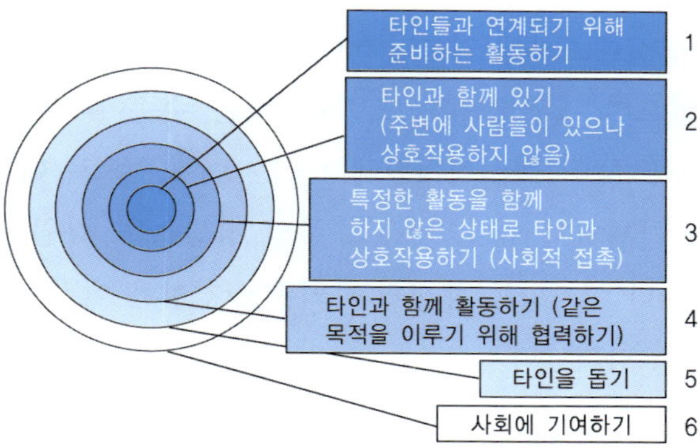

|그림 12-5| **사회적 활동의 분류**

출처 : Levasser, Richard, Gauvin, & Raymond(2010).

위의 개념화에서 보듯이 사회참여는 인간으로서 사회적 기능을 하는 다양한 형태의 활동을 모두 포함한다. 노인복지 연구들에서 특히 주목하는 영역은 수준 4~6에 해당하는 활동들이다. 노인복지 영역에서 사회참여라는 용어는 주로 종교적 또는 비종교적 조직, 단체, 모임에 참여하는 것을 일컬으며, 자원봉사활동을 의미하기도 한다. 최근 생산적 활동에 주목하는 노인의 사회참여와 관련된 문헌들은 경제적 활동, 돌봄 활동, 자원봉사활동들을 주로 언급한다. 최근에는 지역사회활동과 정치활동과 같은 시민 참여의 개념(수준 6)을 포함하여 노인의 사회참여를 이해하고자 하는 시도들도 생겨나고 있다. 사회참여활동들은 혼자서 하는 여가활동과 구별되어야 하는데, 이는 사회참여활동들은 어느 정도의 환경(예 지역사회)과의 상호작용을 내포하고 있기 때문이다.

노인의 사회참여는 노인 개인의 삶의 의미와 만족도, 소속감, 신체적·정신적 건강에 긍정적 영향을 줄 뿐만 아니라 노인에게 새로운 사회적 역할을 부여함으로써 노인의 사회통합에 기여하는 효과가 있다. 노인의 사회참여는 사회적 고립과 외로움을 예방하고, 노인이 소유한 가용자원을 활용하여 사회로의 기여와 공헌이 가능하게 할 수 있다.

2) 사회참여의 현황과 유형

2017년도 노인실태조사에 의하면 65세 이상 노인 중 3.9%만이 자원봉사활동을 하고 있으며 평생교육은 12.9%로 낮은 수준이다. 친목단체활동은 45.6%, 동호회 참여는 4.4%, 정치단체참여는 0.4% 순으로 대부분 친교목적의 집단활동에 치우쳐져 있다. 낮은 수준의 평생교육, 자원봉사, 정치단체 참여율과 친목이나 여가활동 중심의 사회활동 경향은 이전의 노인실태조사에서도 유사하게 나타났다.

이소정(2009)은 직업, 종교, 문화, 운동, 사교, 정치, 교육, 자원봉사, 경로당의 9가지 사회활동을 바탕으로 2004년 노인실태조사 자료를 이용해 노인의 사회참여 유형화를 조사하였다. 군집분석을 통해 총 네 가지 유형－자원봉사중심형, 종교 중심형, 직업 중심형, 경로당 중심형－으로 한국노인의 사회참여 유형을 구분하였다. 자원봉사중심형(16%)은 다른 유형에 비해 사회참여의 여러 영역에서 높은 참여율을 보이는 특징을 갖는다. 종교활동 참여율이 높은 종교 중심형(27.9%)은 종교 외의 다른 유형의 사회참여(예 자원봉사, 경로당 등)는 전혀 하지 않는 특징이 있다. 직업 중심형(20.3%)은 직업활동을 하고 사교활동이 높은 특징을 보이며 그 외의 다른 사회참여는 낮다. 마지막으로 경로당 중심형은 경로당 외에 다른 사회참여는 하지 않는 집단으로 표본의 35.8%를 차지하여 가장 공통적인 유형이었다.

노인의 다양한 사회참여 유형 가운데 본 장에서는 자원봉사 활동에 중점을 두어 설명하고자 한다. 우리나라 노인복지법 제23조에서는 사회참여를 지역사회 봉사활동과 경제활동으로 제시하고 있고, 저출산·고령사회기본법 제14조에서도 사회활동 참여를 자원봉사로 명시하고 있어 정치활동 등까지 포괄하는 광범위한 시민참여(civic engagement)의 의미보다는 자원봉사활동 협의의 의미로 규정하고 논의하겠다.

3) 노인 자원봉사

현대사회에서 자원봉사활동은 개인적 차원의 자아실현, 사회적 차원의 사회통합, 국가적 차원의 국가경쟁력 제고 등 세 가지 차원에서 중요한 의의를 가진다(김영호 외, 2009). 자원봉사는 민간의 자발성에 기초한 시민운동으로서 시민들이 실천 현장에 참여하여 성숙한 시민성(high civility)을 높이는 기회를 갖게 된다. 이러한 경험을 통하여 민주시민으로 성숙해 감으로써 건전한 시민사회와 시민문화의 구현이 가능해질 것이다. 선진국에서는 정부는 물론, 기업, 시민단체, 학교, 그리고 각종 지역사회의 조직들이 연대하여 참여하도록 공공정책적 차원에서 노력을 기울이고 있다.

(1) 자원봉사 개념

자원봉사란 공공복지를 향한 가치 이념과 동시에 민주적 방법에 의한 자주적·협동적 실천 노력이며, 개인, 집단, 지역사회에서 발생되는 제반 사회문제를 예방, 해결하고 사회적 환경을 개선하기 위하여 공사의 조직체를 통하여 무보수로 서비스를 제공하는 활동이다.

과거에는 노인의 자원봉사를 여가활동의 하나로 인식하는 경향이 많았으나 노인 인구의 건강 및 교육 수준 향상 등으로 자원봉사를 시민으로서 참여하는 하나의 역할로서 이해하는 관점들이 등장하기 시작했다. 또한 사회서비스 기관이나 비영리단체들이 제한된 자원 내에서 지역사회 자원을 최대한 활용하고자 노력하면서 노인 자원봉사는 지역사회의 중요한 자원으로 인식되기 시작했다. 이와 더불어 활동적 노화(active aging), 긍정적 노화(positive aging), 성공적 노화(successful aging)와 같은 개념이 널리 퍼지면서 노인을 더 이상 의존적이고 무기력한 존재만이 아닌 하나의 동등한 시민으로서 생산적인 방식으로 사회에 기여할 수 있는 기회로서 자원봉사를 바라보기 시작하였다.

(2) 노인 자원봉사의 필요성과 의의

일반적으로 퇴직 후에는 상당한 여가시간이 주어지게 되어 사회활동을 하는 것은 자칫 무료해질 수 있는 생활에 탄력이 생기도록 할 수가 있다. 이와 연관하여 노인이 갖는 여가시간의 일부를 자원봉사활동에 참여하는 것은 퇴직생활에 대한 적응력을 높이고 상실되었던 사회적 지위와 역할을 보충해 주는 대체 역할이 될 수 있다. 나아가 노인 자신은 물론 지역사회복지에도 기여할 수 있다. 노인 자원봉사활동은 일반적으로 노인을 대상으로 한 자원봉사와 노인이 주체가 되는 자원봉사를 말한다. 특히 노인이 주체가 되는 자원봉사활동의 중요성이 대두된 것은 노인의 여가시간 증가, 경제적으로 안정된 노인층의 증가, 노인의 건강 수준 향상 등으로 사회적으로 유익한 활동을 통하여 삶의 보람을 찾으려는 노인이 증가하고 있는 것과 관계가 있다.

노인 자원봉사의 의의로는 개인적 차원과 사회적 차원으로 나눌 수 있다. 개인적 차원에서는 자원봉사를 통해 노인들은 사회적 관계망을 넓히고 사회적 지지를 받을 수 있으며, 사회적 역할 획득을 통해 책임감을 갖고 생산적 활동에 참여할 수 있게 된다. 자원봉사에 참여하는 노인들은 자긍심 회복, 적극적인 자기표현, 성취감의 경험, 적절한 가족관계의 유지, 지능 저하의 예방, 노화 방지 등의 효과를 얻게 되어 결과적으로는 신체적, 정신적 건강을 증진시킬 수 있다. 여러 연구들에서 자원봉사 참여가 신제적 건강 증진과 기능적 의존성 감소, 공병률 감소, 심리적 안녕 증가 및 우울감 감소, 삶의 만족도와 삶의 질 향상, 자기효능감 증가, 사망률 감소 등의 효과가 있다고 보고하고 있다(O'Neill, Morrow-Howell, & Wilson, 2011).

따라서 자원봉사활동의 참여가 노인에게 주는 이익은, 퇴직 등으로 상실되었던 사회적 지위와 역할을 보충해 주어 자신의 사회적 가치성을 회복해 주고 따라서 사회적으로 유용한 존재가 되고 있다는 자신감을 가질 수 있게 한다. 나아가 노년기의 자아상을 긍정적으로 유지하게 하고, 소외감에서 벗어나도록 도우며, 창의성과 책임성을 발휘할 수 있는 기회를 제공해 준다. 또한 젊은 세대와 함께 자원봉사를 함으로써 세대 간의 연대를 키워나갈 수가 있다.

사회적 차원에서의 노인 자원봉사의 의의는 노인 자원봉사 활동 그 자체로 지역사회가 발전에 기여할 수 있다는 점이다. 비록 우리나라에서는 노인 자원봉사활동 참여율이 낮으나 노인 자원봉사활동이 활발한 미국의 경우 노인 자원봉사의 가치가 한 해에 약 4억 4천만 달러에 이른다고 추정하고 있다(Johnson & Schaner, 2005). 또한 노인들이 자원봉사에 참여함으로써 건강증진효과를 통해 의료비 지출을 줄일 수 있으며, 노인 자원봉사자의 지원을 받은 이들이 삶의 질 향상, 우울감 감소 등의 긍정적 효과를 누림으로써 사회 전체적 관점에서도 노인 자원봉사는 중요한 역할을 한다고 볼 수 있다.

(3) 노인 자원봉사의 과제와 대안

현재 우리나라에서 노인의 자원봉사활동 참여 비율은 다른 나라에 비해 상당히 낮아 약 3%대에 불과하며, 분야에 있어서도 그다지 다양하지 않다. 노인 자원봉사활동의 문제점은 노인의 경제 및 건강상의 문제, 다양한 프로그램과 사회적 지원체계의 미비, 행정적으로 노인 자원봉사 관련 부서의 미비와 홍보 부족 등에 있다. 구체적 항목을 보자면 다음과 같다.

① 자원봉사활동 후의 통한 심리적·물질적 보상의 부족
② 노인의 자원봉사활동 참여의 필요성에 대한 동기 부여와 참여를 유도하는 홍보의 부족
③ 노인의 심신 기능 쇠퇴에 알맞는 프로그램의 개발 미흡 등이다.

노인의 자원봉사활동을 활성화하기 위한 대안으로는 노인 자원봉사 인력을 관리하는 조직의 조정자를 중심으로 기능의 확대가 필요하다. 따라서 자원봉사 관리 조정자 교육 프로그램의 개발, 노인 자원봉사자 양성 과정 마련, 노인 자원봉사 집단의 구성 및 운영 지원, 자원봉사활동 범위의 확대, 다양한 노인 자원봉사의 구체적인 프로그램 개발이 필요하다.

따라서 ① 노인들 스스로가 자신들의 참여 가능성을 인지하고, 적극적인 대응을 할 수 있도록 유도해야 하며, ② 노인의 참여 경로를 정비하고, 이에 대한 홍보를 적극적으로 하는 방안이 마련되어야 한다. 또한 ③ 노인들이 보람을 느끼고 즐겁게 참여할 수 있는 프로그램을 개발해야 하며, ④ 자원봉사활동에 참여하는 데 필요한 경비나 이동 수단을 제공하는 것도 참여를 활성화할 수 있는 방안의 하나이다.

우리나라는 지방자치가 본격적으로 실시되고 있어 앞으로 시민운동이 더욱 활성화될 전망이 크다. 지방자치제로 인해 정책에 대한 의사결정방식이 분산됨에 따라 시민운동의 활동무대가 더욱 확대되고 시민들의 자기 결정의 가능성이 한층 높아지고 있다. 이제 시민 스스로가 주체적이고 자율적인 존재로 자신의 삶을 결정해야 하는 시민사회를 형성해야 한다. 앞으로 베이비붐 세대의 노년기 진입 이후부터는 비단 자원봉사활동뿐 아니라 노인 스스로의 권익을 위해 주체적이고 자발적인 사회참여를 요구하는 시대를 만들어 갈 수 있을 것이다. 또한 보건복지부에서는 노인자원봉사활성화의 목적을 "노인의 경륜을 사회에 재투자할 수 있도록 노인자원봉사를 활성화하여 노인의 적극적 사회참여 및 노인의 인적자원 활용 극대화를 추진하는 것"으로 정의하고 있다. 이와 연계하여 서비스 내용으로는, 전문 노인자원봉사 프로그램 지원으로서 위탁사업 수행기관을 선정하여 은퇴 노인의 경험과 지식을 활용한 전문적인 봉사활동이 활성화될 수 있도록 하는 것이다. 따라서 노인 전문자원봉사 프로그램의 개발·보급, 노인 전문자원봉사단 선정 및 지원 업무 등의 수행을 다음과 같이 한다.

① **대한노인회 노인자원봉사센터 지원** : 노인자원봉사클럽 운영 지원 및 노인자원봉사자 교육, 대외 홍보, 지역사회 네트워크 구축, 노인자원봉사 홈페이지 운영 등 노인자원봉사 활성화에 대한 지원을 한다. 따라서 경로당 중심의 노인자원봉사클럽을 조직·운영하여 월 2회 이상 활동 시 운영비를 지원하고 역량 있는 리더를 육성하여 지역사회를 변화시키는 다양한 노인자원봉사활동을 지원한다.

② **전국노인자원봉사대축제의 개최** : 노인자원봉사자 간 교류 활성화 및 노인자원봉사활동에 대한 다양한 정보공유의 기회를 마련하기 위해 매년 하반기 노인자원봉사클럽 및 봉사단 소속 자원봉사자 및 관계자, 수행기관 실무자가 참여하는 전국노인자원봉사대축제를 개최한다. 그 내용으로는, 우수 자원봉사자 시상, 노인자원봉사 프로그램 우수사례 발표, 노인자원봉사 리더십 교육, 노인자원봉사단 공연, 포토스토리 및 영상 공모전 전시 등의 행사를 진행하고 있다.

학습과제

❖ 노년기 사회적 관계의 변화의 원인은 무엇인가?

❖ 노년기 사회적 관계는 왜 중요할까? 사회적 고립과 외로움을 예방할 수 있는 방법에 대해 토론해 보자.

❖ 노인의 사회참여의 의의와 활성화 방안에 대해 생각하고 토론해 보자.

참고문헌

곽배희(2007). 한국사회의 노년이혼 증가와 그 특성. **스트레스연구**, 15(4), 321-324.

김소진(2009). 황혼이혼 여성노인들에 대한 생애사 연구. **한국노년학**, 29(3), 1087-1105.

김영호·오정옥·김상조·문혜숙·이은경(2007). **자원봉사의 이론과 실제**. 서울 : 창지사.

김은정·정순둘(2011). 맞벌이 가정 영유아 손자녀 양육조모의 삶의 만족도 : 양육보상감, 가족관계, 사회적 지지의 매개효과를 중심으로. **노인복지연구**, 54, 285-310.

김재엽·김동배·최선희(1998). 노인부부의 스트레스와 갈등, 우울증, 그리고 권력. **한국노년학**, 18(3), 103-122.

박영란·박경순(2013). 한국노인의 사회적 관계망과 복지 : 연구의 동향과 향후 과제. **노인복지연구**, 60, 323-352.

박하영·전혜정·주수산나(2018). 남녀노인의 성역할 태도 유형이 부부관계 만족도와 부부갈등 수준에 미치는 영향. **한국가족관계학회지**, 23(1), 21-47.

서수균·이윤희·안정신·정영숙(2013). 한국 노인이 지각한 부부 및 성인자녀 갈등에 관한 탐색적 연구. **한국심리학회지 : 일반**, 32(2), 389-412.

이소정(2009). 우리나라 노인의 사회참여 유형분석. **한국인구학**, 32(1), 71-91.

이시은(2019). 한국 노인의 외로움 측정도구 개발. **Journal of Korean Academy of Nursing**, 49(5), 643-654.

이신숙(2013). 노부모가 인지하는 성인자녀에 대한 양가감정에 관한 연구. **한국생활과학회지**, 22(6), 633-647.

이현심(2015). 황혼이혼 여성노인에 대한 사례연구. **노인복지연구**, 68, 85-106.

이혜준(2017). 도시 초고령 노인의 친구관계의 경험. 서울대학교 대학원 박사학위논문.

이호선(2018). 한일 비교를 통한 황혼 이혼 남성노인 적응 과정 연구. **일본문화연구**, 67, 293-330.

전길양·임선영(1998). 노년기 부부갈등과 우울에 관한 연구. **Family and Environment Research**, 36(6), 1-12.

정경희(2018). 노인의 가족 현황과 전망. **보건복지포럼**, 2018(10), 6-18.

정경희·오영희·강은나·김경래·이윤경·오미애 외(2017). 2017년도 노인실태조사, 보건복지부, 한국보건사회연구원.

최성재·장인협(2010). 고령화 사회의 노인 복지학. 서울대학교 출판문화원.

통계청(2017). 2017 혼인·이혼통계.

______(2019a). 2019 고령자통계.

______(2019b). 장래가구특별추계.

한국행정연구원(2018). 2018년 사회통합실태조사.
홍승우·최혜경(2012). 한국 노인의 조부모역할 유형과 손자녀를 위한 소비행동. **한국노년학**, 32(4), 1163－1180.

Antonucci, T. C.(2001). Social relations : An examination of social networks, social support, and sense of control. In J. E. Birren & K. W. Schaie(Eds.), *Handbook of the Psychology of Aging*(5th ed., pp. 427－453). San Diego, CA : Academic Press.
Antonucci, T. C., Ajrouch, K. J., & Birditt, K. S.(2014). The convoy model : Explaining social relations from a multidisciplinary perspective. *The Gerontologist, 54*(1), 82－92.
Antonucci, T. C., & Jackson, J. S.(1990). The role of reciprocity in social support. In B. R. Sarason, I. G. Sarason, & G. R. Pierce(Eds.), *Social Support : An interactional view*(pp. 173-198). Oxford, UK : Wiley.
Ayalon, L., & Shiovitz－Ezra, S.(2011). The relationship between loneliness and passive death wishes in the second half of life. *International Psychogeriatrics, 23*(10), 1677－1685.
Barg, F. K., Huss－Ashmore, R., Wittink, M. N., Murray, G. F., Bogner, H. R., & Gallo, J. J.(2006). A mixed－methods approach to understanding loneliness and depression in older adults. *The Journals of Gerontology Series B : Psychological Sciences and Social Sciences, 61*(6), S329－S339.
Bengtson, V. L., & Kuypers, J. A.(1971). Generational difference and the developmental stake. *Aging and Human Development, 2*(4), 249－260.
Bierhoff, H. W., & Schmohr, M.(2004). Romantic and marital relationships. In E. R. Lang & K. L. Fingerman(Eds.), *Growing Together : Personal relationships across the life span*(pp. 103－129). New York, NY, US : Cambridge University Press.
Bookwala, J.(2012). Marriage and other partnered relationships in middle and late adulthood. In R. Blieszner, & V.H. Bedford(Eds.), *Handbook of Aging and the Family*(pp. 91-124). Santa Barbara, CA : ABC－CLIO.
Cacioppo, J. T., Hughes, M. E., Waite, L. J., Hawkley, L. C., & Thisted, R. A.(2006). Loneliness as a specific risk factor for depressive symptoms : cross－sectional and longitudinal analyses. *Psychology and Aging, 21*(1), 140.
Carstensen, L. L.(1992). Social and emotional patterns in adulthood : support for socioemotional selectivity theory. *Psychology and Aging, 7*(3), 331.
Carstensen, L. L., Gross, J. J., & Fung, H. H.(1997). The social context of emotional experience. *Annual Review of Gerontology and Geriatrics, 17*(1), 325－352.

Cohen−Mansfield, J., Hazan, H., Lerman, Y., & Shalom, V.(2016). Correlates and predictors of loneliness in older−adults : a review of quantitative results informed by qualitative insights. *International Psychogeriatrics, 28*(4), 557−576.

Connidis, I. A.(1989). Siblings as friends in later life. *American Behavioral Scientist, 33*(1), 81−93.

de Jong Gierveld, J., & Havens, B.(2004). Cross−national comparisons of social isolation and loneliness : introduction and overview. *Canadian Journal on Aging, 23*(2), 109−113.

Dowd, J. J.(1975). Aging as exchange : A preface to theory. *Journal of Gerontology, 30*(5), 584−594.

Erber, J. T.(2012). *Aging and Older Adulthood.* John Wiley & Sons.

Fingerman, K. L., & Birditt, K. S.(2011). Relationships between adults and their aging parents. In *Handbook of the Psychology of Aging*(pp. 219−232). Academic Press.

Hawkley, L. C., Thisted, R. A., Masi, C. M., & Cacioppo, J. T.(2010). Loneliness predicts increased blood pressure : 5−year cross−lagged analyses in middle−aged and older adults. *Psychology and Aging, 25*(1), 132.

Henry, N. J., Berg, C. A., Smith, T. W., & Florsheim, P.(2007). Positive and negative characteristics of marital interaction and their association with marital satisfaction in middle−aged and older couples. *Psychology and Aging, 22*(3), 428.

Holt−Lunstad, J., Smith, T. B., Baker, M., Harris, T., & Stephenson, D.(2015). Loneliness and social isolation as risk factors for mortality : a meta−analytic review. *Perspectives on Psychological Science, 10*(2), 227−237.

Hutchinson, S. L., Yarnal, C. M., Staffordson, J., & Kerstetter, D. L.(2008). Beyond fun and friendship : The Red Hat Society as a coping resource for older women. *Ageing & Society, 28*(7), 979−999.

Johnson, Richard W., & Simone G. Schaner(2005). *Value of Unpaid Activities by Older Americans Tops $160 Billion per Year.* Washington, D. C. : The Urban Institute.

Kahn R. L. Antonucci T. C.(1980). Convoys over the life course : Attachment, roles, and social support. In Baltes P. B. Brim O.(Eds.), *Life−span Development and Behavior*(Vol. 3, pp. 254-283). New York : Academic Press.

Kwak, M., & Ingersoll−Dayton, B.(2019). Relationships between negative exchanges and depressive symptoms in older couples : The moderating roles of care and gender. *Journal of Social and Personal Relationships*, 37(3), 843−864.

Levasseur, M., Richard, L., Gauvin, L., & Raymond, É.(2010). Inventory and analysis of definitions of social participation found in the aging literature : Proposed taxonomy of social activities. *Social Science & Medicine, 71*(12), 2141−2149.

Litwak, E.(1985). *Helping the Elderly : The complementary roles of informal networks and formal systems.* Guilford Press.

Mancini, A. D., & Bonanno, G. A.(2006). Marital closeness, functional disability, and adjustment in late life. *Psychology and Aging, 21*(3), 600.

Neugarten, B. L., & Weinstein, K. K.(1964). The changing American grandparent. *Journal of Marriage and the Family*, 199−204.

O'Neill, G., Morrow−Howell, N., & Wilson, S. F.(2011). Volunteering in later life : From disengagement to civic engagement. In *Handbook of Sociology of Aging*(pp. 333−350). Springer, New York, NY.

O'Luanaigh, C., O'connell, H., Chin, A. V., Hamilton, F., Coen, R., Walsh, C., & Lawlor, B. A.(2012). Loneliness and cognition in older people : the Dublin Healthy Ageing study. *Aging & Mental Health, 16*(3), 347−352.

Suitor, J. J., Sechrist, J., Gilligan, M., & Pillemer, K.(2011). Intergenerational relations in later−life families. In *Handbook of Sociology of Aging*(pp. 161−178). Springer, New York, NY.

Thurston, R. C., & Kubzansky, L. D.(2009). Women, loneliness, and incident coronary heart disease. *Psychosomatic Medicine, 71*(8), 836.

Umberson, D., Williams, K., Powers, D. A., Liu, H., & Needham, B.(2006). You make me sick : Marital quality and health over the life course. *Journal of Health and Social Behavior, 47*(1), 1−16.

Weiss, R.(1974). The provisions of social relationships. In Z. Rubin (Ed.), *Doing unto Others*(pp. 17−26). Englewood Cliffs, NJ : Prentice−Hall.

Wilson, R. S., Krueger, K. R., Arnold, S. E., Schneider, J. A., Kelly, J. F., Barnes, L. L., & Bennett, D. A.(2007). Loneliness and risk of Alzheimer disease. *Archives of General Psychiatry, 64*(2), 234−240.

Yoo, G. S.(2010). Effects of the division of household labor on wives' work−family spillover and marital satisfaction in dual−earner families. *Journal of Asian Women, 49*(1), 41−69.

CHAPTER 13

정신건강

세계 보건기구(WHO)에서는 정신건강에 대해 "한 개인이 자신의 능력을 실현하며 일상적인 삶의 스트레스에 대처하여 생산적으로 일할 수 있고 자신이 속한 지역사회에 기여할 수 있는 안녕 상태"라고 기술하고 있다(Herman, Saxena, & Moodie, 2018). 따라서 적극적 의미에서 정신건강은 단지 정신적으로 병적 증세가 없을 뿐만 아니라 심리적 안정을 갖추고 자신의 능력을 최대한 발휘하며 환경에 대한 적응력을 갖춘 상태로 이해할 수 있다.

노년기는 노화로 인한 신체적 변화(청력과 시력의 저하, 만성질환), 배우자, 친구, 성인자녀 등의 죽음으로 인한 상실, 은퇴 후 사회적 역할의 상실 등으로 노화와 더불어 다양한 신체적, 심리적, 사회적 변화에 적응해야 한다. 이러한 변화에 대해 긍정적이고 적극적으로 대처하는 노인들도 존재하며, 이러한 노인들은 노년기 변화를 통해 더욱더 성숙하고 발전하기도 한다. 그러나 노년기 다양한 변화는 스트레스로 이어져 정신건강에 위협이 된다. 2016년 정신질환 실태조사(보건복지부·삼성서울병원, 2017)에 따르면, 지난 일 년 동안 한 번 이상 정신장애를 앓은 적이 있는 60세 이상 노인의 비율은 13.8%로 나타났으며 남성의 경우 9.4%, 여성의 경우 17.6%가 지난 1년간 한 번 이상 정신장애를 앓은 것으로 보고되었다. 그러나 우리나라의 경우 일반적으로 정신질환을 진단받더라도 정신건강서비스 이용률이 선진국에 비해 크게 낮은 수준이며,[1] 65세 이상 노인의 경우 정신건강문제(우울, 자살, 중독문제) 고위험군인 대상자 중 실제 치료서비스로 연계된 비율은 2.2%로 아동청소년

1) 캐나다와 미국은 정신질환을 진단받은 대상자의 정신건강서비스 이용률이 40% 이상이나 우리나라는 22.2%(2016년 기준)로 남아프리카공화국(25.2%)과 일본(20.0%)에 근접한다(보건복지부, 2017).

(4.9%)이나 성인(5.1%)에 비해 크게 낮은 것으로 나타났다(국립정신건강센터, 2018).

노인의 정신건강 문제가 다른 연령대와 마찬가지로 심각함에도 불구하고 실제로 정신건강서비스에 대한 이용이 낮은 까닭은 노인의 경우 정신건강의 문제를 노화의 과정으로 치부하거나 노인에게 나타나는 일반적 현상이라고 받아들여 조기 치료나 적극적인 정신건강 증진 노력을 하지 않기 때문이다(Sarkinsian, et al., 2005; Segal, et al., 2005). 또한 노인의 경우 심리치료의 효과성에 대한 부정적인 생각을 가지고 있고 정신질환에 대한 낙인이 강하며, 정신질환을 대인관계의 문제로 치부하거나, 심리문제를 신체적 질환으로 표현하는 경향이 있어 정신건강 문제가 조기에 발견되기 어렵다(Lagana & Shanks, 2002). 한편, 정신건강 서비스 제공 측면에서도 지역정신건강서비스 제공기관의 서비스는 성인을 중심으로 이루어져 노인이 상담을 받을 수 있는 기관이 부족하고, 정신건강 전문가와 훈련자들 역시 연령주의로 인한 노인에 대한 편견을 가지고 있어 진단과 치료접근에 부정적인 영향을 끼치기도 한다(Bodner, Palgi, & Wyman, 2018).

본 장에서는 노인의 정신건강문제들 가운데 사회적 문제로 부각되고 만성적이고 반복적으로 재발되어 일상생활 능력에 상당한 장애를 유발할 수 있는 우울장애, 자살, 치매에 초점을 맞추어 살펴볼 것이다.

1. 우 울

1) 진단기준과 사정

DSM-5에 따르면 우울장애를 기분장애의 범주로 분류하는데 이는 기분의 변화가 가장 특징적이기 때문이다. 다음의 <표 13-1>에서는 주요 우울장애와 지속성 우울장애를 제시하고 있다. 우울장애의 증상적인 특징들은 슬픔과 낙담을 느끼거나 아무런 즐거움도 경험하지 못하는 정서적인 상태를 보이거나 일상생활을 하려는 욕구를 잃고 자살을 원하기도 하며, 덜

활동적이고 자신에 대해 극단적으로 부정적인 시각을 가지기도 한다. 한편, 두통, 소화불량, 변비, 현기증, 식욕저하와 수면장애와 같은 신체적 증상도 동반하기도 한다(민성길 외, 2015; Comer, 2017).

<표 13-1> **우울장애의 진단적 특징**

- **주요 우울 삽화**
  - 2주 동안 매일의 대부분을 우울한 기분의 증가 그리고/ 또는 즐거움이나 흥미의 저하를 보임
  - 2주 동안 다음 증상 중 적어도 서너 가지를 경험함 (상당한 체중 변화 또는 식욕 변화, 매일 불면증 또는 과다 수면, 매일매일의 동요 또는 운동 활동의 감소, 매일 피로하거나 무기력한 상태, 매일 무가치함이나 과도한 죄책감을 느낌, 매일 집중력 또는 결단력의 감소를 경험, 죽음 또는 자살, 자살 계획 또는 자살 시도에 반복적으로 집중)
  - 심각한 고통과 손상을 초래함

- **주요 우울장애**
  - 주요 우울 삽화의 존재
  - 조증 또는 경조증의 양상이 없음

- **지속성 우울장애**
  - 주요 우울장애 또는 기분부전장애의 증상을 2년 이상 경험
  - 2년 동안 증상이 한 번에 두 달 이상 없었던 기간이 없음
  - 조증 또는 경조증의 병력이 없음
  - 심각한 고통이나 손상을 초래함

출처 : APA(2015).

우울증을 사정하기 위한 평가도구들은 다양한데, 일반적으로 자기보고식 척도는 진단용은 아니나 임상적 수준에서의 우울증을 확인하는 데 유용하며, 구조화 또는 반구조화된 면접은 진단을 내리는 데 적합하다(Segal, Qualls, & Smyer, 2016). 노인에 대한 우울증 평가에 앞서, 노인의 경우 신체질환을 흔히 가지고 있으므로 신체질환 및 약물에 대한 확인을 먼저 하고 약물 남용에 대한 가능성을 배제하고 살펴보는 것이 필요하다.

2) 현황통계

노인 우울증의 유병률은 성인기의 유병률과 크게 다르지 않다고 알려져 있다. 미국의 경우, 주요 우울 진단장애 유병률은 재가노인 1~5%, 12개월 유병률로 연령대별로 비교 시 65세 이상이 가장 낮고 18~29세 집단이 가장 높은 것으로 나타났다(Hansin, Goodwin, Stingson, & Grant, 2005). 지속우울장애의 발병률은 2% 이하로 나타나며, 우울장애 진단에는 미치지 않으나 삶의 질을 상당히 저해하는 수준의 우울 증상을 경험하는 노인의 비율은 약 30%이다(Meeks, Vahia, Lavretsky, Kulkarni, & Jeste, 2011). 노인들의 우울증 유병률은 환경에 따라 큰 차이가 나며, 병원이나 요양원과 같은 시설에 거주하는 경우 우울증 유병률이 훨씬 더 높은 것으로 알려져 있다. 병원에 입원한 노인들 대상으로 한 유병률 조사에서는 주요 우울장애 유병률이 10~12%로 나타났고, 장기요양시설에 거주하는 경우 12.4%가 주요 우울장애를 겪는 것으로 조사되었다(Blazer, 2003). 우리나라의 경우 지역사회에 거주하는 노인을 대상으로 한 실태조사에서(보건복지부·삼성서울병원, 2017) 주요 우울장애의 12개월 간 유병률은 60대의 경우 남성은 0.3%, 여성은 2.2%였으며, 70세 이상의 경우 남성은 0%, 여성은 2.7%로 여성이 높게 나타났다.

3) 위험 요인

(1) 생물학적 요인

우울증에 대한 생물학적 요인으로는 유전적 요인과 신경전달물질의 기능이 있다. 최근 연구들은 유전과 환경적 요인 간의 상호작용을 살펴보면서 특정 유전자의 변이가 스트레스를 받을 때 우울증의 위험을 높인다는 것을 발견하였으며(Nevid, Rathus, & Greene, 2016), 스웨덴 쌍둥이에 대한 종단연구에서 주요 우울장애의 평생 유병률에 대한 유전적 경향성은 중간 정도로 나타났다(Kendler, Gatz, Gardner, & Pedersen, 2006). 또한, 신경전달물질 활동의 결핍이나 뇌의 비정상성으로 인한 우울증 발병에 대한 가능성도 제기되고 있다. 노인의 경우, 노인이 가지고 있는 신체적 질환이나 그 질환으로 인해 복용하는 약물, 진통제와 같은 향정신성 약물과 관련되어 있다(Segal, et al., 2016). 우울증은 고혈압, 당뇨병, 관상동맥질환, 뇌졸중, 파킨슨병과 같은 신경계 장애와 함께 나타나기도 하며, 이러한 병을 치료하기 위해 먹는 약물의 부작용으로 인해 우울증이 나타나기도 한다(Comer, 2017).

(2) 심리적 요인

정신역동모델에서는 노년기 상실과 애도 경험과 대처를 우울증에 대한 중요한 심리적 요인으로 본다(Nevid, Rathus, & Greene, 2016). 노년기 신체적 기능의 상실, 사회적 역할의 상실, 또는 친구나 가족, 배우자의 죽음은 개인의 자아기능에도 위협을 가하게 된다. 신체적 기능의 저하와 인지적 능력의 감퇴는 자아의 적응력을 감소시키고 외부의 스트레스 사건에 대해 더욱 취약하게 만들어 우울한 상태에 이르게 한다. 노년기의 상실 경험이 개인의 생애에 의미 있고 일관되게 통합될 수 있어야 우울로 이어지지 않을 수 있다. 한편, 행동주의 모델에서는 행동과 강화 간의 불균형에서 우울증이 생긴다고 보았다. 울적한 개인이 사회적 활동을 줄이고 철회를 하게 되면 철회를 통해 다시 강화가 줄어들어 우울한 기분을 유발할 수 있게 되는 악순환의 고리가 생긴다(Segal, et al., 2016). 예를 들어, 사별한 노인이라면 사별로 인해 슬픔에 빠져 주변과의 교류가 적어지고, 배우자와 함께 만나던 사회적 관계도 줄어들게 되어 더욱더 고립되고 즐거움을 경험할 기회를 잃을 것이다. 마지막으로 인지이론에서는 역기능적 사고 유형을 우울증의 원인으로 보고 인지적 왜곡에 대해 초점을 맞춘다. 우울증의 인지 3요인은 자신, 환경, 미래에 대해 부정적인 시각을 취하는 것을 일컬으며, 이러한 인지 왜곡은 부정적인 정서상태에도 영향을 준다. 한편, 신경증 성격 성향을 소유하거나, 대처기제로서 반추(rumination)와 회피를 사용할 때에도 우울증 위험은 높아진다(Nevid, et al., 2016).

(3) 사회적 요인

사회적 요인, 즉 심리사회적 스트레스원은 우울증의 위험성을 증가시킨다. 개인이 경험한 스트레스성 생애 사건들이 많을수록 나이가 들어감에 따라 노년기 우울증 발생의 위험이 높아진다(Nolen-Hoeksema & Ahrens, 2002). 예를 들어, 아동기 외상 또는 부정적 생애사건(빈곤, 부모와의 이별, 부모의 이혼, 학대 경험 등)이나 성인기의 직업, 수입, 결혼생활 등은 노년기 우울증에 영향을 미칠 수 있다(Kim, Jang, Chang, Park, & Lee, 2013). 특히, 은퇴나 질병 등으로 인한 노년기 경제적 상황의 악화는 소득 감소로 이어지고, 이는 주거, 의료 등 다른 영역으로도 부정적 영향을 미치게 된다. 또한 사회적 지지의 결여, 사회적 관계망에서의 부정적인 상호작용은 노년기 우울과 관련이 깊은 것으로 나타났다(Nolen-Hoeksema & Ahrens, 2002).

한편, 스트레스 사건을 겪더라도 많은 노인들이 우울증으로 발전하지 않는데, 이는 여러 가지 보호요인이 작용하기 때문이다. 건강, 인지적 기능, 사회경제적 지위와 같은 자원을 가지고 있거나, 스트레스에 대처하는 사회적 지지를 활용하는 전략과 방법에 대해 경험을 가지고 있거나, 사회적 활동, 자원활동, 종교와 같은 의미 있는 활동에의 참여 등이 보호요인들에 속한다(Chiao, Weng, & Botticello, 2011).

4) 개 입

(1) 약물치료

우울증을 치료하는 약물은 크게 삼환계 항우울제(TCAs : Tricyclic Antidepressants), 모노아민 산화효소 억제제(MAO : Monoamine Oxidase inhibitors), 선택적 세로토닌 재흡수 억제제(SSRIs : Selective Serotonine Reuptake Inhibitors)로 구분되며 각 약물은 특정 종류의 뇌의 신경전달물질을 다양한 방식으로 유효성을 증가시킨다. 이 중 선택적 세로토닌 재흡수 억제제, 삼환계 항우울제는 노인들에게도 유사한 수준의 효과가 있는 것으로 나타났다(민성길 외, 2015; Comer, 2017).

(2) 심리사회적 개입

우울증을 겪는 노인에 대한 심리사회적 개입 방법으로서 효과가 있는 것으로 나타난 치료들은 행동 치료, 인지행동치료, 문제해결치료, 인지독서치료, 단기 정신역동치료, 생애회고치료들이다(Fiske, Wetherell, & Gatz, 2009). 이 중 인지행동치료는 우울한 노인들에게 가장 많이 검증된 심리치료로서 우울발생적 사고패턴을 제거하고 내담자의 인지적 틀을 수정하여 즐거운 활동의 빈도를 높이는 것을 목적으로 한다. 인지독서치료는 책을 읽음으로써 인지행동치료의 원리와 기술을 학습하며, 내담자 스스로 실시하는 인지행동치료로 이해할 수 있다. 문제해결치료는 현재 경험하는 문제를 인식하고 그에 대한 해결책을 단계적으로 실행하는 방법이다. 단기 정신역동치료는 불안에 직면할 때 내담자들이 성숙한 적응적 대처와 방어기제를 사용하도록 돕는다. 생애회고치료는 에릭슨의 심리사회모델에 기반하여 노인이 자신의 다양한 주제들에 대해 성공적으로 통합할 수 있도록 돕는다(Segal, et al., 2016).

2. 자 살

1) 자살의 개념

슈나이드먼(Shneidman, 2018)에 따르면 자살은 의도적 죽음, 즉 의도적이고 직접적이고 의식적으로 자신의 삶을 끝내려는 노력을 하는 스스로 자초한 죽음이라고 정의하였다. 세계보건기구(WHO)에 의하면 자살은 치명적인 결과를 내는 자살적 행위로 다양한 정도의 죽음에 대한 의도와 동기를 인식하면서 자신에게 손상을 입히는 행위로 정의한다. 자살의 개념은 자살생각, 자살시도, 자살행동으로 구분할 수 있으며 자살생각은 자살에 대해 심각한 고민이나 계획을 생각하는 것, 자살시도는 죽음에 이를 목적으로 자신에게 치명적일 수 있는 행동을 하는 것, 자살행동은 자기 스스로 만든 죽음을 의미하는 것으로 자살로 통칭된다. 자해는 자살시도와 달리 자살의도가 명확하지 않은 상태에서 의도적으로 신체에 대해 손상시키는 행동을 하는 것을 의미한다. 그러나 심각한 자살사도를 한 경우에도 자살의도에 대해 부인하는 경우가 있고 자살동기나 의도를 명확하게 구분하기가 어려워 생명에 위험을 야기할 수 있는 치명적인 경우는 자살시도로 간주하기도 한다.

2) 노인자살의 현황

2018년 전체 인구의 10대 사망원인 중 자살이 다섯 번째를 차지할 정도로 자살로 인한 사망은 높은 수치를 기록하고 있다.

지난 5년간 변화추이를 연령대별로 살펴보면, 80세 이상이 가장 높은 자살률을 유지하고 있으며, 70대는 두 번째로 높은 양상을 보이고 있다. 2014~2016년은 60대가 세 번째로 높았으나 2017년에는 50대의 자살률이 세 번째로 높아졌다. 세계보건기구의 2014년 보고서에 따르면 한국의 70대 이상 자살률은 전 세계 국가 중 3번째로 높은 수치를 기록하며(WHO, 2014), 70대 이상의 자살률은 OECD 회원국들 가운데 가장 높다(OECD, 2018). 성별에 따른 자살률을 살펴보면 남성노인의 자살률은 여성노인에 비해 현저히 높게 나타났다. 특히 70대와 80대 이상의 자살률은 2017년 기준으로 각각 81.7명과 138.4명이었으며 이는 동일 연령대의 여성노인에 비해 2~3배 이상 높은 수치이다. 교육수준별로 보았을 때는 60대 이상 노인의 경우 초등학교 졸업자의 비율이 가장 높았다.

[단위 : 인구 10만 명당 명]

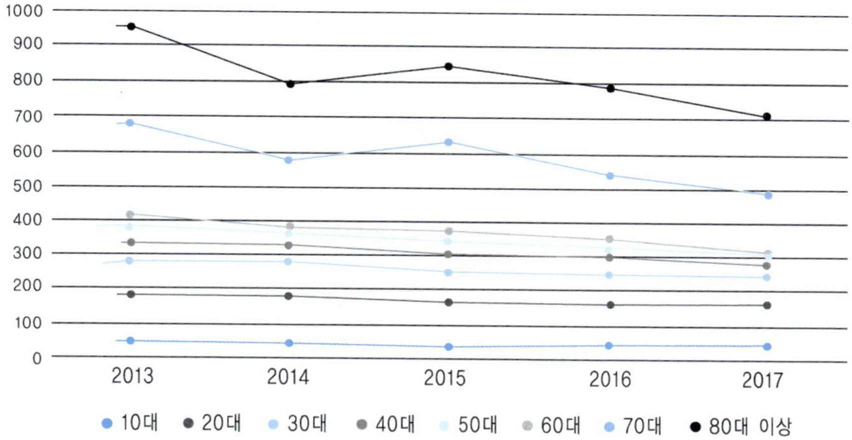

|그림 13-1| **2013~2017 연령대별 자살률 추이**

출처 : 보건복지부·중앙자살예방센터(2019).

2017년 61세 이상 자살 사례들에 대해 동기별로 분석한 결과 육체적 질병 문제가 45.5%로 가장 높았고, 정신적·정신과적 문제는 29.9%, 경제생활문제는 9.6%를 차지하였다(보건복지부·중앙자살예방센터, 2019). 자살충동 원인에 대한 사회조사 결과도 이와 유사한데, 60세 이상 노인층의 경우 경제적 어려움(34.4%), 질환 및 장애(34.5%), 가정불화(13.1%), 외로움 및 고독(12.9%) 순으로 나타나 다른 연령층에 비해 건강상의 문제로 인한 자살 충동이 훨씬 더 높게 나타났다.

3) 특 징

노인 자살은 다른 연령대와 비교하여 특징들이 존재한다. 청소년이나 청년층은 단일요인인 스트레스 사건(예 학업 성취에 대한 압박, 부모와의 불화 등)에 대한 충동적이고 즉각적인 반응으로서 자살을 선택하지만, 노인들은 만성적으로 존재하는 문제와 더불어 스트레스 사건이 더해지면서 복합적인 요인에 의한 자살을 선택하는 경우가 많다(김효창·손영미, 2006). 노인자살의 또 다른 특징은 계획적인 경향이다. 노인은 다른 연령층에 비해 자살 시도 횟수는 적으나(보건복지부·중앙자살예방센터, 2019) 자살에 성공하는 비율은 높다. 노인들의 경우 오랜 시간에 걸쳐 죽음에 대한 생각이 선행되며, 자살을 치밀하게 계획하고, 자살 시도 전 자살의도에 대한 표현 없이 바로 실행에 옮기는 경향이 있다. 또한 자살 수단에 있어서도 생명에 치명적인 도구를 사용함으로써 자살률이 높은 경향이 있다(연병길·류성곤, 2001). 전체 인구의 경우 자살시도자 25명 중 1명이 자살에 성공하지만, 노인의 경우 4명에 1명 꼴로 성공한다(Minayo & Cavalcante, 2015).

4) 위험요인

자살 위험요인이란 자살과의 직접적인 인과관계가 밝혀지지 않았으나 선행연구를 통해 노인 자살과 밀접한 관련이 있는 것으로 밝혀진 요인들이다. 이러한 요인들을 바탕으로 자살 위험성에 대해 평가할 수 있다.

첫 번째는 정신과적 장애이다. 자살에 대한 심리적 부검 연구들은 정신과적 장애가 자살로 사망한 노인의 85%에서 90%가량이 정신과적 장애를 가지고 있었던 것으로 밝혀냈다(Conwell, Van Orden, & Caine, 2011). 이 중 기분장애, 특히 우울증은 자살한 노인의 50~87%가량이 자살 당시 우울증상을 가지고 있었을 정도로 공통적으로 나타났다(오병훈, 2006). 외국의 연구에서 자살로 사망한 노인의 54%에서 87%가 주요 우울장애를 가지고 있었다고 보고한다(Conwell, et al., 2011). 또한 기분장애 진단과 더불어 과거 자살 시도의 경험이 있을 경우 자살 위험의 심각성은 매우 높아진다(Mendez-Bustos, et al., 2013). 불안장애, 물질남용, 양극성 장애, 조현병, 외상후 스트레스 장애 등도 자살위험을 높이는 것으로 알려져 있다(Conejero, et al., 2018). 물질남용, 그중 특히 알코올중독은 우리나라의 연구에서도 자살생각을 증가시키는 위험요인으로 나타났다(정은숙, 2005). 이 외에도 치매도 자살 위험성을 높인다고 알려져 있는데(Serafini, et al., 2016), 치매 진단을 받고 난 후 자살 위험성이 증가한다.

두 번째로는 신체적 질환 및 기능적 손상이다. 앞서 우리나라 노인 자살 현황에서 살펴봤듯이 신체적 질병과 장애는 자살과 관련된 스트레스원이다. 암, HIV/AIDS, 간질, 헌팅턴병, 다발성경화증, 소화성 궤양, 신장질환, 심장/폐질환, 척추손상, 루푸스 등의 질환은 그러한 질병이 없는 노인에 비해 1.5에서 4배가량 자살 위험성이 높았다(Conwell, et al., 2011). 또한 가지고 있는 질병의 개수가 증가할수록 자살위험성도 높아졌다(Juurlink, et al., 2004). 우리나라 노인을 대상으로 한 연구에서도 건강악화가 주요한 자살생각의 동기였다(보건복지부·중앙자살예방센터, 2019; 서화정, 2005). 질병에 대한 두려움, 질병 경과에 대한 불안, 질병으로 인한 심각한 통증 등이 신체적 질환과 자살 위험성 간의 관계를 설명해 준다. 한편, 기능적 손상 역시 자살 위험성을 높인다. 일상생활 수행능력의 제한을 가지는 경우 노인은 독립성과 자율성을 잃을 것에 대해 두려워하고, 자신이 가족에게 짐이 될 것을 염려하여 자살 위험성은 급격히 증가한다(Conwell, et al., 2011).

세 번째 위험요인은 사회적 고립(social disconnectedness)이다. 사회적 고립이란 타인과의 접촉이 결여된 상태를 특징으로 한다. 사회적 관계망이 좁거나, 낮은 빈도의 사회적 상호작용, 사회적 활동이나 집단에의 저조한 참여와 같은 상황적 요인들에 의해 규정된다(Cornwell & Waite, 2009). 사회적 고립은 외로움, 인지된 고립감 같은 주관적 경험에 영향을 미치게 되고, 이는 다시 건강상태에도 영향을 끼친다. 노인 자살과 관련된 연구들에서 독거 상태, 배우자 사별, 외로움, 대인관계에서의 갈등, 낮은 사회적 지지와 같은 사회적 고립을 나타내는 요인들과 자살 위험성 간의 높은 상관관계가 증명되었다(문동규, 2012). 또한 사회적 고립은 자살의 다른 위험요인인 우울이나 자살생각, 자해 등의 행동들에도 영향을 미쳐 자살위험을 더욱더 높게 만들 수 있다.

네 번째는 경제적 요인이다. 한국 노인 자살 현황에서 살펴봤듯이 자살생각 또는 자살행동의 주요 원인 중 하나는 경제적 어려움이다. 노년기에는 은퇴나 질병 등으로 소득이 줄어들어 경제적 안정을 유지하기 어렵다. 선행연구들에서도 경제적 어려움을 겪고 있거나 비고용상태에 있는 노인들이 자살률이 높다는 결과를 보고한다(김형수, 2000; 김효창·손영미, 2006). 우리나라 노인층의 경우 급격한 사회경제적 변화와 가족기능의 변화를 겪으면서 노후에 대한 경제적 대비를 하기 어려워 노인빈곤률이 상당히 높다. 또한 낮은 교육수준, 농어촌 지역 거주, 지역사회 빈곤 등과 같은 사회경제적 불평등이 자살률에 영향을 끼치는데(Kim, et al., 2010), 우리나라 노인들의 경우 이러한 불이익을 가장 많이 경험하는 연령대이기도 하다.

마지막으로 개인의 성격 특성 및 문화적 요인이다. 노인의 스트레스에 대한 대처 방법에 따라 자살에 대해 보호요인이 되거나 위험요인이 될 수 있다. 스트레스에 대한 대처 양식 중 문제 중심 또는 정서 중심 대처 방식은 자살생각에 보호요인이 되지만, 역기능적 대처 방식은 위험요인이 된다(Marty, et al., 2010). 또한 노화와 노인에 대한 사회문화적 태도도 영향을 끼칠 수 있는데, 노인에 대한 긍정적인 사회적 태도는 낮은 노인 자살률과 상관관계가 있었다(Yuryev, et al., 2010). 따라서 노인에 대한 사회적 존중과 긍정적 태도는 노년기 스트레스 상황에 직면하더라도 죽음만이 해답이 아니라는 인식을 심어주는 데 도움이 될 것이다.

5) 예 방

자살 예방은 공공과 민간, 보건 및 비보건영역(교육, 노동, 농업, 기업, 법, 정치, 언론 등)을 모두 포함하는 사회의 다양한 부문들이 함께 협력해야 가능하다. 자살 예방을 위한 노력은 광범위하고 통합적일 때 그 효과가 발휘될 수 있다. 앞서 위험요인들에서 살펴보았듯이 자살을 야기하는 원인들은 다양하다. 개인 수준에서의 자살 예방의 가장 효과적인 방법 가운데 하나는 정신과적 장애를 효과적으로 사정하고 관리하며, 특히 자살시도자에 대한 적절한 개입이 필수적이다. 그리고 인구집단 수준에서는 자살 수단으로의 접근 제한, 알콜남용을 감소기키기 위한 정책, 자살에 대한 언론 보도와 관련된 정책 등 광범위한 국가 단위의 정책들을 실행할 수 있다(WHO, 2014). 이러한 자살예방 프로그램들은 그 목표에 따라 1차 예방(primary prevention), 2차 예방(secondary prevention), 3차 예방(tertiary prevention)으로 구분된다. 1차 예방 프로그램은 사회적 조건을 개선하여 자살의도를 사전에 예방하고자 하며 사회환경적 접근, 일반인구대상 정신건강증진, 자살위험요인 예방과 같은 내용들을 포함하며, 2차 예방 프로그램은 자살을 고려하거나 자살할 위험이 높은 집단에 조기 개입하는 것을 목표로 하며 자살위험자 조기발견 및 조기개입 프로그램들이 해당된다. 3차 예방 프로그램들은 이미 자살 시도를 하였거나 만성적인 자살위험에 처해있는 사람들을 대상으로 자살 시도로 인한 손상과 추후 자살시도 확률을 감소시키기 위한 조치와 관리들을 뜻한다(김형수, 2000).

우리나라 노인자살예방정책은 중앙정부에서 2004년부터 수립된 자살예방종합대책에서 찾아볼 수 있다. 제1차 국가자살예방 5개년 기본계획(2004~2008년)은 1997년 말 경제위기 이후 자살률이 급증하자 2004년 국가자살예방(2004~2008년) 기본 계획을 수립하였으며, 12대 과제를 선정하여 자살예방을 위한 국가적 노력을 시작하였다. 1차 자살예방종합대책에서 노인자살예방과 관련된 부분은 생애주기별 서비스 범주별 자살예방대책에 기술되어 있지만, 생애주기별로 특화된 사업은 부족하였다. 노인에게 특화된 자살예방 위험요인 예방과 관련된 사업은 배우자 사망, 독거노인, 만성질환자 대상 우울증 예방 프로그램 및 사회지지체계 연결사업 정도였으며, 그 외의 대부분 사업 내용은 청소년 및 청·중년층과 동일하였다(이상영, 2015; 이소정, 2009).

제2차 자살예방 종합대책(2009~2013년)은 2007년 국무총리실 주도로 범부처적 협력으로 수립하였으며, 경제위기, 도시화, 핵가족화 등으로 인한 사회적 지지망의 약화와 생명경시 풍조 등의 사회문화적 요인을 자살의 주요한 원인으로 인식하고 이에 대한 구체적인 추진목표와 세부과제를 제시하고 있다. 또한 자살예방과 자살위기대응을 적극적으로 할 수 있는 자살위기대응팀, 지역정신보건센터, 알코올상담센터 등의 자살예방 인프라를 강화하였다. 그리고 자살예방법 제정 추진을 통해 인프라 구축과 예산 및 인력 지원을 위한 재정적 근거도 마련하고자 하였다.

제3차 자살예방기본계획(2016~2020년)은 자살예방 및 생명존중문화 조성을 위한 법률에 따라 2016년에 수립되었으며, 정신건강종합대책(2016~2020)의 일부로 추진되어 자살예방을 통합적이고 유기적으로 추진하려는 의도가 반영되었다. 자살 관련 사회인식 및 환경 개선 등 자살예방 환경을 조성하고, 생애주기별 자살예방 서비스, 고위험군 대상 서비스, 위기대응과 사후관리체계와 같이 맞춤형 자살예방 서비스를 계획하였으며, 이 외에 게이트키퍼(gatekeeper) 교육 강화 등 자살예방정책 추진기반을 강화하는 것을 주요 골자로 한다. 2018년에는 자살예방 국가행동계획을 수립하여 효과성이 입증된 구체적인 행동계획으로서 지방자치단체단위로 계획을 만들어 전사회적인 예방 대책을 실행하고자 하였다. 이러한 정책들을 추진하기 위해 총리실 주도로 '범정부 추진체계'를 구축하고, 보건복지부는 자살예방 전담부서인 자살예방정책과를 신설하였다. 자살예방정책과에서는 각 부처, 지방자치단체, 자살예방 및 정신보건, 사회복지서비스를 제공하는 다양한 민간위탁기관이 자살예방 관련 업무를 유기적으로 수행할 수 있도록 연계하고 지원한다. 2018년 12월 27일 자살예방 전문상담 전화인 1393를 설치하여 보건복지상담센터 내 위기대응상담팀에서 채용한 자살예방상담 전문 인력으로 운영되어 신속한 도움을 청하고 수신율을 제고하였다.

중앙자살예방센터는 자살예방법에 의해 설치되었으며, 보건복지부의 자살예방사업을 지원하고 지방자치단체의 자살예방사업을 전문적으로 지원하며, 사회각계 민관협력기관과 네트워크를 구축함으로써 자살예방사업 협력활동을 지원하고 있다. 대외협력사업, 미디어정보사업, 홍보사업, 교육사업, 연구개발사업, 응급실 자살시도자 사후관리 지원사업, 통계분석 사업 등을 운영하고 있다. 한편, 중앙심리부검센터는 자살 유족과의 면담을 통해 자살사망자의 사망원인을 다각도로 분석하고, 자살 유족 및 전문인력을 지원하는 역할을 수행하며, 전문가 상담을 통해 자살 유족의 심리적 외상에서 회복하고 건강한 애도를 할 수 있도록 지원하고 있다.

광역 및 시·군·구 단위로 자살예방센터들이 있다. 9개의 광역자살예방센터와 16개의 광역정신건강복지센터는 시·도의 정신건강사업 및 자살예방사업의 주도적 역할을 수행하며 지역특성을 반영한 사업 수행을 위해 지역사회 유관기관 간 연계 및 서비스 제공 체계를 마련하는 등 지역 내 자살예방사업을 총괄하고 있다. 국가정책사업 내용을 반영한 지역에 적합한 자살예방사업을 기획하여 광역단위에서 자살예방사업이 운영될 수 있도록 하고, 지역사회 진단 및 연구조사를 통해 지역에 적합한 프로그램 개발을 위한 근거를 마련한다. 이 외에도 교육사업, 네트워크 구축, 홍보, 지역 인식 개선, 지역특성화 사업, 정신건강위기상담 운영 등의 역할을 하고 있다. 기초자살예방센터 26개, 기초정신건강복지센터 228개가 운영되고 있으며 시·군·구 차원으로 인식개선 사업을 하고, 고위험군 조기발견 및 치료 연계, 자살위기대응 및 사후관리체계 마련, 자살수단 접근차단 등의 사업을 운영하고 있다.

3. 치 매

신경인지장애(neurocognitive disorders)는 사고, 추론, 저장, 기억 등의 인지기능을 수행하는 뇌의 기능이 다양한 원인으로 손상되어 나타나는 것으로서, 치매는 신경인지장애의 일종이다. 치매[2]는 기억 및 인지 능력의 심각한 감퇴를 특징으로 하며, 후천적인 다양한 원인으로 인해 기억력, 사고 처리 과정, 주의력, 판단력과 같은 여러 영역의 인지기능이 심각하게 떨어져 일상생활에 상당한 지장이 나타나는 상태를 의미한다. 단일 원인에 의해 발생하는 특정 질병명이 아니라 70~90여 가지 다양한 원인에 의해 발생되기 때

2) 치매는 어리석다라는 뜻의 치(癡)와 어리석다, 미련하다는 뜻의 매(呆)가 합쳐진 단어로 사전적 의미는 부정적 뜻을 지닌다. 치매의 영어인 dementia도 라틴어 어원을 살펴보면 정신이 박탈된/나간 상태로 편견을 담고 있는 용어이다. 그러나 현재 치매를 대체하는 적절한 용어가 부재하고 치매에 대한 인식 조사결과 치매라는 용어 자체보다 질병에 대한 두려움으로 인해 부정적 인식이 생겨나 용어 변경의 필요성이 적어 현재는 그대로 사용하고 있다.

문에 치매의 양상은 매우 다양하다. 과거에는 치매를 노인이 되면 당연히 겪게 되는 노화현상으로 이해하였지만 현재는 치매를 정상적 노화와 구분지어 뇌 질환의 일종으로 인식되고 있다.

1) 진단기준과 사정

치매의 진단에는 병력청취, 인지기능 및 정신상태 평가, 신체검사와 신경학적 검사, 신경심리검사, 일상생활능력 평가, 검사실 검사, 뇌영상 검사를 동반하게 된다(노인성치매임상연구센터, 2010). 병력청취에서는 치매의 발병 양상, 진행경과, 인지손상의 양상, 행동변화 등에 대한 정보를 얻을 수 있도록 해야 하며, 과거 병력, 현재 동반질환, 가족력 및 학력 또한 중요한 정보로 다루어진다. 이때 DSM-V의 진단기준을 활용할 수 있으며, 인지기능 영역 중 하나 이상의 심각한 저하 유무, 인지적 결함으로 일상생활의 방해가 되는지 등에 대한 질문, 치매의 원인 질환 유무에 대한 질문 등을 포함하여 병력 청취가 이루어진다. 신체검사 및 신경학적 검사를 통해 인지기능에 영향을 줄 수 있는 신체질환이나 뇌신경계 질환의 증후를 진찰한다. 표준화된 신경심리검사는 인지장애 유무와 정도를 파악하는데, 즉 기억력, 계산력, 추리력, 집중력, 시공간지각력, 지남력 등 인지기능 중 어떤 부분에 어느 정도 장애가 있는지 평가한다. 일상생활능력 평가는 기본적 일상생활 활동(ADL)이나 도구적 일상생활 활동(IADL) 등을 평가하도록 한다. 검사실 검사는 동반 질환을 확인하고 인지기능 감퇴에 영향을 줄 수 있는 의학적 상태를 확인하고자 실시하며, 혈액검사, 소변검사, 심전도 검사 등을 포함한다. 또한 뇌영상검사는 뇌의 구조나 모양을 살펴보는 MRI/ CT, 뇌 기능이상을 살펴보는 PET/ SPECT 등이 있는데, 이러한 뇌영상의학의 발달로 치매 진단의 정확성이 크게 향상되었다.

<표 13-2> DSM-V에 따른 치매 진단기준 및 병인

진단기준
a. 하나 또는 그 이상의 인지영역(복합적 주의, 집행 능력, 학습과 기억, 언어, 지각·운동 또는 사회 인지)에서 인지저하가 이전의 수행 수준에 비해 현저하다는 증거는 다음에 근거한다. 환자, 환자를 잘 아는 정보제공자 또는 임상의가 현저한 인지기능 저하를 걱정하고 인지 수행의 현저한 손상이 가급적이면 표준화된 신경심리검사에 의해, 또는 그것이 없다면 다른 정량적 임상 평가에 의해 입증됨
b. 인지 결손은 일상 생활의 독립성을 방해한다(즉, 최소한 계산에서 지불이나 치료 약물 관리와 같은 일상생활의 복잡한 도구적 활동에서 도움을 필요로 함)
c. 인지결손은 오직 섬망이 있는 상황에서만 발생하는 것이 아니다.
d. 인지결손은 다른 정신질환(예 주요우울장애, 조현병)으로 더 잘 설명되지 않는다.

출처 : APA(2015).

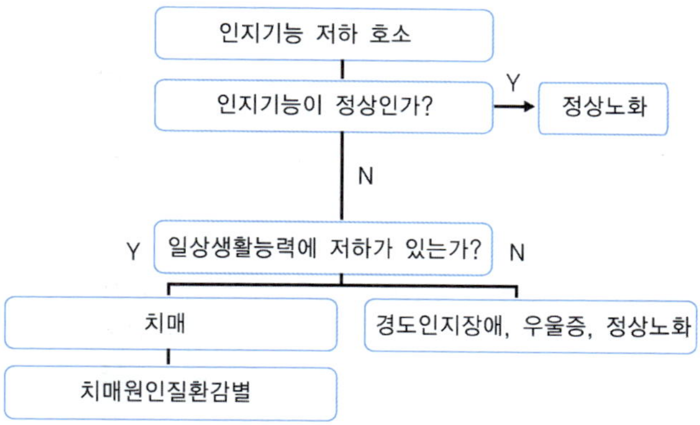

|그림 13-2| **치매진단흐름도**

출처 : 김기웅·곽경필·김병수·김봉조·김정란·김태희·안진영(2017).

2) 현 황

우리나라의 경우 2017년 기준 65세 이상 노인인구 중 추정 치매환자는 약 70만 명으로 전국 평균 치매유병률은 10.0%로 추정된다. 노인인구가 증가함에 따라 치매유병률도 2010년 8.7%에서 2050년 15.1%로 약 두 배 증가할 것으로 예측되며, 치매환자의 수도 2024년에는 백만 명, 2039년에는 2백만 명, 2050년에 3백만 명을 넘어설 것으로 추정된다.

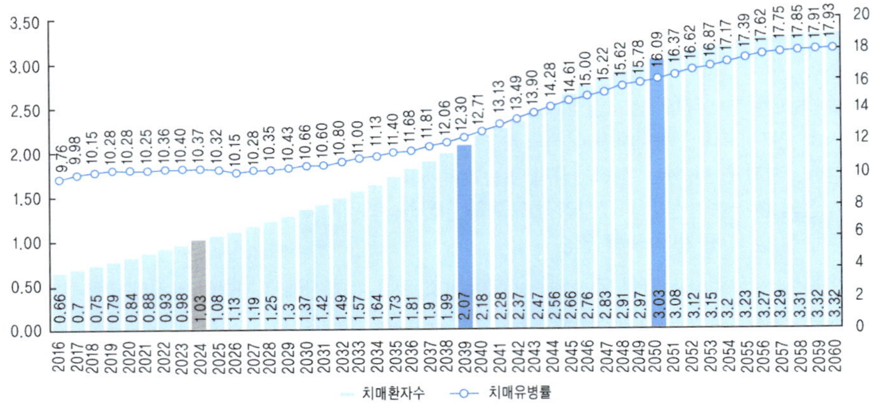

|그림 13-3| **연도별 치매환자 수 및 유병률 추이(2016~2060)** (단위: 백만명, 5%)

출처 : 보건복지부·중앙치매센터(2018). 대한민국 치매현황.

3) 원인과 유형

치매의 원인은 매우 다양한데, 본 장에서는 가장 흔하게 나타나는 세 가지 유형의 치매를 살펴보도록 하겠다.

(1) 알츠하이머병

알츠하이머병은 서서히 발병하여 점직적으로 악화되는 진행성 치매로서, 치매 원인 중 가장 대표적이며 전체 치매의 55~70%를 차지한다. 알츠하이머병은 유전·생활양식·환경적 요인이 복합적으로 작용하여 발병하는 경향이 있다. 알츠하이머병의 정확한 원인은 규명되지 않았으나, 노인반(senile plague)과 타우단백질(tau protein)의 병리적 변화를 일으켜 대뇌 구조와 기능의 변화가 생기면서 인지기능 장애와 일상생활 기능의 저하를 초래하는 양상을 띤다. 알츠하이머병의 특징적 증상은 초기에는 단기기억력저하가 보이나 점차 병이 진행되면서 기억력 외에 주의집중력, 언어기능, 실행기능과 같은 인지기능, 망상이나 우울증과 같은 정신행동 증상이 나타난다. 말기에는 운동영역으로까지 손상되어 모든 일상생활기능을 상실하게 된다(대한치매학회, 2011; 민성길 외, 2015; 중앙치매센터, n.d.).

(2) 혈관성 치매

혈관성 치매는 두 번째로 흔한 치매원인이며, 전체 치매의 약 15~20%를 차지한다. 적절한 의학적 개입을 통해 추가적인 뇌혈관 질환이 발생하지 않으면 어느 정도 증상호전도 기대할 수 있다(노인성치매 임상연구센터, 2010). 뇌혈관질환 또는 심혈관질환에 의해 대뇌 주요 부분 조직이 손상을 받아 혈관성 치매가 발생하게 된다. 초기부터 편마비, 구음장애, 안면마비, 연하곤란, 편측 시력장애, 시야장애, 보행장애, 실금 등 신경학적 증상이 동반되는 경향이 있다. 질병의 진행경과는 병의 원인인 뇌혈관 질환의 종류, 크기, 위치에 따라 다양한 증상과 진행 경과를 보인다(대한치매학회, 2011; 오병훈·차경렬, 2007).

(3) 루이체치매

루이체치매(Lewy body dementia)는 전체 치매의 10~25%를 차지할 정도로 흔한 치매 유형이다. 루이체란 신경세포 내 비정상적인 단백질의 덩어리로서 시누클린이라고 불리는 단백질로 이루어져 있다. 루이체치매는 이러한 루이체가 대뇌에 광범위하게 발생하는 것을 특징으로 한다. 루이체치매는 개인마다 증상 차이가 클 수 있으며, 가장 흔한 증상으로는 인지, 운동, 수면, 행동상의 변화이다. 인지기능과 관련한 증상으로는 주의집중, 시공간 인지능력, 계획, 문제해결과 같은 사고 능력의 저하를 보이며, 기억력 문제는 초기에는 분명하게 나타나지 않다가 병이 진행되면서 종종 심각해진다. 이러한 인지기능의 변화가 날마다 달라지기도 하고 하루 중에도 수시로 변하기도 하여 예측하기 힘든 특징이 있다. 루이체치매 환자의 약 80%가 현실적이고 구체적인 이미지의 환시를 경험하며 초기일 때도 종종 발생한다. 운동기능과 관련해서는 경직, 느린 행동, 몸의 떨림과 같은 파킨슨병 증상과 유사한 증상이 나타난다(대한치매학회, 2011; 민성길 외, 2015; 오병훈·차경렬, 2007).

이 외에도 전두측두엽 치매, 물질/ 치료 약물 사용으로 인한 치매(예 알코올치매), 외상성 뇌손상, HIV 감염, 프라이온병, 파킨슨병, 헌팅턴병에 의한 치매 등이 있다. 이 중 가역성 치매는 치매의 원인 중 완치가 가능한 원인에 의해 발생한 치매를 일컬으며 전체 치매의 5~10%에 해당한다. 가역성 치매의 원인질환으로는 우울증에 의한 가성치매, 정상압 뇌수두증, 뇌종양 및 만성 경막하 혈종, 감염성 질환, 내분비 질환, 영양결핍성 질환, 무산소증, 중독, 약물의 부작용으로 인한 치매 등이 해당한다.

4) 증 상

치매는 인지기능과 행동능력의 저하를 가져오므로 이러한 기능들은 기억, 언어, 시공간 인지, 문제해결, 자기관리, 주의집중 등을 모두 포함한다. 치매의 증상은 치매의 원인질환이나 경과에 따라 달라질 수 있어 특정 원인 치매에서는 일부 증상이 두드러지게 나타날 수도 또는 나타나지 않을 수도 있다. 다음은 흔히 관찰할 수 있는 증상들을 중심으로 기술할 것이다(권중돈, 2012; 대한치매학회, 2011; 대한치매학회 신경행동연구회, 2017).

(1) 인지기능

① 기억력 장애

기억력 장애는 치매의 초기 증상 중 가장 먼저 나타나는 증상 중 하나이며, 알츠하이머병에서 흔히 관찰된다. 치매노인의 기억장애는 뇌의 질병이나 손상이 원인이며 경험한 것들을 전체를 잊어버리고, 잊어버린 사실 자체를 자각하지 못한다. 초기에는 최근이나 방금 한 일을 기억하지 못하는 단기기억장애가 주로 나타나지만, 시간이 지나며 기억력 장애가 악화되고 장기적이고 중요한 기억에도 손상이 심각해지는 것을 볼 수 있다.

② 언어 장애

치매환자는 언어를 표현하거나 수용하는 능력이 점차 저하되어 주변과의 의사소통에 어려움을 겪는다. 알츠하이머병 초기에는 물건 이름 대기 장애가 있으며 병이 진행되면 대화를 이해하지 못해 엉뚱한 말을 하기도 한다. 일기, 쓰기 등에도 장애가 나타나고 말기에는 전혀 말을 못하게 된다. 이 외에도 치매 초기부터 단어 뜻을 이해하지 못하는 의미치매, 문법상실증과 같은 비유창진행실어증도 있다.

③ 시공간능력장애

시공간능력이 손상되면 공간에서 주변을 파악하면서 하는 행동에 장애가 오게 되므로 방향감각이 저하되고 쉽게 길을 잃어버린다. 초기에는 낯선 곳에서 길을 잃을 수 있으나, 치매가 진행되면서 익숙한 환경에서도 길을 찾지 못하고 자신의 집에서 화장실이나 방의 위치를 찾는 데 어려움을 겪는다.

④ 전두엽수행기능

수행기능은 문제해결을 위해 계획을 세우고 계획에 따라 일을 조직하며 대처하는 능력인데, 내측전두엽이 손상될 시 의욕이나 동기가 없어지고, 무감도(apathy), 무의지, 무언증이 발생할 수 있다. 안와전두엽이 손상되면 탈억제(disinhibition), 정서불안정(emtional lability), 지나친 공격성, 부적절한 대인관계 등이 발생할 수 있다.

⑤ 지남력과 주의집중력

주의집중력은 외부의 자극을 인지하고 반응하는 정보선택 및 처리과정인데 이에 대한 손상은 일상생활기능 저하를 가져온다. 지남력은 자신과 외부와의 연관성을 파악하는 능력인데, 치매환자들은 시간이나 장소, 사람에 대한 파악할 수 있는 능력이 저하되는 것을 경험한다. 일반적으로 시간에 대한 지남력이 가장 먼저 손상되어 날짜 관념이 흐려지고, 진행이 더 될 경우 계절이나 밤낮의 구분도 어려워진다. 사람에 대한 지남력은 치매가 상당히 진행된 후에 손상되는데 말기에 이르면 가족과 같이 가까운 사람도 알아보지 못하게 된다.

⑥ 실행능력

실행능력은 기초적인 동작부터 복잡한 동작까지 특정한 행동을 수행하기 위한 의도를 가지고 정확한 근육의 움직임을 행하는 능력을 의미한다. 실행

능력의 손상은 뇌혈관질환 등에서 흔히 볼 수 있으며, 알츠하이머병의 경우 중기에 더욱 흔하다. 실행능력의 장애가 생길 경우 이미 학습한 숙련된 운동을 적절하게 실행하지 못하거나, 각각의 동작은 가능하나 일련의 연속동작은 하지 못하거나, 타인이 시키거나 타인을 흉내내는 동작을 하지 못하는 경우들이 존재한다.

(2) 행동심리증상(BPSD : Behavioral and Psychological Symptoms of Dementia)

행동심리증상은 '원인에 관계없이 치매를 앓는 환자에게 나타나는 다양한 정도의 심경심리 반응, 정신증적 증상 및 행동이상 발현을 기술하는 데 쓰이는 용어'이다(대한치매학회, 2011). 행동심리증상은 치매환자와 주변인들에게 가장 어려운 부분 중에 하나이며 시설입소의 주요 원인이 되기도 한다. 이러한 증상들 중 대부분은 조기에 발견하여 적절하게 정신과적 약물을 통해 치료하면 치료반응이 우수하여 개선될 수 있다. 또한, 이러한 증상들은 생물학적 원인도 있으나, 사회－환경적 요인, 대인관계적 요인, 심리학적 요인들에 의해 나타난다. 대체로 환자가 스트레스를 느끼거나 혼란스러울 때, 현재 상황에 대해 스스로 이해하고 소통하기 위해 나타나는 경우들이 많기 때문에 이러한 행동 증상을 살펴볼 때 행동의 원인과 환자의 욕구에 대해 파악하고 그에 맞는 도움을 제공하는 것이 바람직하다.

① 정신병

행동심리증상 중 하나는 정신병 증상의 발현이다. 정신병 증상은 크게 망상(delusion), 환각(hallucinations), 망상적 착오(delusional misidentification)로 구분할 수 있다. 망상은 잘못된 내용에 대해 비정상적이고 주관적인 생각에 의해 형성된 확고한 생각이나 믿음이다. 다른 사람들이 자신에 대해 이야기를 한다고 믿거나 누군가 자신의 물건을 훔쳤다고 생각한다든지, 배우자가 바람을 피웠다고 믿는 망상 등 다양한 형태로 나타난다. 망상이 나타나면 인지기능 저하가 빠르게 일어나거나 타인에 대한 공격성이 나타날 가능성이 높아진다.

환각은 실제적 자극 없이 느끼는 지각으로 주로 중증도에서 흔하다. 주로 낯선 사람, 아동, 동물이나 곤충에 대한 환시 등이 나타난다. 환시에서 보이는 모습은 완전한 사람의 모습을 갖추고 있고 간혹 움직이거나 말을 하기도 한다. 치매환자의 경우 주로 환시와 환청이 나타나지만, 드물게 후각, 미각, 촉각에 대해서도 환각이 생기기도 한다.

망상적 착오는 실제로 존재하는 것을 실제와 다르게 인지하는 것이다. 예를 들어, TV 속의 사람이 현실에도 존재하는 것처럼 생각한다든지, 거울 속에 비친 자기 모습을 다른 사람으로 생각한다든지, 배우자나 가족이 겉모습만 똑같이 생긴 사기꾼이다라고 생각한다든지, 낯선 사람이 집에 같이 살고 있다고 믿는 것과 같은 것들이 망상적 착오에 해당한다. 망상적 착오가 있을 때 공격적 행동이 동반될 수 있다(노인성치매임상연구센터, 2010; 대한치매학회 신경행동연구회, 2017; 오병훈·차경렬, 2007).

② 정서, 감정 증상

우울증은 일반 노인들에게서 발견되지만 알츠하이머병을 가진 노인들의 경우 10~20%가 우울장애를 앓고 있으며, 혈관성 치매 환자도 우울증이 동반될 가능성이 높다.

무감동(apathy)은 정서표현이 소실되고 주위에 대해 흥미나 호기심을 상실하고 무관심(indifference)해지며, 행동에 있어서도 노력이 부족하고 행동을 시작하고 유지하는 것에 어려움을 겪는 것을 포괄한다. 이러한 무감동 증상은 치매가 진행되며 빈도가 증가하며 환자의 일상생활수행기능에 저하를 가져온다.

불안증세는 혈관치매에서 비교적 빈도가 높다. 대표적인 불안증세로는 '곧 있을 일에 대해 반복적으로 질문하는 행동'이며, 인지 기능이 저하되며 혼자 남겨진다는 두려움이 불안증세를 강화할 수 있다.

반복행동 또는 과다행동과 같은 비정상행동(aberrant motor behavior)가 있는데, 옷을 상황에 맞지 않게 입거나 벗거나, 배회, 야간외출, 같은 동작

반복(예 강박적으로 물건을 수집하는 행동) 등이 이에 포함된다. 한편, 초조(agitation)는 환자가 불안하여 부적절한 방식으로 말이나 소리를 내는 행동을 뜻하며 신체공격행동, 언어공격행동, 신체비공격행동(예 목적 없이 반복하는 신체활동 등), 언어비공격행동(예 끊임없는 간섭 등)이 있다. 이 외에도 보살핌에 저항하는 행동, 부적절한 성적 행동, 환자의 불안과 불만에 대한 격렬한 의사표현인 파국반응(catastrophic reaction), 오후나 저녁시간에 정신행동증상이 생기거나 악화되는 일몰증후군 등이 있다(대한뇌신경재활학회, 2017; 대한치매학회 신경행동연구회, 2017; 민성길 외, 2015). 이 외에도 수면장애, 섭식장애 등도 있다.

③ 일상생활능력 저하

일상생활 수행능력[3]은 종합적인 인지능력과 수행능력과 관련이 높아, 치매가 진행되면서 치매환자의 일상생활 수행능력은 현저히 떨어진다.

5) 개 입

치매의 원인이 다양하지만 대부분 유형의 치매가 뇌의 퇴행성 변화가 진행되어 인지기능장애뿐만 아니라 사회활동의 제약, 일상생활 수행능력의 손상을 경험하게 된다. 따라서 약물 치료와 더불어 인지재활치료, 비약물치료 등을 통해 질병증상 진행을 지연시키고 치매노인의 기능을 최대한 사용하고 유지하는 것을 목표로 통합적 접근을 하는 것이 중요하다(중앙치매센터, n.d.).

(1) 약물치료

치매의 원인은 70여 가지 이상이 될 정도로 다양하므로 원인에 대한 정확한 진단을 받고 그에 맞게 치료를 받는 것이 중요하다. 가역성 치매일 경우 적절한 치료를 통해 치매증상 호전이 가능하며, 진행성 치매라고 할지라도

3) 일상생활 수행능력에 대한 정의와 구체적 행동내용은 제6장을 참고하도록 한다.

약물 치료를 통해 병의 진행을 늦추고 인지기능 저하를 일정 기간 저지하는 것은 가능하다(권중돈, 2012).

① 인지기능 저하 관련 약물

알츠하이머병의 경우 콜린성 신경세포 수의 감소 정도와 아세틸콜린의 감소가 인지기능 저하와 관계가 깊다고 알려져 있다. 감소한 콜린계 기능을 강화시키는 약물로는 콜린에스테라아제(ChE)를 억제시켜 아세틸콜린의 농도를 증가시키는 콜린에스테라아제 억제제가 좋은 효과를 보이고 있다(대한치매학회, 2011). 콜린에스테라아제 억제제는 병의 진행 경과를 6개월에서 2년 이상 늦출수 있으며 병의 초기와 중기에 약의 효과가 크다고 알려져 있다(대한뇌신경재활학회, 2017).

신경전달물질 중 글루타메이트(glutamate)가 과도하게 분비되면 신경세포의 손상을 일으켜 치매의 발병에 영향을 끼친다. 알츠하이머병에서는 글루타메이트가 과량 분비되어 NMDA 수용체의 칼슘 이동 통로가 열려 세포 내로 칼슘이 과도하게 유입되고, 이로 인해 세포 내 심각한 잡음이 항상 발생하게 되어 신경세포에 필요한 신호가 발생하더라도 제대로 작용을 못하게 된다. NMDA 수용체 길항체(NMDA Receptor Antagonist)인 메만틴은 신경세포 내로 칼슘이 과량유입되는 것을 차단하여 신경세포 손상을 막아주고 기능을 정상화한다(대한치매학회, 2011).

② 행동심리 증상 관련 약물

신경이완제는 의심증, 망상, 환각, 공격성, 망상성 초조행동 등에 효과가 있다. 항우울제는 우울증, 불안, 망상과 관련이 없는 단순 초조성 행동, 수면장애에 효과성이 있다. 벤조다이아제핀계 약물(benzodiazepine)은 불안, 비공격성 초조행동 및 수면장애에 효과가 있고, 카르바마제핀(carbamazepine), 밸프로에이트(valproate) 등의 항경련제는 급성 초조성 행동, 탈억제 행동, 폭발적 분노 및 기분변화가 심할 때 사용된다. 약물 투여는 신체적, 환경적인 행동심리증상 유발요인이 있는지 확인 후 비약물적 개입을 먼저 시도하고 약물치료를 신중히 선택하는 것이 바람직하다(대한치매학회, 2011).

(2) 비약물적 치료

치매의 다양한 증상들 가운데 약물 치료 반응이 적거나 없는 경우가 있으므로 비약물 치료도 병행하는 것이 바람직하다.

먼저, 인지재활은 치매와 인지기능저하를 예방하고 인지저하정도를 감소시키고 기능을 회복시키는 것을 목적으로 한다(대한뇌신경재활학회, 2017). 인지재활에는 인지훈련(cognitive training), 인지자극(cognitive stimulation), 인지재활(cognitive rehabilitation)이 있다. 인지훈련은 문제풀이, 기억력훈련, 기억전략훈련과 같이 특정 인지기능을 향상시키기 위한 기술과 전략을 훈련하는 것을 뜻한다. 인지자극은 게임, 토론 등의 집단활동을 통해 인지기능을 활성화하고, 사회활동기능을 유지시키려는 목표를 가진다.

인지재활은 단지 인지기능저하에만 초점을 맞추는 것이 아니라 인지기능저하로 나타나는 개인적, 사회적 기능저하를 최소화하고 대처하는 것을 뜻한다. 일상생활 수행능력 중 비교적 보전이 되어있는 기능을 호전시켜서 부족한 부분을 보상할 수 있도록 한다.

행동 중재로서 규칙적인 신체운동은 산소포화도를 증가시키고, 뇌 신생혈관 생성을 촉진시키며, 신경전달물질을 증가시켜 뇌세포의 사멸을 억제한다. 행동중재는 경도인지장애나 중등도 치매환자에게 인지기능과 생존율에 효과적이라고 보고된다(김형섭·김용욱, 2014).

치매환자의 행동심리증상에 대한 비약물치료로 증상을 최소화할 수 있는 환경 마련과 안전사고 예방이 필요하다. 치매환자의 경우 복잡한 환경에서 더욱 혼란스러워할 수 있으므로 단순한 환경을 제공하도록 하고 다칠 수 있는 뾰족한 물건이나 가구 또는 망상을 자극할 수 있는 물건(예 거울)은 제거하거나 안전장치를 한다. 가능한 한 규칙적인 생활을 하도록 하고 문제행동이 나타날 때 원인을 찾도록 한다. 이 외에 치매환자를 대상으로 행해지는 비약물적 치료들로는 행동치료, 미술치료, 음악치료, 다감각자극, 향기치료 등이 있다.

(3) 환경적 중재

적절한 환경을 조성한다면 인지기능에 제한이 생기더라도 치매노인이 독립적으로 생활할 수 있는 기간을 연장시킬 수 있다. 치매노인이 가지고 있는 인지능력을 사용하도록 충분히 자극하여 개인의 기능을 최적화시키는 환경 수준을 찾아내 지원해 주는 것이 필요하다(Segal, et al., 2016). 개인공간, 소집단공간, 가족과 환자가 상호작용을 할 수 있도록 촉진하는 공간, 쉬운 안내판이 부착되어 있는 공간과 같이 적절한 환경적 자극이 존재해야 한다(Cutler, 2007). 예를 들어, 요양시설에서 방문에 치매환자의 과거와 현재 사진을 모두 부착함으로써 환자가 자신을 방을 찾기 쉽게 하는 것과 같은 방법들이 있다.

(4) 치매노인가족 지원

치매는 환자뿐만 아니라 가족에게도 큰 영향을 미친다. 치매환자를 돌보는 가족들은 환자의 인지기능 저하와 행동심리증상들로 인해 돌봄에 대한 스트레스가 높다. 치매환자의 가족들은 치매환자를 돌보는 과정에서 사회적 활동 참여에의 제한, 가족관계의 부정적 변화, 우울과 불안과 같은 심리적 부담, 경제적 어려움, 건강의 악화 등을 경험한다. 이러한 부양부담을 감소시키기 위해서는 환자뿐만 아니라 가족들에게도 다양한 서비스가 지원되어야 한다. 치매노인 가족을 위한 서비스 제공 기관들은 치매가족협회, 광역치매센터, 보건소, 재가장기요양기관, 노인종합복지관 등이 있으며 이들 기관에서 치매교육 프로그램, 치매가족지지 프로그램, 자조집단 운영, 가족상담, 휴식서비스 등을 지원하고 있다.[4)]

치매환자를 돌보는 가족의 부양부담을 경감하기 위해 치매라는 질병에 대한 교육이 필요하다. 치매에 대한 의학적 이해, 증상과 기능저하에 대한 대처방법, 환자와의 효과적 관계형성 방법, 자기돌봄전략(예 스트레스 관리방법) 등에 대한 교육과 정보를 제공함으로써 치매 증상에 대한 이해를 바탕으로

---

4) 자세한 정책과 서비스 내용은 제4장 노인과 건강보장 중 치매국가책임제 내용을 참고한다.

효과적으로 대처할 수 있도록 지원한다.

치매환자의 가족들은 부양 과정에서 심리적 부양부담을 경험하며 심리치료에 대한 욕구를 갖게 된다. 심리적 지지를 위해 치매가족들이 함께 각자의 돌봄 부담을 공유하고 필요한 자원과 정보를 교환하며 정서적 지지를 제공하는 치매가족지지 모임, 전화상담, 인터넷 상담, 대면 상담 등의 가족상담이 있다.

한편, 치매의 경우 경증일 경우라도 안전 등의 문제로 지속적으로 환자를 감독하고 관리하는 등 개인시간이 부족하고 돌봄 제공으로 인해 과중한 역할부담을 겪는다. 부양부담으로 지친 가족들은 일정 기간 부양책임에서 벗어나고 신체적, 정신적 건강을 유지할 수 있도록 휴식서비스를 제공받는 것이 필요하다(Mittleman, Epstein, & Pierzchala, 2015). 이러한 서비스들의 예로는 돌봄상담 및 정보제공을 하는 치매상담콜센터, 가족자조모임인 '헤아림' 지원 및 확산 운영, 노인장기요양보험제도의 단기보호 서비스 등이 있다.

학습과제

❖ 노년기 우울증은 노화로 인해 발생하는 어쩔 수 없는 결과물이라고 생각하는가? 노년기 우울증을 예방하기 위한 방안들은 무엇이 있는지 논의해 보자.

❖ 한국 노인자살 문제의 특징을 살펴보고, 현재 우리나라에서 노인자살이 높은 사회적, 문화적, 구조적 요인에 대해 토론해 보자.

❖ 치매의 증상들이 치매환자의 입장에서는 어떻게 경험될지 상상해 보고, 치매의 행동심리증상들에 대해 어떻게 대처할지 토론해 보자.

참고문헌

관계부처합동(2016). 정신건강종합대책(2016~2020).

국립정신건강센터(2018). 정신건강현황 4차 예비조사 결과보고서.

권중돈(2012). **치매환자와 가족복지**. 서울 : 학지사.

김기웅·곽경필·김병수·김봉조·김정란·김태희·안진영(2017). 2016년 전국 치매역학 조사. 보건복지부·중앙치매센터.

김형섭·김용욱(2014). 치매의 재활치료 및 비약물치료. **대한노인재활의학회지, 4**(1), 29-35.

김형수(2000). 노인자살의 이해와 일차적 예방. **한국인구학, 23**(2), 167-187.

김효창·손영미(2006). 노인 자살의 특성과 자살유형에 관한 연구. **한국심리학회지 : 문화 및 사회문제, 12**(2), 1-19.

노인성치매임상연구센터(2010). 치매임상진료지침. 보건복지부.

대한뇌신경재활학회(2017). **치매와 인지재활**. 파주 : 군자출판사.

대한치매학회(2011). **치매 임상적 접근**. 안양 : 아카데미아.

대한치매학회 신경행동연구회(2017). **치매의 신경행동증상**. 서울 : 대한의학.

문동규(2012). 노인의 자살생각과 관련된 유발변인의 메타회귀분석. **노인복지연구, 55**, 133-157.

민성길·강홍조·고경봉·구민성·기선완·김경희·최의헌(2015). **최신정신의학**. 서울 : 일조각.

보건복지부·삼성서울병원(2017) 2016년 정신질환 실태조사.

보건복지부·중앙자살예방센터(2019). 자살예방백서.

보건복지부(2004). 제1차 국가자살예방 5개년 기본계획.

__________(2008). 제2차 자살예방 종합대책.

서화정(2005). 노인자살예방을 위한 사회사업 개입전략. 부산대학교 대학원 박사학위논문.

연병길·류성곤(2001). 노인 자살의 조기 발견과 예방. **노인정신의학, 5**, 134-139.

오병훈(2006). 노인자살문제와 예방. **임상노인의학회지, 7**(1), 88-92.

이상영(2015). 우리나라 자살예방 대책의 문제점과 개선방안. **보건복지포럼, 2015**(11).

이소정·이수형(2009). 우리나라 노인자살예방사업의 현황과 과제. **보건복지포럼, 2009**(10), 32-42.

조맹제·김기웅·김문두·김봉조·김신겸·홍귀령(2008). 치매유병률조사. 보건복지부.

중앙치매센터(n.d.) 치매사전. https://www.nid.or.kr/info/diction_list1.aspx?gubun=0101

정은숙(2005). 노인자살의 위험요인과 보호요인에 관한 연구. 아주대학교 교육대학원 박사학위논문.

APA(American Psychological Association)(n.d.). Growing Mental and Behavioral Health Concerns Facing Older Americans. Washington, DC : American Psychiatric Publishing, INC. Retrieved from APA website : https://www.apa.org/advocacy/health/older-americans-mental-behavioral-health

____________________(2015). 정신질환의 진단 및 통계 편람 제5판(권준수 역). 서울 : 학지사.

Blazer, D. G.(2003). Depression in late life : review and commentary. The Journals of *Gerontology Series A : Biological Sciences and Medical Sciences, 58*(3), M249-M265.

Bodner, E., Palgi, Y., & Wyman, M. F.(2018). Ageism in mental health assessment and treatment of older adults. In *Contemporary Perspectives on Ageism*(pp. 241-262). Springer, Cham.

Chiao, C., Weng, L. J., & Botticello, A. L.(2011). Social participation reduces depressive symptoms among older adults : an 18-year longitudinal analysis in Taiwan. *BMC Public Health, 11*(1), 292.

Comer, R. J.(2017). 이상심리학(오경자·정경미·송현주·양윤란·송원영·김현수 역). 서울 : 시그마프레스. (원서출판 2016)

Conejero, I., Olié, E., Courtet, P., & Calati, R.(2018). Suicide in older adults : current perspectives. *Clinical Interventions in Aging, 13*, 691.

Conwell, Y., Van Orden, K., & Caine, E. D.(2011). Suicide in older adults. *Psychiatric Clinics, 34*(2), 451-468.

Cornwell, E. Y., & Waite, L. J.(2009). Social disconnectedness, perceived isolation, and health among older adults. *Journal of Health and Social Behavior, 50*(1), 31-48.

Fiske, A., Wetherell, J. L., & Gatz, M.(2009). Depression in older adults. *Annual Review of Clinical Psychology, 5*, 363-389.

Garnefski, N., & Kraaij, V.(2006). Relationships between cognitive emotion regulation strategies and depressive symptoms : A comparative study of five specific samples. *Personality and Individual differences, 40*(8), 1659-1669.

Hasin, D. S., Goodwin, R. D., Stinson, F. S., & Grant, B. F.(2005). Epidemiology of major depressive disorder : results from the National Epidemiologic Survey on Alcoholism and Related Conditions. *Archives of General Psychiatry, 62*(10), 1097-1106.

Herman, H. & Saxena, S. & Moodie, R.(2018). 정신건강증진(김민석·박희정·배은미·안성희·이은진·전재현·전준희 역). 서울 : 포널스 출판사. (원서출판 2005)

Juurlink, D. N., Herrmann, N., Szalai, J. P., Kopp, A., & Redelmeier, D. A.(2004). Medical illness and the risk of suicide in the elderly. *Archives of Internal Medicine*,

164(11), 1179−1184.

Kim, M. H., Jung−Choi, K., Jun, H. J., & Kawachi, I.(2010). Socioeconomic inequalities in suicidal ideation, parasuicides, and completed suicides in South Korea. *Social Science & Medicine, 70*(8), 1254−1261.

Kim, S. S., Jang, H., Chang, H. Y., Park, Y. S., & Lee, D. W.(2013). Association between childhood adversities and adulthood depressive symptoms in South Korea : results from a nationally representative longitudinal study. *BMJ Open, 3*(7), e002680.

Laganà, L., & Shanks, S.(2002). Mutual biases underlying the problematic relationship between older adults and mental health providers: Any solution in sight?. *The International Journal of Aging and Human Development, 55*(3), 271−295.

Marty, M. A., Segal, D. L., & Coolidge, F. L.(2010). Relationships among dispositional coping strategies, suicidal ideation, and protective factors against suicide in older adults. *Aging and Mental Health, 14*(8), 1015−1023.

Meeks, T. W., Vahia, I. V., Lavretsky, H., Kulkarni, G., & Jeste, D. V.(2011). A tune in "a minor" can "b major": a review of epidemiology, illness course, and public health implications of subthreshold depression in older adults. *Journal of Affective Disorders, 129*(1−3), 126−142.

Mendez−Bustos, P., de Leon−Martinez, V., Miret, M., Baca−Garcia, E., & Lopez−Castroman, J.(2013). Suicide reattempters : a systematic review. *Harvard Review of Psychiatry, 21*(6), 281−295.

Minayo, M. C. D. S., & Cavalcante, F. G.(2015). Suicide attempts among the elderly : a review of the literature(2002/2013). *Ciencia & Saude Coletiva, 20,* 1751−1762.

Nevid, J. S., Rathus, S. A., & Greene, B.(2016). 이상심리학(신성만·권선중·송원영·임영진·장문선·정여주·조현주·최윤경 역). 서울 : 박학사. (원서출판 2014)

Nolen−Hoeksema, S., & Ahrens, C.(2002). Age differences and similarities in the correlates of depressive symptoms. *Psychology and Aging, 17*(1), 116.

OECD(2018) *OECD Health Statistics 2019.* 보건복지부.

Segal, D. L., Coolidge, F. L., Mincic, M. S., & O'riley, A.(2005). Beliefs about mental illness and willingness to seek help : A cross−sectional study. *Aging & Mental Health, 9*(4), 363−367.

Segal, D. L., Qualls, S. H., & Smyer, M. A.(2016). 노인 정신건강과 노인상담(홍주연 역). 서울 : 학지사. (원서출판 2010)

Serafini, G., Calcagno, P., Lester, D., Girardi, P., Amore, M., & Pompili, M.(2016). Suicide risk in Alzheimer's disease : a systematic review. *Current Alzheimer Research, 13*(10), 1083−1099.

Shneidman, E. S.(2018). Anodyne psychotherapy for suicide : A psychological view of suicide. In *Phenomenology of Suicide*(pp. 209−217). Springer, Cham.

World Health Organization.(2014). *Preventing Suicide : A global imperative.* World Health Organization.

Yuryev, A., Leppik, L., Tooding, L. M., Sisask, M., Värnik, P., Wu, J., & Värnik, A.(2010). Social inclusion affects elderly suicide mortality. *International Psychogeriatrics, 22*(8), 1337−1343.

CHAPTER 14

죽음과 호스피스

노년기가 되면 일반적으로 살아온 날보다 세상을 떠나야 할 때까지의 시간이 더 짧다. 그러므로 이제는 육체적인 욕망을 채우는 일보다는 정신적이며 영성을 키우는 시간을 갖는 것이 중요하다. 모든 유기체는 생성하고 성장한 후 쇠퇴하고 소멸하듯이 인간 또한 태어나 성장하고 죽음에 이르게 된다. 그러므로 죽음은 누구에게나 적용되는 보편적이며 필연적인 경험이지만, 사후세계에 대한 확신이 일지 않아 죽음은 또한 공포의 대상이기도 하다. 죽음에 대한 두려움은 힘든 고통의 과정을 수반하므로 당사자와 가족들은 죽음에 대해 어떠한 말로 위로하며 심리적 충격을 풀어야 할지 난감하다. 이에 호스피스는 죽어가는 사람을 신체적, 심리적으로 간호하고 그 가족들의 안정을 돕는 전문적 지원체계로서 발전하게 되었다.

한편, '좋은 죽음'에 대한 의미를 이해하며, 좋은 죽음이 될 수 있도록 준비하는 것은 노인에게 생의 마감을 위한 준비 차원을 넘어, 노인의 남은 삶을 성공적 노후(successful aging)로 영위하게 하는 기반이 될 것이다(김미혜·권금주·임연옥, 2004). 또한 노인이 바라는 장례 문화와 절차를 이해하고 실제적인 도움 체계를 구성하는 데 도움이 될 뿐 아니라 한국 사회와 문화에 적합한 노인복지 정책과 서비스의 방향을 제시해 줄 수 있을 것으로 생각된다. 근래에 죽음 및 임종에 대한 전문적인 관심이 증가하고 있으나 실제로 품위를 지키며 평안한 죽음을 맞이하도록 돕는 대책은 미흡하다. 이 장에서는 죽음과 관련된 다양한 지식을 비롯하여 호스피스와 완화의료에 대한 이해를 돕고자 한다.

1. 죽음의 정의와 관련 이론

대한의사협회(1993)에서는 사망을 심폐 기능의 정지로 인한 심폐사 또는 전뇌 기능의 소실인 뇌사로 정의함으로써 뇌사를 죽음으로 인정하였다(남상욱, 2009). 생물학적 죽음은 뇌, 심장 등 인간의 생명과 관계되는 장기의 기능이 멈추는 것이다. 그러므로 이는 현 세상에서 존재하는 것의 끝이거나 경계선을 의미한다.

이와 유사하게 의학대사전에서는 죽음을 생명의 정지, 모든 생체 기능의 영구적 정지, 법률적·의학적 목적을 위하여 전체 뇌기능, 호흡계의 자발 기능, 순환계의 자발 기능의 모든 것의 비가역적 정지라고 정의한다. 나아가 정신, 심리학적 죽음은 회복될 수 없는 혼수상태에 빠지는 것이며, 사회적인 죽음은 사회환경에 더 이상 적응될 수 없는 상태로서 현실세계로부터 완전히 위축되는 것을 의미한다. 그리고 종교적 차원의 영혼의 죽음은 신으로부터의 이탈을 뜻한다.

일반적으로 임종(dying)과 죽음(death)은 흔히 혼용되고 있으나 엄밀히 구분하면 임종은 죽어가는 과정을, 죽음은 생명이 정지된 상태를 의미한다. 한국어 대사전에서는 임종(臨終, dying)을 죽음에 임함, 임명(臨命), 부모가 돌아가실 때 그 자리에 같이 있음, 종신(終身) 등으로 말하고 있다. 죽음은 사(死), 입몰(入沒), 사망(死亡), 사세(死世), 끝장, 죽는 일, 생물의 생명이 없어지는 현상, 세포 내의 연속적인 생리적 변화가 불가역적으로 되어 정지하는 상태인 것이다. 유사하게 웹스터 사전(1991)에서는 임종을 생명이 끝나가는 것, 죽음이 임박한 것, 점차 소멸되는 것이라고 하였으며, 죽음은 동식물에서 소생의 가망이 없는 모든 생체 기능의 영구적 정지, 생명의 종결, 죽는다는 사실이나 행동 및 과정이라고 하였다.

죽음에 관한 이론 가운데서 애착 이론적 관점은, 여러 형태의 애착행동을 유발시키는 본의 아닌 분리, 즉 울고, 매달리고, 분노하는 측면에 주목한다. 애도 과정에서 오는 행동들은 분리불안에서 일어나는 재결합 형태이기에 회복을 위해서는 애착을 끊고 타자와 새로운 유대를 형성하게 된다고 본다.

한편 심리사회적인 전환적 사건으로 죽음을 바라보는 관점은 사별의 경험을 둘러싼 사회적 상황의 중요성을 강조하여 사별이란, 결혼한 상태에서 배우자 사별의 상태로 바뀌는 전환적 사건으로 정의한다. 그리하여 성격, 사회적 지지, 생활 사건을 둘러싼 환경은 사별경험 이후 급격히 변하므로 재적응의 과정이 요구된다. 마지막으로 개인의 구조적 관점에서의 죽음은 개인의 인지적 구조 체계가 사별한 사람들의 심리 상태에 영향을 끼친다고 본다. 그러므로 개인적 구조 체계의 융통성이 사별 후 적응 효율성을 결정한다고 주장하며, 대부분의 사람은 준비, 슬픔 또는 애도, 그리고 적응 등의 세 단계를 경험한다고 설명한다.

2. 노년기 죽음의 의미와 태도

노년기는 일반적으로 인생의 어느 시기보다 더욱 죽음을 가까이 느끼게 되는 시기라 할 수 있다. 자신의 죽음을 어떻게 인식하고 있느냐의 이슈는 자신과 자신이 살아온 삶을 의미 있고 가치 있는 것으로 평가하는가에 영향을 미치고, 앞으로 남아 있는 삶을 보다 건강하고 활기차게 보내고자 하는 삶에 대한 태도 및 만족도에도 영향을 준다.

바람직한 노년기란 그동안의 실패, 좌절과 성공에 대한 재통합이 이루어지는 시기를 의미한다. 지금까지의 결과에 만족하지 못하는 노인은 절망에 빠지고, 자신을 낮게 평가하며, 죽음을 미완성의 삶을 중단시키는 사건으로 인식하게 된다. 생의 마지막 과업을 성취하지 못한 노인의 경우 후회, 우울 그리고 슬픔에 쌓이며, 죽음으로 인생의 끝을 맺는다는 생각 때문에 죽음을 두려워하게 된다.

현대 산업사회는 대가족 해체로 핵가족화되고, 여성들의 사회 진출이 증가함에 따라 과거와는 달리 노인과 임종자를 가정에서 따뜻하게 보살펴 주지 못하는 경향이 나타난다. 2018년 사망원인통계에 따르면 전체 신고 사망자 중 80세 이상의 노인이 46.3%를 차지하고 있는 것을 볼 때 죽음은 주로 고령노인과 연관되어 있다(통계청, 2019). 노인은 주요 사망 원인인 뇌혈관 질환, 심장 질환, 간 질환 등의 만성 퇴행성 질환과 암으로 인해 오랜 동안의 투병 생활 끝에 힘겨운 죽음을 맞이하고 있다.

미국의 정신과 의사이며 죽음학의 대가인 퀴블러 로스(Kübler-Ross, 1981)는 죽음의 단계를 부정, 분노, 타협, 우울, 수용의 5단계로 구분하였다. 죽음에 직면할 때 사람의 초기 반응은 회피 혹은 사실에 대한 부정이며, 죽음이 불가피하다는 것을 인정하게 되면, 반응은 분노로 바뀌게 되고, 이것은 적대감으로 확대될 수도 있다. 그 다음 단계는 타협의 단계로서 불가피한 사실을 회피하고 생명을 연장하기 위한 다양한 방법을 고안하지만 결국 환자들은 타협이 이루어지지 않음을 인식하며 우울감에 빠진다. 우울단계에서 많은 환자들은 무기력과 불안감을 느끼고 위축감과 극도의 상실감을 경험하게 되지만, 결국 수용단계에 이르러서는 현실을 부정하지 않고 자포자기의 심정으로 자신의 상황을 받아들이게 된다.

죽음이 이러한 단계를 통해 수용된다는 주장은 생각보다 많은 비판을 받았다. 사람에 따라 부정의 단계를 초월해서 이동할 수도 있고 또 어떤 사람들은 단계를 경험하기는 하나 죽음의 불가피성을 받아들이지 못할 수도 있다. 또한 화, 슬픔, 분노를 동시에 느낄 수도 있다. 그러므로 임종과 죽음 5단계의 처음부터 끝까지 함께하는 것은 희망이라고 할 수 있다. 여기에서 희망이란 아직 포기하지 않은 삶으로 이마저 포기하면 임종이 가까이 온 것으로 설명된다.

근래에 죽음에 관한 연구와 죽음을 선택할 권리에 대한 논의가 점화되고 있다. 이는 의료 기술이 발달되면서 장수시대를 두고 본인과 가족이 죽음과 관련된 문제로 고통스러운 일을 많이 경험하기 때문이다. 안락사의 종류로 ① 수동적 안락사는 병원, 요양원, 그리고 다른 건강 세팅에서 볼 수 있으며, ② 능동적 안락사는 사회적 고립감, 자신이 소용없다는 생각, 재정적인 곤란, 사랑하는 사람에 대한 소실, 만성적 질병을 수반하는 경향이 있다. 다른 사람들에게 짐이 될 수 있는 알츠하이머병을 가진 환자들에게도 절망감은 나타나는데 그들은 존엄을 지키며 죽는 것은 그들이 인지와 통제능력을 잃어버리기 전에 세상을 떠나는 것이라고 믿는다.

3. 웰다잉(Well-dying)과 안락사 논의

진정한 웰빙(well-being)은 웰다잉(well-dying)으로 연결되어야 하듯이 우리의 옛말에도 '살 복도 있고, 죽을 복도 있어야 한다'는 표현이 있다. 수명이 길어진 요즈음 만성질환 등의 고통에 시달리며 경우에 따라 연명치료를 하는 동안 본인과 가족의 제반 고통은 심각한 정도에 달하여 피폐해지는 일이 증가하고 있다.

1) 우리나라 웰다잉법의 제정 과정

우리 사회에서 그러한 사례들 중 문제가 공론화되는 계기가 있었다. 지난 1997년 서울 보라매병원에서 환자의 인공호흡기를 뗀 의사와 가족이 살인죄로 기소된 일이 있었다. 그리고 2009년 세브란스병원에서 식물인간 상태의 환자에게서 인공호흡기를 떼달라는 가족의 요구를 대법원이 받아들인 소위 '김 할머니 사건'이 존엄사에 대한 사회적 파장을 불러일으킨 것이다.

그동안 안락사와 관련된 활동과 지속적 논의들의 경과를 살펴보면, 대한의사협회는 2001년 4월 12일 '의사윤리 지침안'을 마련하여 의사의 역할과 의무 등을 규정하였다. 그 윤리지침 60개 항 가운데 26조항에서는 "회복이 불가능한 환자에 대해 환자 또는 가족들의 자율적 결정에 따라 문서로 치료중지를 요청할 경우 의사는 이를 받아들일 수 있다"고 하였다. 또 환자 측 가족 등이 소생 불가능한 것으로 판단해 심폐소생술 등의 중단을 요청할 경우에도 응할 수 있도록 하였다. 이는 약물주입 등으로 생명을 단축하는 '적극적 안락사'와 달리, 치료를 중단하는 '소극적 안락사'를 뜻한다. 따라서 의사협회는 적극적 안락사에 대하여는 금지조항을 명시하였으나 그럼에도 이후 이러한 안에 대해 의학계 및 종교계 등에서 사회적 논란이 제기되었다.

소극적 안락사에 관한 쟁점에서 찬·반의 입장을 살펴보기로 한다. 찬성편에서는, '생명에 대한 결정권은 환자 본인에게 있고, 사회적으로 무의미한 삶은 가치가 없으며, 이미 관행적으로 많이 이루어지고 있고, 엄격한 절차를 거치게 하면 오히려 남용을 막을 수 있으며, 무의미한 의료행위에 쏟아붓는 의료비 지출이 막대하다'고 주장한다. 한편 반대하는 사람들은, '인간생명에 대한 결정은 신의 영역이며, 생명경시 풍조를 조장할 우려가 있고, 회복 불가능에 대한 판단을 명확히 할 수 없으며, 경제적 취약층에게 남용될 우려가 있고, 장기매매 등 상업적인 목적에 악용될 소지가 있다'고 주장한다. 한편 2015년 3월 23일 출범한 국민본부는 국민의 웰다잉을 위한 법률 제정을 위해 사회·학계·종교계 인사들과, 의료기관·학회·호스피스기관 등 80여 개 관련 단체에서 시민들과 전문가 1만 4,900여 명이 참여해 안락사에 대한 사회적 논의와 국민적 캠페인을 전개해 왔다. 국민본부는 "그동안 한국사회는 호스피스 관련 법안의 부재로 수많은 말기환자들이 절망 속에서 고통스럽게 삶을 마감해야 했다"고 주장하였다.

다음은 안락사 문제에 대한 각계의 입장을 정리한 것이다.

① **의사협회** : 그동안 의학적으로 회복이 불가능하다고 판단된 경우, 환자나 가족의 자의(自意)퇴원이나 치료중단 요구 때문에 숱한 갈등이 빚어졌다. 윤리지침을 통해 의료계 내부 합의를 이루어 내고, 법적으로 보완하는 방법을 고려 중이다.

② **한국기독교총연합회와 한국기독교생명윤리위원회** : 안락사는 적극적이든 소극적이든 명백한 살인행위이다.

③ **보건복지부 관계자** : 어떠한 경우에도 환자의 건강과 생명은 인위적으로 훼손되어서는 안 되며, 현행법에 위배된다.

이러한 논란이 18년 동안 계속되다가 연명 의료 결정법인 웰다잉법이 국회 본회의를 통과해 2018년부터 시행되었다. 연명의료 결정법이란, 회생 가능성이 없고 원인 치료에 반응하지 않으며 급속도로 임종(臨終) 단계에 접어든 임종기(dying process) 환자가 자신의 뜻을 문서로 남겼거나 가족 2명 이상이 평소 환자의 뜻이라고 진술하면 의사 2명의 확인을 거쳐 연명 치료를 중단하도록 하는 것이다.

연명의료에 해당되어 중단이 가능한 것들은, 심폐소생술이나 항암제 투여, 인공호흡기 부착 같이 치료 효과 없이 사망 시기만 지연하는 의료행위들이다. 또한 웰다잉법이란, 말기환자가 치료를 해도 회복이 불능한 상태일 때 회생 가능성이 전혀 없고 사망이 임박한 환자에게만 적용이 되는 법안으로서 연명의료를 중단해서 환자가 사망했을 경우 환자가족이나 의사에게 살인죄나 살인방조죄의 적용이 없도록 하는 것이다. 따라서 국민본부는 "국민 여러분들의 호소와 말기환자, 그리고 가족의 간절한 염원이 이루어 낸 성과"라며 "정부는 연명의료법안 통과를 시작으로 무의미한 연명의료로 말기환자와 가족들의 고통과 비참함이 가속되지 않도록 하루속히 호스피스사업을 위한 정책 수립과 예산확보에 박차를 가해주기를 바란다"고 촉구하였다.

2) 외국의 안락사 제정 사례

외국에서는 안락사에 대하여 어떠한 입장을 취하고 있는지 살펴보기로 한다. 먼저, ① 약물주사를 통한 적극적인 안락사를 허용하는 곳은 네덜란드, 벨기에, 미국의 오리건 주이며, ② 인공호흡기 등을 제거하는 소극적인 안락사를 허용하는 국가는 스위스, 노르웨이, 핀란드, 영국, 프랑스, 콜롬비아, 일본(상황에 따라 융통성 발휘) 등이다. 그러나 미국에서는 소극적 안락사에 대한 환자의 자기 결정권을 인정하는 추세이다. 환자 측이 치료 중단을 요청하는 소송을 내면 법원의 판단에 따라 허용하고 있으며 사망 전 유언장 등을 통해 장기이식 여부, 심폐소생술 거부 등도 허용하고 있다. 또한 프랑스의 경우, 1991년 유럽의회가 말기암환자에 대한 안락사 허용을 제안했을 때 프랑스는 이를 강력히 반대한 적이 있다. 그러나 프랑스 국가윤리위원회는 2000년 3월 4일, 특별한 경우 예외적으로 안락사를 인정하기로 하였다. 위원회는 「죽음과 안락사」라는 보고서에서 "안락사는 처벌받아야 할 범법행위지만 생명을 박탈해야 할 특별한 경우에는 이를 인정해야 한다"고 하였다. 프랑스 국가윤리위원회는 정신질환자들에 대한 강제피임이나 강간범들의 심리치료 등 윤리적으로 민감한 문제에 관한 보고서를 작성, 의회에 제출해 왔는데 위원회의 제안을 대부분 받아들여 제도화한 것이다.

3) 존엄적 안락사(Euthanasia of Dignity)와 준비

존엄사 또는 존엄적 안락사는 인간으로서의 존엄성을 지키며 맞이하는 죽음을 말한다. 환자가 심신기능이 떨어지고 정신활동이 전혀 불가능하여 더 이상 생존의 의미가 없을 때, 인격의 존엄성을 지키면서 자연스럽게 죽을 수 있도록 하는 죽음이다. 존엄사의 근거를 보자면 다음과 같다. 즉, 인간이란 의식적으로 가치를 추구하고 높은 정신활동을 통하여 자유로운 생활을 할 수 있는, 가치와 존엄성을 지닌 존재로서 육체적인 생명만이 아닌 고도의 정신적이며 인격적인 능력에서 오는 존엄과 가치가 인정되어야 한다. 그러므로 인간은 자신의 생사에 대해 자유로운 결정을 할 수 있고, 생의 종말에 대해서도 자유로운 의사결정을 할 수 있는 자유를 보장받아야 한다는 것이다.

한편 존엄사는 죽음을 기다리는 암환자, 식물인간 환자, 회생 가능성이 전혀 없는 말기환자에게서 인위적인 생명연장 장치를 제거함으로써 억지로 연명치료를 하지 않는다는 점에서 소극적 안락사와 유사하다. 따라서 존엄사는 단순히 목숨만 연명하는 치료를 중단하고 인간의 존엄성을 유지하면서 죽음을 맞게 하자는 뜻이 담겨 있다. 그러므로 좋은 죽음은 신체적인 고통, 정신적인 불안, 두려움 없이 자기가 살던 집에서 사랑하는 사람들과 이야기하며, 따뜻이 손을 잡고 어루만지며, 포옹하는 등의 신체적 접촉과 마음의 애정을 교환하며 임종하는 것이다. 나아가 맑은 정신으로 주치의, 가족, 친지, 그리고 친구들과 시간을 보내면서 죽음을 맞이하는 것이다. 그러기 위해서는 유언장을 작성하고, 신변정리를 해두며, 죽을 때의 장소, 임종방법, 시신의 처리 및 장례절차 등 죽음 이후에 유족이 해야 할 일들을 미리 결정하고 진행하는 의지와 노력이 필요하다.

4. 호스피스·완화의료 서비스

호스피스(hospice)는 죽음을 앞둔 말기 환자와 그 가족을 사랑으로 돌보는 행위로서, 환자가 여생 동안 인간으로서의 존엄성과 높은 삶의 질을 유지하면서 살다가 평안하고 복된 죽음을 맞이하도록 환자와 가족의 신체적·정서적·사회경제적·영적 요구를 충족시키며, 사별가족의 고통과 슬픔을 경감시키기 위한 팀 접근 기반의 총체적인 돌봄(holistic care)을 말한다(노유자 외, 1994).

완화의료(Palliative care)는 1970년 캐나다에서 중심으로 시작되었는데, 생애말기(end-of-life)의 과정에 초점을 두고 임종기 환자에 대한 적극적 관리의 중요성을 강조한다. 임종기 환자가 경험하는 신체적 통증을 조절하고, 환자와 그의 가족이 당면하는 심리사회 및 영성 측면에서의 문제를 파악하고 사정하여 해결을 위한 지원 및 대처과정을 지지함으로써 임종 과정에서의 고통을 감소시키고 궁극적으로 그들의 삶의 질을 개선하는 것을 목적으로 한다(WHO, 2018, 정경희 외, 2018 재인용). 다시 말해 완화의료는 환자 케어의 신체-심리-사회-영성 측면을 통합적으로 지원하여 환자가 여생을 적극적으로 살아갈 수 있도록 지원하는 케어를 의미한다.

우리나라에서는 공식적으로 호스피스·완화의료라는 용어가 채택되어 사용되고 있는데, 이는 두 개념이 서비스의 기본 철학, 서비스 제공 형태와 방법, 다양한 전문가들의 팀 접근 방식, 자원봉사자에 의한 케어서비스 포함이라는 내용 측면에서 매우 유사하기 때문이라 할 수 있다(정경희 외, 2018).

1) 호스피스의 어원과 정의

호스피스의 어원을 보자면, 라틴어인 'hospice(손님)' 또는 'hospitium(손님 접대, 손님을 맞이하는 장소)'에서 유래되었으며 손님을 돌보는 것을 뜻한다. 이는 중세기의 성지 예루살렘으로 가는 성지순례자나 여행자가 하룻밤 쉬어 가던 휴식처라는 의미에서 나온 말이다. 슈래프(Schraff, 1984)는 호스피스를 건전한 죽음과 슬픔을 내포하는 개념으로 죽어가는 이와 가족에게 전인적(holistic), 동정적(sympathetic), 감정이입적(empathetic) 그리고 개별적(personal) 돌봄을 제공하는 것이라고 하였다.

1978년 미국호스피스협회(National Hospice Association)에서 채택한 호스피스의 정의와 임종에 대한 설명은 다음과 같다. 호스피스는 독립된 전문기관에서 간호사가 중심이 된 종합의료팀의 임종환자 및 그 가족을 위해 지속적 가정간호와 입원간호를 제공하는 의료 프로그램이다. 그러므로 호스피스는 임종환자를 위한 것으로 기존 의료체계보다 나은 대안이 되어 하루 24시간 중 어느 때라도 그것이 제공되어야 하며, 환자의 진료 및 교육을 위해 모든 사항을 기록해야 한다. 나아가 호스피스는 의료 지식을 포함한 모든 필요 전문 지식을 동원하고 임종환자의 삶의 질을 높게 하여 환자로 하여금 죽음을 부정하게 하는 것이 아니라, 임종 시까지의 삶을 확인시킨다. 결국 임종은 자연스러운 삶의 한 과정으로서 모든 사람은 자신의 임종에 참여할 권리가 있는 것이다.

퀴블러 로스(Kübler-Ross, 1981)에 의하면 호스피스는 서로의 안녕을 빌 수 있는 시작이고, 분리된 관계를 치유할 수 있는 때이며 서로 용서를 주고받음을 통해 풀어진 삶을 단정히 모으는 때이므로 인간의 삶에서 가장 의미 있는 몇 달, 몇 주 혹은 마지막 날이 될 수 있게 하는 것이라고 하였다.

이와 같이 호스피스는 집, 공공시설, 장소, 돌봄, 태도나 프로그램 등으로 다양하게 정의되고 있다. 노인의 죽음도 노화에 따른 여러 가지 문제 못지않게 보다 적극적인 시작에서 접근할 필요가 있다. 집에서 혹은 병원에서 고통 없이 쉽고, 평화롭게 죽음을 맞이하도록 환자를 돕기 위해 호스피스 지원자들은 삶의 질을 강조하고, 사람들 사이에 육체적 그리고 정신적 접촉도 강조한다. 호스피스 옹호자들은 존엄을 가진 죽음을 죽음의 의학적 모델의 대안으로 본다. 호스피스 철학에서의 중요한 구성요소는 고통을 관리하는 것이다.

2) 호스피스의 철학과 목적

호스피스는 인간 존중과 인간이해, 자기결정(self-determinism)과 창의성을 중요시하는 인도주의(humanism)와 인간을 전체로 이해하는 총체주의(holism)를 기반으로 발전되었다고 할 수 있다. 이러한 배경에서 다음과 같은 호스피스 철학이 나왔다.

첫째, 말기 환자와 임종 환자 그리고 그 가족들을 돌보고 지지한다. 둘째, 그들의 남은 생을 가능한 한 편안하게 하고 충만한 삶을 살도록 한다. 셋째, 삶을 긍정적으로 받아들이며 죽음은 삶의 자연스러운 일부분으로 받아들인다. 넷째, 호스피스는 삶을 연장시키거나 단축시키지 않는다. 다섯째, 환자와 그 가족의 요구에 부응하도록 가능한 한 모든 자원을 이용하여 신체적·사회심리적·영적 요구를 충족시키며 지지하여 죽음을 준비하도록 돕는다.

호스피스의 목적은 임종환자와 그 가족의 삶의 질을 극대화하고 환자의 통증과 고통스러운 증상들의 완화로 안위를 도모하며, 그들에게 편안한 환경 조성, 신체적·사회심리적·영적·경제적·문화적 측면의 지지를 제공하고, 죽음을 긍정적으로 받아들이고 평안한 임종을 맞이하도록 하며, 남은 가족들이 사별 후에 슬픔, 상실감 및 스트레스에 잘 극복하고 새로운 삶을 살도록 도와주는 데 있다.

3) 호스피스 케어의 종류

호스피스는 장소에 따라 구분된다. 미국에서는 호스피스 유형을 다섯 가지 모델에 기초를 두고 있다.

① 홈케어는 집에서 받는 케어로, 가끔 전문가와 자발적인 봉사자들에 의해 도움을 받는 것이다. 가정에서의 호스피스 케어의 문제점은 가족 부양자들이 대부분의 부양책임을 맡아야 한다는 점인데 우리의 상황은 그렇지 못하다. ② 건강 케어기관 혹은 간호협회에 의해 제공되는 집에서 받는 케어, ③ 호스피스 시설의 케어, ④ 특별한 단체 혹은 고통의 경감을 강조하는 병원 케어, ⑤ 호스피스의 형태를 가진 요양원(nursing home)에서의 케어이다.

1990년대 중반 이후부터 호스피스 케어를 받는 인구가 빠르게 증가하고 있다. 케어의 계획은 병의 치료가 아닌 고통을 관리하는 것에 초점을 두고 있는데 각각 케어의 계획은 환자와 그의 가족들의 육체적·정서적·정신적·경제적 욕구를 충족시키기 위해 맞춤형으로 제공된다.

영국의 경우도 생애말기 케어(end of life care)를 제공하는 장소에 따라 다음과 같이 네 가지로 구분하고 있다. ① 재가 케어(care at home), ② 요양시설 케어(care in a care home), ③ 병원 케어(care in hospital), ④ 호스피스 기관(hospice care)로 구분되어 있는데 환자의 통증이나 증상을 조절할 수 있도록 도와줄 뿐 아니라 보호자의 휴식을 위한 서비스(respite care)와 환자의 사후 가족이나 보호자들에게 제공하는 사별 돌봄(bereavement support) 서비스도 제공된다(정경희 외, 2018).

4) 한국 호스피스의 유형과 임종 관리

우리나라는 1963년 작은 자매회 수녀들이 갈바리 의원에서 처음 호스피스 간호를 시작하였고, 현대적 호스피스 개념으로는 1980년 후반에 강남성모병원에서 병원 부속형 호스피스, 대구 동산의료원, 세브란스병원, 이대부속병원에서 각각 가정 호스피스가 시작된 이후로 소수의 기독교 계통의 병원이나 단체에서 병원 부속형 호스피스 및 가정 호스피스 활동이 점차 이루어지고 있는 실정이다.

우리나라에 있는 호스피스의 유형을 살펴보면, 입원형, 가정형, 자문형, 소아·청소년형이 있는데, 입원형을 제외한 가족형, 자문형, 소아·청소년 형은 시범사업으로 이행되고 있다. 먼저, ① 입원형 호스피스의 경우 보건복지부 지정 의료기관에서 진료를 받는 환자 중에서 말기 진단을 받은 말기 암환자를 대상으로 진행하며, 주요 서비스로는 통증 및 신체 증상 완화, 임종 관리, 환자 및 가족의 심리·사회·영적 문제에 대한 상담이 있다. ② 가정형 호스피스의 경우 가정형 호스피스 시범사업 참여 기관에서 진료를 받는 환자 중 가정에서 호스피스 서비스 이용을 희망하는 환자를 대상으로 가정 호스피스 팀원이 가정을 방문함으로써 환자와 가족들이 제공받는 서비스이다. ③ 자문형 호스피스의 경우 일반병동과 외래에서 진료를 받는 호스피스 대상자와 그 가족이 담당 의사의 변경 없이 진료를 받으며 호스피스 전문 인력에게 호스피스 자문을 비롯하여 증상관리와 전인적 돌봄 및 상담 그리고 자원 연계까지 제공받는 서비스이다. 2017년부터 암 외에도 폐쇄성 호흡기 질환, 후천성면역결핍증, 간 경화 환자들도 호스피스 완화의료가 필요한 경우 입원을 제외한 가정형, 자문형 호스피스 서비스를 받을 수 있게 되었다(보건복지부 외, 2019). 마지막으로 ④ 소아·청소년 완화의료란 생명을 위협하는 질환으로 치료받는 소아·청소년 환자와 가족이 치료 과정에서 겪는 여러 가지 증상, 불편, 스트레스 등 신체적, 심리적, 사회적 어려움을 완화시키고 삶의 질을 향상하기 위한 통합적 의료서비스이다(보건복지부 외, 2019).

국립암센터에서 운영하는 중앙호스피스센터에 따르면 2017년 기준 호스피스 서비스 이용현황은 단일 입원형(82.2%), 입원형+가정형(4.6%), 단일 가정형(3.3%), 단일 자문형(3.1%), 입원형+자문형(1.3%), 입원형+가정형+자문형(0.3%), 가정형+자문형(0.2%) 순으로 우리나라의 호스피스 완화의료는 입원형 호스피스를 중심으로 도입, 장려된 것을 볼 수 있다. 그 이유는 호스피스가 제도화되기 이전부터 갈바리의원 같은 호스피스 운영기관이 있었기 때문에, 제도화될 당시 인프라가 갖춰진 입원형을 중점으로 호스피스가 제도화 및 발전하게 되었기 때문으로 보인다. 또한, 가정형과 자문형은 시범사업으로 진행 중이므로 아직 활성화되지 않았다고 볼 수 있다.

5) 호스피스 관리

호스피스 대상자의 선정 기준은 호스피스 프로그램마다 조금씩 차이가 있을 수 있지만 거의 비슷한 기준을 가진다. 즉, 치료 가능성이 없는 말기 환자로 호스피스 간호가 필요한 자, 의사로부터 불치병의 진단을 받아 여명 기간이 6개월 정도인 자, 의사의 동의가 있거나 의뢰된 자, 환자나 가족이

의사의 진단을 받아들이고 예후를 논의하여 통증 및 증상 완화를 위한 비치료적 간호를 받기로 결정된 자, 가족이나 친지가 없어 호스피스의 도움이 필요하다고 선정된 자, 의식이 분명하고 의사소통이 가능한 자 등이다.

호스피스 관리에 있어서 의사, 간호사, 성직자, 사회사업가, 자원봉사자, 물리 치료사, 언어 치료사, 직업 치료사 등으로 구성된 호스피스 팀이 6개월 이하의 생존 기간이 남았다고 인정되는 말기 환자들을 관리하는 것이 원칙이다. 그러나 만성 질환이나 서서히 진행하는 신경 질환을 앓는 환자들에서 6개월 정도 남았다고 예후를 결정하는 일은 매우 어려운 일이다.

호스피스 팀과 역할을 보자면, 호스피스 활동은 다른 건강 전달 체계와 달리 호스피스 팀을 통해 대상자를 돌보는 것이 특징이다. 특히 전인간호를 목표로 전문직과 비전문직 요원이 협동하여 임종환자를 돌보는 것을 목적으로 하는 것이다(노유자 외, 1996). 호스피스 팀은 조정자(coordinator)가 있어서 팀 구성원을 조정하며 팀 구성원이 그들의 역할을 제대로 하도록 중재 역할을 하고, 팀이 통합되도록 한다.

호스피스 구성요원으로 전문팀에는 조정자, 간호사, 가정간호사, 의사, 사회복지사, 사목자, 약사, 영양사, 심리학자, 치료사(물리치료사, 작업치료사, 언어치료사, 예술치료사, 음악치료사)가 있으며, 비전문 팀에는 환자, 가족 및 자원봉사자가 있다. 이들 호스피스 팀 구성원들이 서로를 존중하고 상호 역동적 역할을 함으로써 호스피스 대상자에게 호스피스 프로그램의 목적을 성공리에 달성할 수 있도록 한다.

가. 간호사

환자 및 가족의 신체적·정신적·사회심리적·영적·환경적 요구를 확인하고, 증상 관리와 안위 간호 요구를 충족시키는 한편, 환자 가족을 지지하고 교육하고, 서비스에 대한 조정을 하고, 사별 가족을 돕는다. 병원이나 지역사회에서 호스피스 간호와 전반적인 호스피스 활동을 사정, 계획 및 수행을 한다. 또한 간호조무사와 자원봉사자의 일을 조정하고 감독하며 환자와 가족 그리고 다른 팀 구성원 사이에서 중개 역할을 담당한다.

나. 의사

호스피스 대상자를 선별하며 질병에 대한 치료적인 면보다는 완화 계획을 세워 지지적인 증상 관리를 수행하고 관련된 교육을 담당한다. 분야별 전문팀 구성원에게 적절한 의료 정보를 제공하고 개업의와 연계하여 활동하면서 호스피스 발전을 돕는다. 또한 정기적으로 환자간호회의에도 참석한다.

다. 사목자

환자 가족의 믿음과 일치하는 영적 상담과 종교적 서비스를 제공하고, 중요한 사람들이 상실을 잘 극복하도록 영적인 힘을 증진시키고 성장하는 것을 돕는다. 또한 임종환자의 영적 간호 분야에 대해 대상자와 전문직 그룹을 교육하고 조언을 한다.

라. 사회복지사

환자와 그 가족을 돕기 위해 가능한 한 모든 자원을 동원하며 특히 재정적·법적 보험관계 등의 문제를 해결하도록 하고, 사회심리적인 측면의 도움을 주기 위해 상담자의 역할을 한다. 또한 사별가족이 상실에 대한 고통을 극복하도록 상담을 하며 직원을 위한 호스피스 교육에 참여한다.

마. 호스피스 센터장 및 조정자

행정가의 역할을 하며 전반적인 관리계획을 평가하고 제반 업무를 조정, 발전시키며 새로운 계획을 세워 기관의 방향을 설정하는 중요한 역할을 한다. 그리고 상담이나 교육계획을 통해서 지역사회 및 병원이 실시하는 호스피스 철학을 통합하는 데 중요한 역할을 수행한다. 또한 호스피스를 대표하며 다른 건강전달 체계와도 관계를 맺는다. 미국의 경우 호스피스 행정가의 대부분이 간호사지만 의사, 임상사목자가 맡는 곳도 있다.

바. 자원봉사자

환자와 가족을 지지하고 실제적 도움을 주며 병원 혹은 집으로 방문하여 돕는다. 또 환자 주변을 정리 정돈해 주고 사무 처리도 해주며 필요시에는 장례식에 참석하고 사별 가족을 돕는다.

6) 호스피스·완화의료 분야 사회복지사의 업무와 역할

호스피스·완화의료 분야의 사회복지사가 담당하는 업무는 환자와의 밀접한 관계 내에서 처리되어야 하는 직접적 개입 업무와 환자와 직접적으로 연관되지는 않으나 궁극적으로 환자를 위한 간접적 개입 업무, 그리고 환자에게 영향을 주지는 않으나 사회복지사가 담당해야 하는 확대 업무로 구분된다(심세화, 2017).

직접적 개입 업무에는 상담, 사정, 사별 관리, 퇴원계획, 지역사회 자원관리가 포함된다. 개별상담과 집단상담뿐 아니라 환자의 경제적, 심리적, 사회적 욕구사정을 통하여 서비스 계획을 수립하고 진행하는 과업이 주요한 업무이다. 또한, 환자의 임종 준비과정에서부터 임종 후 유족 관리까지 담당하는데, 사별 후 유가족의 반응을 확인하고 고통을 위로하며 상담을 진행한다. 이 외에도 필요에 따라 퇴원계획을 수립하기도 하며, 지역사회 자원관리를 수행함으로써 정보 제공 및 자원개발, 연계의 업무를 담당한다.

간접적 개입 업무로는 호스피스팀 내에서 진행되는 사례회의를 진행하고 각 전문영역별 업무에 대하여 협의하는 과정이 포함된다. 또한, 자원봉사자들을 관리하는 것 또한 사회복지사의 과업에 해당되는데, 정기적 혹은 비정기적으로 활동하는 자원봉사자를 관리, 배치하고 사전교육과 필요한 교육 프로그램을 개발하고 보급하는 과업을 담당한다.

마지막으로 확대 업무에는 대외 활동, 업무 기록 및 연구활동이 해당된다. 대외 활동이란 호스피스와 완화의료 서비스에 필요한 운영 기금을 모금하는 업무를 의미하고, 기록 활동은 호스피스 완화의료 서비스와 관련된 업무 과정을 기록하고 보관하는 것을 말한다. 또한, 사회복지사는 정책 입안 및 연구과제에 참여하거나 호스피스 관련 자료 발간 등을 통해 연구활동을 수행할 수 있다.

<표 14-1> 호스피스 사회복지사의 업무

구 분	종 류	세부 내용
직접적 개입 업무	상 담	개별 상담
		집단 상담
	사 정	경제적, 심리적 사정
		사회적 문제 사정
		지역사회자원 사정
	사별 관리	임종 준비 관련 상담
		장례준비돕기
		사별 반응 평가
		사별 후 상실 고통 관련 상담
	퇴원계획	퇴원계획
	지역 사회 자원관리	지역 사회 자원체계 정보제공
		지역 사회 자원 동원 및 연결
		지역 사회 자원개발, 정보망 조성
간접적 개입 업무	팀 활동	호스피스 팀 회의 참석
		팀원들과 협의 진단 및 정보 공유
	자원봉사자 관리	전문, 비전문 자원봉사자 관리
		자원봉사자 교육
		자원봉사자 배치, 프로그램 개발
확장 업무	팀 활동	팀원 및 직원 대상 교육 제공
		팀 내 상담 및 자문
		팀원 재충전 프로그램 제공
	대외 활동	호스피스 운영 기금 조성
		호스피스 확대를 위한 홍보
		대중 교육
	기 록	업무의 기록 및 보관
	연 구	정책 입안 참여 및 연구
		임상적 연구조사 참여 및 호스피스 자료 발간

출처 : 길민정(2015), 심세화(2017) 재인용.

노인 호스피스에서 특히 고려할 점은 노인의 삶의 질, 임종 노인의 품위 있는 죽음, 자살과 안락사, 그리고 사별 가족의 지지 등이다. 노인에게 품위 있는 죽음은 자신의 삶이 완성기에 도달했다는 것과 죽음을 수용할 준비가 되어 있음을 포함한다. 이러한 통합에는 노인의 총체적 요구들이 충족되어야 하며, 물리적·환경적 요인들도 노인 죽음에 대해 지지적이어야 한다. 그중 임종 노인에게 영적 요구의 충족은 더욱 중요하다. 왜냐하면 노인이 자신의 존재를 긍정적으로 평가하고 초월적 존재인 신과의 교류가 있을 경우 죽음과 관련된 여러 가지 고통이나 어려움 속에서도 그 의미를 찾을 수 있기 때문이다.

호스피스 측면에서는 자연사에 가까운 죽음을 추구한다. 따라서 호스피스 철학에서는 인위적으로 생명을 연장시키거나 감소시키는 행위는 금하게 되며, 대상자가 처한 상황에서 최대한 편안하게 죽음을 맞이할 수 있도록 돕는 것이므로 안락사에 대한 논의는 호스피스 측면에서는 타당하지 않을 뿐 아니라 안락사의 대안으로 호스피스가 활성화되어야 한다고 주장된다.

나아가 사별 노인에 대한 지지가 고려되어야 한다. 노년은 상실의 시기로 건강의 상실, 정체감 상실, 자신감 상실, 의사결정 기회의 상실, 사랑하는 이들의 상실 등을 경험하게 된다. 이러한 상실 중 배우자 상실은 노인이 직면하는 가장 큰 상실에 속한다. 따라서 호스피스에서는 모든 사별 가족에 대한 지지가 필요하겠지만, 노인 호스피스에서 사별 노인을 지지하는 것은 더욱 중요한 일이다. 이러한 사별 노인 지지는 노인의 죽어가는 전 과정에서 실시되어야 하며, 이때 임종자와 가족에 따라 인식과정에 차이를 보일 수 있으므로 이를 함께 고려하도록 한다.

7) 호스피스·완화의료의 전망과 과제

호스피스는 전문적인 활동이므로 상당한 훈련을 받아야 한다. 그러나 가족들도 어느 정도의 호스피스 케어를 할 필요가 있기 때문에 학교 교과과정을 통해서, 그리고 일반 사회에서도 가벼운 호스피스 교육이 이루어져야 한다고 본다. 그러기 위해서는 다음의 사항에 대한 고려가 필요하겠다.

첫째, 호스피스 제도와 정책이 우리나라의 문화와 정서에 토착화될 수 있도록 지속적인 현장연구가 필요하고, 전문가들의 협력을 통해 호스피스 서비스 표준화에 대한 합의가 이루어져야 한다.

둘째, 호스피스 서비스를 쉽고 저렴하게 지속적으로 이용할 수 있도록 다양한 시설과 프로그램이 마련되어야 한다. 호스피스·완화의료 전문기관과 사전연명의료의향서 등록기관의 수도권 집중화를 해소하기 위하여 물적·인적 인프라 확보가 필요하다. 중소도시와 농어촌 지역 거주민을 위하여 서비스 접근성을 향상시킬 필요가 있으며 서비스 제공 장소의 다양화 역시 수반되어야 할 것이다.

셋째, 양질의 호스피스를 제공할 전문가들과 자원봉사자를 위한 체계적인 교육 프로그램이 시행되어야 한다. 특히 이들을 양성하기 위한 기본 교육과정에는 죽음과 삶에 대한 이해를 제고하는 교과목의 편성이 필요하다.

넷째, 지역사회와 민간단체, 공공기관이 협력하여 모든 죽음의 형태에서 웰다잉이 구현될 수 있는 법적 기반을 마련하고, 전 국민의 인식개선을 위해 노력해야 한다(정경희 외, 2018). 특히 웰다잉의 사각지대에 있는 구성원들을 호스피스와 완화의료의 제도권 내로 포괄할 수 있도록 지역 주민의 논의를 활성화해야 할 필요가 있다. 현재 호스피스·완화의료 정책의 서비스대상은 환자와 그의 가족이라는 범위로 협소하게 정의되어 있다. 앞으로는 웰다잉 관련 서비스 대상자와 내용의 범위를 확대해 가야 할 것이다(정경희 외, 2018).

종합적으로 인간의 임종과 죽음에 관련되는 의료, 복지, 종교, 사회, 심리 분야의 관계자들이 무엇보다 죽음에 대한 준비가 되어 있어야 한다. 이들이 서로 협력하여 죽어가는 자들을 위해 효율적인 관리가 이루어지도록 혼신을 기울여 노력할 때에 복지사회가 지향하는 임종자들의 인간다운 죽음 맞이가 이루어질 것이다.

학습과제

❖ 노인의 죽음에 대한 특징은 무엇인가?

❖ '좋은 죽음'은 어떤 죽음을 말하는가?

❖ 호스피스·완화의료 서비스의 필요성과 발전 방향은 무엇인가?

참고문헌

김미혜·권금주·임연옥(2004). 노인이 인지하는 '좋은 죽음' 의미 연구. 한국사회복지학, 56(2), 195-213.

남상욱(2009). 뇌사와 심폐사 그리고 장기이식. Korean Journal of Pediatrics, 52(8), 856-861.

노유자·김남초·이선미(1996). 한국 호스피스의 현황과 전망에 관한 연구. 성인간호학회지, 8(2), 338-349.

보건복지부·중앙호스피스센터·건강보험심사평가원·국민건강보험공단(2019). 2019 호스피스·완화의료 사업안내.

심세화(2017). 호스피스 사회복지사의 이직의도에 미치는 영향 요인들. 고려대학교 대학원 사회복지학과 박사학위논문.

정경희·서제희·이선희(2018). 웰다잉(Well-dying)을 위한 제도적 기반 마련 방안. 한국보건사회연구원.

통계청(2019). 2018년 사망원인통계.

Kübler-Ross, E.(1981). *Living with Death Dying*. New York : MacMillan Publishing Company.

Schraff, S. H.(Ed.)(1984). *Hospice : The Nursing Perspective*. New York : National League for Nursing.

CHAPTER 15

과학기술 및 산업의 발전과 노인복지

21세기를 살아가는 인류는 새로운 과학기술의 발전을 경험하며 디지털 기반의 생활양식에 익숙해지고 있다. 특히 4차 산업혁명이라는 용어로 대표되는 정보통신기술(ICT : Information and Communication Technology)의 비약적 발전은 모든 분야에서 지능과 정보가 결합하는 방식으로 일상생활에 변화를 초래하였고, 다양한 영역의 융·복합적 사고와 제품, 설비, 그리고 인간 사이의 초연결성(hyper-connectivity)에 대한 관심을 집중시켰다. 음성을 통해 전기·전자 기기의 작동을 통제하고, 사이버 공간에서 인간관계 형성 및 업무처리가 가능하며, 개인의 일상생활 습관과 선호, 취향에 따라 미래 행동을 예측하는 일들이 실현 가능해지면서 우리나라 국민과 전 세계인들은 보다 효율적이고 편리한 삶을 추구하며 살아가고 있다.

빅데이터, 증강현실, 가상현실, 인공지능, 자율주행 자동차, 로봇 등의 첨단기술은 미래 도시와 인간의 생활방식에 큰 변혁을 가져올 것으로 기대되는데 이러한 기술발전의 파급효과는 고령자의 삶에도 영향을 미치고 있다. 동작감지 센서를 통한 응급상황 대응체계, 인공지능(AI : Artificial Intelligence) 기반의 다양한 로봇을 활용한 심리정서 지원, 실시간 데이터 모니터링을 통해 진행되는 만성질환 관리와 원격진료, 가상현실 기술을 활용한 여가프로그램 등은 노화된 신체와 인지 기능의 약화를 극복하는 과학기술의 긍정적 솔루션으로 각광을 받고 있다.

한편 이러한 긍정적 솔루션의 이면에는 사각지대에 대한 우려도 제기되는데, 인터넷과 휴대폰을 기반으로 하는 지식과 정보의 홍수 속에서 기기 작동에 익숙하지 않은 노인들은 정보의 소외계층으로 전락할 위험이 있으며 인간의 노동력을 대체하는 로봇과 무인 정보시스템(일명 키오스크)의 확산은 대인서비스에 익숙한 노인들을 사회생활에 있어 더욱 위축시키는 결과를 초래할 위험들이 있다는 것이 그 예시이다. 따라서 과학기술 발달의 혜택을 전 국민과 특히 취약계층에게도 보장하고자 북유럽에서는 복지테크놀로지(welfare technology)[1)]의 개념을 창출하였고 공공과 민간의 협력체계를 구축함으로써 다양한 복지서비스의 혁신을 도모하고 있다.

우리나라는 지난 20여 년간 고령친화산업을 육성하고 발전시키고자 공공과 민간에서 자원의 투입과 여러 측면의 시도를 꾀하였고 앞으로도 지속될 것으로 예상된다. 그러나 지금까지 진행된 고령친화산업의 영세성과 한계를 극복하기 위해서는 4차 산업혁명에 해당하는 과학기술의 진화와 더불어 더욱 혁신적인 모델개발과 창의적인 융복합적 노력이 요구되는 시점이라 판단된다. 따라서 본 장에서는 먼저 고령친화산업의 개념과 발달과정을 검토하고, 북유럽의 복지테크놀로지 등장배경을 살펴보고자 한다. 또한 고령화 현상 및 노인의 욕구와 관련된 복지테크놀로지의 수요, 국내외 복지테크놀로지의 적용사례와 윤리적 이슈, 향후 과제를 논의하고자 한다.

1. 미래사회와 고령친화산업

1) 고령친화산업의 개념

고령친화산업(senior−friendly industry)은 노인 혹은 예비노인을 대상으로 편리성과 안전성 위주로 상품과 서비스를 제공하는 산업이다. 우리나라의 인구 고령화는 급속도로 진행되어 2019년 12월 기준 65세 이상 노인인구는 전체인구의 14.9%이며, 한국전쟁 이후 출생한 베이비부머(1955~1963년생) 중 1955년 출생자가 2020년에 노인세대로 진입하기 시작한다. 앞으로는 신

---

1) 선행연구에는 복지테크놀로지를 '복지기술'로 해석한 문헌이 다수 존재한다. 그럼에도 '기술'의 용어가 사회복지 실천기술에서와 같이 'skill'로 오해될 여지가 있어 본 장에서는 테크놀로지의 용어를 사용하고자 한다.

노년층의 증가로 경제력을 지닌 고령층이 많아짐에 따라 미래 노인세대의 기본 욕구와 생활특성은 매우 다양화될 것이며, 공공영역의 복지서비스 수준을 넘어서는 양질의 서비스에 대한 수요가 증대할 것으로 예측된다. 따라서 노인세대의 소비자 욕구에 대응하기 위해서는 민간과 산업 영역을 통해 더욱 유연하게 접근해야 할 필요성이 대두되었다(보건복지부·한국보건산업진흥원, 2014). 그럼에도 복지서비스의 공공적 성격과 민간 사업자의 영리추구를 동시에 지향하는 가운데 합리적 발전의 방향성을 제시하는 견해에는 큰 차이가 나타나고 있다.

고령친화산업은 보건의료와 복지, 주거, 제품, 여가, 금융 등 다양한 영역이 상호 연계되어 있는 융합 산업적 특성을 지니고 있어 융복합 기반의 연구개발이 필요한 분야이다(한국보건산업진흥원, 2015). 융합[2](convergence, fusion)이란 접점(接點)을 말하는데 융합의 대상이 학문, 기술 혹은 산업에 관계없이 이들 상호 간의 '경계가 희미해지는 과정(a process of blurring boundaries)'이라 할 수 있다. 그리고 학문영역 간 협동연구 형태에서의 융합은 네 가지[3]가 있으며, 필요에 따라 융합 형태의 연구와 개발이 이루어진다. 예컨대 뇌·인지과학 연구는 신기술과 기존 학문 간의 융합이며, 지능형 자동차 기술은 신기술과 기존 산업과의 융합이다.

이와 같은 고령친화산업에 대한 개념 정의는 고령친화산업의 공급 주체가 민간 기업이고 복지서비스와 상품이 시장경쟁원리인 수익성에 따라 공급된다는 기반에 근거한다. 그러므로 사회적 약자로서의 노인에게 무상 혹은 실비의 재정적 원조를 제공하는 사회복지서비스와는 구별된다. 따라서 고령

2) 융합 개념 : 융합을 이루는 대상 혹은 요소가 기존 융합의 대상 범위 밖 새로운 분야에서 접점융합이 이루어지면 convergence라 하고, 융합대상 중 적어도 하나의 대상 범위 안에서 접점융합이 이루어지면 fusion으로 구분하지만, 실제로는 두 개념이 상호 통용되고 있다(Curran & Leker, 2011).

3) 학문영역 간의 융합형태 : ① 다학제(multi－disciplinarity) : 한 학문분야의 연구주제가 다른 학문분야의 지원을 받는 형태, ② 학제 간(inter－disciplinarity) : 어느 연구주제가 여러 학문분야와 연관되어 다양한 접근방식과 연구방법을 활용, ③ 교차학제(cross－disciplinarity) : 연구주제가 여러 학문분야와 교차되어 연관 학문분야와의 공통성이 존재, ④ 초학제(trans－disciplinarity) : 긴급하고 중대한 현안에서 모든 학문 간 혹은 학문을 초월하여 지식통합을 하는 형태 등이다.

친화산업은 영리목적 사업이므로 사회사업이나 사회복지활동의 범주에 포함되지 않는다는 견해대로 경영면에서는 대상자가 노인이나 장애인일지라도 '구매자(consumer)'이지 결코 '수혜자(beneficient)'는 아니라는 점이 논의되어 왔다.

그럼에도 고령친화산업은 고령자를 대상으로 하기 때문에 공익성과 수익성이 결부되고 강한 지역성을 갖는 등 기존의 산업과 구분되는 특성을 갖는다. 고령친화산업이 발전되면 노인과 부양가족들은 개개인의 경제적 능력에 따라 질 좋은 복지서비스와 상품들을 구입할 수가 있다. 우리나라도 선진국처럼 복지공급의 다원주의에 입각하여 공공부문, 비영리민간부문, 영리민간부문을 상생·발전시킴으로써 경제력 있는 노인들의 욕구에 대응하기 위하여 민간부문에 의한 고령친화산업의 발전과 다양한 복지서비스를 확대할 필요가 있다. 고령친화산업의 발전은 직접 소비가 가능한 중산층 이상의 노인이 다수 존재해야 한다는 것을 전제로 한다.

고령친화산업은 고령자의 생물학적 노화 및 사회·경제적 능력 저하로 발생한 수요를 충족시키기 위한 산업이다. 여기서 '고령친화'라 함은 실제로 '노인이 편리하면 모든 사람도 편리하다'는 취지하에 편리성과 안전성에 입각한 노인의 선호를 우선적으로 고려하는 의미를 내포한다. 또한 고령자의 범주는 현재의 고령자는 물론 노후를 대비하는 미래의 고령자도 포함하며 따라서 현재의 중·장년층이 향후 고령층으로 편입될 시기를 대비하여 소비 및 투자하는 제품과 서비스도 고령친화산업의 범주에 들어간다(이견직, 2005).

고령친화사업이라고 할 때에는 '고령친화제품 등을 연구, 개발, 제조, 건축, 제공, 유통 또는 판매하는 업'으로 정의하며, 고령친화제품 등이란, '노인을 주요 수요자로 하는 제품 또는 서비스'로서 다음의 어느 하나에 해당되는 것을 말한다.

① 노인이 주로 사용하거나 착용하는 용구·용품 또는 의료기기
② 노인이 주로 거주 또는 이용하는 주택 그 밖의 시설
③ 노인요양서비스
④ 노인을 위한 금융·자산관리 서비스
⑤ 노인을 위한 정보기기 및 서비스
⑥ 노인을 위한 여가·관광·문화 또는 건강지원서비스
⑦ 노인에게 적합한 농업용품 또는 영농지원서비스
⑧ 그 밖에 노인을 대상으로 개발되는 제품 또는 서비스로서 대통령령이 정하는 것 등이다. 노인을 위한 의약품·화장품, 노인의 이동에 적합한 교통수단과 시설 및 서비스, 노인을 위한 건강기능식품 및 급식 서비스 등을 말한다.

2) 고령친화산업의 발전 배경

고령친화산업은 두 가지 관점에서 발전해 왔다. 첫 번째 관점은 학문적 관심에 토대를 둔 것으로 노인복지, 노년학, 심리학, 인구학, 보건학, 의학 특히 노인재활 분야, 그리고 보험학 등에서 고령친화산업이 발전하는 학문적 기초를 마련하였다. 두 번째 관점은 경제적 관심에서 비롯된 것으로 미래 고령사회의 유망산업으로 인식되면서 발전해 온 맥락을 볼 수 있다. 전반적으로 고령친화산업의 등장 배경을 살펴보면 다음과 같다.

첫째, 수명의 연장과 노인인구의 증가를 들 수 있다. 우리나라의 노인인구는 매우 빠른 속도로 증가하여 초고령사회에 대응하기 위한 시간적 여유가 부족한 것이 사회문제이며 저출산·고령화 현상으로 인한 사회체계의 재정비가 국정과제가 되고 있다. 또한 노인인구의 증가는 그만큼 노인 연령집단의 크기가 확대되므로 필요한 제반 제품의 수요 집단이 커짐을 의미한다. 시장경제 체제에서는 수요가 있는 곳에 공급이 주어지기 마련이다.

둘째, 저출산과 부양의 한계이다. 산업화 이후 핵가족화 및 소가족 현상, 여성의 취업과 사회참여의 증가로 노인들이 가족들로부터 보호를 받기가

곤란해졌다. 이에 가족의 노인부양 한계에 대하여 보호기능의 약화에 대한 문제를 해결할 수 있는 사회서비스의 강화와 고령친화산업의 활성화가 필요하다.

셋째, 새로운 노년층의 등장과 노인 욕구의 다양화인데, 증가하고 있는 신노년층은 자식에게 의존하기보다는 독립적인 생활을 원하고 있고 삶의 질을 보다 더 추구하는 경향이 강하다. 따라서 전통적인 친족부양의 의존성향이 감소되고 공적 부양의 필요성이 강조되는 것은 고령친화산업의 활성화와 맞물려 있다.

넷째, 노후소득보장제도인 국민연금의 성숙과정을 가늠해 보면 경제적, 교육적 사회자본을 확보한 베이비붐 세대가 60세를 기준으로 에이지붐화되는 2020년 이후를 중심으로 고령친화산업 및 제품의 활성화를 전망해 볼 수 있다. 따라서 소득이 안정되어 있는 일반 노인을 대상으로 그들이 필요로 하는 다양한 상품과 서비스 개발이 활발해질 것으로 보인다.

다섯째, 노인 돌봄서비스 공급주체의 다양화도 영향을 미친다. 1970년대 후반 이후 복지국가의 재정파탄과 위기가 온 다음 선진 복지국가는 새로운 복지정책을 마련하기 시작하였다. 이러한 경향을 신보수주의적 정책의 영향이라고 하는데 사회복지의 제반 정책에도 신보수주의 영향으로 변화를 가져왔다. 즉, 중앙의 기능을 지방정부로 분산하는 방안, 각종 공공기관과 프로그램을 민영화하는 방안 및 사회적으로 도움을 받는 사회적 약자집단을 스스로 자활, 자립할 수 있도록 자조집단화하는 정책 등이다(현외성 외, 1992). 우리나라도 1993년 노인복지법 개정 이후 노인주거시설과 요양시설의 운영에 영리를 추구하는 민간기업이나 개인의 참여를 허용하였다. 이 시기를 계기로 노인을 위한 서비스가 보다 다양화되는 가운데 민영화의 추세로 양적인 증가를 하게 되었다.

3) 고령친화산업의 정책 과정

우리나라는 2000년에 고령화사회(aging society)에 진입하여 노인문제의 심각성을 인지하기 시작하였다. 압축적 고령화라는 환경변화에 대처하기 위해 정부 차원에서는 관련 법을 제정하고 고령친화산업 지원정책 등을 통해 이를 성장 동력 산업으로 집중 육성하기 위한 정책을 추진하게 되었다. 2005년 저출산·고령사회기본법이 제정된 이후 국가는 5년 단위로 저출산·고령사회 기본 계획을 수립하여 현재 제3차 기본 계획(2016~2020년)이 수행되고 있다. 제1차(2006~2010년)에서는 고령친화산업을 육성하기 위한 인프라 기반을 강화하고 고령친화제품의 기술개발을 촉진하며 고령친화제품의 표준화 확대 및 고령사회 금융기반을 조성하였고, 제2차(2011~2015년)에서는 제품 및 서비스 품질 향상을 통한 산업 경쟁력을 높이고 국내외 시장의 활성화와 고령자용 식품산업의 기반을 다져나갔다.

제3차 기본 계획의 추진방향(김정근, 2015)은 고령친화산업을 육성하기 위한 산업과 시장의 활성화 및 산업 범위를 확장하며, 컨트롤타워를 구축하는 것 등이다. 이 계획안에 따른 세 가지 추진전략으로는 먼저 유망산업 육성 및 국가 지원체계를 강화하는 것으로서 그 구체적인 내용은 IT를 연계하여 스마트헬스 케어를 확장하고 고령친화 관광산업 및 식품산업을 육성하는 전략이고, 두 번째는 수요자 중심의 고령친화산업 생태계 조성을 지원하는 과정에서 전 산업적으로 유니버설 디자인을 확산하며 고령친화 제품 및 서비스의 표준화·인증을 활성화하는 전략이다. 세 번째는 고령친화 R&D 종합지원체계의 구축에서 고령친화 R&D 중장기 종합계획의 수립을 전략으로 삼고 있다.

고령친화산업 정책에서 산업 측면의 지원을 살펴보면, 2006년 고령친화산업 진흥법을 제정하여 고령친화산업 지원·육성에 대한 법적 근거하에 2008년 2월부터 고령친화산업지원센터를 지정하고 관련 산업에 대한 지원과 육성을 하게 되었다. 또 같은 해에 노인장기요양보험을 도입하여 제도적 기반을 마련함으로써 고령친화산업의 성장세를 촉진하는 바탕이 되었다. 나아가 고령친화종합체험관을 구축하여 2008년에 성남·대구, 2011년에 광주광역시에서 운영하고 있다.

또한 고령친화산업 진흥법을 근거로 고령친화우수제품을 선정하고, 고령친화우수사업자를 지정하는 사업이 2009년부터 실시되었다. 고령친화우수

제품이란, 고령친화산업 진흥법에 따라 한국산업표준, 자율안전확인기준, 단체표준 등의 규격을 획득한 제품 중 고령자가 조작하며 인지하기 쉽고, 사용이 편리하고, 노인의 정신적·신체적 특성을 배려한 우수한 제품을 의미한다. 2020년 1월 기준 452개의 다양한 상품이 S마크의 인증을 통해 안정성을 갖춘 고령친화우수제품으로 선정되어 있다.

고령친화산업 진흥법은 몇 차례의 개정을 거쳐 근래에는 2018년 12월 11일에 일부 개정되었다. 고령친화산업지원센터는 다음의 몇 가지 업무를 수행하도록 명시하고 있다. ① 고령친화산업의 발전을 위한 제도의 조사·연구, ② 고령친화산업의 발전에 필요한 기술 및 표준화 연구, ③ 고령친화산업의 활성화를 위한 지원시설의 설치 등 기반 조성에 관한 사업, ④ 고령친화산업과 관련된 전문 인력의 양성 및 지원에 관한 사업, ⑤ 고령친화산업의 창업 및 경영 지원, 정보의 수집·공유·활용에 관한 사업, ⑥ 고령친화산업 발전을 위한 유통활성화와 국제협력 및 해외진출 지원, ⑦ 고령친화사업자에 대한 지원, ⑧ 제12조 제3항의 규정에 따른 우수제품·우수사업자 지정 업무, ⑨ 그 밖에 고령친화산업의 발전에 필요한 사업 등이다.

앞으로 국내 고령친화산업의 정책방향은 경제력을 갖춘 최대 소비층인 베이비부머 세대의 은퇴 시기 이후 초고령사회를 대비하여 노년층 소비자 주권이 강화된 성장형 장수사회 전략을 세워야 할 것이다. 그러기 위해서는 융합제품 및 바이오산업을 위시한 신기술 개발과 전문 인력의 투입으로 고령친화산업과 함께 모태산업의 발전을 지향하여 고용 창출이 활성화되는 정책을 고안해야 할 것이다.

4) 고령친화산업의 현황

고령친화산업 분류체계는 주관부처에 따라 차이가 난다. 한국보건산업진흥원(2012)에서는 고령친화산업의 범위 및 분류체계를 종합한 결과, 크게 15개 산업군으로 분류하였으며 그중에서 요양, 기기, 여가, 금융, 주거산업 등을 포함하는 범주가 높게 나타났다.

최근 보건복지부와 한국보건산업진흥원(2017)은 중요도, 수요도, 유망도를 중심으로 문헌고찰과 전문가 대상 델파이조사연구를 통해 2011년에 제시했던 고령친화산업 품목분류를 재정비하였다. 제조 및 서비스 등 9개 대분류를 하고 있는데 이 중에서 제조업 분야는 5개, 서비스업 분야는 4개를 분류하였다. 제조업 분야는 ① 의약품산업, ② 식품산업, ③ 화장품산업, ④ 의료기기산업, ⑤ 용품산업을 포함하였고, 서비스업 분야는 ⑥ 요양산업, ⑦ 금융산업, ⑧ 주거산업, ⑨ 여가산업을 포함하였다.

<표 15-1> **고령친화산업 분류체계 재정비(안)**

구분	산업부문	대분류
제조 산업	의약품산업	해열진통소염제, 종양치료제, 대사성의약품, 비뇨생식기관용제, 순환계용약, 안과용제, 신경계용약
	의료기기산업	재활분야, 진단분야, 치과분야
	식품산업	고령친화식품, 건강기능식품
	화장품산업	기초제품류, 색조제품류, 헤어케어류, 바디제품류
	용품산업	개인건강·의료용품, 일상생활용품, 주거설비용품, 정보통신기기, 여가용품
서비스 산업	요양산업	예방지원서비스, 시설요양서비스, 재가요양서비스
	금융산업	건강리스크, 장수리스크, 재무리스크
	주거산업	주택개보수, 고령자주택공급
	여가산업	스포츠관람, 엔터테인먼트/ 예술, 관광·레저

출처 : 한국보건산업진흥원(2017).

한편 한국보건산업진흥원(2017)에서 수행한 '고령친화용품산업 실태조사'에 따르면 총 표본 852개 업체에 대한 조사를 수행한 결과 743개의 업체로부터 회신응답을 받았으며 이들 업체의 유형은 제조업이 76.2%로 가장 많았고, 그 다음으로 유통업(60.1%), 판매업(56.0%), 수출업(32.1%), 수입업(24.4%) 순으로 나타났다. 업체의 소재지는 서울이 32.6%, 경기가 33.3%로 조사업체의 2/3정도가 수도권에 위치하는 것으로 분석되었다. 또한 업체의 37.2%는 중소기업의 규모인 것으로 나타났는데, 조사업체의 자본금 총액은

7,013억 원이었으며 이는 업체당 평균 8.2억 원에 해당하는 규모이었다. 한편 총 매출액은 14.8조 원이었고, 고령친화용품 분야의 매출액은 5.1조 원으로 전체 매출액의 34.3%를 차지하는 것으로 분석되었다. 세부 품목으로는 '개인건강의료용품'이 2.7조 원 규모로 나타나 가장 큰 비중을 구성하였는데 이는 고령친화분야 매출액의 54.1%에 해당하였다. 종합적으로 요약하면 고령친화용품산업은 현재 벤처·중소기업 규모에서 개인의료용품을 중심으로 운영되는 경향이 있으며 이외 주거설비용품, 정보통신기기, 여가용품 분야는 매출액과 수출액 측면에서 저조한 실적을 보이는 것으로 파악된다. 그러나 주거설비용품, 정보통신기기, 여가분야는 고령친화산업분야 중 4차 산업 관련 기술의 혁신과 접목될 경우 시장형성과 산업화(헬스케어, 여가 등)의 가능성이 높은 분야로 기대되기에 이에 초점을 둔 기업들의 등장과 함께 정부의 체계적인 제도적 지원이 요구된다.

2. 4차 산업혁명과 복지테크놀로지(Welfare Technology)

1) 복지테크놀로지(Welfare Technology)의 등장배경

4차 산업혁명(the 4th industrial revolution)이라는 용어는 2016년 세계경제포럼(WEF : World Economic Forum)에서 클라우스 슈밥(Klaus Schwab)이 '정보통신기술(ICT)의 융합으로 이루어 낸 새로운 산업혁명 시대'를 일컬어 주창한 이후 우리나라 사회 전반에 지대한 영향을 미치고 있다. 4차 산업혁명 시대의 주요 기술에는 인공지능, 빅데이터, 클라우드, 블록체인, 사물인터넷(IoT), 자율주행 자동차, 드론, 로봇, 나노, 바이오, 양자컴퓨터, 3D 프린팅 등 다양한 새로운 혁신적 기술들이 포함된다. 이러한 최첨단 과학기술의 발전은 인간사회 삶의 양식을 변화시키고 있으며 새로운 산업창출과 이에 따른 경제적 효과에 대하여 높은 기대수준을 야기하고 있다(강창욱 외, 2017).

한편 세계의 고령화 추세와 저출산으로 인한 노동력 감소는 급증하는 고령세대의 복지수요에 대응하기에 기존의 노동집약적 복지서비스 공급체계는 부적절함을 예견하게 하였고, 2008년 세계적 경제위기를 해결하기 위한 방편으로 복지서비스의 비용효과성을 증대시켜야 할 시대적 요구에 당면하게 되었다. 더불어 양질의 보건 및 복지서비스에 대한 수요는 지속적으로 높아지고 있는데, 평균 수명이 아닌 '건강 수명'에 대한 욕구가 강화되고, 병의원 중심의 의료서비스를 탈피하여 지역사회 기반의 예방과 진단, 그리고 일상생활의 건강관리가 유기적으로 연계되는 지속적 보호체계(continuum of care system)에 대한 필요성이 부각되고 있다.

1970년대에 이미 고령사회로 진입한 북유럽 국가들은 초고령사회를 대비하여 노인 인구가 자립적으로 생활하고 존엄성을 지킬 수 있도록 복지 시스템을 혁신하는 방안에 관심을 갖고 오랜 시간 노력해 왔으며, 특히 덴마크 정부는 첨단기술을 통해 고령화로 인해 발생하는 사회서비스 공급 문제를 해결할 수 있도록 복지 테크놀로지의 개념과 분야를 개발하고 관련 산업을 육성하기 위한 전략적인 노력을 수행해 왔다. 덴마크 보건복지부는 복지테크놀로지 개발팀을 조직하고, 전 소득계층의 고령자와 장애인의 일상생활을 효율적으로 지원하고자 거주지, 병원, 복지시설에 활용가능한 ICT 기반 복지테크놀로지 개발에 매진하였으며 특히 과학기술의 활용기회에 접근성이 낮은 사회적 취약계층을 위해서는 정부가 지원하는 패러다임을 확산하고 있다. 또한 '생활 속 실험실'로 해석되는 리빙랩(living lab)을 통하여 고령자를 위해 기획, 개발된 제품과 서비스를 잠재적 사용자들이 실제로 사용하고 경험에 대한 피드백을 제공하는 시스템을 운영하고 있다. 리빙랩은 사용자 중심의 관점과 선호를 반영하고 실제 생활에서 발생하는 다양한 상호작용을 즉각적으로 분석, 기록, 검증함으로써 제품과 서비스의 개선을 도모하는 연구실험의 새로운 패러다임으로서 복지테크놀로지의 국가 정책과 병행되고 있다.

궁극적으로 복지테크놀로지는 사회서비스의 원활한 공급과 비용효과성을 추구하기 위하여 과학기술적 솔루션을 활용하는 것으로서 북유럽 국가들은

Nordic Council of Ministers 산하에 Nordic Welfare Centre를 설치하여 공공보건, 노동시장, 복지 테크놀로지 관련 정책과 교육, R&D, 협력과 네트워크 체계를 구축하고 운영하고 있다(Nordic Centre for Welfare and Social Issues, 2010).

2) 복지테크놀로지의 개념 : 첨단기술, 적정기술, 복지기술

'복지테크놀로지(welfare technology)'라는 개념은 2007년 덴마크 기술위원회(Danish Board of Technology)를 통해 처음 제시되었다. 복지테크놀로지의 핵심 수요계층은 주로 노인일 가능성이 높기 때문에 북미에서는 노년공학(제론테크놀로지, gerontechnology) 또는 엘더테크(eldertech)라는 용어가 사용되고 있다. 그럼에도 복지테크놀로지는 국가마다 지향하는 바가 다르고, 핵심 수요대상자에 차이가 있으므로 한마디로 정의를 내리기에는 한계가 있다.

복지테크놀로지의 기본 핵심은 '복지서비스를 개발하고 전달하기 위해 도움을 주는 기술적 해결방안'이라는 점이다(Nordic Centre for Welfare and Social Issues, 2010). 다시 말해 '고령화 및 저출산 등 사회적 변화로 급증하는 복지 수요를 충족시키기 위해 일상생활에 ICT 기술을 접목시켜 생활의 편의를 돕는 복지서비스의 혁신'이라고 할 수 있다(강창욱 외, 2018). 복지서비스의 혁신은 서비스 또는 제품뿐 아니라 시스템 개발, 인프라 구축 등 포괄적인 개념으로 이해되고 있으며, 과학기술을 접목시킨 복지서비스의 이용자를 위한 제품, 서비스 형태, 전달체계, 정책과 제도를 포함하는 것으로 점차 확대되고 있다.

선행연구에 따르면 복지테크놀로지의 유사개념에는 사회기술 또는 적정기술 등이 소개되어 있다. 이들은 사회적 이슈와 문제를 효율적으로 해결하기 위해 과학기술의 적용을 강조한다는 점에서 유사성이 있으나 각 개념의 목표, 적용범위, 강조점과 활용 수단 측면에서는 아래와 같이 차이점이 존재한다. 요약하면 사회기술은 저비용과 사용자 친화적인 기술의 활용을 강조하고, 적정기술은 환경의 지속가능성을 중심으로 지역사회에 적합한 수준의 기술 활용에 초점을 두고 있는 반면 복지테크놀로지는 서비스이용자의 욕구 해결과 전반적 삶의 질 향상을 위한 과학기술의 적용뿐 아니라 이를 포괄하는 법과 제도적 측면의 사회서비스 혁신을 강조한다고 할 수 있다.

<표 15-2> **복지기술, 사회기술, 적정기술의 차이**

구 분	복지기술(테크놀로지)	사회기술	적정기술
목 표 (추구하는 가치)	삶의 질 향상 효율	인간중심	환경의 지속가능성 삶의 질 향상
적용범위	보건, 복지 분야	보건복지, 의료, 교육, 위생, 환경, 개도국 지원	에너지, 물, 의료, 농업 등 주로 환경 분야
강조점	기술의 재조합이나 제도의 개선 등 사회혁신 복지대상자의 욕구 (needs)	사용자 친화적 혁신을 통한 저비용	지역사회 전반의 조건에 부합
활용수단	과학기술을 포함한 법 · 제도	과학기술	과학기술

출처 : 김희연 외(2013).

3. 고령화와 복지테크놀로지의 수요

1) 고령인구의 욕구와 복지테크놀로지 : 제론테크놀로지

세계의 고령화는 북유럽에서 비롯된 복지테크놀로지(welfare technology)의 등장과 밀접한 관련이 있다. 북유럽 국가들의 고령화는 1950년대부터 서서히 진행되어 1970년대에는 이미 고령사회에 도달한 것으로 보고되었다. 2018년 기준 고령화율은 핀란드 21.7%, 스웨덴 19.9%, 덴마크 19.8%의 비율을 보였으며, 2019년에 이미 초고령사회에 진입한 핀란드와 함께 스웨덴과 덴마크도 2020년에는 초고령사회로 진입할 것으로 전망하고 있다(한국보건산업진흥원, 2019). 복지테크놀로지의 개념을 창출한 덴마크의 경우, 2007년에서 2008년까지 나타난 세계 금융 위기를 해결하기 위한 하나의 방법으로 복지서비스 제공의 비용효과성 측면을 고려하면서 복지테크놀로지의 경제적 측면을 새롭게 주목하였다.

한편 복지테크놀로지의 개념은 북미 지역에서 노년공학(gerontechnology)이라는 학문과 연계되어 융복합 학문체계로 발전되고 있는데, 이는 노인의 일상적 기능을 개선하고 문제를 해결하기 위한 보조(지원)기술(assistive technology)이라는 용어와 혼용되기도 한다. 이 학문분야의 목적은 고령자의 기능 장애와 제약을 보완하고 예방하는 측면뿐 아니라 과학기술과 노화 관련 기초연구 및 응용연구의 촉진까지 포괄하고 있다. 포자드(Fozard, 2006)는 동료교수인 허먼(Herman)과 협력하여 다음과 같은 노년공학의 영향과 예시를 삶의 다섯 가지 영역과 개입의 목적에 따라 분류한 매트릭스를 제시하였다.

<표 15-3> 노년공학의 영향력 분류와 예시

	삶의 영역				
개입의 목적	건강과 자존감	주거와 일상생활	이동과 교통수단	의사소통 및 거버넌스	일과 여가
향상과 만족	텔레메디신 인터넷	무선 전화기	GPS 내비게이션	휴대폰 인터넷	디지털 카메라 인터넷
예방과 참여	건강식단관리 홈트레이너	스마트 공기청정기	지능 자동차	비디오 링크	포커스 리프팅
보완과 지원	수동식 팔 (passive arms)	스마트 도구적 일상생활능력	보행기 전동휠체어	보청기	전동기구 로봇 애완동물
돌봄지지와 조직화	스마트 약복용 알리미(PDA)	전기 열쇠	파워 리프팅	돌봄 네트워크 비디오 링크	로봇

2) 복지테크놀로지의 국내외 발달동향

북유럽 국가에서는 복지테크놀로지를 통해 특정 욕구를 가지고 있는 시민들에게 다양한 종류의 복지서비스를 제공하고 있다. 하지만 앞에서 언급했던 것처럼 복지테크놀로지는 단지 복지서비스나 보조기구 또는 제품에만 국한하는 것이 아니라 건강, 돌봄, 교육, 여가, 고용 등 거의 전 분야로 확장

될 수 있다. 복지테크놀로지에서 중요한 것은 인간과 사회의 문제를 해결하고자 다양한 기술적 접근을 고안하고, 소통하며, 적용과 개선하는 과정이므로 현장수요가 기술 개발의 핵심 동력이라고 할 수 있다. 현재 과학기술을 통해 구현되고 있는 통신지원, 일상생활지원, 질병 모니터링 및 원격진료, 재활기술, 오락, 사회적·감정적 지원 이외에도 고령자의 욕구와 이를 둘러싼 환경적 요건을 충분히 파악한 후 다양한 형태의 기술 및 지원을 개발할 수 있다.

국외의 사례를 살펴보면 치매노인을 위한 복지테크놀로지로서 길 안내와 치매노인의 경로를 추적하는 신발에 장착하는 GPS 칩, 안면 인식기능을 장착한 스마트 안경 등은 그 실효성이 검증되어 활용도가 높아지고 있는 수준이다. 또한 노인의 만성질환 관리와 건강 모니터링 시스템은 대표적인 보건과 복지분야에 과학기술이 적용된 사례로 스마트 워치나 가정 내 센서를 이용하여 낙상의 위험을 경고하거나 또는 노인의 일상생활기능(Activities for Daily Living)에 대한 정보가 의료진에게 발송되어 사고를 방지할 수 있도록 안전관리 시스템을 제공하는 산업체들이 나타나고 있다. 이러한 정보통신기술을 활용한 다양한 서비스와 기기, 제품이 개발되어 그 효과성과 실효성에 대한 검증이 활발히 진행되고 있다(한국정보화진흥원, 2018).

복지테크놀로지에 대한 우리나라의 관심은 2010년 이후 학계를 중심으로 서서히 시작되고 있다. 노인을 위한 복지테크놀로지의 필요성과 의의에 대하여 김희연 외(2013)는 다음과 같이 주장하였는데, ICT 기반의 첨단의료기술 영역은 민간 의료기관을 중심으로 새로운 기술의 개발과 도입이 비교적 활발히 진행되고 있다.

① 복지기술은 노인 등 취약계층뿐만 아니라 일반 시민들의 안전이나 생활보장, 일상적 활동 지원을 통해 삶의 질을 높이는 데 기여한다.

② 기술 활용을 통해 시민들의 독립성과 존엄성 수준을 높이고, 노인과 그 가족들의 삶의 질과 생활의 안전을 도모할 수 있다.

③ IT기술을 활용한 건강보호(ubiquitous-healthcare)는 원거리에서도 사람들의 건강상태를 모니터링하여 일상생활을 유지하고 보장해 준다.

④ 노인장기요양보험제도는 노인성 질환으로 거동이 불편한 사람들에게 돌봄서비스를 제공하여 이들의 독립된 생활과 그 가족의 부양부담 완화 및 가족 간 애착을 높여주는 복지기술의 일례이다.

우리나라 복지테크놀로지의 초기모형이라 할 수 있는 '독거노인(중증장애인 포함)을 위한 응급안전알림서비스'(보건복지부, 2019)는 IT 및 무선 네트워크 기반의 기술(RFID / USN : Ubiquitous Sensor Network)을 이용하여 24시간, 365일 독거노인의 안전 상태를 실시간으로 확인, 관리하는 사업이다. 2008년 3개의 지방자치단체 5,550가구에 적용한 시범사업 이후 2013년부터는 전국 지방자치단체로 확대하여 7만 가구의 독거노인에게 서비스를 제공하였고, 2019년에는 전체 독거노인의 약 10%에 해당하는 9만 8,000가구에 서비스를 제공하였다. 지역에서 발굴된 취약계층 독거노인 가구에 댁내장비(게이트웨이, 화재감지기, 활동감지기, 가스 감지기와 차단기, 응급호출기)를 제공하고 응급상황 발생 시 지역 내 소방서와 생활관리사, 응급안전지원센터와 자동연락체계가 작동하는 것이나 장비의 잦은 고장과 오작동과 서비스 이용노인의 감지시스템에 대한 거부 등으로 인하여 서비스의 개선이 요구되는 시점에 도달하였다.

2013년부터 보건복지부와 국민건강보험공단은 인지장애를 겪는 치매노인에게 배회감지기 보급사업을 진행하고 있다. 장기요양 등급을 받은 노인은 복지용구 지원의 일환으로 저렴하게 서비스를 이용할 수 있다. 또한 반도체를 생산하는 민간기업의 경우 기업의 사회공헌 프로그램으로 최근 기억장애를 앓고 있는 취약계층 노인에게 GPS 기반의 최신 웨어러블 배회감지기를 무상으로 제공하고, 독거노인의 심리정서를 지원하는 AI 스피커를 개발·보급하였다. AI 스피커의 실효성은 아직 결과가 확인되지 않은 상황이지만 배회감지기는 실종 치매노인을 조기에 발견하는 데 큰 효과를 보였는데, 최근 50여 명의 실종 치매환자가 배회감지기 덕분에 안전하게 귀가할 수 있었으며, 발견하는 데 소요된 시간도 기존 12시간에서 1시간으로 크게 단축된 것으로 보고되었다(한국일보, 2018. 10. 21).

현대경제연구원(2014)에 따르면 U-헬스 케어는 인터넷이나 TV, 휴대폰 등을 이용해서 원거리에 있는 노약자의 신체징후나 일상 활동을 모니터링 하면서 문제를 예방하는 복지시스템을 뜻한다. 서비스 대상의 특성에 따라 u-Medical, u-Silver, u-Wellness로 분류되며, 이중 u-Silver는 65세 이상 대상으로 요양서비스를 제공하는 것으로 의료법 및 노인장기요양보험법 적용의 대상이 된다. 국내 U-헬스 시장은 2014년 3조 원 규모에서 2020년까지 11조 원으로 연 평균 12.5%의 성장세를 지속할 전망으로 분석되고 있다. 그럼에도 우리나라는 원격진료를 허용하지 않는 의료법에 의하여 아직까지 본격적인 산업화는 진행되지 못하는 상황이다.

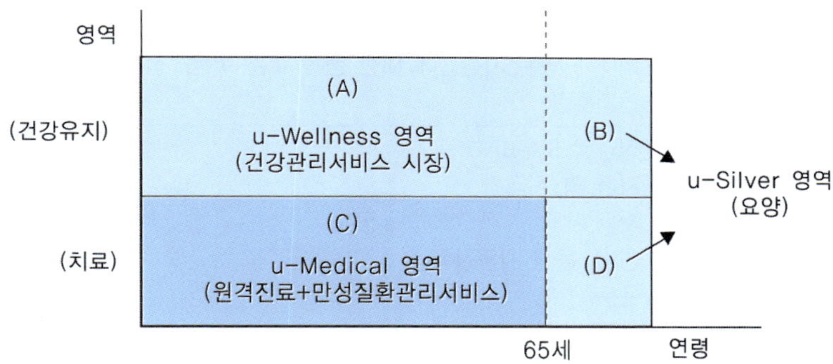

|그림 15-1| U-Health 서비스의 분류

3) 복지테크놀로지의 범위

일반적으로 인간이 지니고 있는 다양한 문제를 해결하고 개선하기 위해서는 다양한 기술 및 지원, 예를 들면 통신지원, 일상생활지원, 질병 모니터링 및 원격진료, 재활기술, 오락, 사회적/ 감정적 자원 등이 필요하다. 이와 같은 지원 이외에도 우리가 현장에 있는 수요자의 욕구 등을 충분히 파악한 후 다양한 형태의 기술 및 지원을 개발할 수 있다. <표 15-4>는 현재 개발되었거나 활용되고 있는 복지테크놀로지를 활용 목적에 따라 분류한 것이다. 향후 다양한 분야에서 활용성을 고려한다면, 목적과 기능에 따라 범위를 재편할 필요도 있을 것으로 보인다.

<표 15-4> 목적과 기능에 따른 복지테크놀로지의 범위

기술/ 목적	내 용
통신지원	실시간 시청각 접촉 고령자에 대한 육체활동 모니터링 도난 방지 보호 : 접근을 허용받은 모든 사람에 대한 ID카드 번역서비스 시청각 기술, 원격현실을 활용한 사회적 네트워크 웹 기반 환자 정보 제공
보조기술	안전 시스템, 안전 경보기, 쓰러짐 감지기 경보 시스템 이동기술, 보행기, 휠체어 감각기관(시각, 청각)의 문제를 보조할 수 있는 기술 활동을 피하거나 촉진할 수 있는 인체공학 디자인 GPS 등 위치 정보 활용 기술 물건과 사람에 대한 추적 시스템 치매가 있는 사람들에 대한 행동 또는 이동/ 접근 제한 인지훈련
일상생활지원	집안일 도우미 자동 약 지급기 자동 세탁 영양, 음식 자동장치 운동 쇼핑 지원
질병 모니터링 원격진료	고령자의 육체활동에 대한 모니터링 질병 변화에 대한 모니터링 가정에서의 치료와 돌봄 모니터링, 로봇기술, 생체신호 및 경고음, 정보통신기술(증강가상현실)을 이용한 심리치료 서비스
재활기술	운동지도 이동 지원(뇌졸중 후 걷기 능력 회복을 위한 전자기계적 훈련)
오 락	여가와 즐거움
사회적/ 감정적 지원	동반자(로봇 동물, 도우미, 대화 파트너) 자극

출처 : 유근춘·서지영(2014).

한편 박소영 외(2017)는 노인과 장애인의 복지욕구 및 기능요소와 ICT 기술로 구성된 복지테크놀로지 분류틀을 도출하기 위하여 체계적 문헌 검토 방법을 수행하였는데, 이는 |그림 15-2|에 제시된 바와 같다.

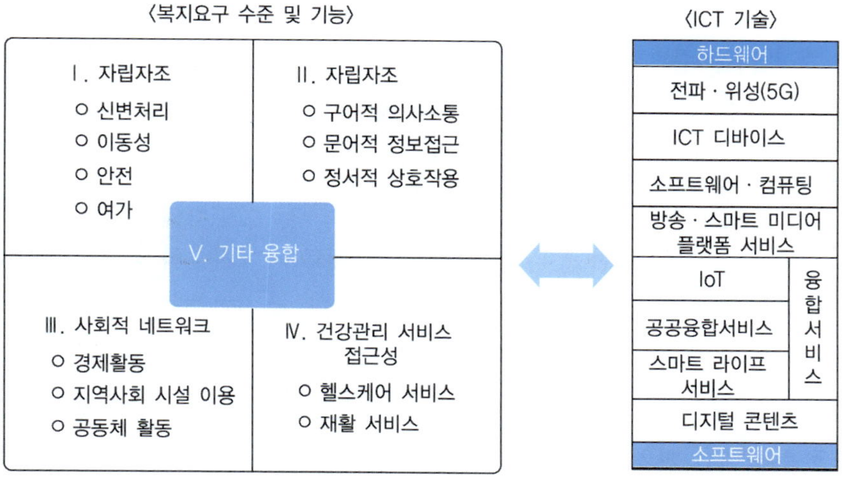

|그림 15-2| **복지테크놀로지 분류틀**

187개의 관련 국내 선행연구를 분석한 결과 우리나라 복지테크놀로지의 활용은 대상자의 복지 욕구면에서는 자립자조 분야, 기능면에서는 이동성, ICT 측면에서는 ICT 디바이스를 이용한 비중이 높게 나타났음을 보고하였다. 현재 우리나라의 복지테크놀로지에 대한 활용수준은 지나치게 개인의 신변처리를 위한 제품과 기기 중심으로 머물러 있다고 할 수 있다. 앞으로는 의사소통과 사회적 네트워크, 건강 관련 욕구를 반영하는 다양한 ICT 기술의 적용이 더욱 활발히 진행될 필요가 있으며, 국가와 민간의 협력을 기반으로 다양한 분야의 융합적 논의와 연구개발을 위한 자원이 투입되어야 할 것이다.

4. 복지테크놀로지와 윤리적 이슈

과학기술은 주관적 가치를 배제하고 경험적 사실을 검증하여 객관적 지식을 축적하는 것에 목적을 둔다는 점에서 도덕이나 윤리와 근본적인 차이를 갖는다. 인간이 지켜야 할 마땅한 도리와 사회가 준수해야 할 도덕적 가치는 '윤리'라는 주관적 원리와 행동지침을 통해 구현되는데, 객관성을 강조하는 과학기술에서는 인간과 사회의 기본 윤리에 대하여 깊게 고찰할 근거가 매우 취약하다고 지적되어 왔다(박찬구, 2012).

인류는 생활의 편리함과 사회제도 운영의 효율을 추구하기 위해 과학기술을 활용하고, 이에 대한 높은 기대수준을 토대로 과학기술의 첨단화를 끊임없이 추구하고 있다. 그러나 '객관성 중심의 지식 축적과 과학기술이 극대화된 진화발전은 과연 인류의 번영과 행복을 보장할 것인가'라는 근본적 질문에 대한 해답은 여전히 불확실하다. 그렇기에 과학기술이 첨단화될수록 인간존엄에 대한 가치, 지식, 태도의 중요성은 더욱 부각되고 있으며, 인문학에 대한 재조명과 융성, 사회과학과 자연과학의 융합, 첨단과학기술을 향한 과도한 기대에 대한 반성, 적정기술에 대한 재평가 등 인간 중심의 근본 가치로의 회귀현상이 나타나고 있다. 이는 궁극적으로 과학기술의 발전이란 '인류의 삶의 질 향상'이라는 대의명분하에서만 그 의의를 찾을 수 있기 때문이라 생각된다.

과학기술의 결과는 항상 낙관적인가? 우리는 그렇지 않은 예시를 인류 역사의 과거에서 쉽게 찾아볼 수 있고, 또 미래 사회의 시나리오에서도 예상할 수 있다. 대표적으로, 비용절감이라는 효율을 위해 인력을 대체하는 인공지능과 로봇 활용 기술은 결국 인간 노동의 잉여화를 초래할 가능성이 높고, 복지테크놀로지의 극대화는 자칫 첨단기술을 소비할 수 있는 사회계층에 구심점을 둔 시장 중심의 영리추구 가치로 치달아 또 다른 양극화를 심화시킬 수 있는 위험성을 내포하고 있다. 북유럽 국가들은 이미 과학기술의 발전에 따른 복지테크놀로지 개발과 도입에 대한 국가차원의 전략과 노력, 책임성이 없다면 구매력 소유 여부에 따라 복지 수요자들 간에 양극화가 초래될 것을 예견하고 있다(Nordic Centre for Welfare and Social Issues, 2010). 또한 인공지능의 발전은 정치나 종교 등 특정 집단의 목적을 위해 악용될 수 있고, 통제 불능의 상태 또는 개인정보 유출의 위험 등을 내포하고 있다.

따라서 복지테크놀로지가 진정한 의미의 '세상을 이롭게 하는' 선한 가치를 추구하기 위해서는 이를 수행하는 다양한 전문인력들이 인간 중심의 도덕적 기본 가치와 윤리적 실천 역량을 갖추는 것이 중요하다(강창욱 외, 2018). 과학기술이 인간생활에 적용될 때 예견되는 부작용을 방지하기 위하여 다양한 기술적 보완과 관련 법안 및 정책 제안 등이 보다 적극적으로 논의될 필요가 있다(한국정보화진흥원, 2017; 한상기, 2016).

복지테크놀로지는 노인과 장애인, 취약계층을 포함한 모든 인간의 존엄이라는 기본 가치를 기반으로 삶의 질 향상이라는 목적을 지향하는 수단이라 할 수 있다. 이러한 사회적 책무를 충실히 수행하기 위해서는 과학기술 발달에 대한 윤리적 측면에서 다음과 같은 질문을 숙고할 필요가 있다.

① 인간사회에 있어 무엇이 옳고 그른 것인가에 대한 판단 기준은 무엇인가?
② 과학기술의 발전으로 인하여 인간의 삶과 행동양식은 어떻게 변화해 왔고, 또 변화해 갈 것인가?
③ 과학기술의 성과와 그것이 초래한 사회의 변화는 바람직한 것인가? 이러한 변화는 보다 나은 사회로 발전하는 데 이로운 것인가?
④ 과학기술의 발전과 사회변화의 이면에 존재하는 부정적 측면은 무엇인가? 이를 개선하기 위해서는 어떠한 노력이 요구되는가?

복지테크놀로지는 과학기술의 가치를 기술 발전 그 자체가 아닌 인간의 삶에 대한 적용과 선한 결과에 둔다는 점에서 그 정체성이 명확하다(서지영, 2014; 유근춘, 2014; Hoffman, 2013). 그러나 무엇이 인간의 삶을 이롭게 하는 선함(goodness)인가를 판단하는 것은 관점과 입장에 따라 다른 이해와 해석을 가능하게 한다. 예로 과거의 산업혁명으로 초래된 공장의 자동화 덕분에 적은 투자비용으로 대량생산이 가능해졌고 이는 인간에게 값싼 물건을 생산하고 보급하는 이로운 결과를 낳았다. 반면 생산라인의 자동화는 기존에 사람이 담당했던 업무를 기계가 대체함으로써 일자리 기회를 축소하고 실업률을 증가시키는 부정적인 결과도 초래하게 되었다. 결국 재화를 값싼 가격에 구매할 수 있는 소비자의 이익과 일자리를 상실하게 되는 노동자의 손해가 서로 맞물려 있음을 볼 수 있다(강창욱 외, 2018). 또한 로봇이 제공하는 돌봄서비스가 요양보호사의 과중한 업무를 대체한다고 할 때 과연 이러한 변화가 돌봄을 받는 노인에게 그리고 일자리 기회를 잃어버리는 요양보호사에게 이로운 것이라 볼 수 있을 것인가에 대한 논의도 비슷한 맥락에서 논의될 수 있을 것이다.

이와 같이 복지테크놀로지는 무엇을 선택하고 결정할 것인가에 있어 인간 본성에 대한 성찰과 윤리적 고민이 요구된다. 이는 단순한 수식에 의해 해답을 얻을 수 있는 성질의 것이 아니며 다양한 관점과 이론적 근거, 끊임없는 도덕적, 윤리적 논의를 통해 정제되어 가야 하는 과정이라 하겠다.

5. 고령친화산업과 복지테크놀로지의 전망과 과제

고령친화산업은 복지서비스의 공공재 성격과 민간 산업의 영리 추구가 병존하며, 학문, 과학기술, 산업 등 여러 분야가 복합적으로 어우러진 융복합적 특성을 지닌다. 또한 고령자의 다양한 필요와 욕구 분야들이 모여 하나의 산업영역을 이루므로 특성상 여러 부처 간의 협력을 통해야만 미래 성장 동력 산업으로 발전이 가능할 것이다(한국보건산업진흥원, 2017).

세계적으로 고령인구는 보편적으로 증가하는 추세이어서 2015~2060년 사이에 대다수 157개(78.1%) 국가에서 급격히 증가할 것으로 전망된다. 우리나라 고령인구는 2019년 전체 인구의 14.9%에서 2060년 40.1%로 비율이 높아질 것이며, 세계 국가(지역) 중 한국의 고령인구 구성비는 2060년 2번째로 최상위 수준에 도달할 것으로 예측된다(통계청, 2015). 이렇듯 고령인구의 증가는 고령친화산업의 성장세를 확장하는 요인으로 작용한다. 하지만 정부의 산업지원정책에도 불구하고 고령친화산업 관련 국내 제조업체의 영세성으로 인한 경쟁력의 한계는 우리 사회가 극복해야 할 과제로 남아 있다(김정근, 2015). 따라서 고령친화산업이 활성화되기 위해서는 다음의 사항들을 재고해야 할 것이다.

첫 번째, 고령자의 집단을 특성별로 세분화하여 각 특성에 맞는 욕구를 고령친화산업에 반영해야 한다. 그러기 위해서는 고령자의 연령, 건강수준, 사회·경제적 수준, 교육·문화적 수준 등을 분석해야 할 것이다. 특히 건강에서는 신체적인 변화단계가 건강 → 쇠약 → 장애 수준으로 이동되는 과정에서 각 단계마다 필요한 제품과 서비스가 달라져야 한다. 또한 개별적인 인지 기능의 차이를 고려하는 등에서 고령친화산업은 수요자를 위한 일종의 맞춤형 제품 및 서비스가 적용될 수 있도록 방안이 마련되어야 하겠다. 한국보건산업진흥원에서 제시한 몇 가지 사례는 다음과 같다(김기향 외, 2015).

① **새로운 교육 프로그램** : 미국의 '로드 스칼라(Road Scholar)' 여행교육 프로그램은 여행과 교육을 결합한 상품으로 세계 150개국에서 6,500개가 운영되고 있다. 또한 은퇴자의 평생교육(life-long learning)에 대한 욕구에 착안하여 스탠포드, 듀크, 코렐 대학 등에서는 주거와 교육시설을 연계하여 은퇴자 거주지역을 설립하였다.

② **디지털-시니어 제품의 활성화** : 고령화에 따라 운전의 부담을 경험하게 되는데, 미국 MIT의 AgeLab은 고령자에게 필요한 IT 제품을 개발하여 편의성을 제공하고 있다. 'AwareCar'는 전자기기들을 자동차에 부착하여 고령자가 운전하기 어려운 부분들을 IT기술로 해결이 가능하다. 또한 관절이 좋지 않거나 시각장애 등으로 보행이 힘든 고령자가 'AGNES'라는 옷을 착용하면 집이나 동네에서 기본적인 활동을 하는 데 도움을 얻을 수 있다.

③ **노인 장난감** : 애완용 로봇 파로(PARO)는 오감센서와 학습기능을 탑재하여 실제 생물과 같은 반응을 함으로써 사람과 신체적, 정신적, 사회적으로 상호작용이 가능하며 일본의 고령층에서 이용되고 있다.

④ 'Age Mix' **홈쉐어링** : 고령자의 집을 개조하여 타 연령층이 함께 거주할 시 정책적으로 비용의 일부를 지원하는 프로그램이다. 예컨대 독거노인이 대학생에게 방을 저렴하게 임대해 주면 노인에게는 정기적인 소득원이 생기고, 외로움도 해소되며, 새로운 관계망의 형성으로 세대 간의 통합 등, 긍정적인 효과를 거둘 수 있어 독일 등에서 시행하고 있다.

⑤ One-stop **서비스** : 질병예방에서 호스피스사업까지 연속적인 서비스는 고령자의 편리성을 증가하며, 융합산업으로서의 요양산업과 장묘사업, 고령친화 용품과 주택개조 사업 등 다양한 산업들을 연계하여 고령친화 사업의 활성화가 가능하다.

두 번째, 고령친화산업 전문인력의 양성이 필요하다.

고령친화산업의 실무형 인재를 체계적으로 양성하는 정부의 전문인력양성 지원정책으로서 '친고령특성화대학원' 사업이 2015년부터 추진되어 진행되고 있다. 이것은 연구·개발·생산·유통·수출 등에서 미래 수요에 부합하는 인재 양성을 목적으로 한 것이다. 선진국에서는 친고령 전문인력 양성의 주체가 국가 및 민간 차원에서 역할분담이 이루어지고 있는데 정부에서는 주로 노화와 관련된 의료인력 양성을 하며, 민간에서는 산업현장에서 필요한 전문인력을 교육하는 경향이 있다. 선진국의 전문인력양성 사례는 다음과 같다(김기향 외, 2015).

① 일본에서는 여러 분야의 참여가 이루어지고 있는 가운데 정부지원 공동연구 거점대학을 지정하여 노화와 관련된 의료·복지·경제사회 등의 인력양성사업을 지원한다. 예컨대 도호쿠 대학(Tohoku University) 내에는 노화의학연구소, 스마트에이징 국제공동연구센터, 고령경제사회연구센터 등의 연구소를 운영하고 있다. 노화의학연구소에서는 노화·뇌질환 및 노화억제, 종양억제 및 뇌 과학에 관한 연구를 하며, 스마트에이징 국제공동연구센터는 건강한 노후(healthy aging)와 관련된 융합연구 및 국제공동연구를 하고, 고령경제사회연구센터는 고령사회 공공

정책연구 및 의료·복지·노화 관련 연구와 실무교육이 이루어진다.

② 미국의 노화 관련 의학연구는 국가의 주도로 민간대학이 공동으로 인재양성을 하며, 노인대학을 운영하는 USC에서는 Aging과 관련 있는 학문인 사회과학, 정신학, 생물학 및 의학, 그리고 사례관리, 실습교육 등 현장실습을 통한 산업현장의 전문인력 교육을 실시함으로써 인재양성의 성과를 거두고 있다.

③ 대표적인 국가 주도의 인력양성을 하고 있는 스웨덴은 고령자 케어를 위한 공공환경 개선 및 노인요양시설 종사자 등을 대상으로 교육하는데, 룬트 대학교 내 고령화지원 환경센터(CASE : Center for Ageing and Supportive Environments)에서 운영하는 대학원에서는 건강한 고령화, 고령화와 주택, 고령화와 장애, 공공환경 등에 관한 교육을 무료로 실시한다.

세 번째, 고령친화 R&D 종합지원체계를 구축해야 한다. 즉, 기획 단계부터 주관부처, 각 분야의 전문가, 고령자들로 위원회를 구성하여 폭넓은 의견을 조합하며, 고령친화산업 육성을 위해 인프라기반을 강화하고, 고령친화 제품의 성능과 품질 개선을 위한 연구 및 기술개발의 지원 증가, 고령친화 제품의 인증 및 표준화에 대한 활성화를 통하여 소비자의 만족도를 높일 수 있어야 한다.

또한 한국보건산업진흥원(2017)은 4차 산업 혁명의 주요 기술(빅데이터, AI, 로봇 등)을 고령친화산업에 적극적으로 적용할 수 있도록 R&D 투자의 확대를 제시하고 있다. 특히 구매력을 갖추고 스마트 기기에 익숙한 신노년층이 증가하고 있으므로 이러한 ICT 기술들이 기존의 고령친화산업과 접목되어 다양한 제품개발과 서비스 창출이 요구됨을 강조하였다. 현재 우리나라의 고령친화산업과 복지테크놀로지 분야는 하드웨어, 복지용구 중심으로 진행되고 있어 로봇, AI, ICT 기반의 다양한 제품과 서비스를 도입하는 국외에 비하여 지나치게 소극적인 경향이 있다. 대기업과 민간 의료기관은 주로 최첨단 기술을 중심으로 과학기술의 발전을 도모하지만, 취약계층을 포함한 전 국민의 삶의 질 향상을 위해 진행되어야 할 복지테크놀로지의 정책적 토대는 장기적인 계획 속에서 일관된 과학기술정책과 관련 부처 간의 긴밀한 협력을 기반으로 마련될 수 있을 것이다(강창욱 외, 2018).

이를 위해서는 복지테크놀로지의 개발, 적용 및 효과성에 대한 연구들이 끊임없이 지속되고, 노인과 가족을 포함한 모든 국민의 일상생활 속에서 인식 수준과 활용도가 높아지도록 안내되어야 할 것이며, 복지테크놀로지 활용에 대한 윤리적 이슈 및 가이드도 개발되어야 할 것이다. 일본의 경우는 돌봄 로봇을 활용한 요양서비스제공이 확산되어 있는데, 노인의 심리정서적 지지뿐 아니라 신변처리까지 로봇이 인간의 서비스을 대체하는 것이 적절하고 윤리적인가에 대한 논의가 심도 있게 진행되고 있다(de Graaf, 2016). 또한 개인의 정보보호와 사생활 침해의 허용범위를 정하는 과업도 절대 쉬운 것이 아니므로 이에 대한 고찰도 필요하다.

고령친화산업에 관한 전문적인 인재양성에서는 선진국의 사례를 참고하여 시행착오를 겪지 않게 기초에서부터 다양한 학문적 융합기반 교육과정이 마련되어야 하겠다. 나아가 이러한 고령친화산업 지원정책을 통해 다가올 초고령사회에 대비하여 국민의 편의를 제고할 수 있도록 고령친화산업과 복지테크놀로지의 정착에 필요한 토대를 견고히 해야 할 것이다.

학습과제

❖ 고령친화산업의 등장배경은 고령화와 어떠한 관련이 있는가?

❖ 복지테크놀로지의 개념정의와 국내외 사례는 무엇인가?

❖ 고령친화산업과 복지테크놀로지의 미래 전망에 대하여 토론해 보자.

참고문헌

강창욱·강현우·김수완·김은하·김호연·김혜성·박소영·박화옥·배성근·안정호·임정원·임영석·최권택·최승숙·최희철 (2018). **복지와 테크놀로지**. 경기 : 양서원.

김기향·문명국·민경민·양형근·이경신·홍은정(2014). 고령친화서비스산업 개발 및 활성화 방안. 한국보건산업진흥원.

김정근(2015). 고령친화산업 도전과 미래. 고령친화산업 정책 포럼, 한국보건산업진흥원, 2015. 11. 19.

김희연·김군수·고재경·서상목(2013). 복지와 기술의 만남 : 복지혁신의 신전략. **이슈 & 진단**, 93, 경기개발연구원.

박소영·이영석·강창욱·박화옥·배성근·이재욱·최승숙(2017). 노인과 장애인을 위한 국내 복지기술 동향 분석, **한국융합학회논문지**, 8(10), 295–304.

박찬구(2012). **우리들의 응용 윤리학**. 서울 : 울력.

보건복지부(2019). 2019년 독거노인·중증장애인 응급안전알림서비스 사업안내.

보건복지부·한국보건산업진흥원(2014). 2014년 고령친화산업 육성 사업.

________________(2017). 2017년 고령친화산업육성사업 결과보고서.

서지영(2014). 복지–기술 연계의 조건. **보건복지포럼**, 209, 16–27.

유근춘(2014). 미래 복지·기술 융합을 보는 세 가지 관점. **보건복지포럼**, 209, 5–15.

유근춘·서지영(2014). 복지와 기술융합(W–Tech)체계 구축 연구. 한국보건사회연구원.

이견직(2005). 고령친화산업의 발전과 영향. 고령친화산업의 활성화 방향과 전략. 한국노년학회. 2005년도 춘계학술대회, 3–41.

한국보건산업진흥원(2012). 고령친화산업 현황 및 전망.

________________(2015). 고령친화산업 연구개발 현황.

________________(2019). OECD 국가별 65세 이상 인구 비율. 통계DB조회. http://210.179.230.152:8083/statHtml/statHtml.do?orgId=358&tblId=DT_IGJ001_3

한국일보(2018. 10. 21). "치매환자에 GPS 무료 보급... 작년 실종 30명 모두 귀가" https://www.hankookilbo.com/News/Read/201810191485724042

한국정보화진흥원(2013). 고령화 사회, 고령자 복지 향상을 위한 스마트 헬스케어 추진 방안.

________________(2017). 미래신호 탐지 기법으로 본 인공지능 윤리 이슈– 글로벌 동향과 전망.

한상기(2016). 인공 지능 기술의 사회적 이슈와 윤리 문제. **한국멀티미디어학회지**. 20(3), 41–52.

현대경제연구원(2014). 경제와 노후생활.

현외성 외(1992). 복지국가의 위기와 신보수주의적 재편. 서울 : 대학출판사.

Curran, C. S., & Leker, J.(2011). Patent indicators for monitoring convergence : Examples from NFF and ICT. *Technological Forecasting and Social Change, 78*(2), 256－273.

de Graaf, M. M. A.(2016). An ethical evaluation of human-Robot relationships. *International Journal of Social Robotics, 8*(4), 589-598.

Fozard, J. L.(2006). Gerontechnology: Timely R&D applications for aging people in a rapidly changing society. Retrieved from http://slideplayer.com/slide/4308066/ January 31, 2020.

Hofmann, B.(2013). Ethical challenges with welfare technology : a review of the Literature, *Sciences and Engineering Ethics, 19*(2), 389－406.

Nordic Centre for Welfare and Social Issues(2010). *Focus on Welfare Technology.*

찾아보기

저/자/약/력

■ **정순둘**
이화여자대학교 사회복지학과 교수
이화여자대학교 연령통합고령사회연구소 소장

■ **김혜경**
백석대학교 사회복지학부 교수

■ **박화옥**
강남대학교 사회복지학부 교수

■ **김범중**
전 중앙대학교 사회복지학부 교수

■ **곽민영**
대구대학교 사회복지학과 교수

■ **양옥남**
전 강남대학교 사회복지전문대학원 교수

노인복지학

|공저자| 정순둘 · 김혜경 · 박화옥 · 김범중 · 곽민영 · 양옥남

|1판 1쇄| 발행 2020년 2월 28일
|1판 2쇄| 발행 2021년 7월 15일
|1판 3쇄| 발행 2022년 7월 25일
|1판 4쇄| 발행 2022년 3월 25일
|1판 5쇄| 발행 2025년 1월 15일

|발행인| 김 동 훈
|발행처| 공 동 체

|주소| 경기도 고양시 일산동구 호수로 358-39, 동문타워 I 905호(백석동)
|전화| 031) 814-3000(대표)
|팩스| 031) 814-3100
|홈페이지| http://www.compub.co.kr
|전자우편| compub@naver.com
|출판등록| 2005년 10월 6일
|등록번호| 제396-2005-36호

|ISBN| 979-11-6105-581-7
정가 22,000원